조 석 홍 저

도서출판 두남

머리말

오늘날 국제정세는 1990년을 기점으로 구소련 및 동유럽의 사회주의 국가의 붕괴와 동·서독의 통일, 세계무역기구(WTO) 탄생 등으로 세계화의 시대로 들어선 지 오래다. 우리나라 역시 이에 발맞추어 적극적인 해외진출 및 자유화 추진 그리고 1991년 남북한 UN 동시가입과 1996년 OECD 가입 등 국제협상에 참여하는 기회가 눈에 띄게 늘어나고 있다.

국제협상은 개인과 기업은 물론이고 나아가 국가의 목표를 달성하는 수단이다. 세계의 국가 수가 계속 많아지고 경제·문화의 범세계화 현상이 일어남에 따라, 이제는 한 나라의 힘만으로는 해결하기 어려운 크고 작은 문제들이 발생하고 있다. 그리고 이러한 문제는 쌍무 또는 다자간 국제협상을 통해서만 해결이 가능하게 되어 국제협상의 중요성이 날로 커지고 있다.

이와 함께 정보통신 혁명과 과학기술의 발달은 세계가 하나의 생활단위가 되는 것에 가속도를 더하고 있다. 과거 지구촌 사람들이 경험했던 시간적 격차와 공간적 거리는 급속도로 압축되고 있으며, 사람과 재화의 이동은 물론 생활과 문화의 전파속도도 엄청나게 빨라지고 있다. 이른바 지구촌이 하나의 공동체가 되어 가고 있으며, 이러한 국제경제 환경들은 전 세계를 무한경쟁의 무대로 만들고 있어 국제협상의 중요성이 더욱 절실해지고 있는 시점이다.

따라서 저자는 현재뿐만 아니라 향후 전개될 국제경제 환경에서 각 지역의 독특한 정서와 문화를 이해하고 우리에게 유리한 결과를 이끌어 낼 수 있는 국제협상의 중요성을 인식하여 본서를 출간하기에 이르렀다.

본서는 국제협상에 필요한 각국들의 기초지식은 물론 각국들의 문화와 특성 그리고 국제회의협상, 국제통상협상 등의 중요성과 현실을 생각하며 국제협상을 이해하고자 하였지만, 저자 스스로 많은 부족함을 느끼고 있다. 따라서 저자는 아직 천학비재한 저자의 집필에 만족하지 않고 충실한 내용이 될 수 있도록 부족한 점들을 계속 보완해 갈 것이다. 아무쪼록 독자들은 본서가 가지고 있는 내용상의 미흡함에 대하여 넓은 아량으로 이해해 주기 바란다.

끝으로 한 권의 저서가 출판되고 개정판이 나오기까지 여러분들의 많은 도움이 있었음을 다시 한번 말씀드린다. 특히 많은 자료제공과 교정 등 물심양면으로 도와주신 김 만길 박사, 김 은영 석사와 소중한 이웃 박 성규, 황 병일, 이 성우, 강 인숙 님께도 감사하며 본서의 출판을 도와주시고 허락한 도서출판 두남의 전 두표 선배님과 직원들에게 감사를 드린다.

2012. 8. 10.

안동 솔뫼에서 저자

차 례

제1편 국제협상 기초

제 2 편 국제협상과 문화

제 4 편 국제통상협상

제1편
국제협상 기초

제 1 장
국제협상의 기본개념

| 제1절 |

국제협상의 개념

1. 협상의 이해

협상이란 단어는 영어의 negotiation으로 표시되며 협상(negotiation)이란 거래를 하는 것으로 간단하게 말하면 「서로간의 대화에 의해 거래를 위한 합의점에 도달하는」 것이다. 즉, 비즈니스 그 자체를 의미한다. 이러한 맥락에서 해외의 통상전문가들은 국제통상, 즉 비즈니스를 수행하는 일환으로서 협상 그 자체를 전개해 왔다. 따라서 협상의 본질은 상호의 관심사를 거래라는 형태로 합의에 이르는 데 있으며, 이는 미시적인 차원의 기업협상에서 거시적인 차원의 국가간 국제회의, 국제통상 협상회의에 이르기까지 공유되고 있는 것이 특성이다.1)

또 협상(negotiation)은 국제거래 관계에서뿐만 아니라 우리들의 일상생활에서도 매일 발생한다. 협상은 갈등을 해소하기 위해서 생긴 의사를 결정할 때, 상품을 사고 팔 때, 갈등 그룹간의 의견을 조정할 때, 크고 작은 규모의 조직관리를 수월하게 하기 위해 개인과 국가, 조직에서 언제든지 필요한 것이다.

이처럼 협상이란 다른 조직과의 상호작용에서 조직의 목적을 얻기 위해 또는 서로 다른 의견이 일치되도록 어떤 압력을 사용하는 과정이다. 특히 국제협상에 있어서는 각 각의 협상가들이 정치, 경제, 사회, 문화환경 등이 다른 상대방에게 어떻게 접근하느냐가 중요하다.2)

1) 이승영 · 최용록, 국제협상의 이해, 법경사, 1998.
2) 박종수, 국제통상관계론, 도서출판 두남, 1997.

따라서 국제협상이란 「문화적 차이를 갖는 다수의 의사결정주체들이 상호이해를 촉진하고 갈등을 해소하기 위해서 의도적으로 노력하는 상호작용 및 그 과정」을 의미한다. 따라서 국제협상은 정치, 경제, 사회, 문화 전반에 걸친 다양한 변수를 포함하므로 그 성격이 매우 복잡하고 동태적인 것이 특징이다. 나아가 의사결정주체들의 심리적・문화적인 환경의 차이와 상호 관계의 시간적인 변화와 같은 복합적인 요소가 협상의 과정과 결과에 영향을 미치게 되므로 국제협상의 본질은 극히 유동적이라 할 수 있다.

마지막으로 협상은 인간이 사회적인 삶을 영위해 나가는 가운데 발생하는 여러 가지 문제와 갈등을 해결하는 데 있어서 필수적인 과정이며, 우리의 일상생활의 일부이다.

그래서 협상은 어떤 특정 사안에 대해 둘 이상의 당사자들간에 이해가 충돌할 때 상호 접촉을 통해 합의를 도출함으로써 문제를 해결해 나가기 위해 이루어진다. 협상이 이루어지기 위해서는 몇 가지 필수적인 요건을 갖추어야 하는데, 이를 정리하면 다음과 같다.

첫째, 협상이 이루어지기 위해서는 둘 이상의 협상 당사자가 존재하여야 한다. 여기서 협상 당사자라 함은 개인뿐만 아니라 집단, 단체, 국가 등을 모두 포함한다. 둘째, 협상 당사자간 이해관계의 충돌이 있어야 한다. 이는 당사자간에 이해가 완전히 같을 때에는 협상이 불필요하기 때문이다. 셋째, 협상 당사자들이 이해의 충돌문제를 싸움을 통하지 않고 합의를 도출함으로써 해결하고자 하는 공통된 인식이 있어야 한다. 협상 결렬시 또는 협상에서의 더 좋은 조건을 위해 법적 대응을 하거나 다투는 경우도 있지만, 협상이 이루어지기 위해서는 잠깐만이라도 협상 당사자들이 이해의 충돌문제를 합의를 통해 해결하고자 하여야 한다. 넷째, 협상에서는 주고받는 것이 있어야 한다. 일방적인 명령이나 요구가 있는 경우에는 이를 협상이라고 하기 어려우며, 협상을 위해서는 상호간 양보(yielding), 교환(exchange), 또는 타협(compromising)이 있어야만 한다.

또한 협상 가운데는 양보와 교환을 통해 서로의 이익이 증진되는, 즉 가치의 창조(creation)가 이루어지는 경우도 있다. 이를 요약하면, 협상이란 어떤 특정 사안에 대해 둘 이상의 당사자들간에 이해가 충돌할 때 상호간 양보, 교환, 타협, 창조를 통해 합의를 도출함으로써 문제를 해결해 나가는 과정이라고 할 수 있다.[3)]

2. 국제협상의 이해

현대사회를 협상의 시대라고도 한다. 그만큼 협상은 일상생활에서 노사간의 임금협상 또는 단체교섭, 국가간의 정치적 분쟁해결, 국제기업협상, 나아가 여러 국가들간 즉 다자간 무역협상에 이르기까지 광범위한 분야에서 이루어지고 있다.

많은 협상들 중에서 특히 오늘날 국제통상과 관련된 문제점에서 이를 해결하기 위해서는 협상이라는 메커니즘에 대한 이해가 요구된다. 국가간 거래인 '무역계약은 근본적으로 계약당사자간의 오랜 협상 끝에 합의된 계약서를 근간으로 이루어지게 되며, 새로운 국제통상질서인 WTO도 각국 정부간에 서로 밀고 당기는 오랜 협상의 결과로 얻어진 산물이다.

일반적으로 협상이란 "공동의 이익교환이나 실천에서 이해 · 충돌이 있을 경우 의사의 일치를 이룰 목적으로 다양한 수단으로 자신의 의사를 개진하는 과정"으로 정의된다. 따라서 협상에서 한 당사자가 소기의 성과를 거두기 위해서는 사회환경이나 문화적 사고가 다른 상대방에게 어떻게 접근하느냐를 포함하여 체계적인 협상전략이 요구된다. 특히 정치 · 경제 · 사회 · 문화적 환경과 언어가 서로 다른 나라의 개인 · 기업 또는 정부간에 이루어지는 국제협상의 경우에는 체계적인 협상전략의 실행이 무엇보다도 중요한 것이다.

국제협상에서는 특히 서로 다른 문화적 배경의 사람들이 서로 다른 생각 감정이나 행동 등을 가지고 부딪치기 때문에 문화적 배경에 대한 이해가 중요하다. 다시 말해서 국제협상이란 서로 다른 문화적 배경 하에서 살아 온 사람들이 어떻게 서로를 관리하는가 하는 문제와도 바로 연결된다.

국제협상을 이해하기 위해서는 다음과 같은 몇 가지 가정들이 필요하다.

첫째 서로 다른 문화적 배경의 국제협상을 이해하고 그 과정을 관리할 수 있다.

둘째 다른 사람의 경험을 통해 협상기술 · 유형 · 형태 · 방법 등을 익힐 수 있다.

셋째 개인의 능력에 따라 조금 더 유능한 협상인이 될 수 있다.

이러한 가정을 전제로 할 때 우리는 좀 더 체계적인 국제협상전략을 마련할

---

3) 강인수외, 국제통상론, 박영사, 1998.

수 있을 것으로 생각된다.

결국 국제협상이란 서로 다른 문화·가치관·신념·필요성·시각·언어 등을 가진 사람들이 상호이해 관계를 증진시키는 과정 또는 노력이라고 할 수 있다. 따라서 국제협상의 당사자들은 협상상대국의 정치·경제·문화·사회적 배경을 충분히 이해하고 개인적인 유대관계에 신경을 쓰며, 좋은 협상결과를 얻기 위해서 노력하여야 한다.

| 제2절 |

국제협상의 구성

1. 협상의 종류

협상의 종류는 특성에 따라 분배적 현상(distributive negotiation)과 통합적 협상(in- tegrative negotiation)으로 나누어진다. 분배적 현상이란 주어진 크기의 파이를 나누는 때와 같이 한쪽이 이익을 보면 다른 쪽은 손해를 보는 경우의 협상을 의미하며 윈–루즈(win-lose) 협상이라고도 불린다. 이 경우 협상에서 협상자들간의 협조를 얻어내기란 그다지 쉽지 않다. 반면, 통합적 협상은 거래를 하는 때와 같이 협상의 결과에 따라서 양쪽이 모두 이익을 볼 수 있는 경우의 협상을 의미하며, 윈-윈(win-win) 협상이라고도 불린다. 이 경우 협상당사자간에 무조건적인 합의를 기대하기는 어렵겠지만 어느 정도의 협조는 불가피하다. 따라서 통합적 협상에 있어서는 협조를 통해 협상 당사자 모두의 이익을 증대시키는 일(creating)과 자신의 몫을 크게 하려는 일(claiming)간에 조화를 모색해야 한다. 경우에 따라서는 분배적 협상인 것과 같은 협상도 실제로는 통합적 협상인 경우도 많이 있다. 예를 들면, 두 아이가 아이스크림을 나누는 경우 언뜻 보기에는 분배적인 것으로 보이지만, 협상과정에서 아이스크림이 녹는다는 것을 협상당사자들이 인식하는 경우, 협상 당사자들은 자신의 몫을 크게 하는 것과 빨리 협상을 마무리 지어야 하는 두 가지 목표 가운데서 적절한 선택을 강요받게 된다.

2. 협상의 단계

협상은 그 단계에 따라 촉매단계(catalyst stage), 협상전단계(prenegotiation stage), 협상단계(negotiation stage), 협상후단계(post-negotiation stage), 재협상단계(renegotiation stage)로 나누어질 수 있다. 촉매단계는 협상에 있어서의 의제에 대해 폭넓은 의견을 교환하는 단계라고 할 수 있으며, 협상 상대방의 선호 등을 파악하고 자신의 선호를 상대방에게 알리기도 한다. 협상전단계는 협상을 벌이기 전에 상호간에 접촉을 통하여 사실을 확인하고 협상 참가자, 의제, 방법, 계획, 선택대안 등을 구체적으로 정하는 단계를 의미한다. 이때에는 상대방의 의견 등을 들음으로써 상대방에 대한 이해를 넓히는 작업도 동시에 진행된다. 협상단계는 본격적인 협상을 벌이는 단계로서, 구체적인 제안과 양보 등이 이루어진다. 협상단계에서 성공적인 결론을 도출하기 위해서는 많은 협상기술을 필요로 함은 물론이다. 협상후단계는 협상이 타결된 후 협상을 실행에 옮기는 단계이며, 통상협상의 경우에는 각국이 협상의 결과를 행정적 · 법적으로 뒷받침하고 이를 실행에 옮기는 단계이다. 마지막으로 재협상단계는 협상이 타결되었더라도 타결된 결과를 바탕으로 협상 참여자 모두에게 보다 나은 결과를 도출하고자 다시 협상을 벌이는 단계를 의미한다. 국제간 통상협상에서 GATT의 다자간 무역협상이 한번으로 끝나지 않고 반복되어 제8차 협상인 우루과이 라운드 협상에까지 이르렀다는 것이 그 좋은 예이다.

3. 협상의 요소

협상에 있어서 중요한 요소에는 여러 가지가 있겠지만, 먼저 협상실패시의 대안(Best Alternative To Negotiated Agreement: BATNA), 관심사항(interests), 선택대안(options), 의사소통(communication), 관계(relationship), 정당성(legitimacy), 약속(commitment) 등이다. 이를 간략하게 설명하면 다음과 같다. 첫째, 협상에 있어서 협상실패시의 대안은 매우 중요하다. 왜냐하면 협상타결의 결과를 실패시의 결과보다 나아야 할뿐만 아니라 협상실패시의 대안을 염두에 두어야 협상이 결렬되는 것을 막을 수 있기 때문이다. 바람직한 협상자는 상대방에게 협상실패시의 결과가 바람직하지 못하다는 것을 일깨워야 한다. 가격을 흥정하면서 옆 가게의 가격을 제시하거나 협상 결렬시 상대방이 입는 피해를 넌지시 암시하는 것 등이 그 예가 된다. 협상타결이 늦어질 때 입는 피해도 여기에 포함이 되며, 때로는 상대방의 BATNA를 낮추기 위해 협박수단을 이용하기도 한다.

둘째, 협상에서 좋은 결과를 가져오기 위해서는 자기자신은 물론 상대방의 진정한 관심사항(interests)이 무엇인지를 정확히 파악하여야 하며, 자기자신과 상대방의 미래에 대한 계획에 대해서도 깊이 생각해 보아야 한다. 많은 협상에 있어서 협상가들은 자신의 관심사항 대신 입장(position)에만 집착함으로써 협상을 실패로 이끄는 경우가 많다.

셋째, 협상에서 많은 선택대안을 개발하는 것은 매우 중요하다. 연봉협상과 같이 제로섬(zero-sum)게임으로 여겨지는 협상에서도 계약기간, 회사의 순익에 따른 연봉 등 다양한 선택대안들을 도입할 경우에는 포지티브섬(positive-sum) 게임으로 바뀔 수도 있으며, 이에 따라 협상이 쉽게 타결될 수도 있다. 넷째, 의사소통도 협상에서 중요한 위치를 차지하고 있다. 특히 국제협상에 있어서 커뮤니케이션은 매우 중요한데, 이는 단순한 의사소통을 넘어서 상대국의 언어, 문화, 가치 등을 이해하는 것까지 포함한다. 다섯째, 협상에서 좋은 결과를 얻기 위해서는 좋은 인간관계의 확립이 필요하다. 협상상대방을 적대시해서는 곤란하며, 추후 협상을 위해서라도 협상을 전후하여 개인적인 친분관계와 신뢰관계를 쌓는 것이 필요하다. 여섯째, 협상에서 상대방을 설득하기 위해서는 정당한 이유가 있어야 한다. 이때에는 국제적인 규범, 국내적인 법규, 과거의 역사 등이 좋은 참고자료가 된다. 일곱째, 협상에서는 상대방이 얼마만큼의 권한을 가지고 있고, 상대방의 말이 얼마만한 구속력을 가지는지가 중요하다. 가끔 협상에서 합의를 도출하고 나서 상급자의 반대 등을 이유로 다시 협상을 하자고 하는 속임수가 사용되는데, 이와 같은 속임수에 넘어가서는 곤란하다.

협상에서는 이 밖에 불확실성의 존재와 이에 대한 협상자의 인식 등이 중요한 요소로 작용하고 있다.

| 제3절 |

국제협상의 준칙

국제협상에서 준수되어야 할 협상의 원칙이 있다. 이러한 원칙은 국내 협상에서도 적용될 수 있다. 이들 원칙은 협상에 직접 참여하는 협상팀 및 그 소속 국가나 기업의 신뢰성을 보호하기 위한 것이다.

1. 신뢰성보호 원칙

신뢰성 보호원칙도 넓게 10가지 정도의 원칙이 존재하는데 첫째, 성실하게 협상을 수행해야 한다. 둘째, 명백한 거짓말은 하지 말아야 한다. 셋째, 협상 중에 부분적으로 합의된 내용을 포함한 명시적인 약속은 준수해야 한다. 넷째, 협박이나 위협은 하지 말아야 한다. 다섯째, 협상 상대방의 신변 안전은 보장되어야 한다. 여섯째, 사전에 합의된 의제는 준수되어야 한다. 일곱째, 상대방의 국내 또는 내부의 어려움을 악용하는 것은 삼가야 한다. 여덟째, 협상 중에 논의되고 검토된 사항은 비밀로 유지한다. 아홉째, 상대방에 대한 직접적인 비난은 삼가야 한다. 열째, 발언 또는 표명한 의견의 반복은 최소화해야 한다.

2. 갈등에 대처

협상진행시 협상 당사자들 간의 갈등이 생겼을 때 대처하는 유형도 다르다. 갈등 발생시 자신과 상대방의 필요나 바라는 바를 얼마나 충족시키려고 노력하느냐에 따라 다음과 같이 5가지 유형으로 나눌 수 있다.

1) 양보형

상대방의 필요에 충족도를 높이면서 자신의 필요 충족도를 낮추는 유형이다. 상대방에게 양보함으로써 분쟁을 피하고 싶어한다.

2) 회피형

상대방과 자신의 필요의 충족도를 함께 낮추는 유형이다. 이는 분쟁 그 자체로부터 도망가고 싶기 때문이다.

3) 타협형

상대방과 자신의 필요의 충족도를 중간 지점에서 맞추는 유형이다. 상당히 많은 사람들이 이 유형에 해당할 것이다.

4) 경쟁형

상대방의 필요의 충족도는 낮추면서 자신의 필요의 충족도를 높이는 유형이다. 소위 협상을 잘한다고 생각하는 사람들이 이 유형이다.

5) 협력형

상대방과 자신의 필요 충족도를 함께 높이는 유형이다. 이 책에서 제시하는 성공하는 협상가는 대체로 이 유형에 해당한다.

협상당사자들도 사람으로서 사람은 각자 자란 배경이나 인생관, 성격 등이 서로 다르기 때문에 갈들에 대한 5가지 대처 유형 중 어느 유형이 반드시 옳고 그르다고 단정할 수는 없다. 상황마다 각각의 유형이 특별히 더 바람직할 수 있기 때문이다. 그럼에도 대체로 성공적인 협상가들은 협력형인 대처 유형에 해당한다. 통합적 유형이라고 불리는 협력형 유형은 당신과 상대방의 필요나 바라는 바를 높은 수준에서 충족시키는 점에서 서로에게 이익이 되는 소위 윈-윈(win-win) 협상을 지향하게 된다. 협력형 유형은 당신과 상대방이 현재는 갈등하고 있지만, 둘의 관계가 반복적이며 지속적이라는 점을 인식하여 서로에게 도움이 되도록 그 갈들을 해소하고자 노력한다. 사실 우리 생활에서 한 번 만나고 끝나는 일회적인 인간관계는 극히 드물다.

협상에서 협상 당사자 모두 협력형 유형이라면 그 협상은 보다 좋은 방향으로 전개될 것이다. 물론 협력형 유형도 모든 상황에서 반드시 바람직하지는 않다. 만일 구매자가 중고 자동차를 구입하려고 한다면, 구매자와 판매자의 관계는 일회적이어서 다시는 서로 보지 않을 수 있다. 이 경우 자신의 필요나 바라는 바를 최대한 충족시키고 그 결과 상대방의 필요나 바라는 바를 무시하는 경쟁형 유형이 더 바람직할 수도 있다.

| 제4절 |

국제협상에 대한 잘못된 인식

1. 협상능력은 선천적

협상기술은 타고 나는 것이므로 후천적으로 배울 수 없다는 잘못된 생각이 널리 퍼져 있다. 그러나 탁월한 협상가들은 대부분 노력에 의해 그렇게 된 것이며, 선천적으로 타고 난 사람은 드물다. 우리는 협상에서의 성공담을 자주 듣는데, 그것은 예외적으로 멋진 협상만의 이야기인 경우가 많다. 많은 사람들이 자동차 구매 경험을 통해 협상기술을 판단하기 때문에 이러한 잘못된 믿음이 생기게 된다. 예로서 자동차 구매 흥정도 협상이기는 하나, 협상기술을 판단할 만한 좋은 예는 아니다. 직장 동료, 상사, 동업자, 그리고 사업 상대와 매일 이루어지는 협상들이 좋은 예이며, 이것은 협상효율성을 가늠하는 좋은 지표가 된다. 한마디로 효율적인 협상을 위해서는 실습과 이에 대한 평가가 필요하다. 문제는 협상기술을 훈련을 통해 배우기보다는 협상을 하면서 배운다는 사실이다.

2. 경험의 중요성

우리는 협상에 관한 무용담과 경험에서 배운 협상기술을 자랑스럽게 말하는 사람들을 파티에서나 비행기 안에서 자주 만나게 된다(Bazerman & Neale, 1992). 경험이 협상기술을 향상시킨다는 주장은 사실이기는 하지만, 피드백이 없는 경험은 협상기술 향상에 도움이 되지 않는다. 경험만으로 유능한 선생님 역할을 하기에는 문제가 있다. 따라서 첫째, 피드백이 없으면 기술을 향상시키는 것이 거의 불가능하다. 예를 들어 숙제를 안 하고 시험도 치지 않으면서 수학을 배울 수는 없다. 피드백이 없이 경험만으로 배우는 데는 한계가 있다.

둘째로, 우리의 기억은 선택적이라는 사실이다. 사람들은 성공사례는 잘 기억하지만 실패나 약점은 쉽게 잊어버린다. 이렇게 되면 자존심은 살겠지만, 협상능력 향상에는 도움이 되지 않는다. 세째로, 경험이 많으면 자심감이 늘지만 판단의 정확도나 행동의 효율성도 함께 늘지는 않는다. 과신은 협상능력을 현명하지 못한 모험으로 이끌기 때문에 위험하다.

3. 모험과 협상

효율적인 협상을 위해서 모험과 도박을 감수해야 한다는 그릇된 믿음이 널리 퍼져 있다. “이게 마지막 제안입니다”또는 “받든지 말든지 마음대로 하세요.”라는 말하는 식으로 이러저런 위협과 엄포를 동원해야 한다는 것은 잘못된 믿음이다. 따라서 우리는 위험을 평가하는 방법, 최후통첩 제안의 타이밍, 그리고 불확실한 상황에서 최고의 결정을 내리는 방법 등을 잘 습득해야 한다.

4. 직관과 협상

노련한 협상가들은 자신의 협상 스타일이 상당 부분 직관과 순간적 대응에 의존한다고 많이 믿고 있다. 그러나 직관이 항상 잘 들어맞는 것은 아니다. 효율적인 협상은 항상 고민하고 열심히 준비하는 데 달려 있으며 매우 체계적인 것이다. 따라서 효율적으로 협상을 준비하고, 자신의 장단점을 스스로 깨우치도록 도와주며 상대의 행동에 대응(reactive)하기 보다는 상대의 반응을 미리 예견하고 예방하도록(proactive) 해야한다. 최고의 협상자는 직관에 의존하지 않고 신중하게 협상준비를 한다. 따라서 아무리 훌륭한 협상가라도 무조건적인 직관에는 의존하지 말아야 한다.

사례

16개국 경영인 2450명에 '한국인 협상 태도' 물었더니 …

" 내 주장 앞세워 협상력 꼴찌 "

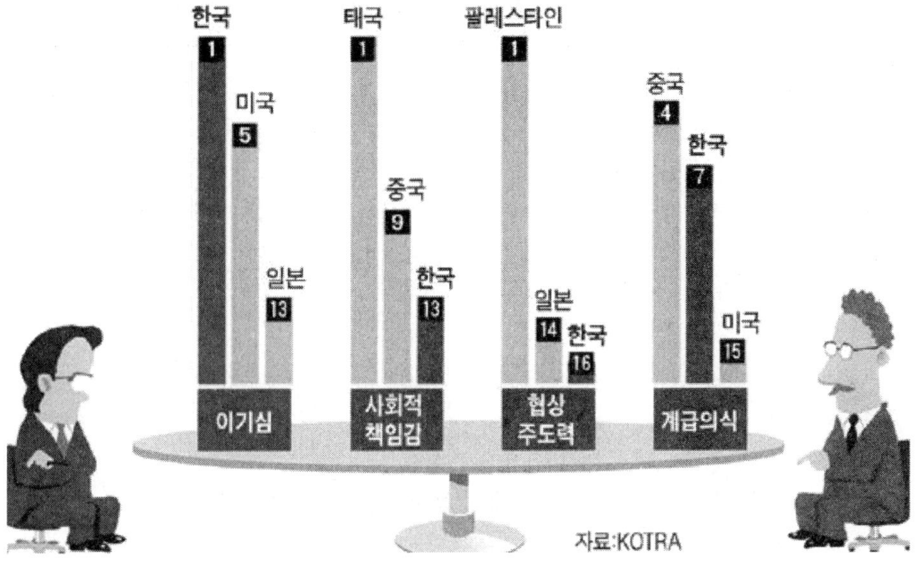

통신 분야의 첨단기술을 보유한 우리나라 A사는 2003년 인도 통신망 시장에 진출하면서 현지 에이전트에게 최대한의 양보를 요구했다. 광고 경비를 떠넘기는 등의 불평등 계약이었지만, 그만한 기술을 가진 회사가 없었기에 그 에이전트는 울며 겨자먹기로 계약에 응했다.

하지만 불과 2년 만에 상황이 급변했다. 중국 업체가 금세 그 기술을 뒤쫓아온 것이다. 마침 판매망을 인도 전역으로 확대할 계획이었던 에이전트는 감정의 앙금이 남은 A사 대신 중국 업체를 택했다. 그 에이전트는 인도뿐 아니라 중동시장 판매망까지 갖춘 터여서 A사는 소탐대실을 안타까워 해야 했다.

협상은 자신의 이익을 좀 더 챙기려는 행위다. 하지만 한국인들은 자기 주장만 앞세우다 실속은 못 채우고 협상력만 떨어뜨린다는 평가가 나왔다. 이는 KOTRA가 글로벌 협상 전문가인 미국 노스웨스턴대학 켈로그경영대학원의 진 브렛(62) 석좌교수에게 의뢰해 한국·일본·중국·미국·독일 등 16개국 경영자 2450명을 상대로 설문조사한 결과다.

브렛 교수는 '합의에 이르기 위해 상대방과 협력한다' '내가 필요한 것을 얻어낸다', '타협점을 찾는다' 등 20여 가지의 협상 방식을 주고 응답자가 이에 얼마나 동의하는지 고르게 했다. 그리고 그 답변에 따라 점수를 매겨 '이기적' '협동적' 성향으로 분류했다. 그 결과 한국인들은 상대를 배려하지 않고 자신의 이익을 최대한 챙기려는 이기심이 조사 대상국 가운데 가장 강했다. 수십 년간 팽팽하게 대치해 온 팔레스타인과 이스라엘조차 한국에 밀려 2, 3위를 할 정도.

이에 비해 협상을 얼마나 책임감 있고 창의적으로 이끄는지를 묻는 '협상 주도력'에서는 한국인이 최하위였다. 일본과 스웨덴이 우리나라와 비슷했고 팔레스타인과 이스라엘은 협상주도력이 각각 1, 2로 으뜸이었다. 상대방의 전통과 입장을 배려하는 '사회적 책임감'에서도 한국은 하위권(13위)에 머물렀다. 협상할 때 상대방의 지위에 따라 태도가 달라지는 '계급의식'에서는 팔레스타인·홍콩·태국·중국 등 아시아 국가들이 상위를 차지한 반면 프랑스·독일·미국·스웨덴은 하위권에 머물렀다. 우리나라는 중간쯤인 7위였다.

이날 서울 염곡동 KOTRA에서 협상 강좌를 한 브렛 교수는 "한국인들은 협상을 할 때 오로지 자신의 이익만 추구하는 습성이 있다"며 "협력적인 자세로 협상에 임해야 서로 이득을 보는 '윈윈(win-win)'이 가능하다"고 지적했다. 또 "기업의 지위와 파워가 협상 결과를 좌우하는 아시아 국가와 달리 서구문화권에서는 대안을 얼마나 많이 갖고 있느냐에 협상의 성공 여부가 달려 있다"고 조언했다.

(2005년 KOTRA 조사)

‖ 우리는 왜 토론에 서툰가 ‖

나는 평생에 머리에 기름을 바른 적이 딱 두 번 있다. 한번은 장가를 가는 날이었고 다음은 미국 병원에서 노사 협의 대표로 간 날이었다. 그날은 정장에 넥타이를 매고, 커피도 못 마시게 했다. "흥분하면 안되니까. 일체의 감정은 접어두고 냉철한 이성과 논리로 일관해야 한다, 목소리를 높이지 말라, 상대방의 말을 가로막지 말라, 상대의 입장을 이해하도록 잘 들어라, 공감이 가는 부분엔 인정하라, 상대의 권위를 인정하라, 우리 주장에 무리가 있으면 솔직히 사과하라, 피해의식을 버려라, 상대의 의견과 주장을 충분히 듣고 인정한 후 비로소 내 주장을 '조심스레' 펴라, 100% 달성하겠다는 생각은 말라, 손해다 싶은 선에서 절충하라, 절충이 끝나기 전에 먼저 일어서지 말라." 대충 이런 게 선배로부터 받은 사전 교육의 내용이었다. 이걸 회의에 참석한 모든 위원들이 철저히 지켜 낸다는 게 인상적이었다.

우리 노사회의장은 분위기부터 공격적이다. 잠바 차림에 띠를 두르고 구호마저 결사쟁취(決死爭取)다. 거기에다 서로는 피해의식으로 잔뜩 성이 난 상태라 쉽게 감정이 격화된다. 노(勞)는 노대로 '우리는 혹사당한다'고 하고 사(使)는 '너희들이 어떻게 이럴 수 있어?'라고 한다. 이러니 그만 자존심 대결장이 되고 타협은 물 건너 간다. 억지, 오기가 발동하면 그만 흥분, 파업이다. 초조하게 지켜보는 온 국민을 실망시킨다. 대형 사업장일수록 실망은 더하다. 그곳은 한국의 간판기업이요, 우리의 자랑, 우리의 자존심이 아니던가. 이건 그 사업장만의 문제가 아니다. 한국의 경직된 노사문화가 해외자본의 발길을 주춤거리게 한다. 게다가 국내기업 마저 해외로 유출돼 산업공동화가 더 커지고 있다. 끝내 그 사업장이 망하면 그 부담은 또 고스란히 국민의 몫으로 돌아온다.

우린 아직 토론에 미숙하다. 역사적으로 그렇게 해 본 적이 없기 때문이다. 마을엔 위계질서에 따라 어른의 한 마디로 만장일치다. 그게 화합을 중시해 온 우리 문화였다. 이런 풍토에서 민주주의와 함께 들어온 토론문화가 정착되기란 쉽지 않다. 가장 큰 장애물은 뭐니뭐니 해도 감정적으로 되는데 있다. 내 주장만 하고 남의 말을 들으려 하지 않는다. 삿대질, 우격다짐 등. 우리 국회는 그 전형이다. 토론을 통한 절충이 안 되면 다수결이 민주주의의 기본이다. 그리고 의결된 이상 싫어도 따라야 한다. 이게 잘 안 되는 게 우리 사회다.

고맙게도 노무현 대통령이 토론을 통한 의견수렴을 하려 애쓰고 있다. 워낙 권위주의적 정치 행태에 염증을 느낀 국민에겐 충격이다. 그렇다면 청와대 참모들이 유념해야 할 일이 있다. 우선 토론에는 '위원 1인 평등의 원칙'이 지켜져야 한다. 참석하는 모든 사람은 지위여하를 불문하고 똑같은 권리와 책임을 갖는다. 그러나 지난번 평검사와의 토론은 좌석배치에서부터 기본을 벗어났다. 뒷줄에 말없이 앉은 검사들, 다리 펼 테이블, 팔걸이도 없는 의자에 혼자 앉은 여성 장관, 이걸 생중계 하겠다는 발상, 끝난 후 누가 득을 봤느냐하는 자평까지 씁스레한 기분을 지울 수 없었다. 토론이란 나와는 다른 의견이 있다는 걸 인정하는 자리다. 한데도 우린 나와 의견이 다르면 마치 인간적 공격을 받는 것처럼 흥분한다. 배신감까지 든다. 물론 토론 외적인 문제로 시비를 걸거나 상대의 감정을 일부러 자극하는 건 비열한 짓이다. 제한된 시간에 자기 주장만 장황하게 펴는 건 폭력이다. 토론의 목적은 절충과 타협을 위해서다. 거기엔 완승도 완패도 없다. 때론 자기 주장을 철회하고 상대를 받아들임으로써 더 존경을 받는다. 그게 진정한 승자다. 어떤 경우에도 나만 옳다는 주장은 독선이다. 여기엔 이념, 종교, 가치관에 이르기까지 예외가 없다. 다르다는 걸 존중하고 조화를 이룰 수 있는 모자이크사회가 되어야 한다.

(이시형, 동아일보, 2003년 4월 3일)

‖ 한국인·일본인·중국인의 3국 비교 ‖

최근 사업관계로 중국을 다녀온 한 기업인은 우리의 의식구조와 행동약식을 개혁하지 않고는 국가적 과제로 추진중인 국제화 내지 국제경쟁력강화는 매우 어려울 것이라고 했다. 중국에서 사업을 하는 그는 1년에도 여러 차례 중국을 방문하는데 자기경험으로 한국인 일본인 중국인의 성격을 아래와 같이 비교했다.

한국인은 대체로 「안 되는 것도 되는 것」처럼, 「어려운 것도 쉬운 것」처럼, 「없는 것도 있는 것」처럼, 「못하는 것도 할 수 있는 것」처럼 말하고 행동한다는 것이다.

이에 반해서 일본인은 「안 되는 것인지 되는 것인지」, 「좋아하는 것인지 싫어하는 것인지」, 「찬성하는 것인지 반대하는 것인지」 명확하게 말하거나 행동하지 않는 특성이 있다는 것.

중국인의 행동양식은 또 다르다. 그들은 「되는 것도 안 되는 것」처럼, 「쉬운 것도 어려운 것」처럼, 「있는 것도 없는 것」처럼 말하고 행동한다. 상거래를 통해서 파악한 이 기업인의 세나라 국민성 비교는 상당히 공감이 간다.

미국 여류 문화인류학자 베네딕트는 일본인의 양면성을 「국화와 검」이라는 저서에서 잘 표현하고 있다. 일본인은 국화처럼 산뜻하고 아름답고 순한 면과 다른 한편으로는 칼처럼 날카롭고 잔인하고 무자비한 면을 지니는 양면성을 갖고 있다는 게 그녀의 주장이다.

특히 일본인이 즐겨 사용하는 「혼네」(본심)와 「다데마에」(명분)라는 것도 따지고 보면 일본인의 이러한 양면성내지 이중성에서 연유한 특유의 성격이라고 할 수 있다.

고려대에 교환교수로 왔던 와세다대학의 도바긴 이치로 교수가 국내 한 잡지에「한국인은 겉으로는 반일, 속으로는 친일」인데 반해 「일본인은 겉으로는 친한, 속으로는 반한」이라고 말한 것도 일본인의 이중성내지 양면성을 나타낸 좋은 예다.

1590년 선조는 일본에 조선통신사를 파견했었다. 귀국한 정사 황윤길(서인)은 일본의 조선침략을 예견하고 빨리 대비할 것을 선조에게 권고했다. 그러나 부사 김성일(동인)은 정반대였다. 선조는 김성일의 보고를 받아들여 침략에 대비한 준비를 하지 않았다. 이 사실은 한편으로는 통신사 일행을 극진히 대접하면서 다른 한편으로는 침략준비를 했던 일본의 이중성과 양면성을 잘 보여준다.

최근의 미·일 정상회담에서 호소카와 총리는 클린턴 대통령의 대일 무역적자시정을 위한 구체적인 수치의 제시요구를 단호하게 거부했다. 드디어 미국에 「No」라고 말하기 시작하는 등 날로 국력이 커 가는 일본이 앞으로 아시아 특히 한국에 대해 어떤 자세로 나올 것인가를 세심하게 살펴 볼 필요가 있다.

한편 중국은 어떠한가. 지금 중국은 하나가 아니고 4개라도 한다. 홍콩 대만 해외화교 및 중국본토가 바로 이 4개의 중국을 형성하고 있는데서 나온 얘기다. 이들은 장차 「중화연방공화국」건설에 참여하여 아시아와 세계에 큰 영향을 미칠 것이라고 중국문제 전문가들은 예견하고 있다.

그렇게 되면 일본과 중국은 먼저 아시아에서 패권을 겨루는 싸움을 하든가 아니면 동맹을 맺어 아시아를 양분하려는 움직임을 보일 것이라고 중국전문가들은 경고한다.

중국인들은 우리 한국인을 어떻게 보고 있는가. 중국의 모 기관이 자국기업인들에게 외국인들과의 상담 때 참고로 하라고 만든 내부 지침서에 한국인관이 잘 나타나 있다.

◦ 한국인 : 치켜주고 계속 칭찬을 해주면 거의 모든 비밀을 다 털어놓고 쉽게 양보하는 경향이 있다. 계약문서도 대강 훑어보고 세부적인 검토 없이 그냥 서명해 버리는 경우가 많다.

◦ 일본인 : 치밀하고 까다로우며 협상테이블에서 본심을 잘 드러내지 않는다. 협상테이블에서 듣는 일본인의 대답이 동의하는 것인지 거부하는 것인지 분명치 않은 경우가 많다.

21세기에 들어가면 일본과 중국은 세계적인 경제대국이 되어 한국에 대해 직접 간접으로 커다란 영향을 미치려고 할 것이다. 어쩌면 21세기는 「아시아 태평양의 세기」가 아니라 「일본과 중국의 세기」가 될지도 모른다는 일부 미래학자의 주장이 현실로 나타날 가능성도 없지 않다. 현재 우리의 국력은 분명히 한말의 국력과는 차이가 있다. 하지만 일본 중국과의 관계 설정에 있어서 선조 때의 김성일과 같은 오판은 하지 않아야 한다. 그러기 위해선 정확한 정세판단과 충분한 대응책을 마련해 나가야 할 것이다.

(동아일보)

‖ 친구에게 빌려준 돈 회수하기 ‖

나는 친구에게 빌려준 돈 20만원을 돌려받지 못하고 있다. 그동안 우리는 서로의 속마음까지도 얘기할 수 있었던 친한 친구였다. 이 일이 있기 전에는 1개월간 그 친구의 집에서 지내 적도 있었다. 우리는 현재 2학년으로 대학에 입학한 이후부터 만났다. 내가 지난 겨울방학 때 빌려준 20만원은 나에게 결코 적은 돈은 아닐 뿐더러 아르바이트를 하며 힘들게 모은 돈이다. 그 친구는 나와의 대화 중에 내게 거금(?)이 있는 줄을 알게 되었고 곧 갚는다고 해서 빌려 주었으나 지금까지 갚지도 않고 있으며 오히려 친구들에게는 여유를 부리면서 돈을 쓰고 다닌다는 말도 들린다. 요즘은 나를 피하는지 얼굴을 보기도 어렵다. 언젠가 그 친구의 어머니를 만나 사정을 얘기했더니 너희들끼리 해결하라고만 하셨다. 나의 고민은 이렇다. 먼저 돈을 그것도 이번 학기가 끝나기 전에 되돌려 받고 싶다. 그러나 친구와의 우정을 깨고 싶지도 않다. 물론 때로는 포기하고 싶은 생각이 들 때도 있지만 경영학도로서 더구나 「협상론」을 수강하고 있는 나로서는 이 작은 문제를 멋진 협상을 통해 잘 해결하여 내지 못 할 경우 졸업 후 사회에 나가 더 많은 큰 건수(件數)와 더 많은 금액(去來額)을 취급할 경우 자신 있게 처리, 해결, 협상해 낼 수 없을 것 같은 생각이 나 자신을 더 힘들게 한다. 과연 어떻게 해결하면 좋을까?

위의 사례에 관련하여 「협상론」을 수강하고 있는 급우들은 다음과 같은 협상방안을 제안하였다.

1. 돈과 친구

상황파악	- 친한 친구가 20만원을 빌려가 오랫동안 못 받고 있는 상황
자신파악	- 힘들게 아르바이트를 해서 번 돈을 친구에게 빌려 줌 - 이번 일로 친구와의 우정에 금이 가는 것은 원하지 않음
명확한 목적	- 빌려준 돈을 되돌려 받는 동시에 친구와의 우정도 지킬 수 있어야 함
상대방 파악	- 마음을 열어놓고 스스럼없이 대화를 나눌 만큼 친했던 친구 - 현재는 여유 있게 돈을 쓰고 있으며 20만원 때문에 본인을 피하는 기색마저 있어 보임

- 적극적 협상(moving against) : 친구에게 수시로 20만원을 갚으라고 직접적으로 말하는 것이다. 그 친구를 만날 때 아니면 전화나 이메일을 통하여 한다. 그러나 이 경우 말하는 사람의 태도가 중요하다. 상대방이 어떻게 받아들이느냐에 따라 이 방법의 승패가 달려있다. 너무 진지해서도 안되고 장난스러워서도 안 된다. 일상적인 대화 중에 자연스럽게 이야기가 흘러나오도록, 그래서 결국에는 어쩔 수 없이 갚게끔 해야 한다.
  감정적으로 호소한다. 친구에게 빌려준 돈은 힘들게 아르바이트를 해서 번 돈이라는 것을 부각시켜 친구에게 돈을 갚게 하는 것이다.
- 반응적 협상(moving with) : 친구의 말을 들어 본다. 그렇게까지 절친한 친구임에도 돈을 안 갚고 있다면 우선은 친구에게 무슨 특별한 사정이 있는지를 알아볼 필요가 있다. 물론 친구가 여유롭게 돈을 쓰고 나를 피하는 기색도 있다고는 하나 내가 직접 묻거나 본 것이 아닌 이상 당사자의 의견을 들어 볼 필요가 있다.
- 후퇴적 협상(moving away) : 돈을 받지 않고 같이 쓰는 방법이다. 이는 친구에게서 돈을 직접 받는 대신 그 친구를 만날 때마다 그 친구로 하여금 밥을 사게 하거나 영화표를 예매하게 하는 식의 방법을 쓰는 것이다. 비록 돈을 돌려 받지는 못하나 돈을 함께 사용하면서 우정을 깨뜨리지 않으면서 지속시킬 수 있고 친구 또한 20만원을 한꺼번에 다 갚아야한다는 부담에서 해방될 수 있는 것이다.
- 소극적 협상(not moving) : 친구의 반응을 살피며 언제까지고 기다린다. 사실 이는 방법이라고 하기에는 우습지만 친구와의 우정을 포기하고 싶지 않다면 어쩔 수 없는 최후의 수단으로 이 방법을 쓸 수밖에 없다. 이 방법은 어쩌면 친구와의 우정은 그럭저럭 지킬 수 있겠지만 돈을 되돌려 받을 수 있는지의 여부는 불투명하다.

2. 급우의 상황을 나의 상황으로 가정하여 나의 협상방안을 전개한다.

단계 : 상황분석(analyzing situation)	
무슨 상황인가?	친한 친구에게 20만원을 빌려주고 오래 시간이 지났는데도 돌려받지 못함
명확한가? 모호한가?	우정을 깨지 않고 빌려준 돈도 받고 성공적인 협상을 직접 경험하고 싶다
반대 혹은 지지 세력은 누군가?	친구 어머니께 상의했지만 반응이 없고 친구는 갚는다고 시큰둥하게 말만하고 있다

2단계 : 자기파악(positioning)	
현재의 위치	친구의 마음을 상하게 하지 않고 돈도 받아 성공적인 협상을 해내고 싶다
어느 수준이면 만족할까?	금년 내에 돈을 되돌려 받고 우정에는 금이 가지 않았으면 좋겠다
장 점	꿔준 돈을 받고 성공적인 협상으로 사회(직장)에 대한 자신감을 갖게 된다.
단 점	자칫하면 친구의 마음을 상하게 하여 우정이 깨질 수도 있다.

3단계 : 문제인식(Define object)	
협상은 왜?	친구와의 우정을 지키며 돈을 돌려받기 위해서이다
협상의결과는?	돈을 돌려받는 것과 사회에서도 협상을 잘 해내리라는 자신감의 획득
정확목적 인식	친구와의 우정을 지속하고 돈은 회수하며 성공적인 협상으로 얻는 자신감

4단계 : 상대방 파악(Understanding)	
상대방은 누구?	대학에 들어와 가장 친해진 친구
자신의 경험을 파악하라	전에는 이렇게 큰돈을 빌려준 없으며 작은 돈을 빌려 주고 못 받은 적도 있다. 그러나 이제는 우유부단하지도 않고 돌려 받을 수 있을 것 같다
공통의 관심사	친구에게 빌려 준 20만원 / 우정
극복해야 할 것	친구와의 우정이 깨지는 것 그러나 친구는 대수롭지 않게 생각하는 점

5단계 : 협상후의 결과 검증(Feed back)	
협상에서 내가 얻은 것은?	가정이지만 나는 돈을 돌려 받았고 친구와의 우정도 지켰고 졸업 후 사회에서도 일을 잘 처리할 수 있다는 자신감의 획득
협상과정	친구에게 돈을 되돌려 받고 싶다는 의사를 전달하기 위해 약속 후에 친구를 만났다. 가벼운 식사를 하면서 빌려준 돈 얘기를 꺼냈다. 친구는 갚고는 싶은데 지금은 없으니 조금 더 기다려 달라고 했다. 그래서 나는 제안을 했다. 한번에 갚기 어려울 테니 하루에 3000원씩 모아 함께 저금을 하자고 했다. 한 3달이면 40만원 이상을 모을 수 있을 것이고 너는 부담 없이 돈을 갚을 수 있을 것이라고 했다. 친구는 재미있겠다고 하면서 매일 저금을 하면서 자주 만났고 얘깃거리도 많게 되었다. 또한 쉽게 써버릴 돈 20만원이 더 생겼으니 친구에게 맛있는 것을 사주겠다고 했다. 그러자 친구는 웃으면서 그러자고 했다. 돈을 한꺼번에 받지는 못했지만 돈을 돌려 받을 수 있어 마음이 편했고 친구와의 우정은 깨지지 않았으며 협상력을 발휘하여 성공할 수 있다는 점이 크게 기뻤다.

김성호, 국제통상협상, 2001.

제 2 장

국제협상의 주체

| 제1절 |

국제협상 중요성

1. 국제협상의 주요쟁점

일반적으로 협상의 동기는 갈등관리를 통한 국가나 기업의 이익극대화를 위하는 데서 비롯된다. 특히 문화적 차이가 커다란 국제사회에 있어서 상호 이해부족에 따른 갈등의 증폭은 더욱 커지기 마련이며, 이에 따라 갈등관리의 차원에서 협상을 통한 기대이익 역시 상당히 높은 것이 보통이다. 갈등은 그 발생동기와 진행과정이 매우 중요하며 효율적인 갈등의 해소를 위해서는 대화와 행동의 차원은 물론, 언어와 상징과 같은 비언어, 감정과 같은 정서적 차원에 이르기까지 다양한 차원에서 갈등관리가 이루어져야 한다. 이러한 갈등은 상호간의 의사소통이 어려운 국제사회에서 한 가지의 동기를 충족시키려는 행동적·언어적·상징적·정서적 대응이 다른 동기를 충족시키려는 대응방식과 양립하지 못함에 따라 더욱 심각한 문제를 야기하게 된다.

갈등이 표면화되는 경우는 상대방이 자신의 영향권이나 행위영역에 들어와 의도적으로 관심 내지는 이해가 걸린 영역을 확장하고자 할 때 발생하게 된다.

상대방의 영역확장 의도는 곧 자신에 대한 위협으로 간주되므로 방어적으로 반응하게 되고, 상대방 역시 여기에 반등하게 됨으로써 자신의 방어행위에 대한 정당성을 입증하려고 한다. 이러한 국제적인 갈등의 효과적인 해결방안으로써 협상의 중요성이 더욱 부각되는 것이다. 즉, 국제적인 협상절차를 통해 상호이해의 과정을 개방하고 갈등의 증폭을 동태화 함으로써 상호 균형과정으로 수렴시킬 수 있게 된다.[4)]

일반적으로 일개국가의 국력은 군사력, 경제력 등 눈에 보이는 것뿐만 아니라 국민의 결속력, 애국심 등과 같은 정신력도 포함된다. 특히 국가전략의 정립과 운용과 같은 소위 국가경영능력은 더할 나위 없이 중요한 국력의 한 요소이다. 여기에는 특히 주변국가와 관계, 즉 외교력이 중요하다. 외교력에는 여러 가지 요소가 있으나 근본적으로는 협상력과 직접적인 관련을 맺고 있다. 같은 군사력과 경제력을 갖고도 국제적인 위상이나 외교력에서 나라간에 차이가 나는 것도 해당 국가의 인적 자원이 갖고 있는 대외 협상력의 주요인이 된다. 대외협상력에는 외교관들이나 국제통상담당관 등의 개인적인 협상력도 중요하지만 대내적 협상력도 중요하다.

2. 국제협상의 주요구성

1) 협상 당사자

국제 협상에서는 각 국가들 간의 상이한 문화로 인해 협상 당사자의 협상에 대한 인식, 협상에 대한 태도, 협상에서의 접근과 진행방법 등이 상이하다. 또한 협상 당사자의 선발 형태, 협상팀 구성, 협상팀 내부의 역할 배분, 힘의 배분 등의 집단역할이 다르게 나타나며, 협상에서 협상 당사자에게 요구되는 자질의 중요도들도 조금씩 차이가 있다. 또 개인의 능력이나 행동반경도 다르기 때문에 상대방의 협상상황에 대한 인식과 협상행동에 대한 예측을 자신의 기준에서 행하면 실패할 가능성이 아주 높다.

2) 의사결정의 형태

상대방의 의사결정을 예측하고 이러한 의사결정과정이 자신에게 유리한 방향으로 되도록 하는 것은 협상가의 중요한 자질 중의 하나이다. 상대방의 의사결정과정을 알기 위해서는 개인적인 의사결정 유형뿐만 아니라 조직내에서 이루어지는 의사결정 유형을 알아야 한다. 즉, 집단의사결정 형태인가 개인의사결정 형태인가를 파악해야 하고 의사결정에 영향을 주는 요소의 파악이 중요하다.

---

4) 이승영 · 최용록, 국제협상의 이해, 법경사, 1998.

3) 국가의 특성에 대한 영향

여러 가지의 기술적, 연구방법론적 제약 때문에 사회과학자들 간에는 국가의 특성에 대해서 그 중요성을 크게 부여하고 있지만 그 국가 사회의 고유한 특성의 산물로서 협상 당사자의 개성이 형성되기 때문에 협상에 있어서는 국가의 특성이 중요한 요인이 된다.

개성은 공동문화를 갖는 집단 속에서 개인의 사회화 과정을 통하여 형성되는데, 이 과정에서 개인은 집단의 고뇌, 공포, 가치, 신념, 지적 등을 습득하게 된다는 것이 문화인류학의 기본적 가정이다.

4) 의사 표현

국제협상의 의사전달에 있어서 협상 당사자들 간에 명쾌하게 의사전달이 안되는 어려운 상황이 발생되기도 한다.

상대방의 제스처, 행동, 무의식적인 습관, 예법, 의복 형태 등의 요인에 의해서 협상가는 불편함을 느끼거나 감상적 손상을 가져올 수 있고, 토의 주제에 대한 주의를 집중시키기가 곤란하게 될 수 있다.

5) 언어 차이

언어는 문화와 밀접하게 관련되어 있기 때문에 한 언어에서 어떤 한 낱말의 의미에 정확하게 대응되는 말을 다른 영역에서 찾아낸다는 것은 매우 어려울 뿐만 아니라 거의 불가능에 가깝다.

따라서 협상가는 언어의 개념, 의미, 뉘앙스, 기본적 사고바탕 등에 있어서 통역 전달의 한계가 어디까지인가를 명확하게 인식해야 한다.

어느 정도 외국어에 자신이 있으면 통역자 없이 외국어로 협상할 수도 있는데 이러한 경우 협상에 실패할 가능성이 크며, 동일 언어사용 국가간의 협상이라 할지라도 문화가 다르면 언어의 기본개념이 달라지므로 통역을 두는 것이 더욱 효과적일 수 있다.[5)]

---

5) 박종수, 국제통상원론, 박영사, 1997. pp.237~243.

| 제2절 |

협상시 고려사항

1. 문화적 차이 인식

타국 지역의 낯선 문화에 갔을 때는 일반적으로 먼저 자신과 상대방들에 대해 현실적인 차이점이 무엇인지를 기대 하면서 호기심을 가진다. 즉 새로운 문화에 대해 가능한 한 많이 배우려 하는데 타지역의 지배적인 정서는 무엇인가? 이 문화를 움직이는 원동력은 무엇인가? 등을 알아야 한다. 그리고 문제와 체험을 상대방의 관점에서 바라보고 타지역 문화를 이해한다.

또 자신과 상대방에게 관대하게 행동하면서 우선 나와 타인, 모두 실수할 수 있다는 점을 인정하고 또 인내하고 자제하여야 한다.

금기사항으로는 상대의 문화에 자신의 문화를 계속 비교하여 자기민족이 우월주의적일 수 있다는 점을 쉽게 표현해서는 안된다.

2. 에티켓 지침

1) 매너에 주의

외국 문화권에서는 평소 하던 것보다 공손하게 하고 형식을 취해야 하는데 보통은 집을 떠나 있으면 격식을 떨쳐버리고픈 유혹을 사로잡히기 쉽다. 그러나 그 유혹을 이겨 내야 하는데 이름만 부르거나 '안녕'하는 식으로 가볍게 말해서는 안 된다. 보다 친근한 말을 써도 좋다는 요청을 받기 전에는 항상 형식을 갖추어 대한다.

2) 존중의사 표시

일부러 시간을 내어 이름과 직함을 배우고 정확하게 발음할 수 있도록 해야 하며 그 나라 말을 배울 때 발음이 정확하게 되도록 노력을 해야 한다. 사소한 발음 잘못으로 큰 방패를 볼 수도 있다. 상대가 자신의 말을 잘 이해하지 못한다고 해서 무조건 큰 소리로 말하는 방법은 상대를 모욕하는 결과가 된다. 그리고 그 문화에서의 선물 주는 법을 알아야하는데 당연히 협상당사 기업의 선물 방침도 알고 있어야 한다. 또한 선물과 관련된 협상하는 나라와 그 나라의 법적 제한에 대해서도 알고 있어야 한다. 특히 아시아에서는 상대의 체면을 깎는 일을 피해야 하며 명함을 소중하게 다루어야 한다. 명함을 받으면 열심히 읽고 주고받을 때는 두 손으로 할 것이며 잘 보관하고, 약간 보수적인 차림을 한다면 그게 안전하다.

3) 인내심을 유지

시간 이용 방식과 시간에 대한 개념은 그 나라 문화마다 다르다. 서두르는 태도는 본인은 물론 상대에게 스트레스가 될 것이고 때에 따라 협상관계에도 피해를 주어 비즈니스 기회를 잃게 될 수도 있다. 약속시간을 정해두었다 하더라도 상대가 항상 제시간을 지킬 것이라고는 너무 기대하지 말고 인내심을 가지고 기다려야 한다.

4) 적절한 행동

협상당사자는 하루 24시간 내내 협상자의 국가와 문화, 그리고 기업을 대표하는 사람이다. 친절한 행동을 하고 연회석에 갈 때는 준비되는 음식을 미리 파악해두고 술과 관계된 그 지역의 관습도 알아 두어야 한다. 예를 들면 회교도들은 술을 먹지 않고 돼지고기도 안 먹는다. 힌두교도들은 쇠고기를 안 먹는다.

5) 충분한 준비와 확인

협상상대국에 가기 전에 가능한 한 공부를 많이 해야 하지만, 지나치게 많은 추측은 하지 말 것이며 성급하게 특징짓지 않아야 한다. 또 기회가 날 때마다 협상당사자 자신이 제대로 이해하고 있는지를 점검한다.

3. 상대정보수집

1) 상대측에 관해 알아야 할 점

- 그들의 권한과 결정권은 어느 정도인가?
- 그들의 주요 욕구 사항과 필요 사항은 무엇인가?
- 그들은 어떤 포지션을 차지하려 할 것 같은가?
- 그들 사업의 성과 기록은 어떠한가?
- 그들의 장단기 전략은 무엇인가?
- 그들이 직면하고 있는 주요 문제는 무엇인가?
- 그들은 어떤 조직 구조로 전략을 수행하고 있는가?
- 그들의 기업 문화의 특징은 무엇인가?
- 그들의 주요 시작에는 어떤 것이 있나?
- 그들의 주요 경쟁 상대는 누구인가?
- 그들의 주요 성장 기회에는 어떤 것이 있나?
- 그들의 경쟁 우위의 원천은 무엇인가?
- 우리 기업과 관계를 맺으면 그들은 어떤 이익을 보게 되나?
- 그들이 다른 기업과 함께 일해 본 경험에는 어떤 것들이 있나?

2) 상대측의 경제 환경에 관해 알아야 할 점

- 그들의 통화 및 재정 정책은 무엇인가?
- 사업 재정의 주요 원천은 어디에 있는가?
- 그들의 인플레이션 수준은 어느 정도인가?
- 그들의 세무 구조는 어떤 식인가?
- 그들의 이자율 수준은 어느 정도인가?
- 그들의 임금 및 급여 수준은?
- 이 나라의 통화 사정은 어떤가? 태환성이 높은가? 환율은 얼마인가?
- 그들은 지역경제블록(유럽 연합, 아시아 자유 무역 연합 등)에 가입해 있는가?
- 경제 발전 수준은 어느 정도인가?

- 이 나라 노조들은 어느 정도 기능하고 있나?
- 이 나라의 주요 경제적 기회들에는 무엇이 있나?
- 공급자 및 유통 체계에는 무엇이 있나?
- 외국 무역에 대해 어떤 제재를 가하는가?
- 이 나라는 외국 기업과 관련된 어떤 경험을 가지고 있나?

3) 상대측의 정치적 환경과 관련해서 알아야 할 점

- 지배적인 정치 이데올로기는 무엇인가?
- 정부 형태는 어떤가?
- 정부와 경제계(국내외)의 관계는 어떤가?
- 정부의 안정도는 어느 정도인가?
- 정부의 주요 해외 정책에는 어떤 것이 있나?
- 야당의 성격은 어떤가?(정치적 야당인가 아니면 테러 집단인가)
- 이 나라의 사회적 혼란의 역사는 어떤가?
- 특정 이익 단체들의 성격, 역할, 영향력은 어느 정도인가?

4) 상대측이 법률 환경에 대해 알아야 할 점

- 이 나라 법 전통의 근간은 무엇인가?(로마식 법률, 사회주의 법률, 회교율법)
- 법 제도의 영향력은 어느 정도인가?
- 이 나라의 법률과 경제는 어떤 관련이 있는가?
- 외국 기업과 협상하거나 비즈니스 할 때 관련되는 법규에는 어떤 것이 있는가?
- 특허, 등록상표, 브랜드명, 지식 소유권, 기술 혁신 등과 관련된 법규는 어떤가?
- 변호사는 어느 정도 역할을 할수 있는가?
- 법률은 비즈니스 계약서에 어떤 영향을 미치는가?

5) 상대측 나라의 문화와 관련해 알아야 할 점

- 이 나라에는 어떤 민족 및 문화 집단들이 있는가?
- 환경, 시간, 행동, 커뮤니케이션, 공간, 권력, 개인주의, 경쟁, 구조, 사고와 관련해 어떤 문화 정향들이 지배적인가?
- 이러한 문화 정향들은 비즈니스 행위에 어떤 영향을 미치는가?
- 어떤 언어를 사용하는가? 영어가 널리 쓰이고 있는가?
- 주요 종교적, 윤리적, 철학적 신념에는 어떤 것들이 있나?
- 주요 관습과 의례에는 어떤 것들이 있나?
- 이 나라에는 위인으로 치는 인물들은 누구인가?
- 토론이나 논의에 주로 등장하는 화제에는 어떤 것들이 있나?
- 어떤 형태의 교육 제도를 취하고 있는가?
- 이 나라 문화 변동 및 문화 갈등의 성격은 어떠한가?
- 이 나라에서는 문화가 비즈니스의 지위와 기능에 어떤 영향을 미치고 있는가?

4. 협상준비시 확인사항

1) 자기평가

- 나는 무엇을 원하는가? (목표점을 정하라)
- 나의 대안은 무엇인가? (BATNA를 확인하라)
- 나의 양보점은 무엇인가?
- 관심초점이 있는가?
- 나의 매몰비용은 무엇인가?
- 나의 목표점이 양보점에 의해 영향을 받지 않는가?
- 협상의 의제는 무엇인가?
- 의제들의 대안은 무엇인가?
- 동등한 가치의 복수의제 제안을 찾아보았는가?
- 나의 위험 가능성을 따져보았는가?

2) 상대방 평가

- 상대방은 누구인가?
- 협상 테이블에 나타나지 않는 당사자가 있는가?
- 상대방은 일심동체인가?
- 상대방과 관련되는 의제는 무엇인가?
- 무엇이 상대방의 관심 사항인가?
- 무엇이 상대방의 관심 사항인가?
- 각 의제별 상대방의 대안은 무엇인가?
- 상대방의 입장은 무엇인가?
- 상대방의 BATNAS는 무엇인가?

3) 상황평가

- 협상은 일회적인가, 장기적인가, 반복적인가?
- 협상의 원인이 희소자원이나 이념차이 때문인가, 아니면 양쪽 모두 때문인가?
- 필연적인 현상인가, 기회를 높이기 위한 협상인가?
- 협상은 교환상황인가, 분쟁 상황인가?
- 파급효과가 있는가?
- 합의가 반드시 필요한가?
- 합법적인 협상인가?
- 협상결과에 다시 추인이 필요한가?
- 최종시한 또는 시간비용이 있는가?
- 계약이 공식적인 것인가, 비공식적인 것인가?
- 협상을 어디에서 할 것인가?
- 협상이 공개적인가, 비공개적인가?
- 삼자개입의 가능성이 있는가?
- 어떠한 관행에 따라 협상이 진행되는가?
- 제안을 한 번 이상 주고받아야 하는가?
- 의사소통이 명시적인가, 묵시적인가?

- 협상에서 당사자간 힘의 차이가 중요한 요소인가?
- 선례가 중요한가?

5. 팀 협상 준비작업

1) 제 1단계 : 개인 준비사항

- 의제를 확인한다.
- BATNA를 확인한다.
- 최악의 시나리오를 예측해본다.
- 최상의 시나리오를 예측해본다.
- 이 시나리오들을 적어서 나중에 팀원들과 의견을 나눈다.

2) 제 2단계 : 사전회의 운영 절차를 정하라

- 누가 회의를 주재할 것인가?
- 어떤 도구(계산기, 플립차트, 컴퓨터 등)가 필요하며 누가 준비할 것인가?
- 협상장에 제 시간에 도착하기 위해 시간계획을 잘 짜야 하며, 누가 이를 관리할 것인가?

3) 제 3단계 : 전략을 논의하기 전, 팀원간에 알고 있는 사실과 정보를 명백히 하라

- '입장과 이해관계'를 적어보라.
- 당신의 우선순위를 정하고, 이유도 분명히 하라.
- 상대방의 우선순위에 대해서도 연구하라.
- 상대로부터 필요한 정보가 무엇인지 명백히 하라.
- BATNA를 정하라.
- 상대방의 BATNA도 생각해보라
- 최강의 경우, 즉 양보점을 분명히 하라.
- 최상의 경우, 즉 목표도 분명히 하라.
- 확인하고 살펴보아야 할 목록을 작성하라.

• 너무 민감해서 절대로 밝히지 말아야 할 정보가 무엇인지도 생각하라.
• 상대가 물으면 알려줄 수도 있는 정보가 무엇인지도 분명히 하라.

4) 제 4단계 : 전략

• 최초 제안을 팀원이 함께 만들라(상대가 먼저 제안하기를 단순히 기다리는 것은 권할 만하지 않다. 어떤 시점에 당신도 제안을 할 수 있어야 한다.
• 협상대표(발언자)를 선정하라.
• 전략 책임자(들으면서 전략을 구상하는 사람)를 선정하라.
• 숫자를 다루기 위한 회계전문가를 선정하라.
• 진행상황을 기록할 사람을 선정하라. 논의를 위해 정화를 하기 위한 암호를 정하라.

| 제3절 |

국제협상의 주체

1. 협상당사자의 수

협상의 당사자가 개인인 경우에는 한 사람이 대부분의 일을 수행하지만, 협상팀인 경우에는 협상팀의 대표(chief spokesman), 특정 이슈에 대한 전문가, 법률전문가, 경제전문가, 협상전략가, 비용분석가, 기록인, 참관인 등으로 구성되는 것이 일반적이다. 따라서 협상팀의 구성원들을 분석하고, 협상의 이해관계, 협상과정과 결과, 협상유형 등의 분석이 필요하다.

왜냐하면 협상구성원들을 전체구도와 함께 같은 장에서 분석하는 것은 구성원들이 실질적으로 협상을 움직여 나가는 행위자들이기 때문이며 협상과정과 결과에 가장 중요한 영향을 미치기 때문이다.

따라서 국제협상은 국내협상에 비해 이해관계가 상당히 복잡하고 전문성에 대한 필요가 특별하므로 국제협상의 주체는 대개의 경우, 1인 이상의 팀으로 구성되는 것이 보통이다. 성공적인 협상을 위해서는 전문지적과 더불어 협상능력을 고루 갖추고 조직 내의 이해관계를 적절하게 반영할 수 있는 협상가가 필요하며 이는 특정한 사람이 이 모든 능력을 갖추기는 매우 어렵기 때문이다. 협상과정에서 발생하는 여러 가지 사안을 관리하고 다양한 대안에 능동적으로 대응하기에는 한 사람만으로는 한계가 있으며 협상 상대와 나눌 대화 창구를 하나로 한정하는 것은 협상의 유연성을 감소시키는 결정적인 이유가 되기도 한다.

또 협상은 협상팀을 구성하여 조직 내의 다양한 이해관계를 반영하고 협상의 진행에 다양성 있게 대응할 수 있도록 여러 부서의 인물들로 조직되는 것이 바람직하다. 즉 협상은 팀워크가 중시되는 종합예술이라 하겠다. 더구나 국제협상의 객관성과 전문성을 높이기 위해서는 대부분의 협상팀에 있어 경영 및 재무담당자, 기술전문가, 법률전문가 등을 포함하는 포괄성과 전문성을 갖추는 것이 중요하며 이러한 팀원의 다양한 구성은 협상의 진행에 풍부한 체계성을 제공할 수 있다는 점에서 바람직하다.

한편, 팀원의 구성이 너무 많으면 내부적인 팀원간의 조율이 협상의 효율적인 진행을 오히려 방해하는 경우가 발생하므로 적정한 규모로 최소화하는 것이 바람직하며 책임자 이외의 구성원은 법률팀, 기술팀 등 필요시에만 협상에 참가하는 순환형 전문팀을 보조로 활용할 수도 있다.

2. 협상구성원 자격

1) 구성원 개요

협상과정을 보면 한 사람과 같이 동질적으로 보일 수 있겠지만, 자세히 들여다보면 정도의 차이는 있으나 개인이나 하위집단의 가치관, 동기, 이해관계, 형태 등이 달라서 한 사람처럼 다룰 수 없는 경우가 적지 않다.

그리고 협상팀의 수가 많은 경우 협상과정의 진전과 더불어 각자의 이해관계가 분명해지고, 이에 따라 각각 전략적인 입장을 취하게 되면서 그들간의 연합(coalition)이 형성된다. 이러한 연합의 형성은 협상당사자의 수를 줄여 주고 세력관계에 변화를 주게 된다. 협상당사자의 수가 줄어들고 협상자원과 권력관계가 변화되면, 협상의 판도가 달라지고 이것은 각 집단의 협상력과 전략에 역동적인 변화를 주게 된다.

따라서 장기적인 국제협상에서 지속적인 협상력의 우위를 가지고 명확한 방향설정을 통해 유리한 협상결과를 얻어내기 위해서는 협상팀원을 구성함에 있어 다음과 같이 보다 전문성 있고 체계적인 자격요건을 사전에 정해놓는 것이 바람직하다. 국제협상의 결과는 단순한 기업차원은 물론 국가적인 차원에 이르기까지 다양한 형태로 그 효과가 크다는 점에서 협상팀원의 자격요건은 더욱 중시될 필요가 있다. 더구나 고도로 체계적이고 다양한 업무가 복합적으로 추진되는 협상팀의 조직은 국제협상의 범위와 규모 및 협상결과에 대한 위험 등을 고려할 때, 보다 전문적인 국제협상요원으로 구성하지 않으면 안 된다. 이러한 협상팀의 구성원은 국제협상당사자로서의 3대 인성요소인 기획력·추진력·협상력을 겸비하여야만 한다.

2) 구성원의 기획력

협상조직 구성원의 기획력은 국제협상의 전체적인 업무흐름도를 항상 염두에 두고 급한 업무와 중요한 업무간의 완급을 조정할 수 있는 능력을 말하며, 복잡하면서도 다양하게 동시에 추진되는 국제협상 관련 업무들을 전체적인 흐름의 관점에서 명확하게 처리하는 능력을 말한다. 또한 기획력을 갖춘 전문가는 협상력과 관련된 다양한 형태의 협상에서 체계적으로 업무에 임함으로써 협상환경의 변화 또는 의제의 재조정과 관련하여 보다 탄력적으로 대응할 수 있음과 동시에 서로 모순되는 약속이나 자사에 불리한 결과를 초래하는 협상을 최대한으로 회피할 수 있게 된다.

3) 구성원의 추진력

협상조직 구성원의 추진력은 국제협상의 속성상 장기에 걸쳐 다양한 이해관계를 조정하는 과정에서 발생하기 쉬운 국제협상의 어려움을 극복하고 소신을 가지고 책임 있는 업무수행 및 협상의 지속적인 추진에 가장 필요한 성격으로서 실무추진의 핵심적인 역할을 담당하게 된다. 국제협상이란 그 규모와 결과 측면에서 단기간에 결정되는 경우가 드물고 이에 따라 총괄적인 협상책임자를 임명하여 지속적으로 협상환경의 변화에 능동적으로 대응하며 사내외 의견조율에 꾸준히 힘쓰도록 하여야 한다. 따라서 추진력은 장기적인 국제협상개발사업의 성격상 필수 불가결한 요소로 하겠다.

4) 구성원의 협상력

협상조직 구성원의 협상력은 인화나 단결을 기본으로 냉철한 판단력과 동시에 탄력적인 업무추진이 요구된다. 항상 상대방의 입장에서 업무를 먼저 파악하고 여기에 협상모체의 전체적인 이해를 염두에 둔 시각으로 조명하여 기본적인 협상원칙은 유지하되 경우에 따라서는 기본원칙의 탄력적인 운영은 물론, 상호호혜(mutual benefits)의 입장에서 신뢰받을 수 있는 중재자의 입장을 상대방에게 강력히 부각되도록 협상을 추진한다. 따라서 상대방에게 호감을 주는 협상이란 곧 쌍방의 공동 이익을 추구하는 협력게임(co-operative game)적인 차원에서 상호에게 모두 도움이 되는 호혜게임(positive-sum game)이라는 인식을 심어주어야 하는 것이다. 따라서 양보할 것과 양보받을 것을 적절하게 구사하며 각각의 경우에 대한 최적의 당위성으로 상대방을 설득시킴으로써 참여자 모두의 공감대를 얻어내야 하는 것이다.

따라서 계약이나 협상에서 진정으로 목적한 바를 달성하기 위해서는 협상이나 계약에 들어가기에 앞서 참여자 개개인의 마음을 사전에 확실히 사로잡을 수 있는 신뢰성과 합리성을 부각시킬 필요가 있다.

3. 협상 당사자의 성질

1) 협상자 유형

한편으로는 협상당사자의 성향은 동질적이어서 팀 전체로 볼 때 하나의 덩어리 같은 단일체(monolithic)인 경우에서부터 다른 한편으로는 구성원이 이질적이어서 별개의 대표단과 같이 취급하는 것이 보다 현실에 가까운 경우까지 있을 수 있다. 협상과정을 대략 살펴보면 한 사람과 같이 동질적으로 보일 수 있겠지만 자세히 들여다보면 정도의 차이는 있으나 개인이나 하위집단의 가치관, 동기, 이해관계, 행태 등이 달라서 한 사람처럼 다룰 수 없는 경우가 적지 않다.

협상당사자들의 형태별 유형으로는, 처음에는 경쟁적이다가 나중에 협조적으로 변하는 회개한 죄인형(reformed sinner), 처음에는 협조적이었다가 경쟁적으로 변하는 타락한 성자형(lapsed saint), 공격이나 위협에 유순하여 오른뺨을 치면 왼뺨을 내놓는 애타주의자형(turn the other cheek), 그리고 비타협적인 제안에 위협을 가하고 '이에는 이'로 대하는 제지형(deterrence) 등이 있다. 이러한 상호관계가 협상과정에서 갈등의 전개양상과 협상의 실질적인 이익의 배분에 영향을 미치리라고 쉽게 추정할 수 있다.

2) 협조적 경쟁자

협상당사자들이 어떠한 기본적인 행위규범을 가지고 협상에 임하느냐에 따라 완강한 적대자(strident antagonist)와 완전한 협조자(fully cooperative partner)로 양극단으로 하고 그 중간에 협조적 경쟁자(cooperative antagonist)를 예측할 수 있다.6)

일반적으로 완강한 적대자는 우선 악의적이고 믿을 수 없는 행위를 한다. 그들은 상대방의 입장을 전적으로 무시하고, 쉽게 배신하며, 권력을 최대한 노골적으로 행사한다. 예를 들어 비행기 납치범, 어린이 유괴범, 질서를 파괴하는 갱단 등이 가지고 있는 규범이 여기에 속한다. 이성적인 사람이 판단기준에서는 이러한 협상당사자가 때로는 정신이상 상태에 있지 않나 의심되기도 한다. 그러나 그들은 존망의 위협 하에 있기 때문에 정상적인 사람이 가지고 있는 건전한 규범을 가지기가 어렵다.

완전한 협조자는 상이한 가치나 욕구를 가졌지만 상대방에게 자신의 의사를 거의 완전하게 밝히며 협조적 지향을 지닌 상대에게서 찾아볼 수 있다. 그들은 상호간에 정직성과 정보공개를 기대하며 전략적인 자세를 취하지 않는다. 그들은 때로 상대방을 응집된 단일체로 느끼기도 하며 상대방이 무엇을 진정으로 바라는가에 많은 관심을 갖는다. 행복한 부부나 진지한 과학자팀과 같이 공동목표에 대한 헌신도가 높은 관계에서 이러한 행동준칙을 찾아볼 수 있다.

이상의 두 가지 극단적인 경우는 이상형(ideal types)에 속하는 것으로 협상이론을 개발하는 데 있어서 가치있는 연구대상은 아니다. 그 이유는 첫 번째 경우 이해관계가 너무나 적대적이거나 경쟁적이어서 협상의 여지가 아주 좁아

---

6) Howard Raiffa, op. cit., pp. 18~19.

지기 때문이고, 두 번째 경우 이해관계가 너무나 상호보완적이거나 조화지향적이어서 협상의 대상이 되는 갈등이 심각하지 않은 경우가 대부분이기 때문이다. 따라서 협상은 위의 두 가지 극단적인 유형보다는 그 중간에 존재하는 수많은 갈등을 해소하는데 필요한 것이다.

협상이나 중재 연구에서 전형적으로 전제하는 것은 협조적 경쟁자 유형이다. 이 유형에서는 협상당사자들이 그들의 이해관계가 상반된다는 사실을 인정하고 있고 동시에 모든 당사자들이 자신의 이익을 증대시키려는 것이 1차적 목적이라고 믿지만, 서로 타협점을 찾으려는 노력 또한 게을리 하지 않는다. 그들은 악의에 차 있지도 않지만 그렇다고 이타주의를 신봉하는 것도 아니다. 그들은 신뢰의 정도는 각기 다르지만 상대방을 신뢰하는 편이다. 그러나 비록 상대를 완전히 믿을 수 있는 존재로 생각하지는 않을지라도 자신은 신뢰를 쌓으려고 노력하는 자세를 견지한다. 그들은 자신들의 협상력을 선의로 사용하고, 또 협상규칙을 준수하며 타결된 합의안을 준수하려고 한다.[7)]

3) 협상팀의 내부와 외부

협상팀의 수가 많은 경우 협상과정의 진전과 더불어 각자의 이해관계가 분명해지고, 이에 따라 각각 전략적인 입장을 취하게 되면서 그들간의 연합(coalition)이 형성된다. 이러한 연합의 형성은 협상당사자의 수를 줄여 주고 세력관계에 변화를 주게 된다. 협상당사자의 수가 줄어들고 협상자원과 권력관계가 변화되면, 협상의 판도가 달라지고 이것은 각 집단의 협상력과 전략에 역동적인 변화를 주게 된다. 연합이 변하면서 당사자의 성질도 변화된다.

협상은 내부협상(internal negotiation)과 외부협상(external negotiation)으로

---

7) 이 책의 관심은 어디까지나 '원칙하의 협상'이 어떠한 과정을 거치며, 협상의 분석적인 접근이 원칙협상에 어떻게 기여하는가를 밝히는 것이어서, 협조적 경쟁자가 주요 관심사이다. 그러나 현실적으로는 '협상테이블의 분석' 못지않게 어떻게 하면 적대적인 상대를 협상테이블로 끌어내느냐 하는 연구도 중요하다. 합리적인 원칙협상을 추진하기 위해서는 완강한 적대관계에 있는 상대를 관리하는 협상에 관한 협상(negotiation on negotiation)이나 그 이전의 대치상황이 추가적으로 연구되어야 한다. 이러한 분야는 협의의 협상연구라기 보다는 전략연구로 보는 것이 적절할 것이다. 그런데 적대자의 관리문제나 음모설(conspiracy theory)적 관계에서 나타나는 지배·복종의 관계는 깊이 있게 연구되고 있지 못한 것이 현실이다.

나누어 볼 수 있다. 광의로 협상팀이 내부와 상대팀과의 관계는 성격이 확실히 다르다. 한 쪽 협상대표팀 내부의 의견조정이나 협상대표와 주인격인 무체간의 권한위임과 자율권을 둘러싼 협의가 전자에 속하고, 협상팀간의 경쟁적 협상이 후자에 속한다.

예를 들어, 한·미 통상협상의 어떤 이슈에 대해서 우리나라의 재정기획부, 농림수산부, 외교통상부의 입장이 다를 수 있다. 농산물수입건만 보더라도 수입량, 시판가격, 재정부담금, 조세구조, 제조업체의 가격결정시 재정기획부 신고 여부, 판매망 등과 같은 이슈에 대해 부처간에 의견이 다르다. 각 부처는 조직의 사명, 목표, 정책성향, 입장 등에 따라 상이한 견해를 가질 수 있다. 따라서 한·미간에 외부협상을 진행하기 이전에 이들 이슈에 대한 관련 부처들의 의견조정 및 합의가 있어야 한다. 그 조정과정이 일종의 내부협상으로 관찰될 수 있는데 합리적인 이견해소방법에서부터 힘에 의한 내부게임에 이르기까지 다양한 조정과정을 택할 것이다. 내부협상의 중요성에 대해서는 이미 오래전부터 언급된 바 있다. 도쿄 라운드 국제통상협상에서 스트라우스(Robert S. Strauss)는 "내가 특별무역대표로 근무하는 동안 국내 산업과 노동계를 막론한 국내집단과 협상하며 보낸 시간은 외국 무역대표들과 협상하며 보낸 시간 못지않게 많았다."고 밝힌 적이 있다.[8)]

따라서 국가간의 협상에서는 이해관계가 다른 여러 집단이 자신의 이익을 보호하기 위하여 협상과정에 영향을 미치려고 할 것이고, 협상이 타결되고 집행되는 단계에서도 자신의 이익이 침해될 경우 심한 저장을 하게 된다. 이것은 대체로 국내 정책과정문제로 파악되는데, 종래에 이루어졌다고 생각하는 이해관계의 균형이나 상징적 관계가 협상을 계기로 변화함으로써 피해를 보는 측이 새로운 정책요구를 투입하는 과정으로 보아야 한다. 이러한 사후조정 필요성에 관한 고려사항은 본 협상과정에 반영되어야 하지만 이해당사자들이 나서지 않는 경우 구체적으로 반영되는 데는 한계가 있다.

농산물협상에서 농민들은 수입개방으로 인한 피해를 왜 농민들이 부담해야

8) Robert D. Putnam, "diplomacy and Domestic Politics : The Logic of Two-Level Games," Double-Edged Diplomacy : International Bargaining and Domestic Politics, Berkeley(Los Angeles, London : University of California Press, 1993).

하는가를 못마땅하게 생각할 것이고, 사회 일각에서는 농산물 수입확대가 식량자급 기반을 흔들고 결과적으로 우리나라가 미국 등과 같은 농산물 수출국들에게 예속당할 것이라는 우려를 표명한다. 공산품 수출과 관련된 업계에서는 작은 이익을 보호하려다 공산품 수출로 생길 막대한 이익을 놓칠 것으로 우려한다. 이러한 반발과 우려가 협상에 임하는 대표들에게 제약을 줄 것이다. 한편 협상대표들은 이러한 국내의 정치・경제적 변수를 협상과정에 투입시켜 협상력을 증대시키는 데 이용하기도 한다. 이렇듯 협상이 진행되는 과정에서 국내 이해관계집단간의 의견조정이 어려울 경우 국가간의 협상도 그 만큼 난항을 겪게 된다.

4) 주요 당사자

협상의 사회적 구조를 협의로 보면 협상과정과 결과에 관련된 개인과 집단이 주로 포함된다. 주로 협상을 움직여가는 행위자들간의 관계에 초점이 맞추면서 주요당사자를 파악하는 것이 역동적 관계의 이해에 도움이 된다. 여기에는 몇 가지 수준이 있는데 이를 대별하면 다음과 같다.

첫째, 협상하는 두 사람(negotiation dyad)으로서 협상당사자가 1인씩 있는 가장 간단한 양자협상(bilateral negotiation)을 지칭한다. 이 경우는 협상팀이 한 사람으로 되어 있기 때문에 협상팀 내부의 이견 조정과정이 필요 없게 되어 협상구도가 단순하며 따라서 분석도 심도있게 체계적으로 진척될 수 있다. 게임이론과 같은 합리적, 논리적 분석을 용이하게 하며 효율성에 대한 분석이 명료하다. 또한 협상대표와 관계자간의 의사소통도 비교적 간단하게 이루어질 수 있다.

둘째, 복수의 협상팀이 있을 수 있는데, 협상당사자의 구성이 복수이고 협상팀의 수가 2개인 경우도 있고 3개 이상인 경우도 있다. 이 경우에는 팀 내부의 의견조정이 어려워지며 협상팀의 수가 많아지면 다자협상(multilateral negotiation)이 되어 협상은 상당히 복잡한 구도가[9] 형성되기 때문에 분석적인 접근이 어려운 경우가 많으며 개인간・집단간 상호작용이 다양하기 때문에 그 만큼 협상과정이 복잡하다. 특히 제세력간의 연합(coalition)이 활발하여 당사

---

9) 대부분의 협상에서 실제로 진행되는 협상과정은 3개 이상이라고 한다. 협상팀마다 내부 의견 조정을 시도하면서 협상테이블에서 상대방과 협상을 하기 때문이다.

자의 구성과 이슈의 논제가 변하기 때문에 체계적인 분석이 미치지 못하는 경우도 많다.

셋째, 실질적 이해당사자(협상모체:constituencies)는 위의 협상대표와 별개로 협상과정에서 중요한 행위자가 된다. 협상대표는 보통 협상주체(principal)의 대리인(agent) 역할을 하는 경우가 대부분이다. 협상의 모체는 자신들의 이익을 협상대표를 통해 협상과정에 반영시키는 주체로서 바로 실질적 이해당사자인 것이다. 어떤 경우에는 이익단체로 파악되기도 하고 어떤 경우에는 공익을 대변하는 국민전체로 파악되기도 한다.

국가간의 협상에서는 국민이, 기업간의 협상에서는 주주가 협상의 모체가 되는데, 이러한 모체는 실제로 협상테이블에 앉지는 않지만 결국 이 협상에서 타결된 결과를 실질적으로 수용한다. 협상대표는 항상 협상모체의 의사를 충실히 반영해야 하며, 그들 사이에는 전략적 게임과 그에 따른 불확실성이 최대한 통제되어야 한다. 그런데 협상모체는 협상당사자와의 법적·제도적 관계에 따라서 몇 가지 집단으로 나누어질 수 있다. 예를 들어 정보를 대표한 일단의 관료가 국제통상협상에 나간다고 할 경우, 1차적인 모체는 그 나라의 정보가 되고, 2차적으로는 협상으로 인하여 직접적으로 영향을 받게 되는 이해관계집단이 되며 종국적으로는 전 국민이 모체가 된다. 이렇게 모체가 다층화되면서 협상의 사회적 관계와 환경도 다르게 변하고 그들이 반영하고자 하는 이해관계도 달라지는 문제가 생긴다.

넷째, 협상의 실질적 이해당사자보다 약간 더 멀리 떨어져 있는 집단으로 협상관찰자(bystander)가 있다. 협상의 관찰자는 직접 혹은 간접으로 이해관계를 가질 수도 있으나 협상대표들이 반드시 이들의 견해를 대변하지는 않는다. 그러나 단순 관람자이거나 국외자인 이들이 협상에 끌려 들어가기도 하며 협상결과에 의해서 영향을 받기도 한다. 이들의 의견이 협상의 이해관계자를 자극하여 협상과정이 험난해지기도 한다. 또한 이들은 자체적으로 의견을 가지고 있기 때문에 협상결과의 실현과정에 간접적인 영향을 미치기도 한다.

다섯째, 통일된 의견없이 수동적으로 협상을 지켜보는 협상청중(audience)이 거론될 수 있다. 이들은 협상에 직접적으로 간여하지는 않으나, 협상 당사자들이 협상과정과 결과에 영향을 미치기 위하여 직접·간접적으로 메시지를 띄우는 대상들이다. 협상당사자들은 청중집단이 있는 경우와 없는 경우에 각기 다른 전략과 전술을 선택하여야한다. 예컨대 청중이 존재하는 경우 이들에게 영향을 미쳐 부가적인 효과를 노리게 되는데 이러한 경우에 파생되는 효과를 청중효과(audience effects)라고 한다. 그런데 모의실험연구에 따르면 협상당사자들이 식견이나 경륜면에서 높이 평가하는 두드러진 인물(salient audience)이 협상과정에 참관하는 경우 이런 인물의 영향력이 극적으로 증대되는 경향이 있다는 것이다.

이상에서 거론된 바와 같이 협상에는 다섯 층에 주요당사자 구도가 존재하는데 협상과정에서는 이들간의 상호작용이 동태적으로 진행되며 각 층의 위상과 그들간의 관계가 변하게 된다. 이러한 층간에도 정보가 의도적으로 유통되고 압력이 행사된다. 어떤 경우에는 외부층으로부터 나오는 압력에 의하여 실제 협상테이블에 있는 협상당사자들의 협상목표, 전략, 전술 등이 변경되기도 한다.

그리고 이해당사자 혹은 이해관계집단을 협상모체와 분리하여 고찰 할 수도 있다. 협상에 걸려 있는 이해가 일부 집단에만 국한되는 경우 이 양자를 분리시켜 협상모체를 외부관찰자나 청중과 같이 취급할 수도 있을 것이다. 물론 이해관계집단이 중요한 비중을 차지하고 있고, 모체가 상당한 관심을 가질 때도 양자관계를 나누어서 고찰하는 것이 필요하다.

예를 들어, WTO 농업협상과정에서 각국의 농민집단이나 농업관련 이익집단은 협상모체인 각국 국민의 하위집단을 구성한다. 이들은 협상 이슈와 과정에 예민하게 반응하고, 이들이 직접 협상당사자의 전략과 행동에 압력을 행사하여 그들의 행동을 구속하기도 한다. 협상결과가 이들의 이해에 직결되기 때문에 단순한 외부 관찰자나 청중으로 취급하기에는 어려운 점이 있다. 이러한 경우 이해관계집단들을 별도의 구성요소로 취급하고, 한 층의 구도를 더 추가하는 것이 정확한 분석에 도움이 될 것이다.

4. 협상의 제3자

1) 제3자의 개념

가장 단순화된 협상구성원은 협상당사자와 상대방의 2인구도로 구성되며 여기서 좀더 확장시키면 협상환경을 이루며 협상당사자와 관련된 이해관계자들로 확대될 수 있다. 이렇게 구성원들이 복잡해지면 그들은 각각 다른 관점에서 서로의 이해관계를 주장하게 되고 이러한 경향은 국내협상에 비해 이해관계자가 많고 문화적 배경이 상이한 국제협상에서 더욱 심각한 문제로 대두되게 된다.

국제협상에는 직접적인 이해관계를 가진 협상당사자로서의 협상주체 이외에도 협상의 진행에 상당한 영향을 미치는 제3자들이 있기 마련이다. 이러한 경우, 국제협상의 제3자로서 보통 중재자나 조정자들이 협상에 실제로 간여하는 경우가 상당히 많이 발견된다.

국제협상의 제3자는 협상환경의 주요한 구성요소가 되기도 하고, 독자적으로 협상과정과 결과에 영향을 미치기도 하므로 독립적으로 다루어야 할 정도로 중요한 위치를 차지하고 있다. 이러한 제3자의 활동으로 흔히 알선, 조정 그리고 중재 등이 있다. 이러한 구분은 국내법에서나 국제법에서도 함께 통용되고 있다.

2) 알선자

알선자란 주로 국제적으로 권위있는 기관의 장 또는 그가 임명한 알선인 또는 협상조성자(conciliator, facilitator)가 자주적인 교섭의 장애를 제거하기 위해 쌍방의 의견차이를 근접시켜 나가는 활동하는 자를 말한다. 이러한 알선자는 자신이 직접 타결안을 제시할 수는 없다. 다만, 알선자의 활동으로 쌍방이 자율적으로 이견을 좁혀 타협안이 나오게 되는 경우에는 국제협상의 합의결과와 같은 효력을 가진다. 알선자는 국내외를 막론하고 제도적인 유형이라고 보기보다는 정치의 장에서 찾아볼 수 있는 유형이다.

3) 조정자

조정자는 협상당사자들이 의도를 제약하지는 못하지만, 당사자들에게 협상을 통하는 것이 다른 어떤 행동대안보다 우월하다는 것을 인식시켜 당사자간의 자율적인 갈등해소를 유도한다. 또한 당사자들로 하여금 '모두가 수용할 수 있는 안'에 합의하도록 유도하며, 때로는 자신이 조정안을 작성하여 협상당사자들의 수락을 요구하기도 한다. 이때 그는 공정성이 있는 것으로 인지되는 영역을 의미하는 공정성 인지영역(perceived zone of fairness)내에서 조정안의 구체적인 내용을 통하여 화해를 유도한다.

4) 중재자

협상의 진전과정에 보다 깊이 관여하는 제3자로 중재자(arbitrator)를 들 수 있다. 중재자는 1차적으로 서로의 제안을 듣고, 사실을 인식시키며, 협상당사자들이 그들끼리 해결안을 찾아내도록 독려한다. 이러한 1차적 독려가 성사되지 않을 때는 2차적으로 자신이 직접 해결안을 마련하여 제시하기도 한다. 중재자는 대게 당사자간의 합의로 결정되는 경우가 일반적이므로, 여러 차례의 반복된 자율적 화해 시도가 실패로 돌아갈 때는 타협안을 만들어 당사자들을 강제할 수 있는 권한도 가질 수 있다. 협상의 중재에 대한 강제권력을 행사할 수 있다는 점에서 여타 제3자의 협상참여 기능과 다른 점이다.[10)]

| 제4절 |

협상의 유형

1. 협상유형과 종류

일반적으로 협상의 당사자(concerned parties in negotiation)가 되어 협상에 임하게 될 경우 다음과 같은 네 가지의 협상유형을 보이게 된다.

첫째는 적극적 협상(moving against)유형으로 설명, 솔선수범, 반복, 명확, 확신, 감정확인, 호소, 판단, 반대의견 제시, 공격, 도전, 계속적 압력 등과 같이 협상주체가 상대방에게 적극적인 행동으로 상대방의 관심을 이끌어 오게 하는 방법이다.

둘째는 반응적 협상(moving with)유형으로 협상 상대방의 설명을 듣고 그 생각에 찬성, 요약, 동의를 하고 때로는 말을 바꿔 설명해 주고 비판을 구하는 동시에 공통점을 찾고 평가하면서 분위기를 살리고 칭찬하고 질문에는 개방적이

10) 이달곤, 협상론, 법문사, 1996. pp.75 · 80.
이승영 · 최용록, 국제협상이해, 법경사, 1998. pp.51~61.

며 다른 요구사항을 질문하면서 이해하지 못하는 것을 인정해 주는 방법이다. 상대방을 강압하지 않으면서 부드럽게 하여 스스로 협상에 임하게 하는 것이다.

셋째는 후퇴적 협상(moving away)유형으로 정면충돌이나 접촉, 이해의 대립 등을 피하는 방법이며 주제를 변경시키거나 침묵, 또는 질문에 대한 무응답과 같은 수동적 자세를 보이며 숙명적으로 생각하는 등의 태도를 보인다.

넷째는 소극적 협상(Not moving)유형으로 이는 협상과정을 지켜보고 기다리면서 현재의 상황에 초점을 맞추는 방법이다. 관조자로서의 태도를 보이면서 힘에 의지하는 등 소극적으로 대처하는 방법이다.

또한 협상에서 얻게 되는 결과에 따라 분류를 하는 방법으로 분배적 협상(distributive negotiation)과 통합적 협상(integrative negotiation), 그리고 분배적이며 통합적인 협상이 있다. 먼저 분배적 협상(win-lose negotiation)으로서 협상결과 어느 한 상대방이 이익(win)을 보게 되는 것은 곧 또 다른 상대방의 손해(lose)를 의미하는 것이다. 협상의 당사자들이 서로 일정한 제한 또는 상황속에서 자신이 얻으려는 몫(pie)을 더 많이 얻기 위하여 수행하는 경우이다. 결국 이는 협상의 당사자들이 자신들의 이익만을 극대화시키면서 고정된 가치를 분배하려는 것이다.[11)]

한편 통합적 협상은 협상의 관계 당사자들 모두가 호의적인 결과를 얻으면서 승리(win-win negotiation)하게 되는 협상으로 이는 당사자들간에 적대적 또는 방어적이 아닌 친화적 관계를 유지하려는 것이어서 융화적 협상이라고도 한다. 이는 자신의 입장 내지 이익을 우선적으로 중시하면서도 상대방의 이익까지도 포함한 공통이익을 고려하는 것으로 당사자들간의 협조에 의하여 가치를 창출시키려는 것이다. 마지막으로 분배적이며 통합적인 협상은 어느 한 쪽이 Win 또는 Lose 형태이지만 결과적으로는 통합적 협상으로서 예를 들면 아이스케익 분배 경우 양쪽이 꼭 같이 나누어지지는 않더라도 논쟁보다는 먼저 먹는 것이 훨씬 이익인 경우이다.

물론 이러한 협상을 위해서는 공통의 이익(common interest)과 공유된 이익(shared interest) 그리고 통합이익(joint interest)을 찾아 낼 수 있어야 하며 또한

11) 이달곤, 협상론, 법문사, 1995, pp.135~136.

이를 실현시킬 수 있는 과정이나 절차를 만들어 내는 것이 중요하다. 특히 협상의 관계 당사자들 전원의 협조와 화합을 이끌어 내는 통합적 협상을 위해서는 협상 당사자들은 상대방의 진정한 필요와 목적을 이해할 수 있어야 하며 또한 당사자들간의 창의적인 생각을 자유롭게 주고 받을 수 있어야 하는 동시에 공통된 기반(commonalities)과 유사점(similarities)에 초점을 두어야 하며 협상 당사자 전원의 목적을 실현시킬 수 있는 해답을 도출하려고 노력을 해야 한다.

2. 협상유형에 따른 특성

'상대방과의 결합적 의사결정행위(jointly decided action)를 통한 자신의 본질적 이해를 증진시킬 수 있는 수단'인 협상은 앞에서 살펴 본 바와 같은 유형상의 특성을 갖고 있는 협상의 당사자들간에 다음과 같은 목적을 달성하기 위하여 합의점을 찾으려는 과정을 갖는데 이는 결국 협상의 목적과 연계된다.

이들의 특성은 첫째는 각자의 파이(pie)를 키우려는 것으로 이는 협상당사자의 자원부족(자금, 인적자원, 공간)을 제고시키려는데 있으므로 상대방의 요구에 관련한 정보를 알아야 한다.

둘째는 불특정보상의 방법으로 이는 일방 당사자의 요구를 수용하면서 상대방에게는 그 사안과 관계가 없는 보상을 해주는 것이다.

셋째는 로그롤링(logrolling)의 방법으로 자신에게는 낮은 순위(priority)에 있지만 협상의 상대방에게는 높은 순위에 있는 의제를 양보하여 전체적인 효율성을 높이는 방법이다.

넷째는 한쪽의 요구를 수용해 주고 다른 쪽은 비용을 감축해 주는 방법이다.

다섯째는 최초의 요구는 충족시키지 않으면서 근원적인 이해를 접목 (bridging)시키며 충족시키는 방법이다.12)

다음의 <표 2 - 1>는 실질적인 협상을 수행하는 과정에서 보여지는 협상유형에 따른 각각의 특성을 정리한 것이다.

---

12) 곽노성, 국제협상론, 경문사, 1999, pp.85~87.

〈표 2-1〉 협상의 유형 및 특성

유 형	특 성
사실적 유형	- 세부적인 사항에는 끈기가 없다 - 제시한 자료가 정확하지 않다 - 실제적이 아니다 - 부정확한 정보에 의존한다 - 질문에 대답하기가 좋지 않다 - 직관적 유형과는 반대가 된다
직관적 유형	- 상상력이 결여되어 있고 사전 경험에 많은 의존을 하게 된다 - 결론에 도달하지 못한 채 지연된다 - 전체를 볼 수 없다 - 말이나 부호에 의미를 부여한다 - 사실적 유형과는 반대가 된다
분석적 유형	- 점검하지 않고 새로운 제안을 받아 들인다 - 논리적인 관점에서 유효성이 부족하다 - 생각, 사물, 사람이 혼돈을 일으킨다 - 상대방의 분석을 혹평한다 - 주관적이고 편견을 갖는다 - 규범적 유형과는 반대가 된다
규범적 유형	- 격렬한 논쟁과 정면으로 충돌하게 된다 - 재치가 부족하다 - 상대방과의 관계에서 문제를 갖게 된다 - 사고, 사물의 가치 평가를 잘못하게 된다 - 지나치게 감정적이다 - 분석적인 유형과는 반대가 된다

자료 : 김성호, 국제통상협상, 도서출판 두남, 2001

또한 협상결과에 지대한 영향을 미치는 것은 협상 당사자들이 갖고 있는 협상력으로 이의 가장 기본적인 틀은 대칭적 상황일 때이다. 이러한 이론을 바탕으로 루빈과 브라운(Rubin & Brown)은 당사자들의 협상력이 균형되어 있을 때가 협상의 가장 좋은 전제조건이 될 뿐만 아니라 협상결과와 과정이 가장 공정하다고 생각했을 때 가장 만족스러운 결과에 도달한다고 하였다. 물론 이때의 협상력은 '협상의 결과를 처음에 예상한 대로 부합시킬 수 있는 능력'이나

또는 '자신이 원하는 방식으로 예상하는 목표를 달성할 수 있는 능력'을 의미하는 것이다.13)

위에서 살펴 본 협상유형에 따른 특성과 협상결과에 미치는 영향을 정리하면 <표 2-2>와 같다.

〈표 2-2〉 협상력의 유형에 따른 협상에의 영향

	정보적 권력	보상적 권력	강압적 권력	합법적 권력	전문적 권력	준거적 권력
장점	사실에 근거한 정보자체가 충분한 영향력을 줌	직접, 신속하게 영향과 반응을 줌	직접적이고 신속한 반응, 영향력 끼침	직위만으로도 영향력이고 크고 범위도 넓음	빠르고 정확한 반응	빠른 반능과 양호한 분위기 형성
단점	정보획득에 시간, 노력이 듬	과용하면 역효과를 야기	과용시 역효과, 반발초래	다른 권력과 병행시 효과큼	사용범위 좁고 개인적 노력이 커야함	특정의 법칙 위반시 상대방 수용불능
변화의 표적	상대방의 태도, 행위를 변화시킴	상대방에 중점적인 영향을 줌	상대방에 중점적으로 영향을 줌	상대방 태도, 행위에 변화를 줌	제한된 태도 /행위의 변화	일정한 관계 내에서 태도, 행 변화가능
쌍방에 미치는 영향	별 무영향	긍정적인 효과와 장기적 의존관계를 유지	부정적인 반응과 장기의 부정적관계 형성	중간정도의 영향력, 과용시 부정적작용	긍정적영향 내지 무영향	긍정적영향과 관계형성

자료 : 이승영, 국제협상의 ABC, 일신사, 1992, p.38.

13) 김지용, 무역계약에 있어서의 협상행위 및 협상성과 결정요인에 관한 연구, 동국대학교대학원 박사학위논문, 2001. 6. pp.40~42.

사례

‖ 협상의 고수 되려면 상대방 '마음의 문' 부터 열어라 ‖

"계약서 쓰자" vs. "지켜 보고" "주식 사달라" vs. "너무 비싸"

모든 비즈니스는 협상의 연속이다. 구매, 영업뿐 아니라 부서 간이나 상하 관계의 커뮤니케이션에서도 협상은 꼭 필요하다. 대부분의 사람은 협상을 타고난 커뮤니케이션 기술이나 임기응변 정도로만 생각한다. 하지만 협상에도 과학적 원리가 있고 학습을 통해 협상력을 키울 수 있다. 앞으로 이 코너에서는 비즈니스 현장에서 벌어진 실제 협상 사례를 재가공, 그 속에 숨은 협상의 원리를 분석한다.

뒤늦은 통신 시장 진출로 '만년 2위'를 벗어나지 못하고 있는 국내 통신 업체 킹텔(King Tel). 이 회사의 경영진은 '1위 등극'을 위한 비장의 카드로 WCDMA(3세대 이동통신)를 꺼내 들었다. 통신시장이 음성통화에서 영상통화 중심의 WCDMA 시대로 변하고 있다는 사실에 주목한 것.

하지만 불운하게도 킹텔은 경쟁사를 압도할 만한 WCDMA 기술이 없었다. 그래서 외국 기업과 합작을 통해 WCDMA 시장을 공략하기로 결정, 일본의 최대 통신사인 드래곤텔(Dragon Tel)과 접촉을 시도했다. 드래곤텔은 세계 최초로 WCDMA를 기반으로 한 3세대 통신서비스를 제공한 회사. 킹텔의 입장에서는 최고의 파트너였다.

하지만 제휴란 게 말처럼 쉬운가? 제휴 조건, 제휴 이후의 사업 추진 등에서 양측의 입장 차는 너무나 컸다. 제휴 협상은 난항에 난항을 거듭했고 그 사이 1위 업체와의 격차는 오히려 벌어지고 있었다.

결국 CEO는 비장의 카드를 꺼내 들었다. '협상계 초절정 고수'로 통하는 안고수씨를 전무로 전격 영입, 드래곤텔과의 협상을 맡겼다. 안 전무가 파악한 현재의 협상 상황은 다음과 같다.

#상황 1. 협상에 소극적인 상대를 만났을 때

협력할 사업의 범위를 결정하는 게 문제였다. 킹텔은 '제휴 사업 분야를 WCDMA를 포함한 10개로 결정하고 이를 계약서에 적어놓자'고 주장했다. 장기적으로 다양한 분야에서 드래곤텔의 기술 노하우를 전수받겠다는 게 킹텔의 의도였다.

하지만 드래곤텔은 생각이 달랐다. 우선 WCDMA 분야부터 제휴를 시작한 뒤 앞으로 추이를 봐가며 공동 사업 범위를 정하자고 맞섰다. 킹텔에 대한 확신이 없었던 드래곤텔은 사업이 지지부진할 경우 중간에라도 제휴를 끊고 싶었던 것이다. 킹텔측은 기회가 있을 때마다 "상대에 대한 믿음 없이 어떻게 파트너가 되겠느냐"고 주장했지만 킹텔의 말은 독백에 가까웠다.

#상황 2. 똑같은 상황에 대해 '동상이몽'일 때

또 다른 이슈는 '돈'이었다. 성공적인 전략적 제휴를 위해선 일정 수준의 자본 제휴가 필요했다. 킹텔 주식의 10%를 드래곤텔이 매입하기로 합의는 했는데, 얼마에 사느냐가 문제였다.

킹텔은 현재 주가보다 20% 높은 프리미엄을 요구했다. "누구나 인정하듯, 지금 주식시장은 바닥 중의 바닥이며 내년 이맘때쯤이면 주가는 30% 이상 올라 있을 것"이란 게 킹텔의 주장이었다.

하지만 드래곤텔의 반응은 차가웠다. 드래곤텔측은 두툼한 자료와 함께 "우리 회사 재무팀이 분석한 결과, 1년 후 킹텔의 주가는 오히려 지금보다 10% 이상 떨어져 있을 것"이란 내용의 문서를 보내왔다. 돈과 직결된 내용인 만큼, 프리미엄 비율에 대한 양측의 입장은 평행선을 달렸다.

지금까지의 상황을 보고받은 안 전무는 회사 내 정예 멤버로 구성된 협상팀을 새롭게 꾸렸다. 그리고 협상팀을 상대로 협상의 기본 원리부터 하나하나씩 가르쳐 나갔다. 그렇게 준비하길 몇 달. 드디어 결전의 날이 밝았다. 킹텔과 드래곤텔이 협상 테이블에 마주했다.

평행선을 달리던 킹텔과 드래곤텔의 협상은 어떻게 될 것인가? 또 킹텔의 안고수 전무가 준비한 비장의 협상 전략은 무엇일까? 두 회사의 협상 현장으로 가보자.

해법1 인간적 공감대 '라포르(rapport)'를 형성하라
협상대표가 골프광이란 정보 입수 골프 이야기로 대화 시작해 친밀감 형성

침묵과 긴장이 흐르는 협상 테이블. 안고수 전무가 먼저 드래곤텔의 협상대표인 나카무라 이사를 향해 입을 열었다.

그런데 누구도 생각지 못한 주제로 이야기를 시작하는 안 전무. "이사님, 지난주 타이거 우즈 경기 보셨나요? 골프를 어떻게 하면 그렇게 예술적으로 할 수 있을까요? 특히 마지막 홀의 퍼팅은 제가 본 퍼팅 중에 최고의 장면이었습니다." 이렇게 시작된 골프 얘기는 무려 15분 동안이나 계속됐다.

안 전무는 협상 관련 정보를 모으면서 나카무라 이사가 '골프광'이라는 사실을 파악했다. 그리고 대화의 첫 주제를 의도적으로 골프로 시작했다. 안 전무의 이런 행위를 협상학에선 '라포르(rapport) 형성'이라 부른다. 라포르는 인간관계에서의 '공감대' 혹은

'감성적 유대'라는 의미로, 언어 심리학에서 많이 쓰이는 용어다. 본격적인 대화 이전에 상대방의 마음을 여는 효과가 있다.

사례를 보자. 에콰도르와 페루는 50년 이상 지긋지긋한 영토 분쟁에 시달렸다. 이 분쟁을 지난 1998년에 타결시킨 주인공은 에콰도르의 마후아드 대통령. 그가 페루의 후지모리 대통령을 만나 협상장에서 처음 건넨 말은 영토와 관련된 얘기가 아니었다. 대통령이라는 자리가 얼마나 힘들고 외로운 자리인지 솔직한 대화를 나누며 라포르를 형성했다. 그리고 상대 후지모리 대통령의 말을 충분히 듣고, 공감하며 상대를 이해하고 있음을 보여줬다. 이를 토대로 영토 분쟁을 '싸움'이 아닌 '공통의 이익을 찾는 과정'이라고 생각하게 만들었고, 결국 협상을 성공시켰다.

해법2 상대가 얻을 이득부터 설명하라

"한국을 중국 진출 교두보로 삼으면…" 심드렁하던 상대방 관심 이끌어 내

일단 분위기까지는 잘 만들었다. 그런데 아무리 제휴의 필요성과 성공 가능성을 설명해도 드래곤텔츠은 반응이 없다. 결국 안 전무가 회심의 카드를 빼 들었다. 바로 '중국 진출'. 심드렁한 표정으로 안 전무의 말을 듣던 나카무라 이사의 눈이 중국 얘기가 나오자마자 반짝이기 시작한다.

"한국 시장은 일본 기업이 중국으로 진출하기 위해선 반드시 거쳐 가야 할 테스트 마켓입니다. 아시다시피 일본 할인점인 '이빠이싸다 마트'도 한국 할인점과 제휴한 이후에 중국으로 진출했지 않습니까? 드래곤텔도 이번 제휴만 성공 한다면 중국 시장 진출이 쉬워질 것입니다."

협상 성공을 위해선 이처럼 '나'가 아닌 '상대방'이 얻을 이익을 알려줘야 한다. 이 세상에 '나에게 이득이 되는 일'을 거부할 사람은 없기 때문이다.

세종대학교와 미국 시라큐즈 대학의 협상 일화를 보자. 지난 2000년, 세종대는 미국 시라큐즈 대학과 함께 조인트 MBA 과정을 만들겠다는 계획을 세웠다. 문제는 시라큐즈 대학의 무관심. 이에 세종대 경영대 학장이 직접 미국으로 날아가 담판을 벌였다.

"한국과 일본, 중국의 공통점을 아십니까? 이들 동아시아 국가의 공통점은 자녀 교육을 위해서라면 집에 있는 논밭이라도 팔 정도로 교육열이 높다는 것입니다. 이번 협력을 통해 동아시아 시장에 대한 경험을 쌓으면 이후에 중국 진출이 쉬워질 겁니다. "

이 제안은 시라큐즈 학장의 마음을 움직였다. 결국 한국 최초로 외국 대학과 협력한 조인트 MBA 과정이 개설됐다.

해법3 창의적 상황조건 (creative contingency) 제안

"주가 하락 땐 프리미엄 돌려줄 것" 주가 프리미엄 20% 요구 관철시켜

협상에서 돈과 관련된 문제는 항상 어렵다. 현재 주가보다 20% 높은 프리미엄을 요구하는 킹텔과 프리미엄은 지급할 수 없다고 맞서는 드래곤텔. 골똘히 생각하던 안 전무는 이렇게 제안을 했다.

"제휴 이후 주가 변동을 고려하여, 2주간 평균 주가의 20%를 프리미엄으로 주시면 어떨까요? 저희는 앞으로 1년 후 주가가 현재보다는 최소 20% 이상 오를 것이라 확신하고 있습니다."

순간 나카무라 이사의 얼굴이 붉게 물들고 있다. 열 받았다는 얘기.

"무슨 말도 안 되는.... 제가 보낸 자료 못 보셨나요? 우리 재무팀 분석 결과, 1년 후 주가는 오히려 떨어질 것으로 예상...."

순간 안 전무가 나카무라 이사의 말을 자른다.

"물론 그 보고서는 꼼꼼히 검토했습니다. 충분히 그렇게 생각하실 수 있죠. 그래서 추가 제안을 합니다. 만약 드래곤텔의 예상대로 주가가 1년 후 오히려 떨어진다면 그때는 저희가 이번에 지급받은 프리미엄 20% 전액을 돌려 드리겠습니다. 그쪽은 떨어질 것이라 확신하고 저희는 오를 것이라 확신하고 있으니 합리적인 방안이 아닌가요?"

나카무라 이사는 무릎을 탁 쳤다.

"말 되네요. 사실 우리 드래곤텔의 가장 큰 걱정은 1년 후 주가가 떨어졌을 때 이사진들이 1년 전에 왜 그렇게 비싼 가격에 지분을 인수했느냐고 힐책할까 봐 두려운 것입니다. 안 전무님 말대로 주가 하락 시 돈을 돌려받을 수만 있다면 이사진을 설득할 수 있을 것 같습니다."

이런 제안을 협상학에서는 '창의적 상황 조건(creative contingency)'이라 부른다. 협상을 하다 보면 나와 상대가 미래를 다르게 예상하고 이로 인해 갈등이 발생할 때가 있다. 이때 싸우는 사람들은 협상의 고수가 아니다. 양측의 서로 다른 예상을 인정하고 거기에 따라 베팅을 하면 문제는 쉽게 풀린다.

예를 들어보자. 당신은 땅을 매매하려 한다. 당신은 이 지역 인근에 지하철 역이 5년 내에 들어설 것이라 확신한다. 그래서 현재 가치로는 3억원이지만 5억원을 받아야 한다고 생각한다. 하지만 사려는 사람의 생각은 다르다. 지하철이 들어올 가능성은 전혀 없다는 게 상대의 확신이다. 이때 협상을 못하는 사람들은 3억원과 5억원의 중간선인 4억원에 대충 합의한다. 하지만 협상 고수는 다르다. '현재 가격인 3억원으로 거래하되, 5년 내 지하철 역이 개통되면 2억원을 매수인이 추가로 지불한다'는 조항을 넣는다.

해법4 권한위임 전술을 활용하라

협상 결과 우리 쪽의 수확이 커도 상대방이 이겼다는 느낌 들게 해야

이제 협상은 막바지로 접어들고 있다. 협력 사업의 범위를 결정하는 일만 남았다. 한참을 고민하던 나카무라 이사가 입을 연다.

"안 전무님, 제휴 사업 분야를 10개로 확정하는 것은 정말 곤란합니다. 저희가 8개까지는 받아들이겠습니다. 더 이상은 힘듭니다."

'으잉? 웬 횡재냐!' 나카무라 이사의 제안에 안 전무는 속으로 쾌재를 불렀다. 겉으로는 10개의 협력 사업을 주장했지만, 내심 5개까지만 협력 사업을 확정해도 성공이라고 생각하고 있었기 때문이다.

"8개 분야요? 좋습니다! 감사합니다"라는 말이 목 끝까지 차올랐다. 하지만 안 전무는 참고 참고 또 참으며 입을 천천히 열었다.

"그래요? 협력사업은 정말 중요한 문제이기 때문에 실무책임자인 제가 함부로 결정할 사항이 아닙니다. 실례가 안 된다면 저희 사장님께 전화 한 통만 드리고 협상을 재개해도 될까요? 사장님 허락이 필요합니다."

30분 후 안 전무는 환한 표정으로 다시 협상장에 들어섰다.

"축하합니다. 나카무라 이사님! 사장님이 고심 끝에 허락해 주셨습니다. 이사님, 사장님 설득한다고 고생한 저한테도 꼭 밥 한번 사셔야 합니다."

나카무라 이사도 환한 웃음으로 화답했다. "네, 일본 오시면 제가 꼭 맛있는 스시집에서 한번 모실게요!" 협상 종료를 알리는 한마디였다. 이런 안 전무의 협상기법을 협상학에선 '권한 위임 전술'이라 부른다. 일반적인 권한 위임은 권한을 위에서 아래로 떨어뜨리는 것이다. 하지만 협상에선 다르다. 실제로는 내가 모든 것을 결정할 권한이 있는데 '없는 척'하는 것을 권한 위임 전술이라 부른다. 그렇다면 왜 안 전무는 나카무라의 제안을 쉽게 받아들이지 않고 사장님께 허락을 받아야 하는 '척'을 했을까? 이는 상대의 만족도를 높이기 위해서다. 안 전무가 나카무라의 제안을 1초의 고민도 없이 덜컥 받아들였다고 가정해 보자. 나카무라 이사는 어떤 기분이 들까? '아~ 내가 너무 약하게 불렀나? 8개가 아닌 5개만 받아들이겠다고 좀 세게 나갈 걸 그랬나?' 아마도 나카무라의 머릿속에 온갖 상념이 들고, 협상을 타결시키고도 왠지 찜찜한 기분을 갖게 됐을 것이다. 좋은 협상가란 이런 사람이다. 협상이 끝나고 상대가 집으로 돌아갈 때 '내가 이번 협상에서 이겼다. 또는 적어도 비겼다'라는 만족감을 갖게 만들어 주는 사람.

[IGM과 함께하는 협상스쿨] 세계경영연구원(IGM) 2009.05.

상대가 3000달러 달라는데 1만달러 준다면 형편없는 협상인가?

상대 쥐어짜는 협상이 성공한 협상은 아니다 그냥 이긴 협상이다

성공한 협상은 내가 중요하게 생각하는 가치를 충족시키는 것 말하자면 신뢰나 평판…

당장의 경제적 이익 위한 이기는 협상보다 성공한 협상이 고수의 길

▲ HSG 휴먼솔루션그룹 대표 '성공한 협상'이란 무엇일까? 여기 두 가지 협상 사례가 있다. 아래의 협상은 성공인가? 실패인가?

#1. 1930년대 초, 미국 연구기관의 원장과 유럽에서 활동 중인 학자가 만났다. 학자를 미국으로 스카우트하기 위해서다. 원장이 조심스레 입을 연다. "연봉은 얼마 드리면 될까요?" 학자가 말한다. "3000달러면 충분합니다. 이보다 생활비가 적게 든다고 생각하지 않으시면…." 잠시 고민에 빠진 원장이 제안한다. "연봉 1만달러를 드리겠습니다!" 학자의 눈이 휘둥그레진다.

#2. 승자와 패자가 만났다. 종전협상을 위해서다. 패장이 입을 연다. "어떤 요구를 수용하면 되겠소?" 패장의 머릿속엔 전쟁 포로, 전쟁 배상금, 전범 처리 이런 단어들이 그득하다. 승자가 말한다. "요구사항은 단 하나입니다. 모두 고향으로 돌아가시오. 먼 길이니 타고 있던 말도 그냥 가져가시오. 귀향하는 데 필요한 식량은 우리가 어떻게든 준비해 보겠소" 패장의 눈시울이 붉어진다.

어떤가? 3000달러를 요구한 학자에게 1만달러를 주겠다는 원장. 패장에게 터무니없이 관대한 협상조건을 내건 장군. 이들은 형편없는 협상가인가? 아니다. 이들은 분명 '최고의 협상'을 했다. 왜일까?

앞의 사례를 구체적으로 되짚어보자. 연봉 3000달러를 요구한 학자는 다름 아닌 아인슈타인이다. 연구밖에 몰라 세상 물정에 어둡던 그는 미국 교수의 평균 몸값(7000달러)을 몰랐다. 그냥 자신이 유럽에서 받던 연봉(3000달러)을 소박하게 요구한 것. 이에 대해 프린스턴대의 플렉스너 원장은 당시로선 파격적인 최고 대우(1만달러)를 약속했다. 어차피 시간이 지나면 아인슈타인은 자신의 객관적 몸값을 알게 된다. '1년간 7000달러를 아끼느니 천재 아인슈타인의 마음을 얻는 것이 더 낫다'는 게 플렉스너의 판단이었다. 이후 아인슈타인은 프린스턴에서 기념비적인 연구성과를 만들어낸다. 그러자 하버드·예일 등 유수의 대학들은 아인슈타인을 '모시고' 싶어 안달이 난다. 1만달러와는 비교할 수 없는 파격적인 조건을 내세우며…. 하지만 아인슈타인은 평생 프린스턴 대학을 위해 봉직한다. 자신도 몰랐던 자신의 가치를 인정해준 프린스턴 대학에 죽을 때까지 의리를 지킨 셈이다.

두 번째 사례는 남북전쟁 종전협상 장면이다. 북군 총사령관인 그랜트 장군은 남군 총사령관, 패장인 리 장군에게 허무할 정도로 관대한 요구사항을 제시한다. 분명 막대한 전쟁보상금, 관련자 처벌 등과 같은 까다로운 요구를 했더라도 패장인 리 장군이 이를 거절키는 어려웠을 것이다. 협상이 '허무하게' 타결되고 리 장군이 항복문서에 서명했다는 소식이 알려지자 북군 진영에서는 큰 잔치가 벌어진다. 병사들은 연병장에 모여 함성을 질렀고, 포병들은 대포를 쏘아댔다. 이 광경을 본 그랜트는 화난 표정을 지으며 단호히 명령한다. "적에게 승리했을 때 하는 어떤 행사도 당장 중단하라. 반란군은 지금 이 순간부터 우리의 적이 아니다. 그들은 우리의 형제다." 왜 그랬을까? 분명 그랜트도 사람인 이상, 지난 5년간 부하들을 죽음으로 내몰았던 남군을 철저히 응징하고픈 마음이 있었을 것이다. 하지만 그는 '국가적 통합'이 '패자에 대한 복수'보다 더 큰 가치라고 생각했다. 만약 그랜트를 포함한 북군의 리더들이 '통합'보다 '응징'이 더 중요한 가치라고 판단했다면? '피의 복수'가 이어졌을 것이고 아마도 오늘날 미국은 북부 USA, 남부 USA로 찢겨 망국적인 지역감정 싸움을 벌이고 있을지도 모른다.

대기업 임원들을 상대로 협상워크숍을 진행하다 보면 스스로 뛰어난 협상가라 생각하는 사람들이 가끔 있다. 특히 구매 담당이 그렇다. 왜 그렇게 생각하는지를 물어보면 답은 대게 비슷하다. 상대의 요구(position)를 최소로 받아들이고 내 요구를 최대한 관철시켰다는 것. 한마디로 적게 주고 많이 받았다는 얘기다. 자신의 우월적 지위를 이용해서.... 협상학적 관점에서 봤을 때 이런 식으로 상대를 '쥐어짜는' 협상은 성공한 협상이 아니다. 그냥 '이긴' 협상이다. 경제적 이익이라는 가치를 순간적으로 극대화했을지 몰라도, 협력업체로부터 얻을 수 있는 '신뢰', 우리 기업에 대한 '평판'이라는 가치는 모두 내동댕이친 셈이다. 물론 찰나의 경제적 이익이 신뢰나 평판이라는 가치보다 더 소중하다고 생각한다면 얘기는 달라진다. 하지만 생각해 볼 문제다. 기업 간 거래라는 게 과연 한 번에 그치고 말 이벤트인지, 아니면 계속 지속될 인연이지.

성공한 협상이란 요구 사항을 최대한 얻어내는 협상이 아니다. 내가 중요하게 생각하는 가치를 충족시키는 협상이다. 또 이를 통해 더 큰 가치를 만들어 내는 협상이다.

그랜트 장군이 중요하게 생각했던 '국가 통합'이라는 가치, 프렉스너가 중시했던 '천재과학자의 충성심'이라는 가치를 충족시키는 게 진짜 협상이다. 이를 통해 그랜트는 그가 꿈꿨던 '위대한 미국', 프렉스너는 그가 소망했던 '세계 최고 싱크탱크'라는 더 큰 가치를 만들어 낼 수 있었다.

중요한 협상을 앞두고 있는가? '나에게, 그리고 상대에게 중요한 가치는 무엇이며 이를 어떻게 충족시킬까'부터 고민하라. 가치에 집중할 때 협상의 질은 높아진다. '이기는 협상'보다는 '성공한 협상'이 고수(高手)의 협상이다.

[Weekly BIZ] [최철규의 소통 리더십] 2012.01.

제 3 장

국제협상 전개

| 제1절 |

국제협상의 절차

1. 협상의 단계별 구분

일반적으로 일단 본격적인 협상이 시작되면 협상진행 단계를 밟아가면서 협상 테이블에 마주한 당사자들간에 의사소통을 교환하며 상호간에 만족할 만한 수준 내지 정도에 이르기까지 합의점을 이끌어내는 5단계의 과정을 거치게 된다.

또 협상실무자는 협상에 임하여 자신 또는 자신이 속한 집단의 이익을 극대화하거나 협상 상대방과의 갈등을 최소화하려는 목적을 달성하려면 다음과 같은 몇 가지의 사전적인 준비가 필요하다.[14)]

첫째는 목표의 설정으로 협상을 통해 얻어내려는 것이 무엇인지를 명확히 해야 하는 것으로 이를 위해서는 먼저 목표치를 높게 세우고 개인적인 배경이나 환경에 대해 객관적인 시각을 통해 상대방의 관점이나 입장에서 생각할 수 있어야 한다. 그리하여 결과적으로는 비록 전투에서는 지더라도 전쟁에서는 승리하겠다는 각오를 갖고 협상에 임해야 한다.

둘째는 협상에 임하기 전에 미리 결정해 놓은 우선순위(priority)에 따라 구체적으로 요구할 수 있어야 한다.

셋째는 협상 상대방과 양보를 주고받아야 한다. 이를 통하여 상호간에 이견을 좁히는 가운데 유리한 공통점을 찾아내는 것이다.

---

14) 김병국, 협상기술, 더난출판, 2003, pp.64~122.

넷째는 협상의 당사자들이 서로 이기는, 즉 당사자들간에 손실을 입히지 않고 더 많은 이익과 만족을 얻어 낼 수 있는 윈-윈 협상을 이끌어 내야 한다.

〈표 3-1〉 협상의 5 단계

제1단계	상황분석 (Analyzing Situation)	- 무슨 상황인가 - 명확한가 모호한가 - 반대 / 지지세력은 누구인가
제2단계	위치파악 (Positioning)	- 현재의 위치 - 어느 수준이면 만족하겠는가 - 장점(strength)은 무엇이며, 단점(weakness)은 무엇인가
제3단계	목표결정 (Define Object)	- 협상을 왜 하는가 - 협상에서 얻게 될 결과는 어떨 것인가 - 목적을 명확하게 인식하자
제4단계	이해 (Understanding)	- 상대방은 누구인가 - 자신의 경험을 파악하라 - 공통의 관심사는 어떤가 - 극복해야 할 최대약점은 무엇인가
제5단계	재검토 (Feed back)	- 협상에서 실제적으로 얻은 것은 무엇인가 - 협상이 결렬되었다면 그 이유는 무엇인가 - 협상과정시의 문제점은 무엇인가 - 재협상의 여지는 있는가

2. 협상의 전개와 유의점

구체적이고 실질적인 협상의 진행을 위해서는 먼저 협상을 제의(offer)하여야 하고 이때는 자신에게 유리한 조건 내지 내용을 제안하는 것이기에 이를 위해서는 사전적으로 타협을 해야 하는 이른 바 '타협의 원칙(rule of accommodation)'에 대하여 합의를 보아야 한다.

먼저는 협상의 대표 내지 참가자들에 대한 신체적, 정신적 안전을 보장받을 수 있는 동시에 협상 참가자의 신분에 대한 논쟁은 삼가 할 수 있어야 하며 사전에 합의를 본 의제(agenda)에 대해서는 상호간에 존중해 줄 수 있어야 한다.

〈표 3-2〉 협상의 전개와 이에 따른 준비사항

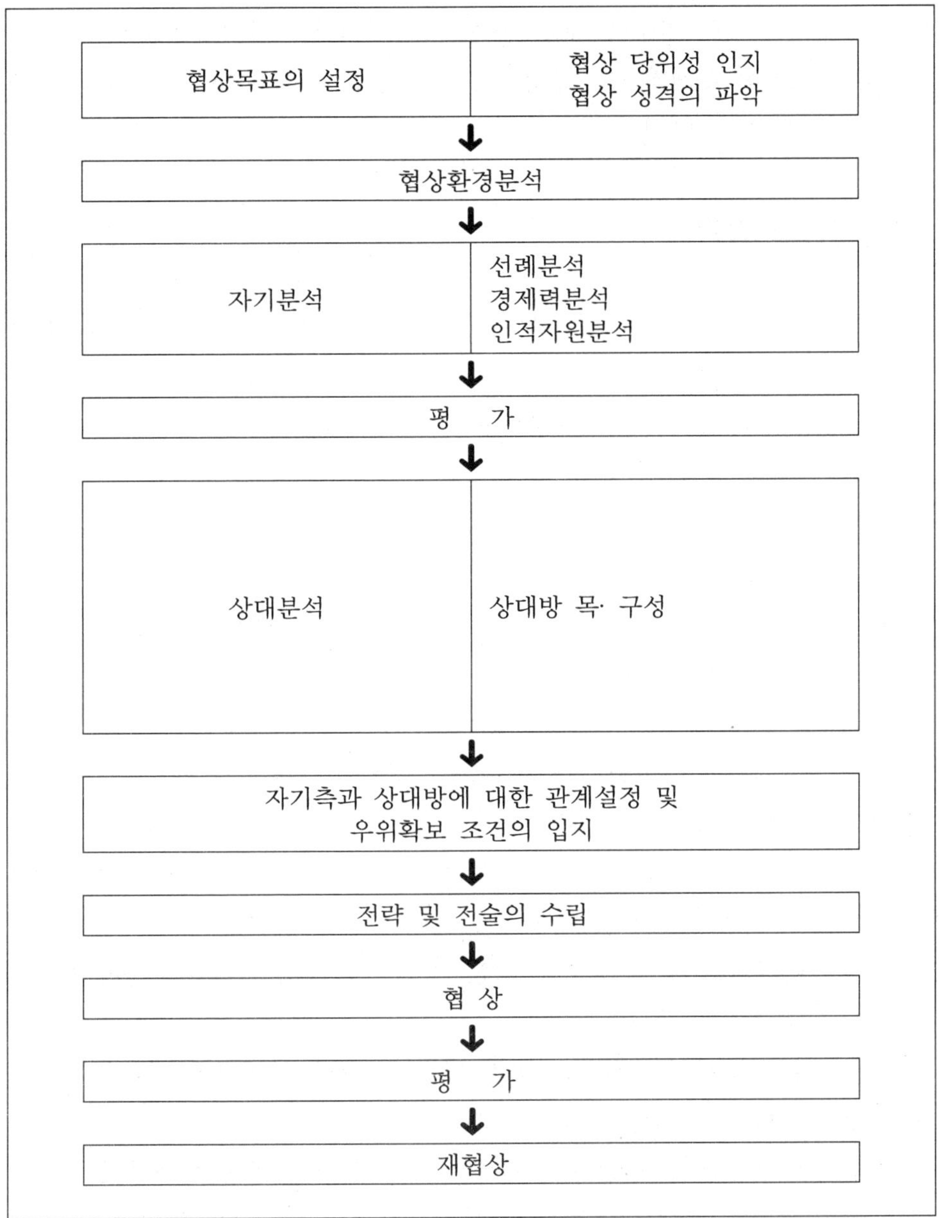

자료 : 장대환, 국제기업협상, 학현사, 1998, p.157.

다음으로는 상대방의 양보에 반응을 보일 수 있어야 하며 교활 내지 거짓이 아닌 진실성으로 감정적인 대응이나 무례를 피할 수 있어야 하고 협의과정에서 합리적이고도 순조로운 진행이 이뤄지도록 노력하는 자세가 필요하며 끝으로는 공통의 문제와 갈등을 해결하려는 공동체의식을 가지고 있어야 한다.

이렇게 협상이 구체적으로 진행되면서 준비 또는 시행하여야 할 사항들을 정리하면 <표 3-2>와 같다.

3. 협상의 결과

협상 테이블에서 협상의 당사자들간의 의사표시 및 제안이 오고 가면서 각 당사자들이 의도하고 있는 목표가 달성되어 협상은 종결된다.

물론 협상의 각 당사자들은 협상과정 중에 지향 또는 목적하는 바가 서로 다를 수밖에 없다.

먼저 개인주의적 협상자들은 상대방의 이익에는 상관이 없이 자신의 목표만을 최대화하려고 할 것이다.

한편 경쟁적 협상자들은 협상 성과의 차이를 최대화시키려고 노력을 할 것이며, 협력적 협상자들은 협상 성과가 최대한 동등할 뿐만 아니라 성과의 차이 역시 최소화시키려고 노력하게 될 것이다.

이러한 논리에 따라 Pruitt & Carnevale은 협상의 결과에 대하여 다음과 같이 네 가지로 구분하여 설명하였다.[15)]

첫째는 '일방적 승리'로서 한쪽이 상대방보다 월등히 많은 이익을 얻게 되는 것으로 상대방으로부터의 많은 양보를 받아 내는 것이다.

둘째는 '타협(compromise)'으로 협상 최초의 요구 수준을 절충하여 중간수준에서 합의를 하는 것이다.

셋째는 '통합적 합의(win-win)' 로서 협상의 당사자 모두에게 이익이 되도록 하는 협상결과를 얻어내는 것이다.

넷째는 '협상결렬'로 협상 중에 합의점을 도출하지 못하고 아무런 결과는 커녕 진전이 없이 협상 테이블을 떠나면서 협상을 포기하는 것이다.

---

15) D. Pruitt, Negotiating Behavior, New York, Academic Press, 1981.
_________ & P. Carnevale, Negotiation in Social Conflict, Buckingham, Open University Press, 1993.

따라서 가장 이상적인 협상결과는 세 번째의 서로간에 이익이 되는 통합적 합의이고 협상결렬이나 첫 번째의 항복을 받아 내는 경우 등은 최악의 상황으로 보게 될 것이며 한편 두 번째의 경우처럼 양보를 한 경우는 차선책으로 인식하게 될 것이다.

| 제2절 |

지역별협상의 유형

1. 영미형 협상유형

일의 효율성을 투자한 시간과 결과의 상관관계로 평가하려는 경향이 있다. 따라서 협상이 예상보다 길게 진행되면 조급함을 표현하는 경향이 있다.

협상은 경쟁이라는 기본적인 생각을 가지고 있고, 협상도중 문제가 발생했을 경우 자신의 책임을 인정하는 발언을 하지 않는 경향이 있으며 교섭시 대화는 데이터나 사실에 근거를 둔 논리적 설명, 설득을 중시한다. 구체적인 데이터나 사실에서 도출되는, 현실적이며 실현가능성이 있는 결론을 중시하기 때문에 총론적인 의논, 즉각적인 회답, 상대방의 입장에 관한 정보의 교환, 정서적인 의견 표명 같은 것은 그다지 의미가 없는 것으로 생각하며 협상에 대한 기본적인 자세는 협상인 이상 대립이나 이해의 상충이 있는 것은 당연한 일이며 만일 그런 것이 없다면 협상의 필요성조차 없다는 견해를 가지고 있다.

또 협상에서는 인간관계를 잘 지키거나 돈독히 하는 것보다는 상호의 입장 또는 이해관계의 차이와 문제점을 분명히 하여 자기의 이익이나 문제해결을 직접적으로 추구함으로 유익하고 실효성 있는 조건을 찾아내는 데 가치를 두고 있다.

실제의 협상팀은 비교적 소수인원으로 구성되는 일이 많으며 일반적으로 그 중 협상팀장이 그 협상에 관해 뚜렷하고 확실한 의사표명을 할 수 있는 큰 권한을 갖고 있으며 사실이나 데이터, 기타 사정 등 협상에 필요한 조건이 갖추어져 있을 때 당연히 그 자리에 참석한 협상자, 당사들 사이에서 결론을 내야 한다고 생각한다.

마지막으로 협상의 합의 내용 결론은 계약문서로 하는 것이 원칙이다.

협상력을 갖는다는 것은 사회인, 비즈니스맨으로서의 당연한 능력요건의 하나일뿐 특별한 사람이 되는 것을 의미하지는 않는다. 따라서 국제 협상에 종사하는 사람은 높은 전문성을 갖고 있다.

2. 프랑스형 협상유형

영미형 협상이 개개의 사안들을 하나하나 다루는 것을 선호하는 반면 협상 초기에 프랑스인들은 전체적인 원칙에 먼저 합의하려고 한다.

그리고 다른 협상 유형에서는 양보에 조건을 붙이는 것에 반감을 가지나 대부분의 프랑스인들은 양보시 상대방의 양보를 함께 요구한다.

프랑스인들은 상대방이 양보할 때 이쪽에서도 양보해야 한다는 생각을 갖는다. 따라서 Robert A. Loveff 는 “프랑스인에게는 절대 일정한 보답 없이 양보를 해주어서는 안 되며 그들은 보답을 바라지 않고 양보해주는 것에 대해 조금도 감사하게 생각하지 않고 오히려 당신의 어리석음에 비웃을 것이다.” 라는 말을 하였다.

3. 일본형 협상유형

상대방에게 양보를 요청했을 때 심각하게 받아들이는 모습을 보이지만 즉석에서 가부간의 답변을 하지 않아 이러한 침묵은 거절의 뜻이라기보다는 스스로 생각 할 수 있는 시간을 가지기를 원한다는 의미로 해석해야 한다.

또 협상을 충분한 인간관계의 성립 없이 빨리 종결해야 한다는 압력에 대해 거부감을 느끼며 그들은 대체적으로 조직내의 동의가 이루어지기 전에는 상대방에게 확실한 답변하기를 주저하고 중요한 협상의 경우 협상의 당사자는 모든 것을 결정할 최종 권한을 갖지 못하는 경우가 많다.

협상계약은 커뮤니케이션의 시발이며 인연이 있어서 서로 관계를 맺게 되었다는 의미로서 받아들이는 특징이 있고 계약후의 조건변경, 상황변경이 원이 되어 발생할 수 있는 불일치나 대립을 우려하여 보다 좋은 인간관계를 유지하는 방향으로 계약을 변경하는 것이 마땅하다고 보고 있다. 즉, 계약은 조건이 달라지면 변경이 가능하다는 의미이다.

계약후의 조건변경, 상황변경이 원인이 되어 발생할 수 있는 불일치나 대립을 우려하여 보다 좋은 인간관계를 유지하는 방향으로 계약을 변경하는 것이 마땅하다고 보고 있다. 즉, 계약은 조건이 달라지면 변경이 가능하다.

또 대립적 해결, 대립적 협상보다는 사회관계의 밸런스나 국내사회, 국제사회와의 조화라는 면을 중시한다. 협상이 잘 타결되지 않으면 타 기업의 동향과 같은 것을 인용하여 결말을 도모하므로 이러한 기준을 맞추면 일을 잘 마무리할 수 있다.

교섭이 일단 시작되면 어떻게 해서든지 결말을 내려고 한다. 조건이 맞지 않아 교섭이 난항에 빠지면 교섭자의 인간관계 능력부족 탓으로 간주하기 때문에 교섭의 중단을 매우 우려한다. 따라서 때때로 대폭적인 양해를 해서라도 서로의 관계를 계속하려는 문화가 존재하고 있다. 이 관계를 유지하기 위하여 진실된 정보, 비밀정보를 내놓는 경향이 있으므로 이쪽으로서는 교섭 전략, 전술을 세우기가 용이하다.

4. 중국형 협상유형

협상의 의제 외에 보이지 않는 것들, 예를 들면 예산에 없거나 혹은 예측하지 못했던 문제의 발생과 같은 것들에 대한 협조를 당연시 하며 일단 관계가 맺어지면 기술적, 재정적 우위에 있는 쪽이 약한 쪽을 돕는 것이 당연하다고 생각한다. 따라서 협상 시 상대방의 어려움에 관심을 가지고 적극적으로 도와주려는 모습이 필요하다.

서면으로 작성된 계약이라도 외부의 환경이 변화하면 상대방에게 계약조건의 변경을 주저 없이 요구하며 인간관계를 위해서는 먼저 식사를 함께 하면서 일 이외의 다른 것, 특히 중국의 역사, 사고방식, 중국을 둘러싼 세계정세, 중국 사람에게 관심이 있는 것들을 많이 알고 있어야 한다.

협상초기의 첫 대면에 있어서는 우호적인 모습을 보이나 일단 대립관계가 조성되면 대결적인 강경한 태도로 나오며 대립관계가 조성되면 중화사상과 사회주의의 원칙이 나타나 협상당사자들을 당혹하게 만드는 수가 많다.

협상에서는 화비삼승(貨比三承) 원칙에 따라 셋 이상의 경합자들이 저울에 달아서 비교하는 것을 룰로 정하고 있는 문화이므로 이러한 정보를 이용하여 가격흥정을 한다.

중국협상의 경우 모든 우선순위는 어떤 조건보다 가격(돈)에 있으며 가격 흥정의 협상에 시간을 소비하면서 협력을 집중 시키는 것이 특징이다.

협상을 정보수집의 개념으로 생각하며 모든 수단을 동원하여 질문을 한 끝에 어느 정도까지 정보를 획득하면 그것을 대용하는 패턴을 보인다.

협상멤버의 수는 중국형이 일반적으로 많은 것이 보통이나 협상에 나서는 사람은 소수로 한정되어 있다. 낮은 수준의 협상이 끝날 때마다 협상팀장이 바뀌면서 서서히 상급자로 교체되어 계약을 결정할 수 있는 사람이 상부층에서 나오게 된다.

중국측은 무역공사나 정부관련의 중국계급 관료의 경우 협상의 내용은 단기 성과주의를 우선하는 경우가 많다. 단기 성과주의의 내용을 서서히 진행하는 것이 기본적인 방법이다.

중국 협상에서는 브랜드가 유명한 것, 구미제국에서 이미 높게 평가되고 있는 것, 혹은 국제시장에서의 실적 등 권위부여가 협상체결을 이끄는 데 커다란 요인이 된다.

중국에서는 외부조건, 계약의 성립조건(물가, 금리, 환율 등)이 변화하면 계약, 약속은 이행하지 않아도 좋은 요소가 되므로 협상할 때마다 미리 프로세스의 단계에서부터 작성하는 것이 중요하고 특히 이쪽에서 작성하는 것이 절대 필요하다.

| 제3절 |

국제협상 과정

1. 협상의 토의 체제 구축

먼저 기초자료를 수집하여 상대편 시각에서 문제의 관점을 분석한다. 다음은 요구항목을 정하고 우선순위를 매긴 후 최소한으로 허용 가능한 한계선을 분명히 한다. 그리고 공격지점과 후퇴지점을 정하고 양보 가능한 지점을 결정하고 상대의 마지막 허용선이 무엇인가 분석한다. 마지막으로 예상되는 상대의 반격에 대한 단계적 대응책을 구상하여 나만이 이길 것이라거나 해결책은 하나밖에 없다는 식의 제로섬 게임이 될 것이라고 가정하지 않는다.

2. 관계 형성

성실한 자세로 신뢰 관계를 형성한다. 상대편 참석자 전원의 역할을 파악하고 각 개인의 인격을 존중하는 태도로 협상에 임한다. 기본적으로 주의해야 할 점은 다음과 같다.

- 공식 직함과 경칭을 사용한다.
- 상대측의 가치와 관습을 존중하는 태도를 유지한다.
- 상대측 사람들의 서열과 권한 수준을 파악한다.
- 상대측이 협상을 위해 시간과 노력을 기울여준 데 대해 감사의 뜻을 표한다.
- 공동의 관심사와 이익에 대한 긍정적 자세로 강조한다.
- 의미를 파악해낼 수 있도록 세밀하게 듣고 관찰한다.
- 상대가 말하는 도중에 주의를 분산하지 않는다.
- 상대가 자신의 견해를 충분히 피력할 수 있도록 존중한다.
- 상대의 말을 잘 알아듣고 있음을 확인시켜준다.
- 상대의 말이 끝나면 다시 요약해 상대방에게 확인한다.
- 공격적인 태도를 삼가고, 차분하고 자신감 있는 꾸준한 사제를 보인다.

- 심사숙고해서 말하도록 한다. 일단 말로 하고 나면 다시 번복하기는 어렵다.
- 서로 제대로 이해하고 있는지 점검한다. 언어가 다를 경우 단계별로 반드시 확인해 보아야한다.

3. 의사전달

문제를 명확히 하고 일치하는 부분과 그렇지 않은 부분을 구분 한다.

- 의제(agenda)를 명백하게 한다.
- 정확하게 문제점을 파악하고, 논리적 사고와 증거를 이용한다.
- 협상자는 권한과 위치를 최대한 확대하여 분명히 한다.
- 문제 · 논리 · 증거 · 목표에 대한 그들의 견해를 주의해서 듣는다.
- 핵심적 문제를 분명히 해달라고 요구하고, 필요하다면 빠뜨린 정보가 있는지 확인한다.
- 성급하게 양보해서는 안 된다. 협상 과정 끝에 가서 양보하거나 혹은 전혀 양보하지 않아도 된다.
- 일치 사항과 불일치 사항에 대해 일정한 시간 간격으로 정리한다.
- 쉬운 문제는 해결하고 다음 단계로 넘어간다. 협상 과정 전반에 걸쳐 일정한 합의 양식을 형성한다. 결정과정은 기록으로 남긴다.
- 상대를 존중하는 대화를 해야 한다.
- 직접적이거나 공격적으로 또는 무관심하게 행동해서도 안 된다.
- 사진의 몸짓이나 손짓 등의 비언어 표현에 대하여 주의하라.
- 먼저 상대측의 말부터 듣는 것이 좋다. 그들의 주장을 먼저 들으면 예상했던 가정들을 점검해볼 수 있다.

4. 토의

대안과 해결책을 연구하고 합의를 향한 동반자 관계를 형성한다.

- 가능한 한 어느 상황에서든지 문제 해결 양식을 합의한다. 합의에 도달했을 때 양측이 보게 될 이익에 대해 상대측에 상기시킨다.
- 양측 모두에게 저비용・고 이익이 될 수 있는 대안을 가능한 한 생각나는 대로 말한다. 이분법적 사고의 극복을 명심한다.
- 개방적이고 예시적인 질문을 많이 하여 사고를 자극하고, 저항이 많을 방법과 적을 방법을 구분한다.
- 한꺼번에 양보하지 말고 조금씩 양보한다. 그러나 지나치게 많이 후퇴하여 곧바로 본인의 최소 허용 지점을 드러내는 일이 없도록 해야 한다.
- 조급한 태도로 성급하게 합의하지 않도록 한다. 여유 있는 시간을 가지고 즉흥적인 반대 안으로 대응하지 않는다. 상대방의 입장을 짐작하여 최선의 이익을 고려해 대응할 수 있도록 충분한 시간을 가져야 한다.
- 당신을 비난하는 태도가 보여도 냉정하게 넘어가야 한다. 문제에 목표를 맞추어야하지 참석자들의 인격 문제에 민감할 필요는 없다.
- 교착상태의 문제는 보류해둔다. 그리고 양보와 선택 가능성에 대해 충분한 토의를 한 후에 교착상태의 문제로 되돌아가도 된다.
- 양보에 대한 대가를 타진한다. 즉 우리가 이렇게 하면, 당신들도 이러저러한 것에 따르겠는가 등의 표현을 적절하게 이용한다.
- 상대가 "예"라고 자주 대답하도록 상황을 몰고 가야 합의를 쉽게 도출할 수 있다.
- 가능성 있는 제안을 기억하였다가 지속적으로 밀어붙인다.
- 진행과정에서 나타나는 일치와 불일치 사항을 계속 요약 정리한다.
- 쌍방의 요구와 필요에 가장 근접하게 부응하는 해결책을 가려낸다.

5. 협상 마무리

한 번의 회담으로 합의에 도달할 수 있을 것으로 기대해서는 안 된다. 대부분의 문화권에서 국제 기업에 들어가기 전에 관계 형성을 먼저 원하는 성향임을 명심한다. 즉 상호 절충적 거래가 아니라 장기적 협상의 측면에서 생각한다.

- 해결 자체를 위한 합의를 하려고 하지 않는다. 의심스러운 점이 있으면 절대 합의하지 말고 제3의 이해 당사자들에 미칠 영향도 고려한다.
- 상대측의 동의하에 합의 사항을 단계적으로 구체화시킨다. 특히, 사용된 용어나 합의 날짜, 책임, 절차 등을 주의 깊게 점검한다.
- 일단 합의가 이루어진 다음에는 세부적인 양해각서라도 합의 해내거나 앞으로의 관계 여지를 남겨둔다.
- 끝까지 적극적이고 신뢰받을 만한 자세를 취한다.
- 끝으로, 참여해준 데 대한 상대측에게 감사하고 앞으로도 좋은 관계로 이어지기를 기대한다는 표현을 한다.

| 제4절 |

설득의 방법 요소

1. 상대를 파악할 수 있는 요인

- 자유롭게 대답할 수 있도록 질문하라.
- 질문은 구체적으로 하라.
- 대화를 계속할 수 있도록 대답하라.
- 대화를 독점하지 마라.
- 남의 이야기를 가로채지 않도록 하라.
- 상대의 이야기를 앞질러 가지 마라.
- 때로는 상대의 말을 중단시킬 필요가 있다.
- 먼저 상대를 파악하라.
- 사생활을 파고드는 대화는 삼간다.
- 적당한 맞장구는 더 큰 힘을 발휘한다.
- 침묵이 때로는 힘이 된다.
- 적절한 침묵이 진실을 이끌어 낸다.
- 상대의 아련한 향수를 자극하라.

- 자신과 상대방과의 공통점을 찾아라.
- 먼저 상대의 입장을 배려하라.
- 의자 형태가 설득의 성패를 좌우한다.
- 대화의 성격에 따라 좌석을 적절히 배치하라.
- 테이블 모양이 대화의 분위기를 좌우한다.
- 성공적인 대화를 위해서 장소에 신경 써라.

2. 설득비법 터득 요인

- 먼저 상대방을 편안하게 해주어라.
- 상대가 'YES'라고 대답하도록 질문하라.
- 설득은 상대의 말을 듣는 것에서 시작한다.
- 상대와의 일치점을 강조하라.
- 상대가 스스로 선택했다고 생각하게 하라.
- 먼저 무리한 요구를 제시하라.
- 상대의 눈물샘을 자극하라.
- 상대의 고유한 가치를 인정하라.
- 상대에게 심리적인 부담을 주어라.
- 거절을 위한 경계선을 만들어라.
- 부드러운 거절 방법을 익혀두라.
- 반복의 효과를 최대로 활용하라.
- 논점을 간단명료하게 표현하라.
- 숫자가 확실한 이미지를 만든다.
- 단순하고 구체적인 예를 사용하라.
- '모두'라는 의식을 이용하라.
- 때때로 사회적 권위를 이용하라.
- 어조와 어투에 주의하라.
- 홈그라운드의 이점을 이용하라.
- 가까운 거리가 설득력을 높인다.

3. 계속적인 대화의 필요

• 만나는 시간보다 회수가 중요하다.
• 상대와 나를 '우리'로 묶는다.
• 사적인 대화로 유대관계를 깊게 한다.
• 이름을 부름으로써 친근감을 키운다.
• 잘못을 변명하지 마라.
• 상대의 장점을 찾아 칭찬하라.
• 상대의 좋아하도록 노력하라.
• 몸과 마음의 긴장을 풀어라.
• 나란히 앉아 심리적 거리를 좁힌다.
• 상대에 따라 적당한 거리를 유지하라.
• 자신을 먼저 드러낸다.
• 자신의 실패담을 감추지 마라.
• 상담 받는 것을 두려워하지 마라.
• 대화를 할 때 상대와 같은 표정을 짓는다.
• 상대의 행동을 친근하게 따라한다.
• 성의있는 작은 선물을 준비한다.
• 편안한 식사시간을 적절히 활용한다.
• 편지의 희소성을 이용하라.
• 상대에게 만남의 여운을 남겨라.

4. 성공적인 대화방법

• 단어의 의미를 명확히 하라.
• 먼저 말의 의미를 파악하라.
• 밝은 목소리로 이야기하라.
• 발음을 정확히 하라.
• 어미(語尾)를 소홀히 하지마라.

- 필요한 말은 생략하지 마라.
- 무엇을 말할지 머릿속에 먼저 정리하라.
- 결론을 먼저 이야기하라.
- 되도록 간결하게 이야기하라.
- 대화의 목적을 기억하라.
- 다른 사람의 경험담을 열심히 들어라.
- 항상 메모하는 것을 잊지 마라.
- 쉼표와 마침표를 잊지 마라.
- 지나친 자기비하는 실이 된다.
- 상대보다 먼저 인사하라.
- 쓸데없는 선입견을 벌려라.
- 겉모습이 인상을 좌우한다.
- 겸손함과 비굴함을 구별하라.
- 전화 통화일수록 정중히 하라.
- 다리를 떠는 버릇은 반드시 고쳐라.

5. 세심한 배려의 필요성

- 긍정적으로 표현하라.
- 무모한 반대가 화를 부른다.
- 자기중심적 태도를 버려라.
- 자신의 의견을 강요하지 마라.
- 모르는 것은 솔직하게 인정하라.
- 외래어나 전문용어 남용을 피하라.
- 직접적인 거절을 피하라.
- 칭찬으로 마무리하라.
- 사과의 말을 먼저 하라.
- 상대의 눈높이에 주의하라.
- 때로 눈빛으로 대화하라.

- 손으로 입을 가리지 마라.
- 대화할 때 팔짱을 끼지 마라.
- 대화중에 시계에 시선을 보내지 마라.
- 대화의 중심 화제를 잊지 마라.
- 테이블 위의 공간을 독차지하지 마라.
- 침묵의 순간을 활용할 방법을 익혀두자.
- 끊이지 않는 화젯거리를 준비하자.
- 시간 · 장소 · 경우에 맞는 화제를 꺼내라.
- 상대나 상황에 맞게 이야기하라.

사례

‖ 협상의 고수가 되려면… 상대의 감성부터 건드려라 ‖

진정한 협상 고수는 누구일까? 목소리 큰 사람? 논리로 무장한 사람? 지식으로 승부하는 사람? 아니다. 진짜 프로 협상가는 지식과 논리로 상대를 공략하기 전에 '감성(感性)'부터 건드린다. 고수(高手)들만이 활용한다는 감성적 협상법. 어떻게 해야 할까?

〈상황 1〉 따끈한 차 한 잔으로 첫 만남의 어색함을 풀어라

오질서 상무는 아침부터 협상 준비로 바쁘다. 최고 클라이언트인 '내맘대로 가구'와의 올 들어 첫 번째 협상이 잡혀 있기 때문. 오 상무는 장소부터 꼼꼼히 챙긴다. 회사에서 가장 조용한 회의실. 일자로 정렬된 테이블. 하나하나 정성스레 놓인 시원한 생수병들. 한 치의 오차도 없다.

약속된 시간이 5분 정도 지나자 '내맘대로 가구' 사람들이 들어왔다. 여기저기 둘러보며 잡담을 해대는 그들. 듣던 대로 그들은 자유롭다. 심지어 청바지를 입고 나타난 사람도 있었다. 30분 정도 지났을까? 갑자기 '내맘대로 가구'의 협상 대표가 "답답하니 10분만 쉬자"고 말한다. 제대로 시작도 안 했는데 갑자기 휴식을? 오 상무의 협상 준비, 뭐가 잘못됐을까?

■ 협상 비법 1 : "오감을 활용하라"

오질서 상무의 협상 준비에는 크게 세 가지의 문제점이 있다.

첫째, 협상장의 환경. 오 상무는 가장 조용한 회의실에 테이블을 일렬로 배치했다. 많은 사람들이 흔히 생각하는 협상장의 모습. 하지만 프로 협상가들은 절대 이런 환경에서 협상하지 않는다. 서로 맞서는 구도는 경쟁심을 자극하기 때문이다.

프로 협상가들은 탁 트인 공간, 천장이 높은 곳을 선호한다. 이런 환경에서 사람들은 훨씬 더 긍정적이고 개방적이 된다. 그만큼 서로의 제안을 받아들일 가능성도 커진다는 뜻. 테이블 배치도 중요하다. 반원형 혹은 V자형으로 테이블을 배치해 서로 같은 곳을 바라보는 구도를 만들어 주는 것이 좋다. 이를 통해 공통의 문제를 해결하는 '협력자'라는 인상을 심어줄 수 있다.

둘째, 시원한 물. '협상장에 차가운 생수 한 병 올려놓는 게 잘못됐다고?'

이를 설명하기 위해 재미있는 실험 하나를 소개한다. 10명의 면접관에게 한 사람의 구직자를 인터뷰한 후, 채용 여부를 결정하라는 미션을 줬다. 모든 면접관들이 똑같은 질문을 하고, 구직자는 똑같은 대답을 한다. 면접관들이 처해 있는 상황은 동일한 셈이다. 하지만 단 하나 다른 것이 있다. 바로 면접관들이 들고 있는 음료수의 종류. 다섯명의 면접관은 차가운 콜라를 들고 있다. 반면 나머지 다섯명은 따뜻한 커피를 들고 있다. 자, 차가운 콜라를 마신 면접관과 따뜻한 커피를 마신 면접관. 한 사람의 구직자에 대한 평가는 어떨까?

놀랍게도 차가운 콜라를 마신 면접관들은 "채용하지 않겠다"고 답한 반면, 따뜻한 커피를 마신 면접관들은 "채용하겠다"고 답했다. 이 실험 결과를 분석한 예일대 심리학과 존 바그(John Bargh) 교수는 "커피의 따뜻한 기운은 사람들을 너그럽게 만드는 경향이 있다"고 말했다. 즉 논리적 존재인 사람도 '어쩔 수 없이' 감성의 영향을 받게 된다는 말이다.

만약 오질서 상무가 이 사실을 알았다면? 아마도 협상이 시작되기 전 따뜻한 차 한잔을 먼저 대접하며 상대의 마음을 부드럽게 풀어줬을 것이다.

마지막으로 오상무의 옷 선택이 잘못됐다. 상대방은 자유로운 분위기로 유명한 '내맘대로 가구'. 그런 고객을 만나는 자리에 '예의'를 갖춘다며 정장을 쫙 빼입고 나타나는 것은 오히려 상대를 불편하게 할 수 있다.

권위적이고 보수적이기로 유명한 독일의 투자은행 드레스너뱅크(Dresdner Bank)와 자유롭고 개방적인 문화로 알려진 이케아(IKEA) 간에 있었던 제휴 협상 사례를 보자. 이 두 회사의 제휴 가능성에 대한 외부의 전망은 차가웠다. 조직의 분위기가 너무나 달랐기 때문.

협상 결과는? 놀랍게도 '이보다 더 좋을 수 없는' 결과로 타결됐다. 비결은 간단했다. 보수적인 드레스너뱅크의 협상단은 어울리지도 않는 힙합 바지에 티셔츠를 입고서 나타났다. 반면 이케아 협상단은 영화 '영웅본색'을 연상시키는 까만 양복을 있고 협상장에 등장했다. 상대방의 기업문화에 맞추려는 서로의 모습에 양측은 박장대소했고, 협상은 잘 마무리될 수밖에 없었다.

〈상황 2〉 일단 공감부터 한 후에 제안을 거절하라

"구매 단가를 동결한다고요?"

"네, 내부적으로 단가 인상은 불가능하다는 결정이 있었습니다."

"하지만 저희 조사 결과 올해 원자재 값이 7% 이상 오를 것으로 예측됐습니다. 그러면 제조 원가 상승은 불 보듯 뻔한데, 단가를 동결한다니요?"

"원자재 값이 오른다는 건 단지 내부 조사 결과일 뿐 아닙니까? 단가는 양보할 수 없습니다."

'단가 인상 불가'라는 지침을 강하게 받고 협상장에 나온 강경한 상무. 상대는 원자재 값이 오른다, 운송비가 증가한다, 추가 인건비가 발생한다는 등의 논리를 대며 단가 인상은 꼭 필요하다고 주장했다. 하지만 강경한 상무는 '안 됩니다'는 말만 되풀이했다. 회사에서 워낙 강한 지침을 내렸기 때문에 그로서도 어쩔 수 없는 선택이었다.

급기야 상대는 "아니 그럼 우리 보고 손해를 입으면서 장사를 하란 말씀이신가요? 정말 듣자 듣자 하니까 너무하시네요!"라고 화를 버럭 내고는 협상장을 떠나버렸다.

강경한 상무의 협상법, 뭐가 문제였을까?

■ 협상 비법 2 : "공감하라"

IGM 협상스쿨에서는 이런 협상 실습을 하곤 한다. 한 그룹에는 '상대의 의견을 무시하면서 제안을 거절하라'는 미션을 주고, 다른 한 그룹에게는 '상대의 의견에 공감을 표현한 후, 제안을 거절하라'는 미션을 준다.

그리고 협상이 끝난 후 제안이 거절당한 상대편 사람들에게 협상 결과에 대한 만족도를 묻는다. 결과는 놀랍다. '제안이 받아들여지지 않았다'는 사실은 같지만, 협상 결과에 대한 만족감은 두 그룹이 천지차이다. 물론 후자, 자신의 의견을 공감받은 그룹의 만족도가 훨씬 높다. 필자가 수십 차례 협상 실습을 진행해 본 결과가 늘 그랬다.

이를 협상학에선 '공감(共感)의 힘'이라 부른다. 상대의 의견에 대해 일단 '공감'을 해 주면 협상의 분위기가 믿을 수 없을 만큼 달라지는 것이다.

앞의 상황에서 강경한 상무는 무조건 "안 된다"고만 말했다. 하지만 "원자재값이 오를까봐 걱정되시겠군요." "운송비 인상이 염려되시겠군요." 등과 같이 상대의 우려에 대해 공감만이라도 해줬다면 어땠을까? 아마도 상대가 협상장을 박차고 나가버리는 불상사는 피할 수 있었을 것이다.

사람들은 오해한다. 상대방의 의견에 공감하면 인정하는 것이라고. 하지만 공감과 인정은 다르다. 그저 상대의 말을 따라 하기만 해도, 그래서 상대가 자신의 입장이 존중받고 있다는 느낌만 받아도, 협상이 풀릴 확률은 훨씬 높아진다.

〈상황 3〉 상대가 좋아하는 또 다른 주제를 제시하라

'부자 동네'에서만 소규모 직판매장을 운영하며 인기몰이를 하고 있는 최고급 한우 매장 '일등한우'. 그리고 중소도시 위주로 매장을 갖고 있는 대형마트사인 '모조리마트'.

모조리마트의 나우선 이사는 일등한우 매장을 유치하기 위해 강원도를 제 집처럼 드나들며 정성을 쏟았다. 5개월의 구애 끝에 드디어 입점을 결정한 '일등한우'. 그런데 갑자기 가격 문제를 들고 나온다.

"좋습니다. 그렇게 부탁을 하시니 입점하도록 하죠. 단 가격은 현재 제시하신 금액보다 10% 더 주셔야 합니다."

"가격을 10%나 더 달라고요?"

"네. 현재 가격은 도매가를 기준으로 책정한 금액입니다. 마트에선 이보다 당연히 비싸게 판매될 거 아닙니까? 그러니 10% 정도의 가격은 더 주셔야 합니다."

'모조리마트'의 나우선 이사는 당황해 할 말을 잃었다. 가격 인상 요구는 받아들일 수 없다. 유통비와 인건비 등을 빼면 수익이 나지 않을 게 뻔하기 때문.

"가격 인상은 힘듭니다. 일단 올해는 현재 가격으로 하시고 가격 부분은 내년에 다시 협상을 해보면 안 될까요?"

"안 됩니다!"

다 잡은 줄 알았던 대박 거래처를 잃을 위기에 처한 나우선 이사. 이 상황을 어떻게 해결해야 할까?

■ 협상 비법 3: "숨은 욕구를 공략하라"

미국의 내셔널 풋볼 리그는 매년 시즌이 끝나고 마지막 행사로 올스타전(프로볼)을 개최한다. 문제는 수퍼스타 선수들이 올스타전에 참석하길 꺼린다는 것. 상금이나 출전비를 아무리 높여도 스타 선수들과의 협상은 쉽지 않았다.

고민 끝에 풋볼 리그 관계자들은 올스타전 개최지를 하와이로 옮겼다. 그리고 참가하는 모든 선수들에게 부인 혹은 여자 친구와 함께 올 수 있도록 왕복 항공권 두 장과 하와이 최고급 호텔 숙박권을 제공했다.

결과는 놀라웠다. 스타 선수들이 적극적으로 참석하기 시작했다. 올스타전 출전을 통해 '합법적으로 여행할 수 있는 시간'이 주어졌기 때문이다. 훈련과 꽉 짜인 경기 일정 때문에 가족이나 애인과 보낼 시간도 부족한데, 함께 하와이로 놀러간다는 것은 그들에게 꿈과도 같은 선물이었다.

이 협상이 성공한 것은 '돈'이라는 관점을 '여행'이라는 관점으로 돌렸기 때문이다. 이를 협상학에서는 '숨은 욕구(Hidden Interest)를 공략한다'고 표현한다. 지금 당장의 협상과는 직접적인 상관이 없더라도 상대가 관심을 가질 만한 또 다른 안건을 제시해 협상을 부드럽게 풀어나가는 방법인 셈이다.

앞의 상황에서 '모조리마트'의 나우선 이사도 '일등한우'의 숨은 욕구를 공략해 보면 어떨까? 예를 들면 이런 제안도 가능하다. "저희 마트 입점 후에 다른 대형 마트와의 거래선을 추천해 드리겠습니다. 이를 통해 전국 규모 마트에 유리한 조건으로 입점하는 게 훨씬 수월해질 수 있습니다." 만약 상대인 '일등한우'가 전국 규모 마트 입점에 관심이 있다면, 모조리마트와의 가격 조건에는 크게 매달리진 않을 수 있다. 혹은 "소를 키우는 데 필요한 다양한 물품을 우리 마트에 들어오는 싼 가격으로 제공하겠다"는 제안을 하면 어떨까? 상대가 축사 유지 문제에 관심이 많다면, 이를 받아들이고 가격 조건을 양보할 것이다.

■ **에필로그**

차가운 '돈'이 오가는 협상. 그래서 우리는 협상장에선 냉정해야 한다고 생각한다. 하지만 프로 협상가들은 냉정하면서도 따뜻하다. 상대의 감성을 읽고 공략하는 협상. 협상 고수가 되는 첫 단계다.

IGM(세계경영연구원) 2010.01.

윽박지르는 건 최악의 협상…상대의 원칙으로 설득하라!

며칠 전 같이 일하는 동료와 이야기하다 아이 교육이 화두에 올랐다. 동료는 자기 아들이 편식하듯이 좋아하는 공부만 하는 것이 걱정이라고 했다. 세상을 살다 보면 자기가 원하지 않는 것도 해야 할 때가 있는데, 지금부터 자기 하고 싶은 것만 하다가는 정작 원하는 일이 생겼을 때 문제가 생길 수 있다는 것이 동료의 주장이었다. 아이에게 그 이야기를 해주었느냐고 물어봤더니 당연히 말했지만, 도대체 말을 듣지 않는다고 한다. 아이가 자기 생각만 내세운다는 것이다.

이처럼 막무가내로 자기 생각만을 주장하는 사람 때문에 애를 먹는 경우가 많다. 이럴 때 고민은 '어떻게 하면 상대방이 내 말을 듣게 만들까'다. 결론부터 말하면 내 주장으로 설득하려 들지 말라는 것이다. 상대의 원칙이나 규정으로 설득해야 한다. 이해를 위해 먼저 최근 한국에 다녀간 협상의 대가 스튜어트 다이아몬드 와튼스쿨 교수의 저서 '어떻게 원하는 것을 얻는가'에 나오는 이야기를 들어보자.

다이아몬드 교수는 작은 화물 항공회사를 인수한 적이 있다. 당시 그는 소형 항공기로 여러 섬을 돌아다니며 회사의 설비를 점검했다. 어느 오후, 그는 버진 아일랜드의 토르톨라 섬에 내렸다. 공항 도착 라운지에는 아무도 없었고 출입국 관리 사무소 직원만 덩그러니 앉아 있었다. 그 직원은 지난 몇 년간 자주 본 사이인데도 조종사에게 온갖 양식의 서류를 들이밀었다. 입국장에서 불과 40m 떨어진 회사 사무실을 둘러보면 되는 것인데도 말이다.

이런 상황에 처한다면 대부분의 사람들은 어떻게 반응할까. 바쁜 사람들은 빨리 해달라며 짜증을 내기도 하고, 때로는 음료수 같은 뇌물을 제공하기도 할 것이다. 아니면 괜히 갈등을 일으켜 나중에 귀찮아질 수도 있으니 그냥 참는 경우도 있을 것이다. 이때 상대방의 기분을 상하게 하지 않으면서 원하는 결과를 얻기 위해 다이아몬드 교수가 선택한 방법은 상대의 기준을 활용하는 것이다.

다이아몬드 교수는 공항에 붙은 포스터에 쓰여진 버진 아일랜드 총리의 인사말을 활용했다. 포스터에는 '입국을 환영합니다. 예의와 존중을 갖춰 여러분을 모실 것을 약속합니다'라고 적혀 있었다. 출입국 사무소 직원에게 그는 포스터의 총리 말대로 대우해 줄 수 있는지를 물었고, 놀랍게도 그 결과 5분 만에 입국장을 빠져나갔다.

다이아몬드 교수의 '비법'은 상대방이 업무에 적용시킬 원칙에 대해 이야기하는 것이었다. 상대방이 내 말을 듣게 하려면 상대의 원칙을 활용하는 것이 효과적이다. 사람들은 자신이 아는 것이 정확하고 완벽한 것이라고 믿고, 일이든 생활에서든 스스로 정한 원칙은 지키려는 경향이 있다. 따라서 자신이 따르는 원칙을 상대방이 주장하면 손해가 될지라도 반드시 따르려고 한다. '설득의 심리학'을 쓴 로버트 치알디니 교수는 이를 '일관성의 법칙'이라고 부른다.

개인의 원칙뿐만 아니라, 기업도 마찬가지다. 자신이 속한 조직을 위해 일하는 동안 다른 조직과 경쟁하거나 협상을 하는 경우에 조직원들은 자신이 속한 조직의 원칙을 고수하려고 노력하게 될 것이다. 따라서 나의 원칙을 상대방에게 주장하는 것보다 상대방 기업의 원칙을 따르도록 유도하면서 내 뜻을 관철하는 것이 훨씬 수월한 설득 방법이다.

기업의 내부에서 벌어지는 일은 조금 다른 각도로 접근할 필요가 있다. 예를 들어 생산부서와 영업부서의 갈등을 생각해 보자. 두 부서 모두 회사의 원칙을 지키는 차원에서 자신의 주장을 내세우기 때문에 더 이상 기업의 원칙으로 접근해서는 안 된다. 이때 우선적으로 적용해야 하는 것은 각 부서의 원칙이다. 어떤 조직이든 부서 내부적으로도 지켜야 하는 원칙이 있게 마련이다. 그 원칙에 따르다 보면 조직의 원칙과 맞지 않는 부분이 생긴다. 이런 부분을 상대가 느끼게 해준다면 상대방은 자연스럽게 자신의 원칙을 수정하게 될 것이다. 특히 내부 원칙을 문서로 작성하도록 한다면 활용이 쉬워질 것이다.

이런 방식은 부서 간의 문제뿐만 아니라 관리자와 부하직원의 갈등에도 적용이 가능하다. 관리자는 자신의 관리 원칙을 작성해 제시하고, 부하직원은 나름대로 자신이 조직원으로서 수행할 원칙을 써서 부착하도록 한다면 내부적 갈등을 해소하는 데 크게 도움이 된다.

자신이 정하는 원칙, 이것이 아들의 공부 방식에 대해 고민하는 동료에게 해주고 싶은 말이다. 아이가 자신의 공부 방식에 대해 스스로 원칙을 만들도록 도와줘라. 그러면서 좋아하는 과목뿐만 아니라 다른 과목에 대해서도 공부할 수밖에 없도록 스스로 약속하게 만든다면 그 고민은 쉽게 해결될 것이다.

이계평 <세계경영연구원(IGM) 교수>

제 4 장

국제협상 전략과 전술

| 제1절 |

협상전략의 개념

1. 전략 개념

협상을 유리하게 진행하기 위해서는 우선 그 협상전체를 어떻게 전개할 것인가 하는 방향과 틀이 필요하다. 그것이 협상전략이다. 전략이라는 단어는 모든 방면에서 사용되고 있지만, 반드시 정확하게 이해하고 있다고는 말할 수 없는 경우도 보이므로, 전략의 기본적인 개념부터 분석하고자 한다.

전략이란 「어느 한정된」 자원을 활용하여 문제해결을 꾀하는 사고방식의 조합을 말한다. 이 전략에서 중요한 것은 「어느 한정된 자원」 이다. 자원은 모두 한계가 있다. 따라서 협상전략도 당연히 한정된 자원을 활용하여 상대와의 협상을 함에 따라 문제해결을 꾀하는 것이 전제가 된다.

협상은 어떤 비즈니스부터 파생된 문제를 해결하는 것이 목적이므로 결국 협상전략이 성립하는 기본으로서는 당해 비즈니스를 운영하는 틀, 즉 경영전략이 필요하다. 그리고 그 경영전략의 우열에 따라 협상전략의 협상자원이 결정되기 때문이다.

전략의 기본적 요건은 ①상황의 객관적 분석에 기인하여 전체를 통합하는 것이다. 그에 따라, 한정된 자원을 어떻게 조합할까라는 기본적인 사고방식이 결정된다. ②전략목표를 기초로 하는 장기적 전망이다. ③전략내용은 명확하고 이해하기 쉽게 하는 것이다. 즉, 관계자가 전략내용을 보았을 때 그것이 복잡하여 간단히 이해할 수 없으면 그것을 실행할 수 없을 뿐만 아니라 덧붙여 한정된 자원을 활용할 대안은 나올 수 없다. ④전략은 어떤 구체적인 행위를 의미하므로 혹시 그 행위가 제대로 이루어지지 않는 경우의 대응책을 준비하는 것을 말한다.

따라서 위와 같은 협상전략의 요건을 어떻게 결합할 것인가 하는 문제는 대단히 중요한 문제이다. 왜냐하면 국제협상은 일회단발성 거래나 사업을 위해 행해지는 경우는 극히 드물기 때문이다. 특히, 일회성 거래를 위한 국제기업협상일지라도 국가경제를 배경으로 하고 잇는 만큼, 협상전략은 상당히 신중하면서도 광범위한 접근법을 필요로 한다. 국제협상은 다양한 환경적 차이를 배경으로 장시간에 걸쳐 사람에 의해 행해진다는 점에서 어떠한 국제협상에서도 반드시 명심하여야 할 성공적 요소들이 있다. 그러한 성공요소들을 체계화하여 국제협상의 방법론적 전략에 응용하는 것이 바로 협상전략의 기본원칙이다.

2. 협상 지침

협상 과정에서 협상당사자는 누구나 실수를 하게 되어 있다. 그러나 흔한 실수는 미리 피해갈 수도 있다. 따라서 국제협상 관련자들은 국제 협상에서 중대한 실수를 방지하기 위해 다음과 같은 기본적인 점검사항을 예측해 볼 수 있다.

- 성실하게 협상한다. 진심으로 정직하게 임한다.
- 상대측에 대한 가능한 많이 알아둔다. 주요 문화 성향, 사업, 사회, 정치, 경제, 종교상의 관심 등 아는 것은 힘 일뿐 아니라 이해로 가는 지름길이자 협상 전문가가 되는 길이다.
- 최대한 많은 변수를 예상하여 만반의 준비를 갖추라. 특히 교묘한 질문에 대비하라.
- 친밀한 관계 형성에 시간을 투자한다. 겸손하되 자신감을 보인다.
- 처리하기 애매한 경우가 발생할 경우, 성급하게 그 상황을 정리하려들지 않는다. 잘못하면 공격적이고 무례한 사람, 심지어는 믿을 수 없는 상대로 취급받을 수 있다.
- 상대측의 지위와 권한 차이를 존중한다. 물론 자신의 권한도 주장해야 한

다. 서열을 무시하고 실질적 결정권자와 접촉하려 하지 않는다.

- 논의라기보다는 설득이란 점을 명심한다.
- 성급하게 양보하지 않는다. 협상이 앞뒤가 막혀 진행되지 않을 경우에 한해서 신중하게 절충안을 모색해본다.
- 협박당하고 있는 경우 신속하게 국면을 전환한다. 타이밍이 절대 중요하다.
- 협상에는 시간이 걸릴 것이란 점을 명심한다. 계속해서 무리하게 진전시키려 하거나 서둘러 끝내려 해서는 안 된다.
- 공격적인 태도를 자제한다. 상대의 체면을 손상시키는 행동은 하지 않는다.
- 유연하게 사고한다. 귀납적 사고에서 연역적 사고로, 직선적 사고에서 체계적 사고로 전환하는 능력을 갖춘다. 창조적 · 직관적으로 사고하고, 자신의 지적 능력을 과시한다.
- 언어 사용에 주의한다. 혼란을 줄 수 있는 속어나 관용구 · 유행어를 사용하지 않는다.
- 상대의 답변을 주의해서 듣는다. 필요할 경우 분명하게 다시 말해달라고 요청하고 기록한다.
- 천천히 반응을 보인다. 지나치게 서둘러 반응하지 않는다. 스스로 만든 마감 시간에 스스로 매이지 않도록 주의한다.
- 적극적이고 성실한 태도를 유지한다.

3. 협상전략의 기본원칙

1) 문화적 자각의 원칙

국제협상의 가장 기본은 문화적으로 서로 다른 사람들에 의해 진행된다는 점이다. 따라서 문화적 자각을 최대로 활용하여 상대방이 호감을 갖도록 노력하는 것이 필요하다. 상대방이 마음을 열기 전에는 협상은 개시되지 않는다는 점을 명심하고 상대방의 인간적인 배경을 최대한 활용하도록 한다. 경우에 따라서는 국내거래보다 외국과의 거래가 오히려 쉽다고 이야기하는 해외진출의 성공담은 대부분 문화적 차이를 최대로 활용한 사람들에게서 비롯되었다는 사실이 많이 나타나고 있다.

2) 눈높이 협상의 원칙

국제협상에서 특히 중요한 것은 상대방의 입장에서 협상을 진행하라는 것이다. 눈높이 협상의 첫 번째는 상대방의 입장에서 생각하고 말하는 것이다. 이러한 자기중심적 협상전략은 자칫 자기합리화의 모순에 빠짐으로써 상대방의 협상태도를 보수적으로 만들게 된다는 점에서 매우 경계하여야 할 전략적 자세이다.

따라서 상대방의 입장에서 협상의 진행과정을 파악하고 이에 대응할 때, 협상은 비로소 일방적인 경합적 전략이 아니라 반응을 고려하는 협조적 전략으로 바뀌게 되는 것이다. 진정한 의미에서 상대방을 이해하고 협상의제를 정확하게 파악한다는 것은 상대방보다 낮아지고 겸손한 입장에 서지 않는다면 실로 어려운 과제라는 것을 명심하여야 한다.

3) 흥미유발의 원칙

협상안을 제시하거나 조정할 때에는 항상 " 왜? "라는 생각을 가질 수 있도록 흥미를 유발하고 이를 지속적으로 유지하는 것이 좋다. 이를 위해서는 협상자가 늘 뜨거운 가슴과 냉철한 이성을 유지하여야 한다. 협상자의 개별적인 인격체로 볼 때 서구인들이 갖는 지나치게 합리적이라거나 주고받는(give and take)것에 익숙해 있는 경우에는 상대방으로 하여금 협상에 몰두하고 성과를 얻고야 말겠다는 강한 애착심을 끌어내기가 매우 어렵다. 따라서 협상자 개개인도 충분히 협상에 몰두할 수 있도록 인간적으로 노력하여야 하며, 가끔은 협상자도 인간임을 부각시킴으로써 협상자의 애로사항을 상대방에게 보다 거부감이 적은 형태로 전달할 수가 있게 된다. 뜨거운 가슴을 가진다는 것은 곧 지칠 줄 모르는 협상에의 의지와 함께 인간적인 어려움을 감정적으로 상대방에게 전달할 수 있어야 한다는 것을 말한다.

4) 당근과 채찍의 원칙

보상과 징벌은 개별적으로 하는 것이 효과적이라는 원칙이다. 협상이 난항에 빠른 경우는 대개 상호 이해의 절충이 불가능할 정도로 경쟁적일 경우가 보통이다. 이러한 난항을 극복하는 주요한 전략이 바로 당근과 채찍의 원칙이다. 이는 사안에 따라 의제에 대한 간접적인 보상을 유도함으로써 협상상대방에게 당근을 제공하기도 하고, 때로는 스스로를 자포자기식의 배수의 진을 상대방에게 위협함으로써 상대방의 양보를 얻어내는 전략을 말한다.

5) 자기확신의 원칙

협상에서 상대방을 설득하기 위해서는 먼저 자신이 설득할 만 해야 하며, 자신이 확신이 없다면 상대방에게도 확신을 줄 수 없다는 점을 명심하여야 한다.

이는 신의성실의 원칙이나 투명성의 원칙에도 부합되는 것으로 상대방에게 협상의제를 제시하기 전에 스스로 협상의제에 대한 당위성과 합리성을 객관적으로 확신하여야 함을 의미한다.

협상전략의 핵심은 항상 적극적이고 낙관적인 시각에서 협상의 진행방향을 결정하여야 한다는 점이다. 이를 위해서는 먼저 포기와 실패를 구분하여야 한다. 자신이 포기하지 않은 일은 결코 실패로 끝난 것이 아니라는 사실을 명심하고 어떠한 사안에 대해서도 최선을 다해 상대방에게 합리적으로, 때로는 인간적으로 접근을 시도해야 한다는 사실이다.[16)]

| 제2절 |

국제협상의 전술

1. 전술의 개념

전략과 전술의 한계는 사실 불분명하다. 그러나 한 가지 차이점은 전략은 스케일이 크고 장기적 관점에서 수립되며 종합적인데 비해 전술은 단기적이고 신속성을 요구하며 세부적 실천사항을 담고 있다는 것이다. 또한 전략에는 전술적 행동의 방향, 지속성, 안정성 등을 담고 있다. 협상전술은 모든 협상에 정형화시켜 대입시키기는 어려우므로 협상 상황에 따라 당초 수립된 전략이 바꾸어지고 동시에 전술도 새로이 개발되어져 사용되어야 한다.

---

16) 이승영 · 최용록, 국제협상의 이해, 법경사, 1998. pp.291~293.

협상 중 예상하지 못했던 난관에 부딪쳤을 때 이를 정면으로 돌파할 것인가 아니면 우회하여 나갈 것인가는 객관적 상황과 주관적 여건에 의해 결정되어진다. 전술 사용의 목적이 협상에서 좋은 결과를 얻고자 하는 것이기 때문에 최초의 전술을 고집하지 않고 전술을 변경시킨다는 사실에 부담을 느낄 필요는 없다. 다시 말하면 협상전략이 전체적인 협상의 기본내용을 결정짓는 데 반해 이러한 부분적인 심리적 논쟁기법은 기본방향으로부터 지나치게 이탈되는 것을 막고 효율적으로 상대방에게 개방적인 협상태도를 유발시키는 효과를 가져 오게 된다. 협상을 지속적으로 주도하기 위해 간헐적으로 사용하는 이러한 심리적 논쟁기법을 국제협상전술이라 하며, 이러한 전술사용의 목적은 단기적으로 상대방의 희생 하에 자신이 얻고자 하는 것을 확보하는 데 주로 사용하게 된다.

2. 언어적 전술

협상에 있어서 이용되는 언어적 전술을 일반적으로 약속(promises), 위협(threats), 권고(recommendations), 경고(warnings), 보상(rewards), 처벌(punishments), 규범적 호소(normative appeals), 서약(commitments), 자기폭로(self-disclosure), 질문(questions), 명령(commands) 등을 들 수 있다. 이러한 언어적 전술의 활용정도 및 의미는 문화에 따라 많은 차이를 나타낸다. 협상자의 언어적 행위는 협상의 기본으로 협상의 결과에 중대한 영향을 미친다.

〈표 4-1〉 언어적 협상전술

전 술	내 용	예
약 속	만일 당신이 내가 원하는 것을 해준다면, 나도 당신이 원하는 것을 해 주겠다(조건적, 긍정적)	만일 당신이 좀더 많은 양을 주문한다면, 가격을 좀더 깎아 주겠다.
위 협	만일 당신이 내가 원하지 않는 바를 한다면, 나도 당신이 원하지 않는 것을 하겠다(조건적, 부정적)	만일 당신이 이 얘기를 언론에 흘린다면, 협상을 파기하겠다.

권 고	만일 당신이 내가 원하는 바를 해 준다면, 제3자가 당신이 바라는 것을 해 줄 것이다(제3자, 긍정적)	가격을 인하해 준다면, 모든 10대들이 당신의 제품을 구매할 것이다.
경 고	만일 당신이 내가 원하지 않는 바를 한다면, 제3자가 당신이 원하지 않는 바를 할 것이다(제3자, 부정적)	당신이 승낙하지 않는다면, 언론이 비열한 얘기의 전말을 폭로할 것이다.
보 상	당신이 원하는 것을 지금 당장 하겠다(무조건적, 긍정적)	당신에게 편리하도록 당신의 사무실에게 만나도 좋다.
처 벌	당신이 원하지 않는 것을 지금 당장 하겠다(무조건적, 부정적)	당신이 큰 소리치는 것이 듣기싫다. 따라서 나는 이만 돌아가겠다.
규범적 호 소	사회적인 규범에 근거하여 호소한다	누구든지 우리의 상품을 1,000원에 구입한다.
서 약	당신이 원하는 것은 꼭 이행하겠다(무조건적, 긍정적)	상품은 당신이 원하는 기일까지 꼭 인도하겠다.
자 기 폭 로	당신에게 나 자신에 대해서 얘기하겠다.	우리는 이번 달에 100명의 종업원들을 해고했다. 따라서 금년 말까지는 이 계약을 꼭 체결해야 한다.
질 문	당신에 대해서 물어보겠다.	당신의 브라질 공장에 대해서 설명을 좀 해 줄 수 있는가?
명 령	당신이 이 일을 해 주어야 한다.	가격을 인하해 달라. 또는 이제는 상품의 인도에 대해 얘기하자.

자료 : 이승영 · 최용록, 국제협상의 이해, 법경사, 1998. p.328

3. 비언어적 전술

비언어적 전술이란 협상자가 구두적인 표시 그 자체보다는 억양, 얼굴표정, 상대방과의 신체적 거리, 의상, 몸짓, 시간의 조정, 침묵, 상징 등을 통하여 자신의 의도하려는 바를 달성하려는 전술을 말한다. 협상자들은 종종 언어적 메시지보다는 비언어적 메시지에 더욱 감정적으로 그리고 민감하게 반응한다. 따라서 비언어적 행위의 효과적 사용은 협상의 목적을 원활히 달성하는데 상당한 도움이 될 수 있다.

언어적 행위와 마찬가지로 비언어적 행위도 각국가별로 문화에 따라 많은 차이를 나타낸다.

1) 침묵

일본인들은 협상과정에서 침묵을 가장 많이 이용하고 미국인들은 중간 정도 그리고 브라질인들은 거의 침묵을 이용하지 않는다. 미국인들은 종종 상대방의 침묵을 그들의 제안에 대한 거부나 반대의 표시로 받아들이는 경향이 있다. 따라서 일본인들과의 협상에서 미국인들은 상대방의 침묵을 거절의 표시로 잘못 이해하고 불필요한 양보를 하는 경우가 발생한다.

2) 대화의 중복

대화의 중복이란 침묵과는 반대의 경우를 의미한다. 즉 이는 한사람이상이 동시에 말을 하는 경우를 말함으로써 유능한 협상자들은 적극적인 경청이 협상의 효율성을 높여 준다는 것을 인식하기 때문에 될 수 있는 한 상대방과의 대화중복을 피하기 위해 최선을 다한다. 또한 다른 사람의 이야기 중에 끼어들지 않는 문화권의 사람들은 대화의 중복을 무례하고 경망스런 행동으로 간주한다.

3) 안면의 직시

안면의 직시란 상대방의 얼굴을 똑바로 쳐다보는 것을 말한다. 시선의 접촉은 안면직시의 가장 강렬한 형태중의 하나라고 할 수 있다. 시선의 접촉과 안면직시의 정도는 흔히 상대방과의 관계에 있어서 친근함의 정도를 나타낸다. 그러나 직시의 정도는 문화에 따라 그 의미가 달라질 수 있다. 한 문화권에서 친근감을 느낄수 있는 직시의 정도는 다른 문화권에서는 너무 적거나 또는 지나친 친근감의 표시가 될 수 있다. 이러한 경우에 협상상대방은 불편함을 느끼게 된다.

4) 신체의 접촉

신체접촉의 정도도 문화에 따라 많은 차이를 나타낸다. 즉, 일본인이나 미국인들은 악수를 제외한 기타의 신체접촉은 거의 하지 않는 반면에 브라질인들은 협상을 진행하면서 상대방과의 신체적 접촉을 빈번히 행하는 경향이 있다. 신체접촉도 안면직시와 마찬가지로 흔히 친근감을 표시하기 위한 행위로 인식된다. 그러나 신체접촉의 방법에 따라 그것이 나타내는 의미는 문화적으로 많은 차이가 있다. 예를 들면 「포옹」은 멕시코에서는 신뢰의 표시로 받아들이지만, 독일에서는 예의에 어긋난 행동으로 받아들여진다.[17)]

| 제3절 |

전술의 유형

협상 전술은 협상에서 만족한 결과를 얻기 위해 사용되는 협상의 기본적인 방법이다. 수많은 전술들이 응용되어 협상에서 사용되므로 모형화 하기가 어렵다. 협상 전술은 크게 비이성적 전술과 이성적 전술로 나눌 수 있다.

비이성적 전술은 사진들의 협상 수단이 될 수 있는 것을 손상시킴으로써 상대방이 협상하지 않을 수 없게 한다. 예를 들어 파업을 하면서 공장을 부순다거나 인질범이 자신의 인질을 죽인다거나 하는 경우이다. 이것은 사진의 의지를 비이성적인 방법으로 표출하여 상대방이 선택의 여지를 없게 만든다. 감정에 의해서 협상 조건을 내걸면 상대방은 혼란에 휩싸인다. 이성적인 전술은 다음과 같이 나누어 분석해볼 수 있다.

1. 토론 전술

양측에서 받아들일 수 있는 협정을 체결하기 위해 제안 · 토론 · 설명 · 교섭 등에 양 상당사자들이 참가하는 것이다.

1) 구조적 토론

협상 과제에 대해 해결할 권한을 가지고 있는 사람을 협상 초기에 투입되도

17) 이승영 · 최용록, 전게서.

록 요구한다.

2) 문제 해결을 위한 토론

양 당사자 사이의 오해를 없애고 의사소통을 원활히 하며, 상대가 당면한 문제를 정확히 파악하기 위한 것이다.

3) 경쟁적 토론

상대의 입장을 난처하게 만들어 협상자의 입장을 개선하기 위해 사용되는 것이다. 협상 당사자는 상대방과 제3자를 끌어들여 그의 견해를 협상자와 일치하도록 노력하며 설득한다.

2. 교란 전술

상대방을 직접적으로 움직이게 하거나 의도대로 상대방을 유도하기 위해 협상 전술이 사용된다.

1) 공격전술

첫째, 위협 전술로 상대방이 원하는 의도에 따라오지 않으면 상대방에게 피해를 주는 방법이다. 협상가가 원하는 대로 이행되지 않으면 그 피해는 상대방에게 돌아가게 된다.

둘째는 강압 전술로 벌칙을 상대방에게 부과함으로써 상대방이 즉각적인 피해를 입도록 하거나 긍정적인 결과를 얻지 못하도록 한다. 위협 전술의 경우는 상대방에게 피래가 돌아가는 한편 좋은 결과가 나지 못하도록 지속적으로 방해한다.

2) 교섭 전술

첫째, 타협 전술로 협상으로 좋은 결과를 얻기 위해서 상대방의 기분을 상하지 않게 노력한다. 되도록이면 협상가의 의대로 결과를 얻으려고 협상가는 상대방에게 불편이 없도록 심적 · 물적인 모든 편의를 제공한다.

둘째는 보상 전술로 협상 진행을 계속하기 위해 상대방이 선호하는 전략을 사용한다. 상대방이 양보나 협조적인 행동을 취하면 응분의 보상을 한다.

3) 상황 교섭 전술

이 전술은 상대방에가 강자와 약자 사이의 중립 입장을 유지한다. 이것은 협상가의 인식 변화에 주로 사용한다.

첫째, 강경 자세로 협상에 있어서 강경 자세를 보인다. 협상가는 상대방이 양보를 요구하기 전에 일정 수준의 양보를 먼저 한다.

둘째, 부드러운 자세로 강경 자세와 반대되는 전략으로 몸짓·시선·표정 등과 같은 것에 신경을 쓴다.

셋째는 중립 자세로 공격적이지도 우호적이지도 않은 중립적 위치를 지킨다. 상황이 불투명한 곳에서는 훌륭한 전술이다.

국제 협상의 전략과 전술은 협상 상황에 맞추어 적절하게 활용되어야 하며, 상대방의 동의를 얻어내는 방법과 협상 전술 및 전략을 응용하여 적절히 조합된 형태를 만들어낸다.

이 중에서 특히 유의할 점은 협상은 기본적으로 정도(正道)를 걸어야지 수단과 방법을 가리지 않는 비도덕적·비윤리적 방법들은 가능한 한 자제되어야 할 것이다.

또 협상시 자기는 보통 어떠한 방법을 가장 많이 사용하는가를 점검해봄으로써 자기의 협상 전술의 문제점을 파악, 발전시킬 수 있을 것이다.

3. 설득 전술

협상 과정에서는 보통 의식적이든 무의식적이든 설득 전술을 사용하게 되어 있다. 전술이란 것은 어느 협상에서나 사용되기 마련이다. 설득 전술이란, 상대측을 설득하려는 목적으로 구사되는 전술이다. 협상은 어떤 주제를 두고 지적인 토론을 벌이는 것이 아니라는 점을 명심해야 한다. 협상이란 상대측을 설득해서 내가 원하는 것을 최소한의 비용으로 얻어내기 위한 의도적인 노력이다. 이문화 협상에서 자주 쓰이는 유용한 전술로는 다음과 같은 것들이 있다.

1) 인신공격

인신공격은 순전히 인격간의 충돌로 야기되는 것으로 협상을 돌연 거부하겠다고 협박하거나 실제로 거부해버리는 수단의 하나이다. 즉, 상대를 위협하여 더 큰 양보를 얻어내는 전술이기도 하다.

상대방의 공격할 경우, 상대가 자기 감정을 발산하도록 내버려둔 다음 잠시 후 다시 토론을 재개하는 것이 가장 좋은 방법이다. 그러나 이때, 앞으로는 협박이나 모욕을 더 이상 좌시하지는 않겠다는 점을 분명히 하여야 한다. 그리고 상대를 존중하는 태도로 계속해서 문제를 성실히 논의하는 모습을 보여준다.

인신공격의 상황으로까지 확산되지 않기 위해서는 “제가 혹시 불쾌하게 해드린 건 아닌가요”라고 사과를 유도하는 것도 좋다.

이문화적 상황에서는 특히 이런 경우가 발생할 소지가 높다. 상대가 화를 내는 원인을 찾아내어 현실적인 피해를 줄일 필요가 있다. 회의가 중간에 끝나버릴 수도 있고 경우에 따라서는 제3자를 내세워야 할 필요도 있다는 점을 미리 알고 있어야 한다.

혹은 협상 참석자들의 좌석 배치나 실내 설비 도구들에 변화를 주는 방법보다 형식을 갖추어 협상에 임하는 방법을 쓸 수도 있을 것이다.

2) 최후통첩

최후통첩은 상대를 화나게 만드는 방법이다. 예를 들면 받아 들이든지 말든지 알아서 하라는 식의 대응으로서, 흔히 진퇴양난에 몰린 측이 협상을 끝내고자 할 때 쓰는 전술이다. 그러나 보다 유리한 측이 불리한 측을 압박해서 상대가 기대 이하의 제안을 받아들이게 할 때도 사용된다.

상대가 던진 회추통첩의 진위를 시험해보려면 조목조목 논리있게 질문을 던져보거나 아니면 못 들은 체하고 계속 논의를 진행하는 것이 좋다. 상황에 따라서는 당신이 어떤 유의 협박에도 응하지 않을 것이며, 더 이상 협박해오면 대화를 계속할 수 없을 것임을 분명히 밝혀야 한다. 이런 경유 역시 가장 좋은 비결을 인내밖에 없다.

3) 교란

상대측으로부터 애매한 칭찬이나 권고를 듣는 경유가 있다. 물론 애매모호한 표현이므로 당신이 어떻게 했어야 더 바람직했다는 이야기인지 구체적으로 밝혀볼 필요가 있다. 그렇다 해서 상대방의 요구에만 말려들어서도 안 된다.

당신의 위치가 공정하게 고려되고 있는지 되풀이해서 확인한다. 필요하다면 작은 양보는 해줄 수도 있겠지만 반드시 그 선에서 끝내야한다. 더 이상의 양보를 허용하지 않는다. 가능하면 상대측의 양보를 먼저 얻어내는 것이 좋다.

4) 협박에 대한 회유

이 전술은 먼저 한 사람이 아주 공격적인 자세로 무리한 요구를 한다. 나중에 가서 다른 사람이 다소 합리적이면서도 여전히 합의 기대 선보다 높은 요구를 제시하는 것이다. 첫 번째 요구에 놀란 상대측은 두 번째 요구를 받아들일 가능성도 높다. 항상 채찍 전술이 나올 가능성에 대비해야 하며, 또한 당근의 유혹에 넘어가지 않도록 마음을 다져야 한다. 경우에 따라서는 상대를 제압하기 위해 채찍 전술을 고려해볼 수도 있을 것이다.

5) 위협

협상에 대한 불만의 표시로 상대측이 자리를 뜨겠다고 위협하는 수가 있다. 그들이 이미 마음을 굳혔다면 할 수 있는 일이 별로 없다. 다시 만날 약속을 제의하든지, 혹은 생각이 바뀌면 다시 연락할 가능성의 문을 열어놓는다. 이 경우에는 협상이 재개되면 마찰이 적은 문제들부터 진행하면서 회의를 본궤도로 돌리는 데 주력해야 한다.

6) 김빼기

합의에 도달하려는 순간, 느닷없이 상대측이 다된 밥에 재를 뿌리는 경우가 있다. 이런 일은 흔히 합의가 임박하여 회의를 끝내고 싶어 할 무렵, 협상이 끝나갈 즈음에 발생한다. 이런 식의 전술에는 응해줄 필요가 없다.

일단 거절한 뒤 상황이 어떻게 돌아가는지 보면서 만일 자신의 대답 때문에 흥정 전체가 실패로 돌아간다면 그 흥정은 애초부터 불안한 것이었다고 밖에 볼 수 없는 것이다. 그러나 때로는 이런 식으로 대응할 수도 있을 것이다.

"좋아요. 인정합니다. 그 대신 우리 측에서는 앞서 양보한 것 중 하나를 취소하겠습니다." 등이다.

7) 지연

이해가 안 되는 척하거나, 거짓으로 사안에 대한 설명이 불확실했다고 핑계대면서 결정을 미루는 시간을 버는 경우가 있다. 이런 경우에 대비해서 안을 제시할 때는 최대한 분명하게 설명할 필요가 있다. 또한 상대측이 이해했으려니 하고 당연하게 여겨서는 절대 안 된다. 자기가 말한 설명의 요지를 그들의 입을 통해 다시 말해보게 한다.

8) 허세

가장 위협적인 협상 전술의 하나인 허세부리기는 증명될 수 없는 주장을 하거나 일관되지 않은 행동을 하는 것이다. 그것이 허세였다는 사실이 밝혀지면 허세를 부린 측의 신용은 완전히 추락해버린다. 신용이 떨어지면 더 이상 협상은 불가능해진다. 이 전술 중 흔히 사용되는 것으로 유령 경쟁자 내세우기이다.

예를 들어, 당신네와 협상이 결렬되더라도 다른 협상 상대가 있다는 식의 대응 태도가 있다. 이럴 경우, 그 경쟁자에 대해 질문해보라. 상세히 의견을 들어야 한다. 대충 협박하고 넘어가려는 식의 대답을 그대로 받아들여서는 안 된다.

9) 은폐

상대가 적절한 시간 안에 다 소화시키지 못할 정도로 많은 정보를 한꺼번에 던져주거나 정보의 중요도 자체를 실제보다 과장하는 전술이다. 흔히 질문하기도 전에 많은 대답을 해주려하거나, 정보를 다량으로 주면서 핵심적인 것은 숨기는 식으로 이루어진다. 이럴 경우 하나하나 판단해보는 수밖에 없다. 끈기만 있다면 오히려 상대와 좋은 관계로 발전하는 계기가 될 수도 있다. 성급하게 합의해서는 결코 안 된다.

이제까지는 설득 전술의 과정에서 항상 명심해야 할 것은 상대방이 어떤 전술을 구사하고 있는지 파악하고 적절하게 대응하는 것이다. 앞에서 설명한 전술들을 토대로 미래의 협상에 대해서 대응 전술을 준비할 수 있을 것이다. 일반적으로 취할 수 있는 대응책은 같은 전술로 되받아치거나, 상대의 전술을 교란 시키는 질문을 하거나 상대의 전술을 인정하되, 요구는 받아들이지 말고 다른 사안으로 관심을 돌리는 방법이 있다.

| 제4절 |

협상 전략

1. 전략 개발의 단계

먼지 협상을 위한 목표 선정한 후 목표와 관련 없는 내용을 제거하여 규칙과 사전 질문서 작성하고 적절하게 규칙을 요약한다. 다음은 의사결정 방법이나 토의로 질문에 답하여 협상 상황 조사한 후 나머지 전술 가운데 협상 상황에 적합한 것 선택하여 사용될 방법과 기능들이 적절하게 조화되는 계획 수립하고 최종 계획과 전략의 적절한 조화시킨다.

2. 전략의 종류

1) 욕구 충족 전략

일반적으로 협상자의 양보는 상대방의 만족 수준을 높여준다. 그러나 협상가가 이루어야 될 만족 수준에 대한 순수 결과를 높이려고 할 때 어려운 교섭이 된다. 적은 양보가 행해졌을 때 상대방의 만족 수준을 낮추게 되고, 협상자는 그 만큼 강경한 입장을 유지하지 못한다.

2) 호혜 전략

협상 상황에 따라서 호혜의 정도를 결정하여야한다. 위의 전략과 같이 협상가가 판단하기를 양보에 대한 보상이 올 것이라고 예상하면 양보를 하게 된다. 이러한 호혜 전략은 서로가 어려운 협상 상황에 있을 때 협상가가 양보의 정도를 경정하여 호혜 전략을 사용한다.

3) 간화 전략

상대방의 양보에 따라 협상가의 양보 정도를 결정한다. 즉 상대방이 양보를 할 때마다 협상자도 그만큼 양보를 하게 된다. 이것은 앞의 두 전략과 차이가 나는데 본인이 먼저 양보를 하는 것이 아니라 상대방이 하는 정도에 따라서 하게 된다. 그러나 상대방이 행한 양보의 정도가 똑같게 해야 할 필요는 없다.

4) 긴장이완 전략

양보는 협상 과정을 진행하면서 변경한다. 양보는 긴장을 감소시키기 위하여 제안자의 의도를 강조하는 수준 차원에서 준비되어야 한다. 발표 장소와 시간을 공식적으로 발표해야 하며, 제안은 본질적으로 제안자의 권위와 능력을 손상시키지 않아야 한다. 또 보상이 얻어졌을 때 제안자는 비교적 적은 양보를 제공하는 일련의 단계를 밟아야 한다.

사례

‖ 안건의 개수가 아닌 중요도를 따져라! 미끼전술 대응법 ‖

"방 과장, 급하게 잡힌 미팅이 하나 있는데 자네가 좀 처리해줘!"

부장님이 갑자기 업무 지시를 내렸다. 몇 번 만나봤던 거래처의 강 차장과 구매계약을 마무리하라는 것. 별 걱정 없이 자료 몇 장 챙겨 미팅에 들어갔다.

"오랜만이네요, 방 과장님! 잘 지내셨죠?"

강 차장이 반갑게 인사를 건넸다. 하지만 다른 제안서 생각이 떠나지 않아 마음이 바쁜 방 과장.

"네, 그럭저럭요. 많이 바쁘시죠? 저도 그렇네요. 바로 본론으로 들어갈까요?"

"그럼 준비한 내용을 한 번에 제안 드리죠. 첫째, 납품 단가를 현재보다 10% 인상해주십시오. 둘째, 납품 주기를 주 1회에서 격주로 늦춰주세요. 셋째, 운송비를 지난해까지는 반반씩 부담했는데, 올해부터 저희 부담은 30%로 낮춰주셨으면 합니다."

순간, 방 과장 머릿속에 가득하던 제안서 생각은 온데간데없이 사라져버렸다. 대체 협상을 어떻게 진행해야 할지 막막했다.

"어, 차장님, 글쎄요.... 조금만 생각할 시간을 주시죠."

5분간의 정적을 깬 건 방 과장이 아닌 강 차장이었다.

"좋습니다, 지금까지 저희와 거래한 인연도 있으니.... 납품 주기와 운송비 건은 저희가 양보하겠습니다. 대신 납품 단가는 저희 요구를 들어주시죠?"

셋 중에 두 개'씩이나' 양보하겠다는 상대! 방 과장은 이 제안을 받아들여야 할까, 거부해야 할까.

정답부터 말하면 "노(no)"다. 바쁘다고 말한 방 과장에게 강 차장이 '세 개'의 제안을 한 번에 던진 이유가 뭘까. 바쁜 방 과장을 배려하려고? 아니다. 협상을 유리하게 끌고 가려는 전술일 뿐이다.

이를 협상에선 '미끼전술'이라 한다. 여러 가지 다양한 안건을 제시해 상대를 혼란스럽게 한 다음, 처음부터 바라지 않았던 요구조건은 양보하는 척하고 원래 원했던 것만을 얻어내는 전술이다.

앞의 사례에서 강 차장은 '단가 인상'을 얻어내려고 '납품 주기'와 '운송비' 같은 애초에 기대하지도 않았던 안건을 함께 제시했다. 그리고 '세 가지 조건 중 두 개를 양보할 테니 나머지 하나는 들어달라'고 요구했다. 이를 통해 정말 중요한 '단가 인상'을 쉽게 얻어낼 수 있으리라 기대하기 때문이다.

그렇다면 상대가 미끼전술을 사용할 때 어떻게 대응해야 할까. 상대가 두 개를 양보했으니 나도 하나는 양보해야 한다는 생각은 버리고 대신 안건의 '중요도'에 따라 양보해야 한다. 양보의 양(量)보다는 질(質)이 중요하다는 뜻이다. 안건 하나하나에 대해 양보할 만한 것인지 따져야만 미끼전술에 걸려들지 않는다.

앞의 사례에서 방 과장은 이렇게 대응했어야 한다. "지금 말씀하신 제안을 저희가 모두 수용하기는 너무 어렵습니다. 하나씩 협상하면서 양측 모두에게 좋은 방향으로 만들어가도록 하죠. 어느 부분부터 시작할까요?"

상대가 양보하는 개수가 아닌 가치를 기준으로 냉정하게 평가하는 것, 이것이 미끼전술의 덫에서 벗어나는 방법이다.

김한솔 IGM 책임연구원

‖ '대가없는 양보의 위험성' - 고기에 맛 들인 늑대는 사냥꾼을 쫓는다 ‖

신제품 론칭을 앞두고 대대적인 광고 계획을 세운 방 과장. 하지만 제작도 하기 전 나가떨어질 판이다. 광고비 등 계약 조건에서 대행사와 의견 차이가 너무 크기 때문. 협상은 일주일째 한 발짝도 나아가지 못했다.

이제 슬슬 위에서도 압박을 가한다. 답답한 방 과장은 마음을 고쳐먹었다.

"이제 나도 할 만큼 했어. 양보해서라도 오늘은 협상을 타결한다!"

네 번째 협상, 방 과장이 말문을 열었다.

"우리가 광고비 조건을 10% 양보하겠습니다. 그러니까 더는 시간 끌지 말고 여러분도 양보해주세요. 이제 사인하시죠?"

그런데 웬걸, 상대는 요지부동이다. 그 조건으론 안 된다며 버틴다. 이쪽에서 먼저 내민 손을 거부하는 상대. 방 과장은 뭘 잘못한 걸까.

사람들은 생각한다. 협상이 풀리지 않을 때 상대와의 관계를 부드럽게 하려면 사소한 것을 먼저 양보할 필요가 있다고. 하지만 협상 전문가는 말한다. 비즈니스 협상에서 "내가 양보를 받았으니 나도 양보해야지"라는 '선의의 양보'를 찾기란 어렵다고 말이다.

영국 에든버러대 교수이자 협상 전문가인 게빈 케네디는 '툰드라의 늑대' 얘기로 양보의 역효과를 설명한다. 오래전 유럽 세일즈맨들이 툰드라 지역의 원주민 마을을 찾아갔다. 그들은 원주민에게 냉장고와 맥주 같은 문명의 이기를 팔고, 사냥 방법을 배우면서 가까워졌다. 그런데 바로 그 '사냥'이 문제의 시작이었다.

한 세일즈맨이 사슴 사냥에 성공한 뒤 썰매를 타고 돌아오던 중 멀리서 늑대 한 마리가 쫓아오는 것을 느꼈다. 위험을 직감하고 미친 듯이 도망치던 그는 더는 안 되겠다 싶어 사냥한 고기를 조금 떼어 던져줬다. 다행히 늑대가 쫓아오지 않아 한숨 돌리려던 순간, 이제는 서너 마리의 늑대가 쫓아오는 것이 보였다. 생각할 겨를도 없이 또 고기를 던져줬다. 이때부터 불행의 반복이었다. 어느덧 수십 마리가 그를 뒤쫓았고, 남아 있는 고기는 없었다.

그 순간 마을에 도착해 다행히 늑대로부터 목숨은 건질 수 있고, 이 일을 전해들은 다른 세일즈맨들은 그 지역을 돌 때마다 여분의 고기를 갖고 다니다가 늑대가 위협해오면 던져줬다. 하지만 거기까지였다. 어느 날 원주민들이 그들을 내쫓은 것이다.

"배고픈 늑대에게 썰매를 따라가라고 가르친 멍청한 놈들! 당장 꺼져!"

이들이 쫓겨난 이유는 늑대에게 베푼 '선의의 양보' 때문이다. 양보가 결코 미덕이 아니라는 뜻이다. 하지만 양측 모두 무작정 버티면서 시간만 끌 수는 없는 법. 양보할 수밖에 없는 상황이라면 다음 같은 사항을 명심해야 한다.

'만약'이라는 말을 반드시 붙여라. "만약 내가 그 조건을 양보한다면 당신은 나에게 뭘 양보해줄 수 있나요?" 이 말은 '내가 먼저 양보할 테니 당신도 양보해달라'는 것과 다르다. '당신이 내 마음에 드는 양보를 한다면 나도 똑같이 양보할 뜻이 있음'을 밝히는 것이다. 이렇게 자신의 양보가 절대 '공짜'가 아님을 알려라. 나의 양보를 가치 있게 만드는 것이 가장 중요하다.

아직도 꽉 막힌 협상을 푸는 방법은 양보라고 생각하는가. 자신의 상대는 툰드라의 늑대와 다르다고 믿는가. 그렇다면 이렇게 물어보자. 당신의 상대가 당신에게 '대가 없는' 양보를 한다면 당신도 그에게 그만큼의 양보를 해줄 것 같은가.

김한솔 IGM 책임연구원

‖ 어젠다를 늘려라 윈윈게임이 열린다 ‖

협상의 교착 푸는 비법

서울 외교통상부에서 론 커크 미국 무역대표부 대표와 대화 중인 김종훈 통상교섭본부장(왼쪽).

"과장님, 결혼 생활이 원래 이런 거예요?"

사석에선 형 동생처럼 지내는 이 대리가 방 과장에게 푸념을 늘어놓으며 소주잔을 들이켠다.

"왜, 와이프랑 싸웠어? 무슨 일인데 그래?"

신혼여행에 다녀온 지 일주일 만에 신혼 단꿈이 산산조각 난 모양이다.

다그치는 방 과장에게 하소연을 시작하는 이 대리.

"지난주에 제가 야근이 많았잖아요? 그래서 주말에 좀 쉬려고 누웠는데, 와이프가 '설거지 좀 하라'고 깨우는 거예요. 그러면서 앞으로 설거지는 무조건 저보고 하라고....

이건 너무한 거 아닌가요?"

"그래서, 뭐라고 그랬어?"

"무조건 싫다 그랬죠. 제가 자취하면서 죽기만큼 싫었던 게 설거지였는데! 친구들이 '초반 기 싸움'에서 밀리면 안 된다고도 하고. 근데 영 찜찜해서...."

"너무 신경 쓰지 마. 그렇게 서로 맞춰가면서 사는 거지."

부부 관계에 무슨 뾰족한 수가 있겠느냐며 술친구나 해주고 집으로 돌아온 방 과장. 현관 앞엔 다음 날 아침 내다버려야 할 쓰레기 봉투가 고이 놓여 있다. 언제부터인가 방 과장이 당연히 해야 할 일이 돼버린 그 봉투.

많은 협상가가 실수하는 게 있다. 한 번에 하나의 문제만 처리하려는 것. 가격협상이 끝나야 지불방법을 얘기하고, 그게 마무리돼야 물량을 협상하는 식이다. 이건 결코 좋은 방법이 아니다. 긴 협상 과정에서 하나의 어젠다에 묶여 시간을 끄는 것은 낭비다.

쉬운 예를 들어보자. 당신이 동료와 점심메뉴를 놓고 협상을 한다. 당신은 오랜만에 햄버거가 당긴다. 그런데 동료는 설렁탕이 먹고 싶다고 한다. '점심 메뉴'라는 하나의 어젠다로 맞선 상황. 만약 이때 "돈은 누가 낼래?"라는 어젠다를 추가하면 어떨까. 혹은 "내일은 뭘 먹을까"라는 어젠다를 더하면? 이렇게 어젠다를 추가해 협상하면 문제는 쉽게 풀린다.

앞에서 본 이 대리의 상황도 마찬가지다. 설거지 문제로 부딪친 부부. 이 대리에게 설거지는 죽기만큼 싫은 일이다. 이 대리가 설거지 말고 다른 어젠다를 붙인다면 어떨까. 청소, 빨래, 밥하기 등 집안일은 많다. 만약 이 대리가 "청소는 내가 할 테니 설거지는 당신이 했으면 좋겠어"라고 말했다면 협상은 전혀 다르게 진행됐을지 모른다.

비즈니스 협상도 원리는 같다. 대표적인 사례가 1984년 있었던 중국 정부와 폭스바겐의 협상. 당시 많은 글로벌 기업이 중국 진출에 눈독을 들였지만 중국 정부가 요구하는 기술 이전 조건에 발목이 잡혀 녹록지 않았다. 하지만 폭스바겐은 중국 정부와 합작기업을 설립하고 2000년대 초반 중국 자동차 시장의 절반 이상(54%)을 점유하는 성과를 냈다.

비결은 뭘까. 폭스바겐은 중국 정부가 요구하는 기술 이전을 해줬다. 그 대신 '중국 정부와 국영 기업의 폭스바겐 자동차 우선적 구입, 다른 외국 자동차 생산업체의 투자 제한, 해외 완성차 수입 시 높은 관세 부과'라는 세 가지 조건을 붙였다. 이 조건만 충족되면 중국 자동차 시장에서 충분히 승산이 있다는 게 폭스바겐의 판단이었다. 중국 정부로선 기술 이전만 된다면 큰 손해가 없었다. 결국 중국 정부와 폭스바겐 모두 만족할 만한 협상 결과가 나왔다.

프로 협상가는 하나의 어젠다에 집착하지 않는다. 새로운 어젠다를 붙여 문제를 해결할 새로운 방식을 찾는다. 창의적 협상의 첫걸음, 바로 어젠다를 늘리는 것이다.

김한솔 IGM(세계경영연구원) 책임연구원

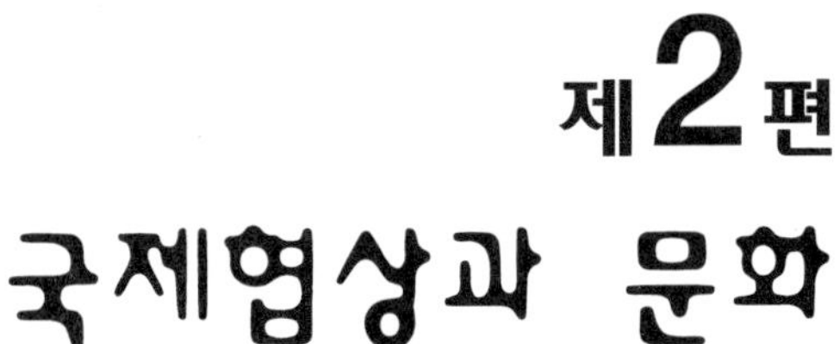
제2편
국제협상과 문화

제 5 장
문화의 이해

| 제1절 |
문화의 개념과 특성

1. 문화의 개념

인간은 모두가 개인으로 존재하며, 개인은 혼자서 살아 갈 수가 없고 반드시 다른 인간과 집단을 이루어 자연에 순응하고 작용하면서 살아간다.[18]

인간은 자연에 적응만 하는 것이 아니라 자연에 대해서 적극적으로 작용을 하게 된다. 영어에서 문화를 culture라고 하는 것은 라틴어의 경작한다는 뜻에서 유래한다. 이것은 인간이 자연에 대해서 작용한다는 것을 의미하는 것으로 이는 인간이 단순히 생존하고만 있는 것이 아니라 자연과 더불어 생활을 영위한다는 것을 의미하는 것이다.

그러므로 문화라는 것은 인간에게만 있는 현상이며 다른 생물에게는 없으며 인간만이 생존이 아닌 생활을 갖는다는 것을 뜻한다.

그리고 인간은 개인과 집단이 조직적으로 기능분담을 하면서 생활을 영위한다. 생산과 소비라는 경제행위도 조직적으로 자연에 작용함으로써 이루어지는 것이다. 그러므로 문화는 그 가장 오래된 원형에 있어서 이미 집단현상이며 또한 경제생활을 영위하는 것이었다고 할 수 있다.

이와 같은 내용을 종합해 볼 때 "문화라는 것은 어떤 인간집단의 생활능력이다"라고 규정할 수 있을 것이다. 원래 문화라는 것은 집단현상일 뿐만 아니라 경제를 기반으로 하는 여러 가지의 생활능력 내지 생활방식이라 할 수 있기 때

---

18) 김일곤, 「유교문화권의 질서와 경제」, 한경문고 3, 1994, 12. p.36.

문이다.

우리는 일상생활에서 문화라는 말을 자주 사용하고 있으나 문화에 대한 정의를 내리는 것은 쉬운 일이 아니다. 이는 문화가 다양한 의미를 내포하고 있어 문화를 접근하는 관점에 따라 다르기 때문이다.

한편 문화의 사전적 의미는 ① 인지가 깨고 세상이 열리어 밝게 됨, ② 권력보다는 문덕으로써 백성을 가르쳐 이끌음, ③ 인간 사회가 자연 상태에서 벗어나 일정한 목적 또는 생활 이상을 실현하려는 활동의 과정 및 그 과정에서 이룩해 낸 물질적·정신적 소득의 총칭(특히 학문·예술·종교·도덕 등의 정신적 소득을 가리킴)으로 정의하고 있다.[19)]

개인으로서 인간은 태어나서 성장하고 그리고 죽음으로써 한 생애를 마감한다. 그러나 그 개인이 살아가고 있는 "장소"인 "자연"과 인간의 집단인 "사회"는 죽지 않고 계속해서 발전해 나간다. 개인과 집단사이에 펼쳐지는 끊임없는 관계에 의하여 문화는 번영하고, 쇠퇴하고 또한 차이를 가져왔으며 이것에 의하여 새로운 역사는 만들어지는 것이다.

2. 문화의 주체

문화는 개인의 자연 및 사회에 대한 사고로부터 출발하여 어떤 범위의 인간집단에 영향을 미치고, 거기에서 하나의 공감·공유현상에 일어나고 공통된 의지·행동이 나타남으로써 형성되는 것이다. 이와 같은 문화의 움직임은 여러 가지 인간집단의 수준에서 나타난다. 그리고 그들은 전체로서의 사회를 변혁시켜 나가는 것이다. 이와 같이 문화는 현실이며 살아서 움직이고 있는 것이지만, 그 문화를 현재 지니고 있는 것은 거기에 살고 있는 개인과 단순한 개인의 집합이 아닌 사회인 것이다. 이렇게 생각하면 어떤 사회의 문화를 창출하고 또 유지해 가는 주체는 개인과 사회라고 말할 수 있다.

그러나 개인과 사회는 자연과 경제 이외에 인간의 생활방식에 관한 역사와 인간생활의 보다 바람직한 존립에 관한 사상이라는 추상적인 문화의 객체도

---

19) 민중서관, 「민중 엣센스 국어사전」, 2006. 4판.

가지고 있는 것이다. 이렇게 보았을 때 문화활동이란 개인과 사회를 주체로 하고 자연과 경제라는 현실적인 객체와, 사상과 역사라는 추상적인 객체 사이에 펼쳐지는 어떤 사회에 있어서의 기본적인 관계구조라고 생각할 수 있다.

3. 문화의 구조

문화는 집단현상이지만 개인의 입장에서 봄으로써 사회의 관점에서의 문화와 대응관계를 명확히 할 수 있다.

개인은 사회와의 관계를 유지하면서 자연에 적용하고 작용하며 사회적인 경제활동에 노동을 제공하고 그 반대 급부로서 분배된 것으로서 의·식·주 등의 소비생활을 행하게 된다. 이와 같은 개인의 의·식·주·성 등의 생리적 욕구충족과 관계가 있는 기본적인 생활의 능력 또는 생활방식이 생활문화가 된다. 여기서 생활이라는 것은 사회전체로서의 생활에 비하여 좁은 의미로서의 생활을 가리킨다. 이 생활문화가 번영하는 것의 척도는 민중의 수준에서의 생활수준의 향상 즉 부유함과 다양성이라 할 수가 있다.

다음으로 개인은 인간으로서 단지 생리적인 욕구충족만 하는 것이 아니다. 언제나 사고라는 것을 가지고 살아간다. 이 사고라는 것은 마음과 생각이며, 자연, 사회, 경제와의 관련에 있어서 주로 역사, 사상의 영향을 받아서 형성되는 것이라 할 수 있다. 이와 같은 개인의 자기와 사회와의 생활방식에 관한 감성적, 지성적인 생활능력을 사고문화라 부를 수가 있다. 사고문화의 구체적인 표상은 예술 또는 학문 등이며 이것은 생활문화를 뒷받침하는 것이기도 하다. 사고문화의 번영의 척도는 보람과 창조성에 있는 것으로 생각된다.

다음으로 사회는 넓은 의미에서의 생활공동체로서 자연에 작용하고 생산과 소비를 결부하는 경제조직을 운영하고 있다. 이와 같은 경제조직을 운영하는 사회의 생활능력 또는 생활방식이 경제문화가 되는 것이다. 이 경제문화의 번영을 가져오는 척도는 경제조직을 어떻게 효율적으로 또한 합리적으로 운영하는가에 있는 것으로 생각된다.

사회의 관점에서 집단문화와 경제문화를 묶어서 질서문화라 불러도 좋을 것이다. 왜냐하면 집단문화나 경제문화도 조직적인 개인의 집단으로서 거기에 질서가 없으면 안 되는 것이기 때문이다. 질서가 없으면 그 사회는 어지러워지고 혼란해지며 집단문화나 경제문화도 쇠퇴한다고 생각되는 것이다. 이 질서문화의 번영을 가져오는 척도는 안정성과 발전성이라고 말할 수 있다.

이상과 같이 생각해 보면 어떤 사회(나라)의 문화는<그림 5 - 1>와 같은 기본구조를 가지고 있다고 볼 수 있다. 이 경우 생활문화는 경제문화와 집단문화의 하위개념이 되고 사고문화도 집단문화와 경제문화의 하위개념이 된다고 할 수 있다. 그러나 이것은 어디까지나 사회적 관심에서 파악되면 그렇게 된다는 의미이다. 현실에 있어서는 각 문화가 서로 영향을 미치면서 어떤 사회의 문화를 형성하고 있다고 말할 수 있는 것이다.

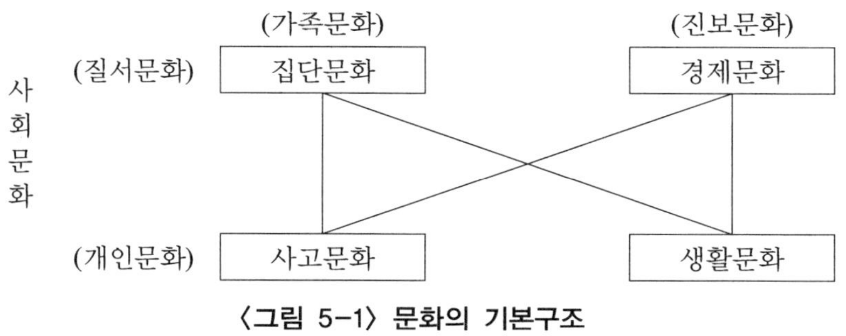

〈그림 5-1〉 문화의 기본구조

4. 문화의 특성

문화에 대한 정의는 다양하나 문화가 가지고 있는 특성에 대해서는 공통적인 의견을 가지고 있다. 머덕(Murdock)은 모든 인간의 문화가 다양함에도 불구하고 비교문화 조사에 의하면 근본적으로 다음과 같은 상당한 공통점이 있음을 지적하고 있다.[20]

1) 문화와 학습

문화는 본능적이거나 태어나면서 얻어지는 것이 아니라 출생 후 생활경험을 통하여 학습(learned)되는 것이다. 어떤 개인이 타고난 학습능력으로 어떠한 문화를

20) 이광자 · 엄신자 · 손승영 · 전신현 공저, 「21세기의 사회학」, 학지사, 2000. 1., p.59.

학습할 것인지는 성장과정에서 사회화(sociallization) 또는 문화화(enculturation)과정을 거치면서 그가 접한 문화적인 환경에 의해서 결정된다. 한국인들이 식사할 때 칼이나 포크 대신 수저를 사용하는 것은 그렇게 행동하도록 학습되어 졌기 때문이다.

2) 문화의 전수

모든 동물은 생활에 필요한 어떤 양식을 배울 수 있지만 인간만이 배운 것을 후손에게 전해 줄 수 있다.

3) 문화의 사회공유

문화는 조직집단이나 사회에 사는 사람들이 함께 공유하는 사회적인 것이다. 문화는 사회구성원들의 행위에서 다른 집단과 구별되는 공통적인 경향으로 그 문화에 속한 구성원들간에 원활한 사회생활을 가능하게 한다. 또한 특정한 상황에서 상대방의 행동과 기대되는 것을 예측할 수 있는 기능을 가지고 있다.[21] 따라서 사람이 한 사회에서 다른 사회로 옮길 때는 새로운 문화에 자신을 다시 적응시켜야 하며, 낯선 문화에 처함으로써 겪게 되는 부적응현상을 '문화충격(cultural shock)'이라 한다. 문화 충격의 강도는 모국문화와 이국문화의 차이 정도, 새로운 문화에 대한 준비나 지식의 수준, 휴가 · 직장 · 전쟁 등 주위의 환경 등에 의하여 좌우되며 이러한 문화적 충격이 너무 클 때는 병에 걸리게 된다.

5. 문화의 적응

문화는 고정된 것이 아니라 변화를 통하여 적응한다. 문화는 지리적 환경에 적응하려고 하며, 또한 차용(borrowing)과 조직을 통하여 이웃사람들의 사회적 환경에 적응한다. 문화는 또한 말할 것도 없이 인간 유기체의 신체적, 심리적, 요구에 적응하려고 한다. 프랑스에서 개최되었던 월드컵 축구에서 보여주었던 세계인의 관심은 축구가 한 나라의 운동이 아님을 잘 보여주고 있다.

---

21) 이영진 · 권대응, 「문화와 관광」, 학문사, 1999, p.21.

6. 문화의 체계화와 지속화

한 사회집단의 문화는 수많은 부분들로 구성되어 있다. 이러한 문화의 요소들은 다른 요소들과의 상호 긴밀한 관계를 유지하며, 전체적으로 통합되어 조화를 이루게 된다. 따라서 어느 한 부분에서의 변화는 다른 영역의 변화에 영향을 미치게 된다.

문화는 지속적으로 어떤 장치에 의해 쌓여가며 시간이 경과함 따라 새로운 지식들이 추가되면서 팽창되어 간다. 과거 문화의 변화과정에서는 언어와 문서형태가 주류를 이루었으나 최근에는 컴퓨터이용의 증가로 전달속도와 전파속도가 빨라지고 추가되는 지식의 양도 급속히 증가하고 있다. 이러한 전달과정에서 문화는 점진적인 변화를 거듭하게 된다.

| 제2절 |

문화의 구성 요소

문화는 어떻게 만들어지게 되는지 문화를 구성하고 있는 요인들을 보면 다음과 같다.22)

1. 신념(belief)

신념은 사람들이 사실이라고 받아들이는 것으로 관찰, 논리, 전통, 다른 사람의 견해나 믿음 등으로부터 생긴다. 한 문화권에 사는 사람들이 모두 같은 신념을 공유하여야 하는 것은 아니지만 신념은 사람들에게 인식의 기본적인 틀을 제공한다.

---

22) 상게서, pp.62~65.

2. 기술(technology)

어떤 실용적인 목적을 달성하기 위하여 사람들이 환경을 조작하는 데 사용하는 반복적인 조작을 말한다. 망치와 같은 단순한 연장에서 복잡한 컴퓨터에 이르기까지 기술에 속하는 범위는 대단히 넓다. 기술은 우리의 일상생활에도 영향을 미치는 데 예를 들면 기존 직업에 영향을 미쳐 요즘은 교육, 군사, 의학, 의상 등 컴퓨터 기술을 요구하는 분야가 많다. 또한 기술의 발달로 인하여 과거에는 없던 우주비행사, 컴퓨터 프로그래머, 방사선치료사, 지하철 운전기사 등의 새로운 직업이 생겨나기도 한다. 그러나 고도의 기술발달로 인하여 사회가 그 기술을 받아들일 수 있는 사회적 규범이 전혀 정립되지 않은 상태에서 기술이 먼저 도입될 때는 문화지체현상이 생기게 된다.

3. 규범(norm)

규범은 사람들이 주어진 상황에서 무엇을 하고 무엇을 하지 말아야 하는지 또한 적합한 행동이 무엇인지 알려 주는 지표가 되고, 다른 사람이 나에게 어떠한 기대를 하고 있는지 알려주게 된다. 규범은 사회에 따라 다르고 시대에 따라 변하고 상황에 따라 상이하게 해석된다. 어떤 규범은 다른 규범보다 더 중요하다. 예를 들어 '살인을 하지 마라'는 집단의 안전을 위하여 '식사를 꼭 규칙적으로 하라'는 개인건강에 대한 문제보다 더 중요한 행위이다.

Willian Graham Sumner(1906)는 기본적 규범의 유형을 민습(folkways), 제재(sanction), 원규(mores), 법(law) 등으로 나누어 설명하고 있다. 민습은 한 세대에서 다음 세대로 전해 내려오는 관습으로 일상적인 습관이나 깊이를 생각하지 않고 무의식적으로 따르는 관습을 말한다. 일반적으로 볼 때 집단의 생존에 절대 필요한 것은 아니기 때문에 민습을 범했을 때는 법적인 제제를 받지 않고 말이나 제스처를 통해서 압력이 가해진다. 예를 들어 맨발로 다닌다거나 양말을 한 짝만 신고 다닌다면 법적인 처벌은 받지 않지만 사람들은 얼굴을 찌푸리게 한다거나 비웃음을 사게 된다.

제재는 어떤 행동을 인정하고 어떤 행동을 받아들이지 않는지를 알리는 우리 행동의 옳고 그름을 알려 주는 다른 사람들의 반응이다. 즉, 행동에 따라 보상과 처벌이 주어진다. 반응이 긍정적일 경우에는 행동을 강화시키고 부정적일 경우에는 규범을 어겼다는 것을 알려 준다.

원규는 꼭 지켜야 하는 규범으로 집단의 안녕을 위해 꼭 있어야 하는 것이다. 원규를 위반했을 때는 민습보다 더 심한 제재를 받게 되며 집단을 유지하는 데 필요한 것이다. 근친상간을 금하는 것을 원규의 예로 들 수 있다.

법은 행동을 규제하는 규범으로 집단의 존속을 위해 필수적인 것이다. 법은 명문화된 규정을 통하여 모든 사회의 성원들에게 적용되며 이를 어겼을 때는 공식적인 제재가 가해지게 된다.

4. 가치관(value)

무엇이 사실인지에 관한 것이 신념이라면 문화적 가치관은 어떤 것이 더 바람직한 것인지를 상대적으로 평가할 수 있는 기준이 되는 것이다. 가치관은 추상적인 사고이기 때문에 직접 관찰할 수 없지만 사람들이 규범을 따르는 방식을 통해서 추론할 수 있다. 규범은 가치관에서 나온 것이고 우리는 옳다고 생각하는 가치관에 따라 움직이게 된다.

가치관은 사회에 따라 다르며 또한 시대에 따라서도 변한다. 그 예로 우리나라는 '나'의 개념보다 '우리'의 개념을 더 중시한다. 즉 개인주의 가치관보다는 가족주의 가치관을 우선시 한다. 부부 사이의 관계를 보면 과거에는 권위적이고 남성중심적인 가부장적 가정이 보편적이었지만 현대사회에서는 부부중심의 평등 지향적인 민주적인 가정에 대한 가치가 더 선호되고 있다.

5. 상징과 언어(symbol and language)

상징은 어떤 대상, 제스처, 소리, 색 등 그 자체가 지니고 있는 의미가 아닌 다른 의미가 부여된 것을 말한다. 예를 들어 십자가는 기독교인들에게는 단순히 2개의 막대기를 교차한 것이 아닌 인간의 죄를 대신하신 그리스도의 사랑을 포함하고 있는 매우 종교적인 상징물이다. 언어는 상징의 집합으로 언어를 지배하는 법칙이 있고 그것에 의해 우리는 해석하고 타인과 의사소통을 할 수 있다. 언어가 없다면 무엇을 먹어도 되며, 무엇이 독성이 있는 것인지 구별하기가 힘들 것이다. 같은 집단에 속하는 사람들이 비슷한 문화를 공유하며 그 문화가 다음 세대로 전해질 수 있는 것도 언어가 있음으로 해서 가능한 일이다.

〈표 5-1〉 문화적 차이의 각국별 사례

행동 약식	국 가	내 용
악수	일 본	지위가 낮은 사람이 오랫동안 인사하게 됨
	중 국	손을 잡고 크게 흔드는 것은 기쁨을 표시
	한 국	미팅이 성공적이면 말미에 더 큰 절을 함
	유럽 · 남미	아침에 악수했어도 오후에 다시 만나면 다시 악수 (절친한 친구사이에도 유행)
	케 냐	다시 만나면 서로 악수 (악수하는 데 인색하면 믿지 못함)
	프랑스	유럽인 중 가장 과묵함, 악수할 때 손을 잡고 흔드는 것은 교양 없는 행위로 간주
	아 랍	악수를 오래 끔
	미 국	손을 꽉 잡아서 상대방을 불쾌하게 하는 경향이 있음
	사우디 · 태국	여성에게 악수를 금함
대화	아시아	Yes 또는 No라는 단순한 대답을 구하기 힘듬 (No라는 말을 좀처럼 쓰지 않음)
	태 국	No라는 말이 없음(상대방 체면을 고려하여 쓰지 않음)
	일 본	Yes는 상대방의 말을 알아들었다는 의미임 (No라는 말을 쓰지 않기 위해 여러 가지 표현이 있음)
	프랑스 · 독일	No는 maybe라는 뜻 내포됨
	멕시코	길 안내시 대부분 틀린 길을 가르쳐 줌(고의적이 아니라 모르는 길을 가르쳐주어 상대방을 기쁘게 해 주도록 하는 노력임)
	파키스탄 파라과이	거리를 물으면 멀지 않다고 대답함
감정 표시	미 국	결혼한 커플이 키스나 포옹을 하지 않으면 결혼상태 의심
	영국 스칸디나비아	애정표현에 냉담함
	프랑스 · 브라질	공공장소에서 정렬적으로 포옹함
	아시아	미국인을 혈기왕성한 사람으로 평가
	유 럽	미국인을 떠들썩한 사람으로 평가
	라틴 아메리카	미국인을 냉정한 사람으로 평가

	미 국	영국인을 무관심한 사람, 프랑스인을 겸손한 사람으로 평가
	아 랍	거리낌없이 감정표현, 큰 소리는 박력을 상징함
	중 국	당황할 때 웃는 경향 있음
신체언어	이란 · 가나	엄지손가락을 세우는 것은 무례한 행동임
	미 국	가운데 손가락을 세우는 것은 무례한 행동임 멀리보는 사람보다 똑바로 보는 사람을 신뢰함
	싱가포르 · 태국	머리를 만지는 것을 금함
	일 본	손윗사람을 쳐다보는 것은 적대시하는 경우이며, 손아래사람을 쳐다보는 것은 벌을 주거나 훈계하는 경우임
	아 랍	눈맞춤을 좋아함
	아시아	제스처는 사람의 신경을 거슬림
	라틴 아메리카 이탈리아	제스처는 자기표현의 중요한 몫으로 쓰지 않으면 무관심을 뜻함

〈표 5-2〉 국가별 관습의 차이와 유의점

국 가	유 의 사 항
일 본	• 소식(小食)하는 경향이 있음 • 짝으로 된 것이 행운을 준다고 믿음(단, 4는 불행을 가져온다고 믿음) • 밥그릇, 국그릇을 들어서 음식을 먹음 • 흰색은 죽음을 상징함
중 국	• 청색과 백색은 장례식 색깔임 • 박쥐는 행운을 전하는 동물이나, 학이나 거북은 사람을 바보로 취급하는 말임 • 술자리에서 노래나 떠드는 버릇이 있다. • 술을 마실 때 건배를 자주한다. • 자기가 사용하던 젓가락으로 음식을 집어줌 • 괘종시계는 장례식을 상징함 • 작은 일에도 박수를 잘 침
태 국	• 불상, 승려를 신성시하며, 왕실에 대한 존경심을 가짐 • 머리를 신성시 하여 만지지 않도록 하여야 함 • 인사시 두손을 턱 근처에서 배례하듯 모아 "와이(Wai)"라 함
말레이시아 인도네시아	• 이슬람교도는 술과 돼지고기를 먹지 않음 • 개는 깨끗하지 않은 동물로 인식함 • 왼손을 불결하다고 여겨 식사, 악수시 오른손을 사용함 • 머리를 신성시 하여 만지지 않도록 하여야 함
인 도	• 남자와 인사시 악수를 하며, 여자에게는 합장을 하면서 허리를 숙임

	• 힌두교도는 소를 신성시하여 먹지 않음 • 음식을 전할 때 오른손 사용
미 국	• 동료나 친구사이에는 소개받은 후 이름 부름 • 점심을 가볍게 하고 저녁을 주된 식사로 여김
캐나다	• 공원에서 술을 먹지 않음 • 흰 백합은 장례용 꽃임
중남미국가	• 대부분 스페인어 사용 • 시간관념이 비교적 느슨함 • 이야기할 때 격식을 차리지 않고 가까이서 건드리기도 하며, 친한 경우 포옹함
영 국	• 음식을 권할 때 사양하는 것을 예의로 생각함 • 흰 백합은 죽음을 상징함
프랑스	• 좋은 음식과 포도주를 중시함 • 모든 문제에 대하여 토론과 논쟁을 좋아함
독 일	• 생활규율을 엄격히 지키고 매사에 격식과 진지함을 중시 • 상대방이 원하는 경우에만 이름 부름 • 꽃은 포장하지 않은 채 선물하고, 짝수송이로 선물하지 않음(단, 13은 불길한 숫자임)
동유럽국가	• 레이디 퍼스트가 적용됨 • 매춘부이외에는 여성이 술을 따르지 않음

자료 : 사단법인 한국라보 · 서울특별시, 「SEOUL 2002 민박안내서」, 2002, pp.15~18. 정리

| 제3절 |

문화 존재와 의식

1. 문화의 존재

우리는 하루하루 대중문화 속에서 살고 있다고 해도 과언이 아니다. 우리 주변의 음식, 의복, 전화기, 만화, 영화, TV, 탈랜트, 자동차, 구두, 시계, 집, 옷, 운동경기, 베스트셀러나 책, 노래방, 컴퓨터 등등 이 모든 것들이 모두 대중문화에 속한다.[23)]

23) 이정호, 「포스트모던 문화읽기」, 서울대학교출판부, 1996. p.21.

문화의 어원을 보면 "밭을 경작한다"는 의미를 가진 것으로 "자연에 노동을 가하여 수확한다"는 뜻이 변화하여 가치를 상승시킨다는 뜻이 되었고 여기에 다시 가치를 창조시킨다는 뜻을 가지게 되어 교양이나 세련의 의미를 갖게 되었다.[24)]

문화는 "의미 있는 상품의 사회적 영역" 또는 "사람들이 그들 스스로와 삶을 인식하는 과정"으로 인간이 사회의 일원으로서 습득한 지식, 신앙, 예술, 도덕, 법, 관습 그리고 기타의 모든 능력과 습관을 포함한 복합적인 개념이라고 정의함으로써 매우 광범위한 내용을 갖고 있다.

이러한 문화는 인간이 사회생활 속에서 학습(learning)되어지고 습득(acquire)되어지며 이러한 과정을 통해 전승(transmit)되어 일정한 집단이 서로 공유(share)하게 된다. 또한 문화는 인간의 과거와 현재 그리고 미래를 형성하며 그 변화의 속도나 형태가 사회의 구성원과 시대에 따라 차이가 있을 뿐 항상 지속적으로 변화되어가고 있다.

2. 문화의 의식

지구상에 존재하는 어떠한 문화도 다른 문화와 섞이지 않은 순수한 문화일 수는 없으며, 문화의 근본속성은 상호적(inter)이라는 데 있다. 여기서 상호적이라는 말은 문화들 사이에서의 상관성을 의미함과 동시에 그들 사이의 차이점과 유사점을 인정함으로써 모든 인종, 모든 문화, 모든 철학과 모든 언어가 동등한 위치와 가치를 부여받는 것을 의미한다. 이 개념은 오늘날 전 세계적 문화의 교류와 접촉의 시대에 하나의 문화 또는 자국의 문화를 세계 문화화시키고자 하는 경향을 막을 수 있을 뿐만 아니라, 문화와 철학·종교의 건강한 소프트웨어의 다양성을 지켜줄 수 있을 것이다.

상호문화성은 종교적인 측면에서는 종교적인 관용을, 정치적인 측면에서는 다원적이고 민주적인 사고방식을 낳는다. 이것들은 우리의 조화로운 공동의 삶을 형성하는 전제일 뿐만 아니라, 미래의 세계문화의 사회에서 실현되어야 할

24) 이장주, "21세기 문화산업 육성을 통한 실업문제와 지역갈등 해소방안에 관한 연구", 「목포 권 발전론」, 서남권발전연구원, 2000. 11. p.15.

규범들이다.

모든 문화는 상호 연관 시스템 속에 있고, 상호 겹쳐 있다. 오늘날 문화들 사이의 여러 차원에서의 커뮤니케이션을 가능하게 할 수 있는 것은 문화들의 복합적 다양성의 개념이다. 상호문화성은 상호 문화적인 사회, 즉 경제, 권력정치 행동의 면에서 복합문화적이고자 하는 사회의 기능성의 전제가 될 뿐만 아니라, 상호 문화적인 정신과 태도에서 문화들의 공존과 섞임을 위협이나 소외로 느끼는 것이 아니라 오히려 문화들의 조화와 서로 다른 사유의 전통 속에서 자라온 철학이나 문화의 평화적 공존을 찾아내고자 하는 것을 목표로 한다.

사례

‖ 유리했던 협상이 말 한마디 잘못해 쩔쩔매는 협상으로 바뀐다 ‖

'소송'이라는 단어, 동양권에서 잘못 쓰면 원수된다 / 문화의 차이
남을 평가 말고 팩트와 나의 느낌·의도를 말하라 / I-message
큰 것 하나 내주고 내가 원하는 걸 많이 얻어내라 / 판을 키워라

〈사례〉

"참으로 신뢰할 수 없는 분이군요. 이익을 위해서라면 신의는 헌신짝처럼 버려도 된다는 게 당신네 회사의 경영철학입니까?"

외국계 할인점 '세일킹'의 나다혈 상무가 서툰 한국말로 소리를 버럭 지른다. 협상 테이블 맞은편에 앉아 있던 '대박코리아'의 김토종 부사장. 어쩔 줄 몰라 하며 연방 '죄송하다'는 말만 되풀이하고 있다. 재미교포 3세인 나다혈 상무(세일킹)가 화가 난 이유는 이렇다.

주방용품 제조업체인 대박코리아는 지난해 세일킹과 계약을 맺었다. 대박코리아의 히트상품인 '만능요리사'를 국내 1위 외국계 할인점 업체인 세일킹에 독점 공급하기로 한 것.

하지만 두 달 전부터, 만능요리사가 인터넷쇼핑몰인 '빽조아'에서도 판매되고 있다는 사실을 확인했다. 대박코리아가 독점 공급 계약을 어긴 셈이다.

"정말 죄송합니다, 상무님. 저희 내부적으로 그럴 수밖에 없는 사정이 있었습니다. 사실 빽조아 인터넷쇼핑몰 사장이 저희 회장님의 조카입니다. 그쪽에서 하도 부탁을 해서 아주 소량만...."

식은땀을 흘리며 상황을 설명하는 김 부사장을 향해 나다혈 상무가 다시 호통친다.

"됐어요. 그런 구질구질한 변명이나 들으려는 게 아닙니다. 이건 엄연한 비즈니스입니다. 계약 위반 소송을 걸겠습니다."

나다혈 상무는 이번 기회에 대박코리아의 '군기'를 확실히 잡겠다고 작정했다. 사실 세일킹의 CEO는 '이번 사건이 계약 위반이지만, 워낙 소량이고 만능요리사가 초대박 상품인 만큼 좋은 선에서 타협하라'고 지침을 내렸다. 하지만 나 상무는 생각이 달랐다. 앞으로 더 좋은 납품 조건을 얻어내기 위해 강하게 나가기로 한 것. 소송이란 말을 듣자마자 갑자기 김토종 부사장의 낯빛이 달라진다. 목소리는 차가워진다.

"소송? 좋습니다. 한번 해봅시다. 오늘 이 순간부터 세일킹과의 모든 거래를 끊겠습

니다. 협상이고 뭐고 그만둡시다. 그만 가 보겠습니다." 자리에서 벌떡 일어나 갑자기 짐을 챙기기 시작하는 김 부사장.

김 부사장의 돌출 행동에 전세는 역전됐다. 당황한 것은 오히려 나다혈 상무. '사장님의 지시를 따르기 위해선 어떻게라도 김 부사장을 협상 테이블에 다시 앉혀야 하는데….'

양측의 감정적 충돌이 극에 달한 상황. 더 이상의 협상은 불가능해 보인다. 이번 협상, 대체 뭐가 문제였을까?

〈해답〉

1. 같은 단어도 문화에 따라 다르게 해석된다.

앞의 사례에서 김토종 부사장은 '소송'이라는 말을 듣자마자 협상을 깨려 한다. 반면 재미교포 3세인 나 상무는 이런 김 부사장의 '돌발 행동'에 크게 당황한다. 왜 이런 일이 일어날까?

답은 상대의 문화를 제대로 이해하지 못했기 때문이다. 협상 테이블에선 똑같은 단어도 문화에 따라 다르게 해석된다.

동양 문화권에서 '누가 나에게 소송을 건다'는 것은 어떻게 해석되는가? 한마디로 '갈 데까지 가보자'는 얘기. 정상적인 관계의 종말을 뜻한다. 우리 대(代)에서 해결되지 않으면 자식 대(代)까지 갈등이 이어진다.

반면 나 상무가 자란 미국에선 소송은 다른 의미로 사용된다. 소송을 하겠다는 것은 '내가 그만큼 이번 사안에 대해 자신 있다'는 것을 증명하는 수단. 즉 강력한 의사 표현 방식의 하나이다. 미국에서 예컨대 100건의 소송이 접수됐다고 가정하자. 이 가운데 실제로 법정까지 가는 경우는 몇 건이나 될까? 채 5건이 되지 않는다. 나머지 95건은 대화와 타협을 통해 해결된다.

지난 1976년 있었던 소니와 MCA(유니버설 영화사의 모기업)의 협상 사례를 예로 들어보자. 당시 소니와 MCA는 비디오디스크를 공동으로 개발하고 있었다. 비디오디스크란 재생은 되지만 녹화 기능은 없는 원반 모양의 장치. 개발 협상이 한창이던 당시, MCA는 소니가 VCR을 독자적으로 개발하고 있다는 정보를 입수했다. MCA의 쉐인버그 회장은 녹화 기능이 있는 VCR은 미국의 저작권법에 위배될 수 있다는 사실에 착안, 소니의 모리타 회장에게 이렇게 말했다. "VCR 개발을 계속한다면 소송할 수밖에 없습니다".

MCA의 쉐인버그 사장은 이런 '기습적 공격'을 통해 앞으로 VCR 개발도 함께하고, 협상에서 좀 더 유리한 위치를 차지하려는 노림수를 쓴 것이었다. 하지만 결과는 참담했다. '소송'이라는 말에 화가 난 모리타 회장은 즉시 MCA와의 모든 비즈니스 관계를 중단했다. 결국 두 회사는 장장 11년이나 소송을 진행하며 수백만달러를 날렸다. 상대의 문화적 차이를 이해하지 못해 벌어진 낭비였다.

협상에서는 이처럼 협상 상대방의 '문화적 문맥(context)'을 이해하는 것이 중요하다. 국제 협상에서 우리측이 상대 제안에 대해 'Hopefully yes'라는 표현을 사용했다고 치자. 이 말을 미국 사람들은 '아마 괜찮을 겁니다'라는 긍정적 의미로 받아들인다. 반면 똑같은 말이, 영국 사람에겐 '거의 불가능한데....'라는 부정적 의미로 이해된다. 상대의 문화적 배경이 무엇이냐에 따라 전혀 다르게 해석되는 셈이다.

2. 관계 살리려면 '아이 메시지(I-message)'를 써라.

협상가들이 화가 난 상태에서 흔히 저지르는 실수가 있다. 바로 '유 메시지(You-message)'를 쓰는 것이다.

유 메시지란 뭔가? 말 그대로 너, 즉 상대의 '행동'이나 '정체성'에 대해 내가 평가를 내리는 대화법이다. "당신은 너무 이기적인 것 같아", "그런 제안을 하다니, (당신은) 너무 비상식적이네요"

이런 화법은 협상 테이블에선 피해야 한다. 특히 앞으로 지속적인 비즈니스 기회가 남아 있는 '관계 중심'의 협상에선 더욱 그렇다.

좋은 협상가는 상대를 평가하지 않고 그 제안에 대한 '나'의 느낌을 표현한다. 이것을 '아이 메시지(I-Message)' 화법이라 한다.

앞의 사례에서 나다혈 상무는 계약을 위반한 김 부사장에게 "(당신은) 신뢰할 수 없는 사람"이라는 유 메시지를 사용했다. 앞으로 두 번 다시 안 볼 사람에겐 이렇게 말해도 된다. 하지만 앞으로 관계가 중요한 협상 상대에겐 이렇게 말하면 안 된다. 내 행동의 배경(회장님의 지시)에 대해 정확히 알지도 못하면서 상대가 나의 정체성을 규정한다면 기분이 좋겠는가? 관계를 잘 만들어 가야 할 협상의 첫 단추부터 잘못 끼워진 셈이다.

나 상무의 말을 아이 메시지로 바꿔보자.

아이 메시지는 대개 3단계로 이뤄진다.

우선 상대가 제안한 내용을 정리해서 말하는 '사실(Fact)',

다음은 이로 인해 내가 느끼는 '감정(Feeling)',

마지막은 이 말을 하는 나의 '의도(Intention)'이다.

"대박코리아가 독점 공급 약속을 지키지 않았고 이는 엄연한 계약 위반입니다.(사실) 이에 저희 회사 경영진은 실망과 분노를 느낍니다.(감정) 이 문제에 대한 대박코리아측의 합리적인 해결 방법을 듣고 싶습니다.(대화의 의도)"

어떤가? 상대의 감정을 '묘하게' 해치지 않으면서도 얼마든지 내 의사를 분명하게 전달할 수 있지 않은가?

일상의 예를 들어보자. 새벽 2시, 오늘도 남편이 전화 한 통 없이 술에 취해 들어왔다. 남편의 나쁜 버릇을 고치기 위해 어떻게 협상할 것인가?

"지금 몇 시예요? 왜 연락도 안 해요? 당신은 참 배려심이 없는 사람이에요!"

아마 당신과 남편의 대화는 거기에서 끝날 것이다. 하지만 이 상황에서 "당신이 늦게 들어오니까(사실) 내가 걱정되고 불안하잖아요.(감정) 다음엔 꼭 미리 전화를 줘요.(의도)" 라고 말한다면 어떨까?

이런 방식을 협상학에서는 '이슈와 인간관계를 분리하라'는 말로 표현한다.

협상테이블에서 협상 이슈에 대해선 거칠게 나가도 좋다. 하지만 인간관계는 부드럽게 만들어야 한다. 이를 위한 기본적인 화법이 바로 아이 메시지다.

3. 다른 거래 조건들을 끌어들여 협상 판부터 키워라.

독점 공급 조항을 어겼기 때문에 갈등이 심각해진 상황. 이 협상을 윈윈(win-win) 협상으로 전환시킬 순 없을까?

서로 양보할 수 없는 어젠다(agenda·의제)로 부딪힐 때에는 다른 어젠다를 협상 테이블에 올려놔야 한다. 독점 공급이라는 하나의 파이에만 집착하지 말고 납품 가격, 물량, 대금 지불 조건 등 다른 거래 조건을 협상 대상으로 만들라는 뜻이다. 이를 협상학에선 '어젠다 확장 전략'이라고 부른다.

이처럼 어젠다가 많아지면 서로 교환할 수 있는 가치들도 많아진다. 이때 나에겐 별로 중요하지 않지만, 상대방에게는 큰 가치를 줄 수 있는 조건을 제안할 수 있다. 이를 '으뜸 거래 조건'이라 말한다. 으뜸 거래 조건을 양보하고 대신 내가 원하는 것을 더 많이 얻어낼 수 있다.

어젠다 확장 전략을 사용한 대표적인 사례는 1984년에 있었던 중국 정부와 폴크스바겐의 협상. 당시 세계의 많은 기업들이 중국 진출에 눈독을 들이고 있었다. 하지만 중국 정부가 요구하는 '기술 이전' 조건에 발목이 잡혀 중국 진출이 녹록지 않았다. 하지만 폴크스바겐은 중국 정부와 합작 기업을 설립하고 2000년대 초반 중국 승용차 시장의 반 이상(54%)을 점유하는 성과를 기록했다.

비결은 뭘까? 폴크스바겐은 중국 정부가 요구하는 '기술 이전'을 해줬다. 그 대신 '중국 정부와 국영 기업의 폴크스바겐 승용차 우선 구입, 다른 외국 자동차 생산업체의 투자 제한, 해외 완성차 수입 시 높은 관세 부과'라는 3가지 조건을 요구했다. 이 요구만 수용되면 중국시장에선 충분히 승산이 있다는 게 폴크스바겐의 판단. 중국 정부로선 기술 이전만 된다면 나머지 요구를 들어줘도 큰 손해가 없었다. 결국 중국 정부와 폴크스바겐 모두가 만족한 협상 결과가 나왔다.

좋은 협상가는 항상 새로운 어젠다를 창조한다. 가능한 한 많은 어젠다를 협상 테이블에 올려놓은 후 서로에게 중요한 가치를 주고받는다.

앞의 사례로 돌아가 보자. 이렇게 하면 어떨까?

세일킹은 대박코리아가 빽조아 쇼핑몰에 한해 한정된 물량만큼만 물건을 공급하도록 허락한다. 그 대신, 다른 히트 상품들에 대해 독점 판매권을 갖고, 납품 단가도 낮춰 달라고 요구한다. 이처럼 어젠다 확장 전략은 각자 덜 중요한 가치를 양보하고 더 중요한 가치를 얻어내, 결국 양측 모두가 협상결과에 대한 만족감을 높이는 교환 방법이다.

좋은 협상가란 어떤 사람일까? 내가 원하는 협상 결과만을 얻어내는 사람? 아니다. 협상 결과는 물론이고 협상이 끝나고 난 후 상대의 마음까지 얻을 수 있는 사람이다. 상대 문화에 대한 이해, 관계를 해치지 않는 대화법, 협상의 파이를 키울 수 있는 능력. 이 세 가지 '무기'만 장착해도 당신은 협상 테이블에서 불필요한 '인간관계의 훼손'을 막을 수 있을 것이다.

<IGM(세계경영연구원) 최철규 부원장·김한솔 연구원>

‖ 한치 양보없는 협상 성공하려면 '더하고 바꾸고 내기를 걸라' ‖

요즘 경영의 최고 키워드가 된 '창의성'. 이것은 협상에서도 매우 중요하다. 우리는 상대와 팽팽히 맞선 채 한 발짝도 양보할 수 없다고 버티는 상황에 처하곤 한다. 이런 때 누가 창의적인 생각을 하느냐에 따라 협상의 성과가 판이해진다. 창의적 협상가가 되기 위한 비법, 세 가지 키워드만 기억하라.

〈상황1〉 하나가 꽉 막혔을땐 '어젠다'를 추가해 동시에 협상하라

"집안 청소는 당신이 해 줬으면 좋겠어."

"뭐? 청소? 싫어!"

벌써부터 신혼의 단꿈이 산산조각나는 소리가 들린다. 맞벌이 신혼부부인 강주장과 도도한. 신혼여행에서 돌아온 남편 강주장씨가 둘만의 핑크빛 미래를 그리려는데, 부인 도도한씨가 다짜고자 집안일부터 나누자고 나선다.

"청소가 싫으면 그 얘긴 이따 하고, 설거지는 어떻게 할까?"

"설거지?"

"응, 설거지를 당신이 할래?"

"그건 내가 자취하면서 죽기보다 하기 싫었던 건데…."

"아, 빨래도 해야지. 밥 차리는 건 번갈아 하기로 했고. 또 뭐가 있지?"

집안일, 참 많기도 하다. 할 말을 잃은 남편 강주장씨에게 부인이 이렇게 제안한다.

"그럼, 설거지랑 빨래는 내가 할게. 청소는 해 줄 수 있지?"

"알았어, 청소는 내가 할게."

▲ 일러스트=김의균 기자 egkim@chosun.com ■협상 비법 1: "더하라"

많은 협상가들이 실수하는 게 있다. 한 번에 하나의 문제만 처리하려는 것. 가격 협상이 끝나야 지불 방법을 얘기하고, 그게 마무리돼야 물량을 협상하는 식이다. 이건 결코 좋은 방법이 아니다. 긴 협상의 과정에서 하나의 어젠다에 묶여 시간을 끄는 것은 소모적인 낭비일 뿐이다.

앞의 상황에서 부인 도도한씨가 남편과의 집안일 협상에 성공한 것은 협상의 어젠다를 '더한' 덕분이다. '청소'가 막히자 '설거지, 빨래' 등 다른 집안일들도 협상 테이블에 올려 한 번에 협상을 했다.

다른 예를 들어보자. 당신이 동료와 점심 메뉴를 놓고 협상을 한다. 당신은 오랜만에 햄버거가 당긴다. 그런데 동료는 따끈한 설렁탕이 먹고 싶다고 한다. '점심 메뉴'라는 하나의 어젠다로 맞선 상황. 해결이 쉽지 않다. 만약 이때 '돈은 누가 낼래?'라는 어젠다를 추가하면 어떻게 될까? 혹은 '내일은 뭘 먹을까?'라는 어젠다를 더한다면? 이렇게 협상의 어젠다를 추가해 동시에 협상하면 문제는 훨씬 쉽게 풀린다.

딱 하나의 어젠다만 갖고 협상해야 할 경우는 거의 없다. 비즈니스 상황은 더욱 그렇다. 구매 협상을 예로 들어보자. 가장 큰 갈등은 가격 문제에서 생긴다. 이때 창의적 협상가들은 가격에 집착하지 않는다. 대신 물량, 유통비, 지불방법, 품질, 애프터서비스 등 다른 어젠다를 제시한다. 이를 통해 가격 문제를 풀 실마리를 얻기 때문이다.

한미 자유무역협정(FTA) 협상에서 김종훈 본부장도 이 방법을 사용해 꽉 막힌 협상을 풀었다. 2006년 12월, 미국 몬태나에서 열린 5차 협상. 당시 양측은 '신약(新藥) 최저가 보장 문제'란 하나의 이슈로 팽팽히 대립하고 있었다. 미국 측은 '새로 나온 약의 최저 가격을 보장해 달라'며 강하게 주장했다. 하지만 우리 입장에서 그 조건을 받아들이면 제약 업계에 너무 큰 부담이 됐다. 이때 김종훈 본부장이 예정에 없던 얘기를 꺼냈다. '무역구제 비합산 조치'라는 어젠다를 추가한 것. '반덤핑 조치를 발동하기 위한 산업 피해 판정 때 한국산은 분리해 달라'는 내용이었다. 갑작스런 김 본부장의 제안에 미국 측은 당황하며 '그건 절대 불가능하다'고 맞섰다.

협상 어젠다가 둘로 늘자 흐름이 확 달라졌다. 몇 번의 실랑이 끝에 결국 신약 최저가 보장 문제는 미국측이, 무역구제 비합산 조치는 한국측이 양보하면서 협상이 부드럽게 마무리됐다.

협상장에서 하나의 문제로 팽팽히 맞서 있다면 다른 협상 어젠다를 더하라. 주제를 붙여 협상을 진행하다 보면, 문제를 해결할 새로운 방식이 보인다. 창의적 협상의 첫 걸음은 바로 어젠다를 늘리는 것이다.

〈상황2〉 주어진 틀에서 안되면 협상의 룰을 바꿔라

"내가 앞부분을 정리할게. 네가 뒷부분을 맡아줘."

"안 돼, 뒷부분이 훨씬 많잖아. 난 다른 발표 준비도 해야 해. 내가 앞부분 할게."

벌써 30분째. 3일 앞으로 다가온 '마케팅 전략' 수업 시간 발표를 앞두고 두 친구가 서로 쉬운 부분 정리를 맡겠다며 다투고 있다. 그 모습을 본 한 친구가 이렇게 제안한다.

"그러다 수업 전까지 나눌 순 있겠어? 이렇게 하면 어때? 전체 분량을 한 명이 두 부분으로 나눠. 그리고 다른 한 사람이 둘 중에서 자기가 맡을 내용 하나를 고르는 거야. 어때, 공평하지?" 친구의 제안에 동시에 "오케이"를 외치는 둘.

■ 협상 비법 2: "틀을 바꿔라"

탁자 위에 동그란 달걀을 세울 방법은? 다들 알다시피 '깨면' 된다. 콜럼버스가 그랬던 것처럼. 여기서 중요한 점은 '달걀을 깨선 안 된다'는 룰을 바꾼 사실이다.

그렇다면 창의적 협상을 위해선? 마찬가지로 협상의 룰을 '바꾸면' 된다. 쉬운 발표 내용을 맡겠다며 우기던 두 친구의 갈등이 한 번에 해결된 것도 '협상의 룰'이 달라졌기 때문이다. '한 사람이 나누고 갖는다'를 '한 사람이 나누고 다른 한 사람이 고른다'로 바꾼 것이다.

이 원리가 유엔 해양법 협상에서 그대로 사용됐다. 1973년 시작된 해저 광물 채굴권 협상은 10년째 유엔의 큰 골칫거리였다. 태평양 등 공해(公海) 상의 심해에 묻혀 있는 희귀 광물 개발권에 대한 협상이 제자리걸음을 하고 있었기 때문. 나라마다 이해관계가 얽혀, 광물을 채굴할 해역을 나누는 방식에 대한 입장이 크게 달랐다.

일단 대상 해역의 절반은 미국, 영국 등 선진국 기업의 컨소시엄이, 나머지 절반은 후진국 컨소시엄인 '엔터프라이즈'에서 갖는 것을 원칙으로 했다. 문제는 구역을 어떻게 나눌 것인가였다. 엔터프라이즈는 지도 위에 선을 그었다 지웠다 만을 반복했다. 이미 충분한 정보를 가진 선진국들이 가치 있는 광물이 묻혀 있을 만한 지역을 독식할까봐 섣불리 결정할 수 없었다. 이때 제시된 해결책이 '선진국 기업 컨소시엄이 구역을 반으로 나누고 엔터프라이즈가 고르는 것'이었다. 이렇게 되면 선진국들은 최대한 공정하게 구역을 나눌 수밖에 없다. 자칫 잘못하다간 엔터프라이즈에 노른자위 땅을 다 내어줄 수도 있기 때문이다. 이 방법으로 10년간 끌던 협상이 성공적으로 마무리됐다.

주어진 틀에서만 생각하면 누군가는 손해 보고 양보해야만 한다. 답이 보이지 않을 땐 협상의 룰을 바꿔라.

〈상황3〉 불확실한 미래로 난항일 땐 내기를 걸어라

나홈런 선수는 슬슬 자존심이 상하기 시작한다. 한국 프로야구에서 홈런왕까지 하며 승승장구하다 일본 진출을 결정했는데, 일본 구단이 자신의 연봉을 너무 낮게 부른 것.

"한국에서의 활약, 인정하지만 일본은 달라요. 첫해엔 홈런 10개도 못 칠 겁니다. 그러니 2억엔 정도에 사인하시죠?"

"무슨 말씀을 그렇게 섭섭하게 하십니까? 전 홈런 30개는 거뜬합니다. 적어도 3억엔은 받아야겠습니다.”

2억엔과 3억엔으로 팽팽히 맞서는 상황. 그때 나홈런 선수가 이렇게 제안한다.

“그럼 이렇게 하시죠. 기본 계약은 2억5000만엔으로 하고, 제가 홈런을 30개 이상 치지 못하면 내년 연봉 협상에서 5000만엔을 빼겠습니다. 단, 제가 그 목표를 달성하면 추가로 5000만엔을 주시죠.”

나 선수의 제안을 들은 구단은 손해 볼 것 없다는 생각에 계약을 마무리했다.

■ 협상 비법 3: “내기를 걸어라”

협상에서 가장 힘든 경우가 ‘미래에 대해 서로 다른 예상을 갖고 대립되는 주장을 할 때’이다. 나홈런 선수는 홈런 30개는 거뜬하다며 연봉을 높여 달라고 한다. 반대로 구단은 나 선수의 성적을 부정적으로 평가하며 낮은 연봉을 주장한다. 이 상황을 풀 수 있는 방법은 나홈런 선수의 협상 상황처럼 자신이 믿는 쪽으로 ‘내기를 거는 것’이다.

이 방법은 주로 기업 인수·합병(M&A) 협상에서 많이 나타난다. 파는 입장에서는 자산 건전성 자료 등을 제시하며 최대한 높은 가격을 요구한다. 반면 사는 입장에서는 잠재된 부실 자산이 있는 것 아니냐며 가격을 최대한 낮추려고 한다. 이 문제를 해결할 수 있는 방법이 바로 ‘내기를 거는 것’이다. 인수 계약이 끝난 후에 숨겨졌던 부실 채권이 발견됐을 때 그 금액을 추가로 지불하는 조건을 넣는 식(이를 ‘풋백옵션’이라 한다)이다. 양측이 서로의 내용에 자신이 있다면, 이런 조항을 통해 협상의 돌파구가 생긴다.

하지만 실제 협상에선 이런 창의적 아이디어가 잘 떠오르지 않는다. 1969년부터 10년 넘게 계속되다 결국 결렬된 협상이 있다. 바로 미국 법무부와 IBM 간의 협상. 미 법무부는 컴퓨터 시장에서 IBM의 독점을 경계, 시장 확장을 줄이라고 했다. 하지만 IBM은 컴퓨터 시장의 환경 변화로 점유율이 조만간 떨어질 것이라며, 생산 계획을 바꿀 수 없다고 맞섰다. 결국 미 법무부는 IBM의 반독점 제한 위반에 대해 소송했고, IBM은 항소했다. 지루한 싸움은 13년 동안 이어졌고 이를 위해 자그마치 6500만쪽 이상의 문서가 제출됐다.

이 협상의 승자는? 수백만달러를 받으며 양측에서 변호를 맡았던 변호사들이었다. 이 협상은 시장 환경이 바뀌며 둘 다 상처만 잔뜩 입은 채 흐지부지돼 버렸다.

이 협상이 깨진 이유는 무엇일까? ‘점유율에 대한 예측’이 달랐기 때문이다. 만약 IBM이 “5년 후 IBM 점유율이 50%가 넘지 않으면 소송 취하”라는 조건을 제시했다면 어땠을까? 혹은 미국 법무부에서 “5년 후 IBM 점유율이 75% 이상 될 경우 벌금과 함께 일정 부분 시장 철수”라는 조건을 제시했다면? 이렇게 미래 상황에 내기를 걸었다면 서로 만족하며 해결될 수 있었을 것이다.

서로 달리 생각하는 조건은 아무리 협상을 해도 풀리지 않는다. 그럴 땐 내기를 걸어라. 그러면 누구 하나 손해 봤다는 느낌 없이 만족스러운 결과를 만들 수 있다.

■ **에필로그**

많은 사람들이 "상대와 내가 너무 달라 협상하기 힘들다"고 말한다. 하지만 창의적인 협상가들은 "상대와 내가 달라 협상이 재밌다"고 말한다. 서로 달라서 새로운 가치를 그만큼 많이 만들어 낼 수 있기 때문이다. 창의적 협상가가 되고 싶은가? 그렇다면, 나와 상대가 다르다는 것을 즐겨라. 그리고 더하고, 룰을 바꾸고, 내기를 걸어라. 창의적 협상? 당신도 할 수 있다!

IGM 최철규 부원장 / 김한솔 연구원

〈표 5-3〉 선물(膳物)과 관련한 국가별 특성 및 유의

국제 협상시에 있게 되는 초대나 선물의 경우 국가별로 유의해야 점들은 다음과 같다.

국 가	금기(禁忌)의 품목	유 의 사 항
중 국	• 죽음의 상징 : 짚신, 시계, 황새, 두루미, 흰색 / 검정 / 파란색이 많이 들어간 물건 • 슬픔, 눈물의 상징 : 손수건	• 체면중시의 문화를 유념한다 • 세번 정도는 거절하므로 계속 권한다 • 저녁식사 초대시 먹는 선물은 피한다 • 축의금/선물은 짝수, 부조는 홀수로 한다 • 우산과 이별은 발음이 유사하므로 금물
일 본	• 흰색꽃 • 4와 관련된 선물 • 짝수의 꽃	• 인맥을 중시하므로 소개서를 준비 • 가벼운 선물(¥3~5000)을 카드와 함께 준비 • 연초(歲暮)에는 연하장, 여름(中元)에는 간단한 식료품을, 식사초대시 수입스카치나 코냑을 선물
미 국	• 죽음의 상징 : 백합	• 시간엄수하며 선물은 그 자리에서 개봉
독 일	• 13송이 꽃 • 포장한 꽃	• 선물포장시 흰색 / 흑색 / 갈색의 리본이나 포장지는 금물 • 비지니스맨은 선물을 주지도 받지도 않음 • 값비싼 선물은 뇌물로 인식, 고가품은 반려
프랑스	• 빨간장미 : 연인에게만 선물 • 카네이션 : 장례식용	• 향수의 전문가들이므로 향수선물은 오히려 역효과
말레이지아	• 돼지고기,술 : 이슬람교도에게는 금물이고 돼지가죽 가공물건과 알콜첨가의 향수금물 • 장난감 강아지, 개그림 : 불결을 상징	• 느린 상담 습관과 부정적인 표현을 하지 않는 것을 공손하게 여김을 유의 • 카드를 중히 여기므로 선물과 함께 동봉 • 반드시 오른손으로 주고 받을 것
인 도	• 쟈스민 : 장례를 상징	• 소(牛) 가공의 상품과 종교비판은 금물
헝가리	• 붉은 장미 • 백합	• 전문 와인생산국으로 자부심을 갖고 있으니 이를 피하고 꽃은 포장하여 선물

멕시코	• 노란색 : 죽음	• 은 가공 선물은 금기(값싼 장신구로 인식) • 꽃은 반드시 포장
브라질	• 흑색 / 자주색 물건 • 칼 : 인간 관계의 단절을 의미	• 첫 만남에서는 선물 대신 식사를 대접 • 계산기 / CD player 등의 소형전자제품
아르헨티나	• 칼 : 인간관계의 단절을 의미	• 수입 술 선호, 와인이나 가죽제품은 금물 • 인기품목은 스카치 / 프랑스 샴페인
러시아		• 선물 등 받는 것을 좋아함 • 향수 / 라이터 / 계산기 / 지갑 / 카메라를 선호
폴란드	• 짝수의 꽃	• 최고의 선물은 꽃이며 거래처에 선물 필수 • 민속제품 / 라이터 / 필기도구 등이 인기
이집트		• 입찰, 정부공사 수주시 뇌물을 선호 • 화려한 보석 / 인삼차를 오른손으로 선물

자료 : 박준형, 글로벌 비즈니스 에티켓, 김영사, 2000, pp.155~156.

제 6 장
문화 환경

| 제1절 |

문화 환경의 배경

1. 문화 환경의 본질

인간은 항시 문화 속에 살면서도 그것의 존재를 별로 느끼지 못하지만, 인간의 행위는 그 문화의 영향을 받지 않는 것이 별로 없다. 여기에서 문화에 대해 연구하려는 목적은 국제협상의 경영활동 관점에서 문화를 해석하고 그것을 응용하기 위한 것이다.

문화에 대한 정의는 학자에 따라 다양하지만, 문화인류학자들은 그것을 학습된 행위(learned behavior)로 보고 있다. 즉 문화란 인간집단이 여러 시대를 통해 형성해 온 하나의 생활방식 및 규범으로서 생활을 통해 반복적으로 습득된 하나의 행위라고 보고 있는 것이다.

이와 같이 문화는 오랜 세월 동안에 걸쳐 습득되고 여러 세대를 거쳐 사회적으로 계승된 행위이기 때문에 사회와 불가분의 관계를 가지고 있어서, 양자가 서로 상대가 없이는 존재할 수 없는 것이 특징이다.

2. 문화의 계승

그런데 문화는 사회적 유산으로서 사회적으로 계승되고 학습된 행위이므로 언어, 지식, 행동의식, 규범 등을 포함한다. 그래서 똑같은 사람이 없듯이 똑같은 문화는 없으며, 종족이나 민족에 따라 서로 다른 문화를 가지고 있다. 그러나 비록 문화가 서로 다르다고 할지라도 그 문화는 결코 고정불변인 것은 아니고 다른 문화와의 계속적인 접촉을 하면서 동화·갈등·배제를 통해 끊임없이 변화하는 성격을 갖고 있다. 또한 문화는 한 세대에서 다음 세대로 전승되는 성격을 가졌다. 이런 점에서 문화란 역사적으로 이루어진 삶의 지혜라고 하겠다. 요약컨대, 문화란 사회적으로 축적된 경험으로서 한 종족이나 민족이 오랫동안 시행착오를 반복하면서 이루어 높은 생활양식이라고 정의할 수 있다.[25)]

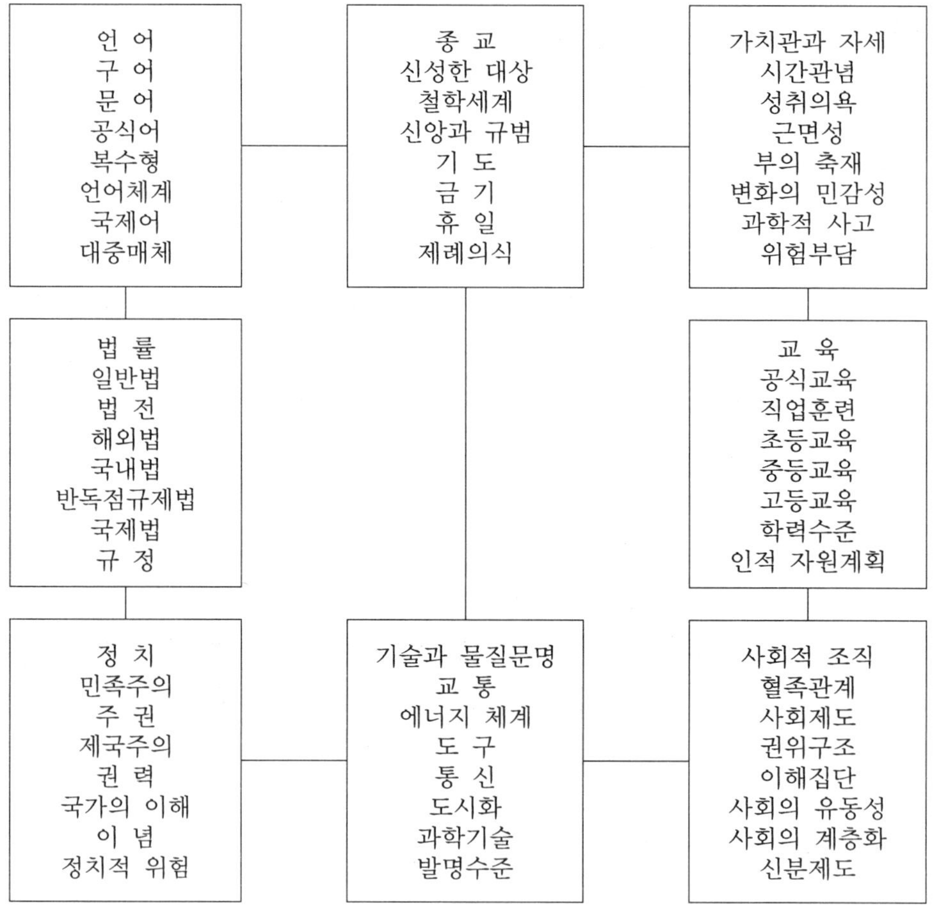

〈그림 6-1〉 국제협상의 문화 환경

25) 이광규, 『문화인류학』 (서울 : 일조각, 1971), 제3장 참조.

국제협상 활동에 있어서의 문화적 요소는 언어, 종교, 가치관과 태도, 기술과 물질문명, 사회조직 및 교육 등의 변수로 이루어져 있으며, 이들 각 요소들 또한 몇몇 요인들로 구성되어 있다. 이들 요인은 조직의 활동에 중대한 영향을 미치고 있지만 몇몇 요인은 특히 중요하고 핵심적인 요인이기도 하다. 또한 이들 문화적 요소들은 서로 독립적으로 존재하는 것이 아니라 통합, 경쟁, 갈등의 과정을 통해 상호작용하면서 적용한다.

| 제2절 |

조직과 문화 환경의 상호작용

1. 조직과 문화

문화 환경 안에서 작용하는 기업을 문화 환경과 마찬가지로 시스템으로 개념화할 수 있다. 기업은 외부환경으로부터 얻은 자료를 투입하여 산출한 상품이나 서비스를 다른 환경에 제공하며 또한 환경에 둘러싸여 환경과 상호 작용한다. 그러므로 기업이 지속적으로 기능을 수행할 수 있는가의 여부는 환경에 대해 투입과 산출을 이행하는 기업의 능력에 달려있다고 할 수 있다.

기업과 환경과의 관계는 의존성에 기초를 두고 있으며 그 의존성은 핵심적인 것이다. 즉 기업은 환경으로부터 받은 영향만큼만 환경에 작용한다. 그래서 환경과 기업의 관계는 이중적이며, 문화 환경은 기업의 투입과 산출에 의해 부여되는 제약으로 일차적 영향을 받으며, 또한 기업은 기업으로부터의 산출 혹은 환경으로부터 제공받는 투입의 종류 또는 변화율에 의해 일차적으로 환경에 영향을 미친다.

2. 문화 환경과 조직

문화 환경은 관리기능에 영향을 미치며, 문화적 영향에 대한 관리기능의 민감도는 그 기능과 문화 환경의 상호교환의 중요성에 달려 있다. 예컨대, 마케팅이나 PR과 같은 기능은 일반적으로 생산·재무 기능보다 현지 문화와 더 많은 상호작용을 한다.

한편 문화의 영향에 대한 기업활동의 민감도는 기업이 그 문화에 속해있는 정도에 따라 달라진다. 외국기업은 현지국 내에서 다양한 방법으로 활동할 수 있다. 즉 기업은 상품을 현지국에서 판매할 수도 있고 제3국으로 수출할 수도 있으며, 국내기업과 기술협력을 통해서 현지에서 상품을 생산할 수도 있다. 혹은 그 지역에서 기업경영의 모든 측면에 관련하여 기업을 운영할 수도 있다. 이러한 다양한 기업활동은 현지국과의 관련 정도에 따라 외국기업에게 미치는 문화적 영향은 다양할 것이다. 따라서 기업이 현지 문화와의 관련성이 크면 클수록 기업의 성장과 존속을 위해 그 문화에의 의존성은 커지며, 그 문화 환경에 대한 이해의 필요성도 커지는 것이다.

이처럼 기업과 환경은 상호작용시스템의 요소이며 상호작용은 그 가운데 경로과정이지만, 기업이 문화 환경과의 관계에서 수동적이 아님을 인정해야 한다. 즉 조직은 환경으로부터 제약도 받지만 반대로 기업의 활동은 환경에 영향을 미치기도 한다. 그러므로 경우에 따라서 기업은 제한된 범위 내에서 제약적 역할을 하는 환경적 요소를 조작할 수도 있는 것이다.

| 제3절 |

문화 환경의 속성

국제협상에 있어서 문화 환경은 여러 가지 면에서 개념화할 수 있는데 문화의 가변성, 문화의 복합성, 문화의 적대성, 문화의 이질성, 그리고 문화의 상호의존성이 그것이다.[26] 이 중 앞의 세 가지 측면은 어떠한 문화권 안에서의 조건과 관련이 있는 반면에 나머지 두 가지 측면은 문화권간의 조건과 관계가 있다. 각각의 측면은 <표 6 - 1>에서와 같이 이중적이기보다는 연속체로 볼 수 있다.

26) Endel J. Kolde, *Environment of International* Business(Boston, Mass : Kent Publishing Co., 1985), p. 416.

〈표 6-1〉 국제협상에 있어서 문화 환경의 제 특성

	특 성	저 차 적	고 차 적
문화의 내부관계	문화의 가변성 문화의 복합성 문화의 적대성	낮고 안정된 변화율 단일성(저차적 상황) 자비로움(친절)	…높고 불안정한 변화율 …복합성(고차적 상황) …악의적임(인색)
문화의 상호관계	문화의 이질성 문화의 상호의존성	동질적 독립적	…이질적 …상호의존적

1. 문화의 가변성

문화의 가변성(cultural variability)은 한 문화 안에서의 조건의 변화율이 큰가 작은가 혹은 안정적인가 불안정적인가의 정도를 뜻한다. 즉 가변성이란 한 문화 안에서의 조건의 변화속도와 안정성의 두 가지 요소의 기능이다. 특정 문화에서의 변화의 다양성은 변화율이 높고 불안정할 때 가장 크고, 변화율이 낮고 안정적일 때 가장 작다. 문화 환경이 대응적일수록 관리상의 불확실성이 증대하고 전략수립이 어려워진다. 따라서 기업은 격렬한 변화에 직면하는 경우 그러한 변화를 잘 수용할 수 있어야 하며, 이를 위해서는 기업의 내부구조가 이러한 변화에 적응할 수 있는 능력을 갖추어야 한다. 이러한 능력은 개방적 커뮤니케이션 경로, 의사결정의 보편화, 현지 경영자들의 지배를 통해서 이룩될 수 있다.

2. 문화의 복합성

문화의 복합성(cultural complexity)이란 특정의 문화 환경에 대한 이해가 관련된 배경 자료의 소유에 의존하는 정도를 말한다. 홀(E. T. Hall)은 문화란 정형화되지 않고 불분명한 규칙이 정보의 취급, 인간의 상호작용 및 관련 여부에 대해 어떻게 통제하는가에 따라 다르며, 고차적인 문화에서의 인간행동은 암시적 · 함축적이며, 점차적인 문화에서의 인간행동은 분명하고 명백하다고 주장하였다. 따라서 다국적기업이 서로 다른 문화권에서 효과적으로 활동하기 위해서는 함축적인 문화를 이해하여야 하는 것이다. 왜냐하면 명확한 커뮤니케이션이 없이 고차적 상황의 문화에 대한 많은 부분을 추측하는 데에는 충분한 준비가 필요하기 때문이다.

3. 문화의 적대성

문화의 적대성(cultural hostility)이란 특정의 문화의 환경조건이 조직의 목표를 위협하는 정도를 말한다. 차일드(J. Child)는 이것을 환경적 저속성이라고 말하고 있는데, 조직에 있어서 문화 환경에 대한 인식은 일반적으로 매우 자비로운 면에서부터 적대감을 가지는 부분까지 다양하다. 적대감을 갖는 정도는 기업의 합법성과 수용성에 달려 있는데, 버논(R. Vernon)에 의하면 현지국 엘리트 집단에 대한 사회적 욕구와 이들의 강한 정신적 힘은 종종 국제협상에 대한 수용성의 결여 및 적대감을 야기 시킨다는 것이다. 적대감은 기업이 원자재, 자금, 고용, 정보, 정치적 선호, 그리고 그 밖의 모든 경영자원의 활용에 장애요인으로 작용하게 되며, 또한 자신의 제품과 서비스를 판매할 능력을 축소시킬 수도 있다. 즉 적대감이 생기면 반국가적 감정, 불매운동 및 기술혁신에 대한 기피, 기술이전에 대한 공포, 민족주의의 강화 등 감정 문제뿐만 아니라 관리방식의 신중, 권한집중, 근무시간 단축, 여유자원의 낭비 등 조직 내의 긴장 및 갈등이 고조되어 조직내부 관리상의 역작용이 형성되며, 여기에 따른 조직활동의 통합 및 속박에서 탈피하려는 현상이 발생하게 되면 부작용은 더욱 심화될 것이다.

4. 문화의 이질성

문화의 이질성(cultural heterogeneity)이란 독립된 문화간의 상호 유사성 정도를 말한다. 기업이 경영활동을 하는 지역 내의 국가의 문화는 비교적 동일적인 것에서부터 극히 이질적인 것에 이르기까지 다양하다. 이러한 문화의 이질성은 다른 문화의 상호 요인간의 가변성, 복합성, 적대성의 정도에 영향을 미칠 뿐만 아니라, 다양한 조직의 집중된 의사결정을 위한 다양성을 증대시키고 있다.

조직에 있어서 문화의 이질성에 대한 주요 요인은 차별화이다. 다양한 환경에서 운영되는 조직은 전형적으로 동질적 부분 내지 하위환경을 인지할 것이다. 그리고 조직은 동질적인 부분 내지 하위환경을 다루기 위해 분화된 반자차적 관리단위를 만든다. 따라서 조직구조와 경영활동은 차별적으로 이루어질 것이며 조직이 문화와 분리되어 있을수록 자회사의 행위를 조정하는 것이 힘들게 된다.

5. 문화의 상호 의존성

문화의 상호의존성(cultural interdependence)이란 특정의 문화 환경조건이 다른 문화의 발전에 대해 민감한 정도를 뜻하는데, 국제경제와 정치관계에서 이러한 상호의존성이 잘 인식되고 있다. 한편 기업이 활동하고 이는 문화에 있어서는 어떤 문화의 극단적인 의존으로부터 다른 문화와의 상호의존에 이르는 연속체를 도출시킬 수 있는데, 이러한 문화의 상호의존성은 상호관계의 수단에 의해 작용하며, 커뮤니케이션과 수송의 발달, 개인적인 유동성의 변화, 국경을 초월한 경제교류의 증대, 종교와 국제기구의 확장, 문화를 초월한 이해집단의 출현 등 문화간의 유동성을 증가시키게 되었다.

국제협상에 있어서 본사국의 고유문화와 현지국 문화와의 조화, 국제적 이해집단의 조정 등 날로 증가하는 범세계적 조직의 상호의존성은 이들 집단간의 긴밀한 연계와 협력을 요구하고 있다. 한편 문화적 상호의존성의 증가로 인해 국제협상활동은 그 나라의 이익집단과 정부의 조사자료 등에 노출되기 쉽다. 이러한 상호의존성은 이해관계에 있어서 자회사의 독립성을 감소시킨다.

따라서 국제협상의 최대과제는 기업활동을 수행하는 데에 있어서 문화간의 상호활동 문제를 어떻게 해결하는가이다.

사례

‖ 협상 성공을 위한 3가지 열쇠 ‖

당신은 '협상' 이라는 단어를 들으면 어떤 생각이 먼저 떠오르는가? 돈 많고 힘 센 사람이 이기는 것? 말을 잘해야만 성공할 수 있는 것?

많은 사람들이 협상에 대해 이렇게 생각한다. 하지만 수많은 협상에 참여한 사람들이 관찰한 결과, 협상에도 '원리'가 있음을 발견했다. 그리고 이 원리를 잘 활용하면 성공적인 협상을 할 수 있다는 확신을 가졌다.

나와 상대가 끊임없이 이야기를 나누는 협상에 성공하기 위한 원리가 있다? 다음 상황을 보며 생각해 보자.

출근 준비에 바쁜 아빠에게 중학생 사내아이가 말한다.

"아빠, 용돈 2만원만 올려주세요".

"안 돼!"

이렇게 부자간의 협상이 시작됐다.

'2만원 인상' vs. '용돈 인상 불가'...... 이처럼 협상할 때 각자 주장하는 내용을 협상학에선 '요구(position)'라 부른다. 양측이 요구에만 집착할 때 협상은 까칠해진다. 하지만 의외로 많은 협상가들이 요구에만 집착한다.

이럴 때 좋은 협상가는 요구가 아닌 '욕구(interest)'에 주목한다. 상대가 왜 이런 주장을 하는지, 요구 밑에 깔린 진짜 이유를 곰곰이 생각한다는 뜻이다. 아빠가 '용돈 인상 불가'라고 말하는 이유는 뭘까? 용돈 2만원 더 준다고 해서 가정 경제가 파탄 나는 일은 없다. 그런데 왜?

대부분의 부모가 그렇듯, 아빠는 아들이 돈을 낭비하게 될까 걱정하고 있다. 또 돈이라는 게 노력 없이 쉽게 얻을 수 있다는 착각을 갖게 될까 염려하고 있다. 이것이 바로 아빠의 욕구(interest)다.

만약 아들이 협상가적 자질이 있다면 이렇게 말할 것이다. "함부로 돈 쓸까 봐 걱정되시죠? 용돈 기입장을 써서 매주 보여 드릴께요. 그리고 세상에 공짜가 있나요? 주말마다 아빠 차를 닦을게요"

어떤가? 당신이 아빠라면 용돈을 올려주지 않겠는가? 이 제안은 '아들이 낭비하지 않고 돈의 소중함을 알았으면 좋겠다'는 아빠의 욕구를 충족시킨다. 아들 입장에선 약간은 귀찮더라도 용돈을 더 받을 수 있어 좋다. '용돈 기입장 쓰기', '일주일에 한번 세차' 등은 이 협상을 타결시킨 제 3의 대안이다. 서로를 만족시켜주는 이런 아이디어를 협상학에선 '창조적 대안(Creative Option)'이라 부른다.

창조적 대안으로 협상을 타결시킨 대표적 사례는 이집트와 이스라엘 사이의 평화 협상이다. 1967년 이스라엘은 유명한 '6일 전쟁'을 통해 이집트 영토의 일부인 시나이 반도를 빼앗았다. 뺏은 자와 빼앗긴 자간의 대립은 갈수록 격화됐다. 결국 미국이 중재에 나섰다. 이집트는 요구는 간단했다. '뺏긴 땅 전부를 돌려달라'. 이스라엘의 답은 차가웠다. '일부만 돌려줄게'.

'100% 반환'과 '일부 반환'이라는 요구(position)가 맞붙은 상황. 중재자 역할을 맡은 벤스 미 국무장관은 양측의 욕구(interest)를 파악하는 데 주력했다. "모래밖에 없는 시나이 반도에 왜 그리 집착합니까?"

양측의 욕구는 의외였다. 이집트는 자존심(주권)회복을 원했다. 자국 땅을 6일 만에 빼앗긴 것이 너무 자존심 상했던 것. 반면 이스라엘은 안전을 보장받고 싶어했다. 시나이 반도라는 완충지대가 있어야만 중동의 적대국으로부터 예루살렘을 지킬 수 있다고 판단한 것이다. 양측의 욕구(interest)를 파악한 밴스는 창조적 대안을 내놨다. "땅은 100% 이집트에게 돌려주되, 비무장지대로 한다"

'자존심 회복'이라는 이집트의 욕구와 '안전확보'라는 이스라엘의 욕구. 이 둘을 절묘히 충족시킨 아이디어 덕분에 양국은 전쟁터에서 낭비될 뻔한 젊은이들의 피를 아낄 수 있었다.

하지만 창조적 대안이 만들어 지지 않는다면? 그럴 땐 상대가 평소 중요하게 생각하는 가치를 건드려야 한다. 아빠가 아이에 대해 중요하게 생각하는 가치는 무엇일까? 아이가 공부를 열심히 해 성적을 올리는 것이 될 수도 있고, 규칙적인 운동으로 건강을 유지하는 것일 수도 있다. 또는 게임을 너무 많이 해 게임 중독에 빠질까봐 걱정하고 있을 수도 있다. 이것이 아빠의 '숨겨진 욕구(hidden interest)'다.

아이가 이를 찾아낸다면 이렇게 말할 수 있다. "다음 시험에서 평균 5점 이상 올릴께요. 그리고 게임 시간을 하루에 1시간으로 줄일께요. 만약 이 약속을 지키지 못하면 다시 용돈을 깎으셔도 좋아요."

협상 이슈인 '용돈'과는 상관없는, 하지만 상대가 중요하게 생각하는 주제를 끌어들여 상대를 움직이게 하는 법. 이것이 숨겨진 욕구의 힘이다.

모든 사람들은 다양한 욕구를 갖고 있다. 하지만 협상장에서는 보통 한 가지 욕구에만 집착해 그것만 요구한다. 성공적인 협상을 하기 위해서는 상대의 숨겨진 욕구를 자극해 움직여야 한다.

어떤가? 아빠와 아들의 협상에서 돈 있고 힘 센 사람은 아빠다. 그리고 아빠가 훨씬 더 말을 잘 한다. 하지만 협상 결과는? 아들은 '용돈 2만원 인상'을 얻어낼 수 있고, 아빠도 만족한다. 요구(position)이 아닌 욕구(interest)에 집중하고, 창조적 대안(creative option)을 찾는 것. 그리고 상대의 숨겨진 욕구(hidden interest)를 파악해 공략한다는 협상의 '원리'를 활용했기 때문이다.

아직도 협상이 '말재주'라고 생각하는가? 협상의 원리를 알고 활용하라. 그러면 당신도 성공하는 협상가가 될 수 있다.

전성철 IGM 이사장

‘불통(不通)’을 뚫으려면?

“지난 일주일간 협상을 몇 번이나 했나요?”

이런 질문을 받으면 당신은 뭐라 답하겠는가?

답을 위해선 우선 ‘협상이란 뭔가’에 대해 생각해 봐야 한다. 국가적 혼란을 낳았던 쇠고기 협상, 미디어법 처리를 둘러싼 여야 협상, 계약 단가를 깎기 위한 거래처와의 협상. 많은 사람들이 이런 것들만이 협상이라 생각한다.

당신의 하루를 생각해 보자. 출근길에 갑자기 용돈을 올려달라는 아이, 업무 협조를 거절하는 다른 부서 직원, 피곤한 당신에게 이번 주말엔 꼭 교외로 놀러 가자는 부인. 하루에 만나게 되는 수많은 사람들과의 대화, 이 모든 일들이 협상의 연속이라 생각지 않는가?

협상이란 테이블에 마주 앉아 벌이는 거창한 말싸움이 아니다. 협상학에선 이렇게 정의한다. ‘협상이란 양측이 서로 다른 것을 원할 때 서로의 이익을 극대화 하기 위해 벌이는 커뮤니케이션’이라고.

어떤가? 인식하지 못할 뿐, 우리는 매 순간 협상하고 있는 셈이다.

그렇다면 협상을 잘 하려면 어떻게 해야 할까? 말하기 학원을 다녀야 할까? 아니다. 협상의 ‘원리’를 배워서 활용해야 한다.

예를 들어보자. 중학생 사내아이와 아빠가 있다. 출근 준비에 바쁜 아빠에게 아이가 말한다. “아빠, 용돈 2만원만 올려주세요”. “안 돼!”

부자간의 협상이 시작됐다.

‘2만원 인상’ vs. ‘용돈 동결’......

이처럼 협상할 때 등장하는 각자의 ‘요구’를 협상학에선 포지션(position)이라 부른다. 양측이 요구에만 집착할 때 협상은 까칠해진다. 이럴 때 좋은 협상가는 요구가 아닌 욕구(interest)에 주목한다. 상대가 왜 이런 주장을 하는지, 요구 밑에 진짜 이유를 곰곰이 생각한다는 뜻이다. 아빠가 ‘용돈 인상 불가’라고 말하는 이유는 뭘까? 용돈 2만원 더 준다고 해서 가정 경제가 파탄 나는 일은 없다. 그런데 왜?

대부분의 부모가 그렇듯, 아빠는 아들이 돈을 낭비하게 될까 걱정하고 있다. 또 돈이라는 게 노력 없이 쉽게 얻을 수 있다는 착각을 갖게 될까 염려하고 있다. 이것이 바로 아빠의 욕구(interest)다.

만약 아들이 협상가적 자질이 있다면 이렇게 말할 것이다. “함부로 돈 쓸까 봐 걱정되시죠? 용돈 기입장을 써서 매주 보여 드릴께요. 그리고 세상에 공짜가 있나요? 주말마다 아빠 차를 닦을게요”

어떤가? 당신이 아빠라면 용돈을 올려주지 않겠는가? 이 제안은 ‘아들이 낭비하지 않고 돈의 소중함을 알았으면 좋겠다’는 아빠의 욕구를 충족시킨다. 아들 입장에선 약간은 귀찮더라도 용돈을 더 받을 수 있어 좋다. ‘용돈 기입장 쓰기’, ‘일주일에 한번 세차’ 등은 이 협상을 타결시킨 제 3의 대안이다. 서로를 만족시켜주는 이런 아이디어를 협상학에선 ‘창의적 대안(Creative Option)’이라 부른다.

협상의 원리는 국가간의 문제를 푸는데도 도움을 준다. 대표적인 사례는 이집트와 이스라엘 사이의 평화 협상. 1967년 이스라엘은 유명한 ‘6일 전쟁’을 통해 이집트 영토의 일부인 시나이 반도를 빼앗았다. 뺏은 자와 빼앗긴 자간의 대립은 갈수록 격화됐다. 결국 미국이 중재에 나섰다. 이집트는 요구는 간단했다. ‘뺏긴 땅 전부를 돌려달라’. 이스라엘의 답은 차가웠다. ‘일부만 돌려줄게’

‘100% 반환’과 ‘일부 반환’이라는 요구(position)가 맞붙은 모습이다. 중재자 역할을 맡은 벤스 미 국무장관은 양측의 욕구(interest)를 파악하는 데 주력했다. “모래밖에 없는 시나이 반도에 왜 그리 집착합니까?”

양측의 욕구는 의외였다. 이집트는 자존심(주권)회복을 원했다. 반면 이스라엘은 안전을 보장받고 싶어했다. 시나이 반도라는 완충지대가 있어야만 중동의 적대국으로부터 예루살렘을 지킬 수 있다고 판단한 것이다. 양측의 욕구(interest)를 파악한 밴스는 창의적 대안을 내놨다. “땅은 100% 이집트에게 돌려주되, 비무장지대로 한다”

‘자존심 회복’이라는 이집트의 욕구와 ‘안전확보’라는 이스라엘의 욕구. 이 둘을 절묘히 충족시키는 아이디어 덕분에 양국은 전쟁터에서 낭비될 뻔한 젊은이들의 피를 아낄 수 있었다.

요즘 우리 사회에서 많은 이들이 ‘불통(不通)의 시대’를 살고 있다고 말한다. 국민과 정부, 여당과 야당, 회사와 노조, 자식과 부모 등 많은 관계에서 소통이 안 된다며 답답함을 하소연하고 있다. 하소연까지는 좋다. 문제는 이런 ‘불통’이 엄청난 사회적 비용을 수반하는 ‘파괴적 갈등’으로 커질 수 있다는 점이다.

그렇다면 불통의 시대를 뚫기 위해선 어떡해야 할까? 어쩌면 우리는 ‘협상의 걸음마’부터 새롭게 배워야 할지 모르겠다.

IGM (세계경영연구원) 최철규 부원장

‖ 가격으로 승부하지 말고 상대의 심리적 약점을 이용하라 ‖

터무니없이 낮은 가격으로 후려치려는 사람에게는…

그 동안의 노력 등 ‘본전 생각’ 버리고 적어도 꼭 받아야 할 금액 정확히 계산

제3자 힘으로 우회 압박… 재협상 ‘물꼬’‘최고의 상황’ 찾고 싶은 욕심 갖게하라

<사례> ‘무조건전자’의 중국지사 사무실. 왕고집 회장이 덩치에 어울리지 않게 손바닥 만한 계산기와 씨름을 하고 있다. 침묵의 10여분이 흐른 후 드디어 왕 회장이 입을

열었다.

“200억원으로 하시죠? 그 이상은 안 됩니다.”

몇 년 전 중국에 대규모 공장을 지어 대기업에 납품하고 있는 무조건전자의 왕 회장은 홍콩에 새로운 공장을 지으려고 한다. 그 건설업체 선정을 위해 ‘일등만 건설사’ 측과 마주 앉아 첫 가격 협상을 벌이고 있다.

“200억원으로 하려면 하고, 말려면 마세요. 중국 건설사는 훨씬 더 싸게 된다던데…. 내일까지 시간을 드리죠.”

일방적 통보를 하고 자리를 뜨는 왕 회장. 일순 협상장 분위기가 술렁이기 시작했다.

그날 밤, 호텔에 모여 내부 회의를 시작한 일등만건설사. 최소 가격보다 20%나 낮게 부른 상대의 제안을 받아들일 것인가, 포기할 것인가. 섣불리 어떤 말도 할 수 없는 상황에서 나본전 상무가 말을 꺼냈다.

“오늘 이 협상을 위해 저희 팀원들과 저는 지난 한 달 동안 새벽 1시 전에 집에 들어간 적이 없습니다. 이번 사업 수주를 확신하고, 다른 프로젝트는 모두 중단한 상황이에요. 무리를 해서라도 이번 협상은 타결시켰으면 좋겠습니다.”

치열한 준비 과정이 떠오른 듯 떨리는 목소리로 이야기하는 나 상무의 의견에 다들 동의하는 분위기다. 나 상무가 최종 제안서를 고치려 할 찰나 가만히 듣고만 있던 최고참 부사장이 입을 열었다.

“나 상무가 여러모로 고생한 것, 충분히 이해합니다. 하지만 지금 조건으로 협상을 타결시킨다면 너무 손해가 큽니다. 마지노선이 250억원이라는 것은 수차례 시뮬레이션을 통해 검증되지 않았습니까? 그러니 이번 협상은 그만하고 한국으로 돌아갑시다.”

평소 말 없는 카리스마로 유명한 최 부사장의 말에 나 상무도 마지못해 고개를 끄덕인다. 기껏 노력한 일이 물거품이 되었다는 것에 실망하는 사람들의 등을 토닥이는 최 부사장.

그런데 최 부사장은 돌아오는 비행기에 오르기 직전까지 무조건전자 사람들에게 전화를 하며 작별 인사를 했다. “다 끝난 일인데 왜 저러지?” 다들 고개를 갸웃거렸다.

한국으로 돌아온 최 부사장은 다시 협상팀을 소집했다. 그리고 무조건전자와 관련된 각종 자료 수집을 지시했다. 그들이 해외 건설사와 접촉을 하고 있다는 구체적인 정보도 입수했다.

최 부사장은 평소 친한 기자들과 점심 약속을 가졌다. 며칠 후 언론에 ‘무조건전자의 새 공장 건설사업을 중국 건설사가 수주할 것’이라는 기사가 보도됐다.

최 부사장은 여전히 무조건전자 사람들과 연락을 주고받으며 관계를 이어가고 있었다. 그러길 한 달, 무조건전자의 왕고집 회장이 다시 만나자며 연락을 했다.

긴 시간을 돌고 돌아 다시 만난 자리. 상대는 10% 오른 220억원을 제안했다. 하지만 최종 협상 결과는 최 부사장의 제안대로 250억원으로 타결됐다. 모두가 안 된다고 생각했던 왕고집 회장과의 협상을 성공적으로 마무리한 최고참 부사장, 그의 협상 노하우는 무엇일까?

〈해답〉

1. '매몰비용의 함정'에 빠지지 말라

나본전 상무는 '지금까지 들인 노력이 아깝다'라는 생각에 무리한 요구지만 들어줘야 한다고 주장했다. 나 상무가 이러한 생각을 하게 된 이유는 뭘까? 바로 '매몰비용(sunk-cost)의 함정'에 빠졌기 때문이다.

만약 당신이 도박을 통해 100만원을 잃었다면, 그곳을 홀가분한 마음으로 빠져나올 수 있겠는가? 많은 사람들은 잃은 100만원이 아까워서 도박에 계속 참여하게 된다. 바로 이런 '본전 생각' 때문에 비합리적인 행동도 계속 하게 되는 것이 매몰비용의 함정이다.

1988년 미국의 거대 식품·담배 업체인 RJR나비스코(이하 나비스코) M&A 경쟁의 사례를 살펴보자. 이 회사가 M&A시장에 처음 나왔을 때 주가는 40달러 수준이었다. 당시 현직 회장으로 있던 로스 존슨(Johnson)이 개인 자격으로 인수전에 뛰어들었다. 그는 투자은행의 지원을 받아 주당 75달러를 제시했다. 그러자 월스트리트의 M&A 전문회사인 KKR이 주당 80달러를 부르며 인수전에 뛰어들었다.

양측의 가격 경쟁은 에스컬레이트 됐다. 결국 KKR은 애초 시가보다 2.5배 이상 높은 주당 109달러에 인수하게 됐다. KKR은 자존심을 건 싸움에서 승리했지만, 매몰비용의 함정에 빠져 터무니없이 비싼 값을 치러야 했다.

만약 일등만건설사가 나 상무의 주장에 따라 왕 회장의 200억원을 받아들였다면 어떻게 됐을까? 그 당시에는 협상 타결의 기쁨을 누릴 수 있을지 몰라도 뒤에 큰 손해를 봐야 했을 것이다. 그렇다면 매몰비용의 함정에 빠지지 않으려면 어떻게 해야 할까?

2. 유보 가치를 정하라

가격 협상을 할 때 꼭 기억해야 하는 것이 있다. 바로 '유보 가치(reservation value)'라는 개념이다. 협상학에서 말하는 유보 가치란 '협상 결렬을 선언하고 일어나야 할 시점'이다. 판매자의 경우에는 '적어도 꼭 받아야만 하는 금액'이 되고, 구매자의 경우에는 '지불 가능한 최대 금액'이 된다. 쉽게 말해 자신의 마지노선을 의미한다.

많은 사람들이 협상에 나설 때 '이 정도면 되겠지'라고만 생각하고 협상에 임한다. 하지만 성공적 협상을 위해서는 유보 가치를 정확하게 아는 것이 필요하다. 유보 가치는 크게 두 가지 방법으로 정할 수 있다.

첫 번째 방법은 '객관적인 기준'을 통해 정하는 것이다. 예를 들어 집값 협상을 할 때라면 공시지가나 주변의 시세, 최근의 거래 가격 등을 기준으로 유보 가치를 정할 수 있다.

두 번째는 '배트나(BATNA·협상 결렬 시 취할 수 있는 최상의 대안)'를 통해 정하는 방법이다. 예를 들어 연봉 협상을 앞두고 경쟁사에서 7000만원에 스카우트 제안을 해 왔다면, 당신은 회사에 적어도 7000만원은 달라고 이야기할 배트나가 생긴 셈이다. 그리고 이것을 당신의 유보가치로 정할 수 있다.

위 사례에서 최고참 부사장은 객관적 기준을 활용해 유보 가치를 정했다. 유사한 규모의 공장 건설에 220억원도 턱없이 부족하다는 전례와 여러 차례 시뮬레이션을 통해 검증된 예산 규모 등을 기준으로 250억원이라는 유보가치를 정한 것이다.

최 부사장은 자신의 마지노선인 유보가치보다 20%나 낮은 금액은 절대 불가능하다고 판단했다. 그래서 현 상황에서 더 이상의 협상은 무의미함을 깨닫고 협상 종료를 선언했다.

3. 제3의 힘을 이용하라

최고참 부사장은 이미 계약 성사가 물 건너갔음에도 공항을 떠나기 전에 무조건전자의 사람들에게 일일이 전화를 하며 인사를 나눴다. 그리고 무조건전자에 대한 정보를 모으는 데 힘을 쏟았다.

이는 재협상 기회를 노리는 최 부사장의 협상 노하우였다. 무조건전자가 해외 건설사와 접촉한다는 정보를 입수한 최 부사장은 이를 언론에 자연스럽게 알렸다. 7개월 전에도 '해외 건설사들에만 좋은 공사 기회를 몰아준다'는 비판을 받아 여론의 뭇매를 맞았던 무조건전자는 또 한 번 그런 일이 발생할까 봐 전전긍긍하고 있었다. 언론 보도 후 무조건전자의 실무진이 최 부사장의 제안을 적극적으로 검토하기 시작했다. 실무진은 협상이 깨진 이후에도 꾸준히 연락을 해온 최 부사장에 대해 어느 정도 신뢰가 쌓였기 때문. 그래서 넌지시 왕 회장에게 최 부사장과 다시 협상을 해 볼 것을 건의했다.

왕 회장처럼 막무가내인 상대와 협상을 잘하려면 어떻게 해야 할까? 다양한 방법이 있지만, 언론 등 제3의 힘을 이용하는 것은 자주 큰힘을 발휘한다.

홍콩 정부가 디즈니랜드를 유치하는 과정에서 사용한 협상전술도 이것이었다. 세계적인 테마파크인 디즈니랜드를 꼭 들여오고 싶었던 홍콩 정부. 디즈니랜드는 이를 이용, 다른 나라보다 훨씬 높은 가격의 로열티를 요구했다. 별다른 대안이 없어 끌려 다니던 홍콩 정부는 이 사실을 언론에 알리기로 결정했다. 이미지가 생명인 디즈니랜드에 '강압적인 협상 태도'는 엄청난 타격이 될 것이라고 판단했기 때문. 이 예상은 적중했고, 이미지를 걱정한 디즈니랜드측은 홍콩 정부의 요구를 많은 부분 받아들이게 됐다.

4. 손실 회피 심리를 자극하라

최 부사장은 다시 만난 왕 회장으로부터 220억원이라는 금액을 제안받았다. 이 상황에서 보통 사람들은 또다시 가격 협상을 시작하기 마련이다. '우리의 제안은 250억원입니다'로 시작해 '왜 그 정도의 가격이 꼭 필요한지'를 설득하려 한다. 하지만 최 부사장의 접근은 달랐다.

그는 왕 회장의 제안을 받고도 가격 얘기는 입 밖에 꺼내지 않았다. 대신 먼저 일등만건설사와 사업을 추진했을 때 만들어질 멋진 공장의 모습을 화려한 3D 입체 영상을 통해 실감 나게 보여줬다. 태양열 발전을 사용해 유지비를 낮추는 설비, 공장인지 사무실인지 구분하기 힘들 만큼 깔끔한 내부 인테리어 등 왕 회장이 꿈꾸던 것 이상의 모습이 화면에 나타났다.

그런데 모든 사람이 감탄하고 있던 찰나에 화면은 갑자기 훨씬 열악한 공장 모습으로 바뀌었다. 어리둥절한 표정의 사람들에게 최고참 부사장이 말한다.

"먼저 보여 드린 화면은 저희가 생각한 250억원으로 공사가 진행되었을 때의 모습입니다. 지금 보시는 화면은 무조건전자가 제시한 가격 수준에서 공사를 할 경우의 모습입니다. 어떤 것을 선택하시겠습니까?"

왕 회장은 한참 고민 끝에 최고참 부사장의 제안대로 250억원에 협상을 타결했다.

요지부동이던 왕 회장이 결정을 바꾼 이유는 무엇일까? 이는 행동경제학에서 '손실 회피 심리'라고 부르는 것과 연관된다. 사람은 한 번 내 손에 들어온 것을 쉽게 놓지 않으려 한다는 것이다.

이를 증명하는 재미있는 실험이 있다. 만약 당신이 길을 가는데 누군가가 선물이라며 1만원을 준다고 생각해 보자. 그러면서 그는 1만원을 걸고 2만원을 더 받을 수 있는 내기를 제안한다. 당신이라면 내기에 참여하겠는가? 이 상황에서 대부분의 사람들은 '공짜'로 생긴 1만원에 만족하며 내기에 참여하지 않는다.

그렇다면 이런 상황은 어떨까? 누군가 당신에게 선물로 3만원을 준다. 공짜로 생긴 돈에 기뻐할 찰나 그가 3만원 중에서 2만원은 다시 돌려달라고 말한다. 그리고 지금 가지고 있는 1만원을 걸고 2만원을 되찾을 수 있는 내기를 제안한다. 이 내기에는 참여하겠는가? 실험 결과 많은 사람들이 내기에 참여했다.

'1만원을 걸고 2만원을 더 받을 수 있는 내기'라는 상황은 같지만, 그 결과는 전혀 다르다. 3만원을 받았다가 2만원을 빼앗긴 사람들은 '빼앗긴 2만원을 되찾아야 한다'는 손실 회피 심리를 느꼈기 때문이다.

최고참 부사장도 이를 아주 잘 활용했다. 자신의 제안 금액을 통해 만들어 낼 수 있는 최상의 공장 모습을 먼저 보여줘서 왕 회장에게 '우리의 공장이 최고 수준이 되겠구나!'라는 인식을 심어 놓은 것이다. 그 후에 '그저 그런' 공장 모습을 보여주자 왕 회장은 '아까 봤던 최고의 상황'을 찾고 싶은 욕심이 생기게 됐다.

상대의 심리 상태를 이용하라. 그러면 당신도 최고의 협상가가 될 수 있다.

IGM 최철규 부원장 / 김한솔 연구원

제 7 장

국제협상의 문화 환경요소

| 제1절 |

언 어

1. 언어의 뜻

언어는 문화의 한분야로서 국제협상은 물론 국제경영에서도 제품의 수출에서부터 라이센싱이나 직접투자에 이르기까지 국제 경영활동 전반에 걸쳐 많은 영향을 미치게 되는데, 이러한 이질 문화들간의 가장 명백한 구분 기준이 될 수 있는 문화요소 중에서도 제일 먼저 예로 들 수 있는 것이 언어이다.

언어는 사전적으로 보자면 생각과 감정을 전달 또는 표현하고, 상징적인 형태로 쓰여 질 수 있는 의미를 가지는 형태로 목소리의 사용과 관련된 인간행동적 측면이라고 정의되고 있다. 이는 곧 언어란 단순한 단어와 소리의 집합체가 아닌 인간의 행동이라는 것을 지적하고 있으며, 문어에 비해 구어를 제1순위로 강조한다.

언어는 문화의 특성과 내용을 반영하는 거울이라 할 수 있다. 언어는 그 문화의 별개로 존재할 수 없으며, 문화의 한 형식이다. 광의로 어떤 국가의 언어는 그 국가의 문명이다. 또한 언어는 문화적 특성으로 고려할 수 있으며, 특수한 문화 속에서 의사소통의 한 수단이다. 사람들이 습관적으로 쓰는 언어의 구조는 환경을 이해하는 태도에 영향을 미치며 환경에 따라 언어는 독특한 특성을 가진다. 예를 들어, 에스키모인들은 눈에 대한 많은 단어를 가지고 있다.

세계에는 대략 3,000개의 언어가 있는 것으로 알려져 언어가 문화적 특이성을 나타낸다면 약 3,000여 개의 문화가 있다고 할 수 있다. 그리고 많은 국가에서는 몇 개의 언어를 사용하는 경우도 있다. 그러므로 다양한 언어에 대한 문화간의 차이보다는 국가간의 차이를 고려해 보기로 한다.

각 나라들은 국어를 가지고 있다. 그러나 한 언어가 여러 나라에 걸쳐 국어로 사용되는 경우와 한 나라에서 여러 언어가 사용되고 있는 경우가 있다. 한 언어가 여러 나라에 걸쳐 공식적인 국어로 사용되고 있는 것은 문화의 전파를 나타내고 있다. 그러나 많은 국가가 한 언어를 공식적인 국어로 사용되고 있다고 해서 모두 같은 문화를 가지고 있는 것은 아니다. 다만 비슷한 문화를 갖고 있다고 할 수 있다. 이것은 같은 언어를 국어로 사용하더라도 국어는 다양하다는 것이다.

이런 면에서 언어의 이질성의 정도는 각 국가마다 다르며 몇몇 국가를 제외하고는 언어적으로 완전히 동질적인 나라는 드물다.

2. 언어와 국제협상

〈표 7-1〉 언어가 동질적인 국가와 이질적인 국가

언어가 동질적인 국가	언어가 이질적인 국가
알바니아, 아르헨티나, 오스트레일리아, 오스트리아, 브라질, 부룬디, 칠레, 콜롬비아, 코스타리카, 쿠바, 덴마크, 도미니카, 이집트, 엘살바도르, 프랑스, 독일, 그리스, 아이티, 온두라스, 헝가리, 아이슬란드, 아일랜드, 이탈리아, 자메이카, 일본, 요르단, 한국·북한, 레바논, 리비아, 마다가스카르, 멕시코, 몽고, 네덜란드, 뉴질랜드, 니카라과, 노르웨이, 파라과이, 포르투갈, 앙골라, 사우디아라비아, 소말리아, 스웨덴, 튀니지, 영국, 미국, 우루과이, 베네수엘라, 예멘	아프가니스탄, 알제리, 벨기에, 볼리비아, 불가리아, 미얀마, 캄푸치아, 카메룬, 캐나다, 중앙아프리카공화국, 차드, 콩고, 키프로스, 체코, 다호메이, 에콰도르, 에티오피아, 핀란드, 가봉, 가나, 과테말라, 기니, 인도, 인도네시아, 이란, 이라크, 이스라엘, 아이보리코스트, 라오스, 라이베리아, 말레이시아, 말리, 마우리타니아, 모로코, 네팔, 니제르, 나이지리아, 파키스탄, 파나마, 페루, 필리핀, 루마니아, 세네갈, 시에라리온, 남아프리카공화국, 스페인, 스리랑카, 수단, 스위스, 시리아, 탄자니아, 타이, 토고, 트리니다드토바코, 터키, 우간다, (구)소련, 오스볼타, 베트남, 유고슬라비아, 자이르

주 : 일부는 개칭 국명임.
자료 : Arthur S. Banks and Robert B. Textor, A Cross-Polity Survey (Cambridge : M.I.T. Press, 1993), pp. 72~75.

문화와 언어의 다양화는 국제협상활동에 제한적인 영향을 미친다. 국제협상은 커뮤니케이션에 크게 의존하고, 언어는 커뮤니케이션의 기본적 수단이다. 그러므로 언어의 장벽은 항상 잠재적인 커뮤니케이션의 문제를 야기시킨다. 국제협상의 커뮤니케이션 상황은 다양하다. 즉 종업원, 공급업자, 소비자, 현지국 관리자와 커뮤니케이션을 해야 하며, 자회사는 본사와 커뮤니케이션을 해야 한다. 이러한 각각의 상황은 언어의 다양성으로 많은 혼란과 장애를 일으킨다.

1) 노동자와의 커뮤니케이션

제조기업의 근로자는 낮은 교육수준과 제한된 언어능력을 갖고 있기 때문에 일반적으로 기업이 모회사 및 관련 소유국의 언어를 이들 근로자들에게 가르치는 것은 불가능하다. 이것은 경영자와 근로자의 의사소통(communication)이 현지국 근로자의 언어로 이루어져야 한다는 것을 의미한다. 이러한 의사소통은 대부분 현지국 언어와 본사국 언어를 동시에 사용하는 통역인에 의해 이루어진다. 그러나 이러한 상황은 복수의 언어를 사용해야 할 때, 즉 여러 종족의 근로자가 한 공장에서 일하고 있을 때 더욱 복잡한데, 예컨대 아프리카 국가에서는 혼성외국어(lingua franca)가 사용되고 있는데, 의사전달을 하는 데 있어서 혼성외국어가 대부분의 종족에게는 제2언어로 사용되고 있다.

그러나 혼성외국어로는 그들을 고유어로만큼 충분히 이해시킬 수는 없으나, 국가에 따라서는 지역감정상 어쩔 수 없는 복합어를 사용하여야 할 필요가 있다. 벨기에의 경우 프랑스어와 플랑드르어를 쓰는 사람들간에 큰 적대감을 갖고 있기 때문에 두 개의 언어를 동시에 사용해야 하는 경우를 예로 들 수 있다.

2) 노동자 훈련계획

기업은 때때로 근로자들의 생산성을 향상시키고 사고발생과 낭비를 줄이기 위해 근로자를 교육 · 훈련시킨다. 그런데 언어상의 차이는 그러한 훈련 · 계발계획의 실시를 여러 가지 면에서 복잡하게 한다. 또한 저개발국에서는 모기업이 전달하려고 하는 산업적 · 상업적 · 기술적 용어에 대해 적절한 용어의 표현이 부적합하여 기술도입이나 제품개발에 많은 어려움이 따른다.

3) 공급업자와의 커뮤니케이션

공급업자와의 커뮤니케이션은 공급업자가 소비자의 언어를 배움으로써 장벽을 없앨 수 있기 때문에 다소 작은 문제라고 할 수 있다. 그러나 다수의 소규모 공급업자의 경우는 오직 현지 언어만 사용할 수 있기 때문에 자회사에서는 현지 언어를 쓰는 종업원을 보유해야 하며 대규모 공급업자, 특히 은행, 광고대행업자와 같은 기관은 최소한 대중매체언어인 영어와 불어 같은 국제관행통용어로 의사소통을 할 수 있어야 한다.

4) 소비자와의 커뮤니케이션

소비자의 언어를 사용해야 하는 것은 마케팅의 중요한 원칙이다. 성공적인 의사소통, 특히 소비자의 설득을 위해서는 현지국 주민의 언어를 사용할 필요가 있다. 이것은 복수언어사회에서의 마케팅에 중요한 장애가 될 수 있다. 즉 광고, 포장, 상표, 판매원 모집, 번역 등에 많은 노력이 요구되며, 또 성공적인 마케팅을 위해서는 현지 언어에 의한 원활한 의사소통을 요구되고, 필요한 언어상의 기술은 기업 내뿐만 아니라 기업 외에서도 필요로 한다.

5) 정부와의 커뮤니케이션

외교상의 관례와 국가의 자존심에 의해 국가간의 커뮤니케이션은 공식어로 이루어진다. 스페인, 프랑스, 영국과 같은 나라의 외국경영자는 필요한 언어상 기술을 습득하고 사용하기에는 그렇게 어렵지는 않다. 그러나 동양권과 중동권 국가에 있어서는 언어 습득상 많은 어려움이 뒤따른다. 이러한 나라에서의 기업은 국가외교 및 의전상 상호존중의 입장에서 높은 수준의 의사전달 기법이 필요하며 여기에는 많은 어려움이 따른다.

6) 본사와 자회사와의 커뮤니케이션

오늘날 기술의 발달은 본사로 하여금 세계시장과의 계속적인 커뮤니케이션을 가능하게 한다. 특히 전자우편, 또는 전자파일을 가능케 하는 근거리통신망(local area network : LAN)시스템, 부가가치통신망(value added network : VAN)시스템의 개발로 본사의 통제과정은 통신인공위성의 개발로 전화텔렉스, 팩시 밀리 등 구두 혹은 서면으로 해외 자회사와 의사소통을 하게 되는 것까지 포함한다. 본사와 자회사의 의사소통은 본국의 언어로 이루어지기 때문에 본국의 언어와 다른 언어를 사용하는 국가에서는 문제가 발생한다. 자회사와의 의사소통이 본국어로 이루어지면 의사소통의 문제는 최소화될 수 있으나 그렇지 않은 경우는 근로자나 현지국과의 의사소통에 많은 곤란이 뒤따르게 된다.

| 제2절 |

종 교

1. 종교의 역할

고고학자들의 주장에 의하면, 주어진 환경에서의 행동을 이해하려면 그 문화 속에 있는 종교를 이해하여야 한다고 한다. 벨라(N. Bellah)는 종교의 주요기능은 문화의 방향타(gyroscope)로서의 역할을 하는 것이라고 하였으며, 종교의 역할에 대하여 '종교는 문화를 정의하는 중심요소이며 핵심이다. 그리고 모든 국가는 보다 큰 환경의 부분으로 종교의 합법성을 발견하게 되며 우주와 역사의 흐름 혹은 신의 목적은 종교의 존재 이유를 제공한다. 한편 사회는 개인간

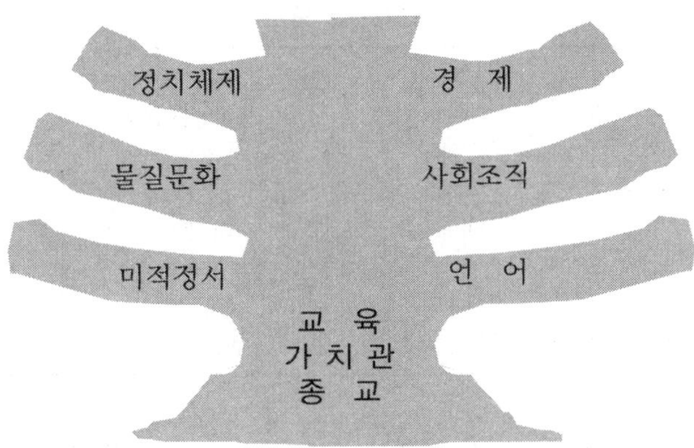

자료 : V. Terpstra, op. cit., p. 30.

〈그림 7-1〉 문화 환경요인상의 종교의 역할

의 상호이해를 결합하는 단순한 사회계약이 아니며 종교는 항상 사회를 초월하고 성전에서 그 의미를 발견할 수 있다.'라고 하였다.

2. 종교의 국제적 차이

각 국가들은 나름대로의 독특한 종교적 특성을 가지고 있다. 문화의 다른 제 요소들과 마찬가지로 국가의 종교적 상황은 여러 면에서 차이가 있다. 뱅크스(A. S. Banks)와 텍스토(R. B, Textor)는 지구상의 주요한 종교단체를 14개군으로 구분하고 있는데, 여기에서는 세계의 주요 종교를 고찰함으로써 다양한 종교적 상황이 국가경제에 어떠한 영향을 미치는가에 대해 살펴보고자 한다.

따라서 세계의 종교적 상황을 알기 위해서 애니미즘, 힌두교, 불교, 이슬람교, 기독교 등의 주요 종교를 충분히 고려해야 한다.

1) 애니미즘(animism)

학자들은 지구상에 가장 오래된 종교형식으로서 애니미즘을 들고 있다. 애니미즘처럼 자연계의 모든 사물에 영혼이 깃들여 있다고 보는 견해는 자연이 우주가 절대자에 의해서 통제되는 것으로 보는 견해보다 오래된 것이다. <표 7 - 2>은 애니미즘적 요소가 강한 나라를 나타내고 있다.

〈표 7-2〉 애니미즘적 요소가 강한 국가

볼리비아	에콰도르	라오스	수 단
브룬디	에티오피아	라이베리아	탄자니아
카메룬	가 봉	마다가스카르	토 고
중앙아프리카공화국	가 나	말 리	우간다
차 드	과테말라	니제르	오트볼타
콩 고	기 니	나이지리아	자이르
다호메이	아이티	페 루	
남아프리카공화국	아이보리코스토	시에라리온	

주 : 일부는 개칭 국명임.
자료 : Arthur S. Banks and Robert B. Textor, op. cit., p. FC56.

대부분의 애니미즘 사회는 사하라의 남부, 아프리카에 많으며 그 밖에는 기독교와 혼합된 아메리카 등에 분포해 있다.

애니미즘 사회에서는 영혼의 존재를 믿으며 조상(ancestor worship)에 대한 제사를 지내는 보수주의적 사회이다. 뿐만 아니라 비인간적(spirit worship)인 것(나무, 동물, 바위, 강 등)에 대해서도 인간을 초월하는 힘을 가진 것으로 이해한다. 애니미즘의 또 다른 특성으로 금기(taboo)가 있다. 이것은 보통 건축, 농사, 출산 등에 관계되는 것으로 금지를 의미하며 보수적·전통적 행위를 나타낸다.

제사나 금기는 애니미즘 사회에서 보수적·전통지향적인 행위를 유발한다. 이 사회에서는 새로운 기술도입 등의 혁신에 대해 저항이 일어날 수 있다. 이러한 저항에 대해 정부 혹은 기업은 기존교육의 기초에 새로운 기술을 도입하는 것 이상으로 시민, 농부, 노동자, 소비자 등에 대한 재교육을 필요로 한다.

일반적인 측면에서 종교와 경제의 관계는 애니미즘적 요소가 강한 국가에서는 경제발전 정도가 낮다. 이 밖에 높은 문맹률, 종교와 언어의 이질적인 성격을 특징으로 한다.

2) 힌두교

힌두교는 인도에서 발생한 모든 종교를 통틀어 가리키는 말이지만, 좁은 의미로는 기원전 1500년경에 침입한 아리안 계통의 바라문교가 인도 토착민간신앙과 융합하고 불교 등의 영향을 받으면서 300년경부터 종파의 형태를 정비하여 발전한 종교를 일컫는다. 이렇게 오랜 세월에 걸쳐 형성되었기 때문에 힌두교는 특정한 교조와 체계를 갖고 있지 않으며 다양한 신화·전설·제도·관습을 포함하고 있다. 이러한 이유 때문에 힌두교를 정의하는 것은 어렵고 복잡한 문제이다.

힌두교의 믿음과 관습은 지역마다 또는 계급간에 상당한 차이가 있지만 힌두교의 일반적인 특징을 간추리자면 다음과 같다.

첫째, 이슬람교 혹은 기독교와 같이 경전이 있는 종교가 아니다.

둘째, 힌두교는 민족종교이다.

셋째, 힌두교의 응집력의 몇몇 요소로는 오랜 관습, 해탈의 길, 윤회와 업,

신화, 전설 등으로 요약할 수 있다.

경제와 밀접한 관계에 있는 힌두교의 몇몇 요소들을 보면 다음과 같다.

(1) 카스트제도와 성율

카스트(족장)제도는 흰 피부를 가진 정복자 아리안족이 바르나(varna ; 피부색 혹은 혈통을 뜻함)에 따라 피부색이 다른 사람들과 구별하기 위한 제도로 약 3,000년 전부터 시작되었다. 카스트제도는 위에서부터 승려・제사상(Brahman), 귀족(Kshatriya), 농민・상인・기술자(Vaishya), 노예(Shudra)의 4계급으로 나누어져 있으며 이 제도에 따라 직업선택이 결정된다. 이러한 4계급사회는 세계구조의 기본적인 요소이며 가능한 한 많은 사람이 구원을 얻기 위해서는 반드시 지켜야 한다고 인도에서는 믿고 있다. 인도에서의 카스트의 역할은 종교 혹은 의무로 해석되는 달마(Dharma)와 관련하여 생각할 때 더 잘 이해될 수 있다. 달마는 각 계급을 조정하는 시스템이며 각각의 족장은 고유의 계율 혹은 의무를 가지고 있다. 선과 악에 대한 개념은 계율 혹은 계급의 책임과 각 계급 상호관계에 관련하여 정의된다. 따라서 모든 사람들은 자신의 역할을 알고 있으며 그들이 속해 있는 집단에서 안전감을 느낀다.

경제에 있어서 카스트제도의 의미는 획일적이며 매우 부정적이다. 또한 카스트제도는 경제에 대해 매우 엄격하여 출생과 카스트계급이 사람들의 직무를 결정하기 때문에 인력자원을 효과적으로 배분하는 것이 상당히 어렵다. 그러나 인도에서는 교육, 산업화, 정치적 압력, 그리고 특히 도시화로 인해 전통적 카스트제도의 제약이 서서히 제거되어 가고 있다.

(2) Baradari

힌두교의 윤리는 가족을 보호하는 데에 그 목적이 있다. Baradari란 '형제간의 우애', '대가족'의 뜻으로 힌두교의 힘의 원천이 되어 왔다. 이것은 신부가 남편의 집으로 옮겨가는 가부장제도이다. 이러한 대가족제도는 경제에 있어서 다양한 의미를 가진다. 예컨대, 인도에서의 경영조직 구조는 서양의 조직 개념보다는 가족관례에 기초를 두고 있으며 족벌주의는 오히려 긍정적인 가치를 가진다. 따라서 인도기업과 합작투자를 하는 기업은 인도에서의 가치와 관례를 이해하고 적응하지 않는 한 조직계획의 문제에서 난관에 부딪치게 된다. 또한 소비적 측면에서도 시장조사는 대가족을 중심으로 이루어져야 하며 대가족은 소비단위로서의 의미를 가진다.

(3) 소에 대한 숭배

힌두교에서는 소를 보호하고 숭배한다. 이러한 힌두교 관례의 실제적인 면은 소를 도살하는 것을 금지하는 것이다. 이러한 소에 대한 숭배는 농촌지역의 후진성을 초래하며 농업계획수립에 대한 장애가 된다. 또 다른 문제로는 소에 대한 숭배가 정치적 분쟁의 원인이 된다는 것이다.

3) 불교

불교는 6세기경 인도에서 유래되었으며 동남아시아와 한국, 일본, 중국 및 서북아시아 전역에 걸친 많은 국가에서 신봉하고 있는 국제적인 종교이다. 이것은 크게 소승불교(Theravada), 대승불교(Mahayana)로 나누어져 있다. 부처의 원래의 가르침을 담은 경전을 중심으로 하는 소승불교는 태국, 미얀마, 캄푸치아, 라오스 등 동남아 국가에서 성행하고 있으며, 자신의 구제뿐만 아니라 중생들의 구제를 주장하고 형식보다는 정신을 중용시하는 대승불교는 중국, 한국, 일본 등에서 성행하고 있다.

불교는 다음과 같은 4가지 성스러운 진리(四聖諦)를 강조하고 있다.

(1) 괴로움

이 세상에 나타나 있는 모든 삶은 괴로움과 아픔에 얽혀 있는 것을 아는 것으로써 근심과 걱정은 헛된 생각임을 뜻하며, 괴로움에는 태어나고, 늙고, 병들고, 죽는 4가지에 사랑하는 것과 헤어지는 괴로움, 싫어하는 것과 만나는 괴로움, 구하여도 얻지 못하는 괴로움, 있는 것에 집착하여 버리지 못하는(욕심내는) 괴로움의 4가지를 더하여 8가지의 괴로움이 있다.

(2) 얽매임

모든 괴로움과 아픔의 까닭은 탐내고, 성(화)내고, 어리석은 3가지의 나쁜 마음가짐인 집착에서 생기는 일이라는 것을 알아, 모든 것을 간절히 바라며 한곳에 모으는 것으로 마음에 새겨져 잊지 아니한다는 뜻이다.

(3) 없어짐

모든 괴로움과 아픔을 일으키는 원인인 집착을 없애 아무 거리낌없는 마음의 평화를 얻는 상태를 말하며 고요한 마음을 얻기 위해 다짐하는 것이다.

(4) 깨달음

모든 괴로움과 아픔에서 벗어나 깨달음의 길에 이른 것으로, 이에 도달하기 위해서는 8가지 바른 길(八正道)을 꾸준히 실천하는 것이다.

불교의 요소 카르마(Karma)는, 선행은 좋은 결과를 가져오고 악행은 나쁜 결과를 가져온다는 도덕적·윤리적 기초를 제시한다. 인도 범어의 니르바나(Nirvana)는 고통이 없는 윤리적 상태를 말하는 것으로, 고통으로부터의 탈피를 뜻한다. 이를 보통 열반이라고 하는데, 우리의 몸과 마음의 모든 번뇌(걱정, 근심, 망상)와 고통이 고요히 사라지고 평화롭고 안락한 경지로 건너간 상태가 되는 것으로, 누구든지 바르게 확실히 수행을 쌓아서 깨달음을 얻으면 다 열반에 이르게 되는 것이다.

레스터(Lester)는 불교를 정치적·정신적·문화적 주체성을 둘러싼 생활 형식으로 보았다. 그는 불교의 생활형식이 전통적 불교의 가치관 내에서 이루어진다고 보았다.

동아시아의 한국, 일본, 대만, 홍콩 등 신흥공업국을 포함한 몇몇 불교국가는 최근 경제발전의 정도가 높다. 그러나 전통적인 견해는 불교가 소비와 노동보다는 명상이나 수행을 통한 정신적 충족화를 강조함으로써 이것들이 경제성장의 방해물로 작용하여 저속성장의 경제수준을 나타내는 국가도 많다.

4) 이슬람교

이슬람교는 30여 개국에서 5억 명의 신도를 가지고 있는 국제적 종교이다. 이슬람교는 662년 마호메트가 발해를 피해 메카에서 메디나로 헤지라(Hegira; 피난)하면서 교단의 조직되기 시작하였으며, 무력적인 정복에 의해서 상당히 빠른 속도로 전파되었다. 이슬람교에서 그들의 경전인 코란과 함께 법, 관례 등을 정의한 울라마(Ulama)는 사람들의 의무와 믿음에 대해 규정하고 있다. 이슬람교에는 공식적인 목사는 없으나 코란과 울라마에 정통한 학자가 목사와 선생의 역할을 대신한다. 이슬람교에서의 실제적 종교활동은 다음과 같이 5가지 의무를 행함으로써 이루어진다.

(1) 기도

하루에 다섯 번의 기도시간이 있다. 특히 중요한 것은 금요일 정오의 집회이다. 여기에 참석하는 것은 성인 남자의 의무이나, 휴일은 아니며 작업계획은 이 시간을 제외하고 이루어진다.

(2) 강령음통

이슬람교는 강령의 종교이지만 그 강령은 단순하다. 즉, "There is no god but God, and Mohammed is the Prophet of God."라는 것을 매일 암송한다.

(3) 금식

금식은 금욕과 가난한 사람들에 대한 동정심을 기르기 위한 것이다. 이것은 이슬람교 달력의 9월인 라마단(Ramadan)의 1개월에 걸쳐 행해진다. 동이 틀 무렵부터 해가 질 때까지는 음식, 음료, 흡연, 성관계 등이 일체 금지된다.

(4) 헌금

이슬람교도에게는 의무적인 헌금과 자유로운 헌금이 있다. 헌금은 개인의 자선행위이기 때문에 정부의 복지계획과는 별개로 취급된다.

(5) 메카순례

모든 성인은 메카순례를 해야 한다. 이러한 행사는 이슬람교 달력으로 12월에 이루어지는데 이슬람교의 국제성과 단결성을 나타낸다.

이슬람교 국가들은 석유의 생산으로 GDP가 약간 성장하였지만 낮은 경제발전 상태에 있다. 또한 낮은 인구밀도, 높은 인구증가, 과다한 농촌인구, 높은 문맹률, 그리고 낮은 신문 보급률 등의 특징을 가지고 있다.

한편 외국인들은 이슬람교의 문명론과 전통지향성은 변화와 경제발전에 장애가 되는 것으로 고려해 왔다. 이슬람 내에서도 이슬람의 현대세계와의 관계에 대해 매우 우려하고 있다. 그리고 라만(Rahman) 말레이시아 수상은 경제사회적 발전을 방해하는 비논리적 신앙을 다시 고려·제한해야 한다고 주장했다. 이러한 내용에는 고리대금업의 금리, 산아제한 등에 대한 토론을 포함한다.

〈표 7-3〉 이슬람교 국가

아프가니스탄	이 란	모로코	시리아
알제리	이라크	파키스탄	튀니지
방글라데시	요르단	사우디아라비아	터 키
이집트	리비아	세네갈	예 멘
인도네시아	모리타니	소말리아	

5) 기독교-카톨릭과 프로테스탄트

(1) 카톨릭 신앙과 관례

교회와 세례는 신에게 인도되는 기본적인 요소로서 강조되어 왔다. 이들과 별개의 구원이 이루어질 수 없다. 교회와 목사는 신과 사람들 사이의 중계자로 인정된다.

(2) 프로테스탄트 신앙과 관례

카톨릭의 입장과는 반대로 교회와 세례는 구원을 위한 필수적인 것이 아니다. 또한 교회와 목사의 중계자 역할을 반대하며 신에게 직접 도달하려고 노력한다. 신과 인간 사이의 중계자는 예수 그리스도 한 사람이며, 종교적인 삶은 세속적인 삶과 밀접하게 관련되어 있다.

3. 종교의 정의

대부분의 종교의 정의에서는 신 혹은 초자연적 존재를 언급하고 있다. 그러나 다음의 정의는 초자연적 존재에 대해서는 모호하지만 종교를 정의하는 데는 폭넓게 인용된다.

"이상과 이상의 가치를 획득하는 실체, 그리고 우리를 둘러싼 우주에 대한 탐구와 관련된 신학과 세계적 관점을 포함하는 이상적 삶의 가치에 대한 탐구를 종교라고 한다."

이 정의는 문화에 영향을 주는 종교의 중요 요소에 초점을 두었으며 이상은 믿음과 사고, 가치관 및 태도에 영향을 미친다.

한편 경제발전과 종교 사이의 제 관계를 살펴보면 다음과 같다.

첫째, 종교는 경제발전에 영향을 주는 주요 요소이다. 경제발전 수준은 GNP에 의해 충분히 표현될 수 없는 복잡한 현상이며 여기에는 교육, 에너지 소비 등의 변수가 적용되어야 한다. 그리고 경제발전은 복잡한 현상이며 종교 이외의 많은 변수에 의해 영향을 받는다. 그러나 종교의 태도에 대한 영향을 고려하면 종교는 경제발전을 설명하는 중요한 요소이다. 경제발전과 문화에 있어서 종교의 가장 중요한 역할은 여러 학자들에 의해 강조되어 왔다.

둘째, 종교는 다른 모든 문화 환경에 영향을 미치는 주요 영향요인으로 주목받고 있다. 특히 종교가 경제의 기본적인 것에 영향을 미치는데, 그 예를 들자면 성취동기를 포함하는 문화 구성원에 대한 동기부여, 구성원의 가치관, 태도 등에 영향을 미친다는 것이다.

셋째, 경제적인 측면에서 종교를 보는 또 다른 요인은 한 국가 내에서의 종교적 이질성은 잠재적 분쟁과 분리를 야기 시켜 조직통합을 저해한다. 종교적 이질성은 언어적 상황만큼 사회의 불안정성을 정확하게 나타내지는 못하지만 근세 역사가 보여 주는 바와 같이 영향을 미치고 있다. 가장 잘 알려진 예로는 종교적 갈등이 인도반도를 두 국가로 분리시킨 경우이다. 종교적 갈등은 어느 한 대륙에 제한되어 있지 않으며 유럽에도 이러한 역사가 있다. 이러한 종교적 갈등은 기업의 생산관리와 마케팅계획 영향을 미칠 뿐만 아니라 경제발전에 장애가 되며 국가간의 갈등을 야기 시킨다.

그밖에 경제발전에 영향을 미치는 종교적 요소로는 휴일, 소비에 대한 금기, 사회조직, 종교기관의 역할 등이 있다.

| 제3절 |

가치관과 태도

1. 경제적 측면에서의 가치관의 역할

가치관의 역할을 경제적 측면에서 정확히 평가하기는 어렵다. 예를 들어, 국가의 경제적 잠재력을 평가하려는 경제학자는 측정 가능한 측면의 제한된 가치만을 알뿐이다. 즉 인구, 나이, 성별, 교육의 정도 등을 안다는 것은 평가에 큰 도움이 되지 못하며, 지형, 천연자원에 대해 아는 것도 또한 그러하다. 따라서 이들 모든 증거는 국가경제적 목표달성의 주요 요인으로서 불확실한 문화적 변수가 된다. 바꾸어 말해서 경제개발 수준과 경제적 성과를 대체로 결정하는 것은 국가의 내부적 동기부여와 가치관이며, 이것은 물질자원이나 기술보다도 더 결정적인 요인이 된다.

2. 시간에 대한 태도

시간은 그 자체가 중립적이며 모든 사회에 유용하다. 그러나 사회 혹은 문화에 따라 시간에 대한 태도에 다소 차이가 있다. 이들 차이는 중요한 경제적 성과를 야기 시킨다. 일반적으로 시간에 대한 전통적인 태도는 저개발국가에서 볼 수 있는데, 이들은 시간에 대한 전통적인 태도는 저개발국가에서 볼 수 있는데, 이들은 시간을 자연적인 현상(natural events), 즉 파종기(seed time), 수확(harvest), 출생(birth), 성숙(puberty), 죽음(death) 등 시간의 긴박감이나 압박감을 느끼지 못하는 반면, 시간에 대한 현대적인 태도는 산업선진국에서 볼 수 있는 것으로 순환적·자연적 현상으로서 시간의 긴박감, 시간 강박관념을 가지는 것을 특징으로 규정할 수 있다. 아시아 국가 중에서 일본만이 시간의 회전적 견해보다는 선형적 견해를 가지고 있다는 것은 매우 중요한 사실이다. 경제와 태도에는 함축적인 관계가 있다. 그러나 미래를 향해 볼 때 시간에 대한 현대적 태도는 미래와 산업화된 후의 상황에 적당한지의 의문을 야기 시키게 된다. 따라서 장기적인 전망을 가지는 것이 필요하며 지금 우리가 가지고 있는 시간에 대한 태도는 더욱 미래지향적일 필요가 있다.

3. 성취와 직무에 대한 태도

매클리랜드(D. C. McClelland)는 사회의 직무와 성취에 대한 태도는 국가의 경제적 성과의 주요 결정요인이라고 했다. 오늘날 대부분의 경제학자들은 직무에 관련된 태도가 성과에 영향을 미치는 어떤 변수보다도 더 중요하다고 인정하기 시작했다. 이는 어떤 시기의 높은 수준의 성취지향적 태도가 다음 시기의 높은 수준의 성과를 야기한다는 것을 의미한다.

그러나 경제에 성취유인의 중요성을 적용하는 데에는 실질적이고 어려운 문제가 있다. 왜냐하면 산업화에 필요한 기구와 설비 혹은 재정적 자원이 부족한 사회는 이들 필요한 자원을 수입할 수 있으며 또한 관리기술까지도 수입할 수 있으나, 사회에서의 낮은 성취유인이 문제라면 이에 대한 대처방안은 훨씬 더 복잡하고 오랜 시간을 필요로 하기 때문이다. 종교, 교육, 어린이 양성훈련은 성취유인의 3가지 기본자원이며, 개선방법에 대한 특별한 공식은 없으나 중요한 첫 번째 단계는 정확한 조사이지만 어떠한 대책이 나타나지 않으면 그것은 사기저하의 요인이 될 수 있다.

4. 부와 물질적 획득에 대한 태도

부와 물질적 획득에 대한 태도가 다양하다는 경제적 의미는 국민 다수와 여러 이상을 가지고 있는 정부관리가 현대화와 경제발전, 안정화, 전통주의 보수주의 중에서 국가적 목표를 결정하는 데 영향을 미친다. 이런 문제와 관련해 볼 때 근래에 들어 국가적 합의에 의해서 현대화가 국가적 이상으로 종종 선택되고 있다. 경제개발이 국가적 목표로 선택되었을 때의 문제는 전통적 태도가 현대화에 주요 장애물이기 때문에 태도변화가 필요하게 된다.

금전적 자극에 대하여 별로 가치를 느끼지 못하고 자극이 정적(靜的)인 곳에 위치한 근로자는 그들의 제한된 욕구가 충족되는 즉시 의욕이 떨어지고 직무에 흥미를 잃게 된다. 이러한 문제를 해결하기 위한 하나의 방법은 자극적인 유인방법을 개발하는 것이다. 자극적인 유인이란 화폐뿐만 아니라 최신 아이디어상품, 부가급여 및 휴가제도 등 다양하다. 이런 예는 일찍이 산업화된 국가의 경험에서 찾아볼 수 있다.

예를 들어, 미국에서 노동공급의 양은 근로자의 욕망과 함수관계를 나타낸다. 일반적으로 산업사회에서의 부는 성취의 상징으로서 그 자체에 가치가 있다. 1973년 고등학교 졸업생들에 대한 조사에서 80%가 성공과 돈을 동일하게 중요한 것으로 생각하는 것으로 나타났다. 프로테스탄트의 윤리에서도 이와 같은 것을 발견할 수 있다.

기업에서 부와 물질적 획득에 대한 태도는 다양하게 나타나며 또한 종업원의 모집, 보상, 동기부여에 관해서도 중요한 영향을 미친다. 종업원에 대한 동기부여는 나라마다 다양하며 종업원의 욕구에 대한 자극의 종류도 다양하다. 기업의 생산, 마케팅계획은 현지의 태도와 유인 및 자극수준과 밀접하게 관련되어야 하며, 다행히 현지 시장에서의 경험은 물적 상품에 대한 자극과 개발주기, 종류 등을 습득하게 하며 다른 시장에서의 지침을 제공한다. 기업과 경제에 있어서 투자자원을 상승시키는 능력은 적절한 자원과 소득의 사용에 대한 현지의 태도에 달려 있다.

5. 변화에 대한 태도

변화에 대해 부정적인 태도를 가진 사회에서는 변화 또는 기술혁신을 추구하기는 매우 어려우며 때로는 불가능할 수도 있다. 이것은 국민과 그 지도자가 전통적 사회에서 사는 것이 행복하다고 생각할 때 문제가 될 수 있다. 그러나 대부분의 국가에서는 변화를 추구하는 집단이 존재한다. 많은 경우 국가를 산업화하고 현대화하려는 집단은 엘리트집단들이다.

일찍이 슘페터(J. A. Schumpeter)는 자본주의 경제발전은 창조적 파괴의 과정에 있으며, 이 과정의 추진자인 기업가는 경제적 제 생산요소를 신결합(new combination)함으로써 부단히 내부로부터 경제구조를 변혁시켜야 한다고 하고, 오늘날 기업경영의 핵심적 과제는 기술혁신을 바탕으로 한 생산성 향상이라고 강조하였다.

변화에 대한 욕구와 필요를 결정할 때는 가치판단의 기준이 있어야 한다는 것은 매우 중요한 사실이다. 즉 이상적으로 관리집단에 의해 이루어진 변화를 갖는 것보다 일반적인 협정이 있어야 한다는 것이다. 그러나 이 협정이 때때로 실패하는 것은 경제학자 또는 계획입안자의 태도변화에 대한 일반적인 인식이 부족한 것이 그 주요 원인이 되고 있다. 다시 말해서 태도변화는 경제개발에 필수적인 조건이며, 진화적인 측면에서 기술혁신을 지속적으로 수행해야 할 국제협상관리자 또는 계획입안자들이 주의해야 할 사항들을 열거하면 다음과 같다.

① 제안된 변화에 대한 장애물을 알아야 한다.
② 제안된 변화에 대한 문화적 장애가 정형화 내지 적용될 수 있는가를 확인해야 한다.
③ 혁신은 현지의 문화적 입장에서 평가・검토되어야 한다.
④ 기술적 변화는 사회적・정치적 변화보다 빨리 쉽게 받아들여져야 한다.
⑤ 제안된 혁신을 지지할 수 있는 태도와 가치를 현지의 문화에서 찾아야 한다.

| 제4절 |

교 육

1. 교육의 의미

옥스퍼드대사전에 의하면 교육이란 삶을 준비하는 젊은이에게 주어지는 훈련 혹은 학교교육과 같은 체계적인 가르침이며, 또한 사람이 받아 온 학문적 가르침의 전 과정으로서 단순한 지식 혹은 기술을 전수하는 것에 비해 성격의 형성, 힘의 개발 혹은 문화라고 정의하고 있다.

이러한 교육의 기능을 다음과 같이 분류할 수 있다.

첫째, 수단적 기능은 사회에서의 유능한 직무수행과 삶을 영위할 수 있게 한다.

둘째, 사회화 과정으로서의 교육의 부수적인 기능은 문화를 고유하고 다른 사람과 같이 사는 방법을 가르치는 것이다.

셋째, 정치적 기능은 국가적 통합을 촉진하고 민주주의에 대한 존중심을 개발한다.

넷째, 신화를 창조하는 기능으로서 이것은 현대교육에서 가장 무시되고 있는 측면이기도 하다.

2. 교육과 문화

교육수준은 고용에 필요한 사람들의 노동의 질에 영향을 미치고 생산성과 효율성을 결정한다. 교육수준과 성과획득은 사실상 관리적·산업적 생활 측면에 영향을 미치는 것으로서 특히 전체 스태프기능, 기업의 규모, 전체조직구조의 분산화 과정, 전문화 과정, 공정의 형태, 필요한 기술과 생산비용, 기업과 그들 경영의 전체 생산성과 밀접한 관계가 있다.

다음에는 국제협상이 합리적인 훈련계획을 수행하는 방법을 제안하고 있다. 이 제안은 경영자의 훈련보다 근로자의 훈련에 더 적절하다.

어떤 훈련계획의 기초적인 요구는 이념적이고 정상적이며, 동등하게 근로자를 다루는 데 있다. 이것은 현지의 언어와 관습에 익숙하지 않은 외부인에게는 특히 어려울 것이다. 관찰과 모방에 의한 학습은 저개발국가에서 잘 알려진 현상이다.

학습은 추상적인 제안의 기계적인 학습으로부터가 아닌 상황에서 일어난다. 훈련은 시뮬레이션, 연구실, 실험게임, 테스트숍(test shop) 등의 사용과 같은 실험적 상황의 사용에 집중해야 한다. 그러한 학습에서의 한 요소는 관계비용뿐만 아니라 실책을 포함하는 시간이다. 이러한 학습방법의 장점은 학습이 영구적이고 내면화되어, 잊어버릴 위험이 없다는 것이다. 그리고 학습된 것이 즉시 적용될 수 있으며 피드백에 의해 그 정도가 측정될 수 있다는 것이다.

기업의 성장은 환경에 대한 통찰력이 있는 적응으로부터 유래한다. 이 과정은 현지 근로자들이 생산성 향상을 위한 방안을 제안하고, 필요한 일을 하는 방법을 분석적으로 연구하는 능력이 있을 때 이용된다. 이것은 일에 있어서의 자부심과 많은 관심을 필요로 하며 이 두 가지는 내부적 학습과 작업에 대한 창조성의 적용을 야기시키는 훈련방법의 사용으로부터 기인될 것이다. 기술자와 견습자에 대한 교육방법의 사용은 이와 같은 상황에서는 자연스럽게 보인다. 전통적 사회의 학습에서는 책보다 우수한 기술자로부터 배우는 것이 더 쉽다. 이러한 방법은 새로운 근로자를 사회화하여 현지 근로인력들을 개발하고 목표에 대한 일치를 유도한다. 교사의 역할은 또한 감독 지위에 대한 재능과 기능에 아주 적절하지는 않지만 스스로를 개발하고자 하는 근로자에게 목표를 제공한다. 마지막으로 여러 기술은 책에만 의존해서는 배울 수 없다. 왜냐하면 그 기술의 원리들이 시행착오에 의해 학습될 수 있기 때문이다. 그러나 공식교육을 통해서 더 쉽게 습득될 수 있는 어떤 기술이 있을 것이다. 특히 공식적 교육은 특별성에 대하여 더 일반적인 문제 해결방법을 유도하기도 한다.

한편, 조직은 항상 조직의 건강에 관심을 가지며 국제협상 또한 예외는 아니다. 이러한 조직에 있어서 훈련의 목적은 조직의 능률성에 도움을 줄 근로자를 양성하는 것이다. 조직심리학파 - 인본주의학파는 어떤 도전에 직면했을 때 조직은 창조성, 유동성, 객관성을 유지하는 효과적인 커뮤니케이션 수단을 갖고 있을 때 더 잘 운영될 것이라고 주장하고 있다. 국제협상은 복잡한 환경하에 존재한다고 할 수 있으며 게다가 세계의 각 지역마다 환경은 이질적이며 그 예측 정도가 다르다. 따라서 기업이 생존하려면 변화하는 환경에 계속적으로 적

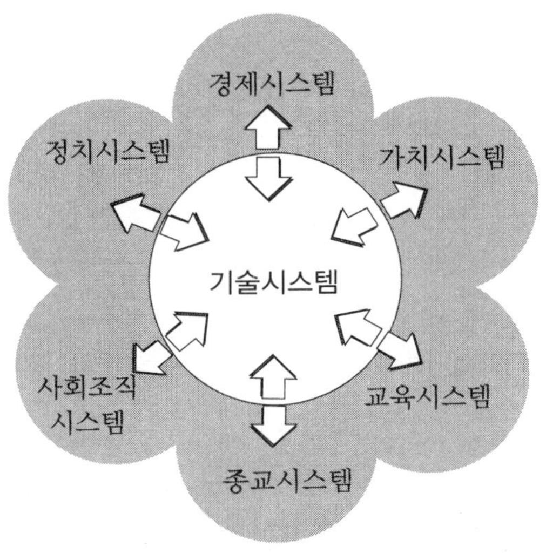

〈그림 7-2〉 문화적 요소와의 관계

응해야 하며 조직의 건강은 이러한 다양한 환경에 어떻게 쉽게 적응하는가에 달려 있다. 이를 위해서는 모든 조직구성원들을 계속적으로 계발해야 하며 훈련은 지나치게 직무중심적 이어서는 안 된다. 즉, 종업원의 목적을 조직의 목적과 일치시켜야 하며 긍정적인 태도를 갖게 하고, 미래에 필요할지도 모르는 유동성과 창조성을 보장하기 위해서는 심리적 성장을 고려해야 한다.

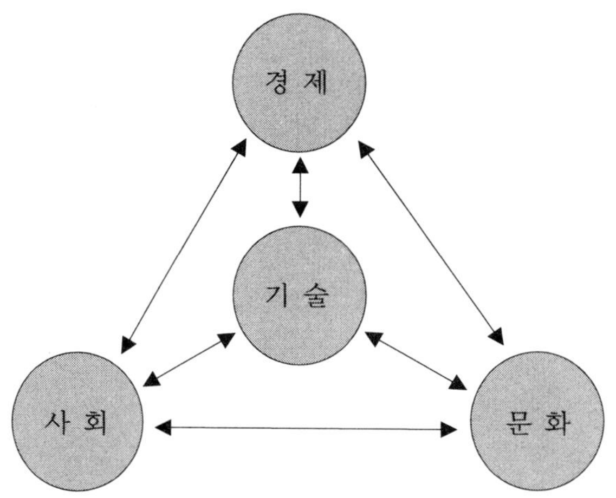

〈그림 7-3〉 기술 · 경제 · 사회와 문화간의 상호관계

사례

‖ 협상의 댄스 ‖

미디어법 강행처리 등으로 국회는 전쟁판이고, 쌍용차 사태 등으로 산업현장은 싸움판이다. 언론 보도를 통해 실제보다 더 두드러져 보이는 측면도 있겠지만, 우리 국민은 이념 지역 세대 계층 문화 등 여러 측면에서 분열된 현실이다. 자살률이 OECD 국가 중 제일 높고 가학 또는 자학성 음주 문화가 만연한 이유도 이런 갈등과 스트레스가 크기 때문일 것이다.

소통과 협상 기술 배워야

우리는 왜 이렇게 갈등과 분열 양상을 벗어나지 못할까. 소통이 잘 안되기 때문이라는 데, 왜 소통이 안 되는 것일까. 그 첫째는 문화적 요인이다. 유교 문화의 특징은 권위와 명분, 의리를 중요시한다. 대화와 타협에 의해 상호 타당성을 모색하는 것은 유교적 전통과 잘 맞지 않는다.

그러나 다른 요인은 소통, 커뮤니케이션 기술과 지식이 부족하기 때문이다. 커뮤니케이션의 기본원리는 협상의 원리에 바탕을 두고 있다. 협상이 대화와 설득으로 상호 타협점을 찾는 것이라면, 모든 커뮤니케이션이 바로 그런 것 아니겠는가. 협상은 흔히 "내가 원하는 것을 얻는 것"이라고 생각한다. 누군가를 이겨야만 내가 승리할 수 있는 제로섬게임(Zero-sum Game)이라고 생각한다. 협상을 승리의 개념으로 이해하는 것이다. 그러나 협상은 씨름이 아니다. 춤(Dance)과 같은 것이다.

그것을 아는 것이 모든 협상, 커뮤니케이션의 첫 걸음이다. 씨름은 대부분 힘 센 사람이 이기게 되지만, 춤은 아무리 기술이 좋고 경험이 많아도 상대와 호흡이 맞지 않으면 좋은 성과를 낼 수 없다. 협상도 이와 같다. 나의 입장만 생각하고 주장하는 것은 싸움이다. 상대가 왜 그런 생각을 갖고 있는지, 진정으로 원하는 것은 무엇인지 등을 충분히 분석해 그것과 나의 입장을 동시에 만족시킬 수 있는 다양한 대안을 만드는 것이 중요하다. 이것이 춤으로서의 협상이다.

우리나라에는 이것을 제대로 가르쳐 주는 곳이 부족하다. 배우려고 하는 사람이 별로 없기 때문이다. 협상은 배워서 늘 수 있는 것이 아니라고 생각하기 때문이다. 커뮤니케이션을 연애의 기술과 같은 것으로 생각하는 경향이 있다. 연애처럼 커뮤니케이션도 재주를 타고난다고 여기는 것이다. 그래서 배울 생각을 하지 않는다.

그러나 커뮤니케이션은 과학이다. 선진국에서는 많은 이들이 협상교육을 받고 있다.

대학마다 협상교육 과정이 있다. 우리는 전국을 통틀어 몇 곳 밖에 없다. 선진국에서 협상은 더 이상 전문적인 영역이 아니니다. 이를 테면 하버드 대학의 협상 스쿨 과정에는 비즈니스맨은 물론 교사와 간호사, 심지어 소방수 같은 일반 직업인들이 많다. 협상의 원리가 부부간 소통, 부모 자식간 소통, 직장에서의 소통 등 모든 소통에 활용된다는 것을 알기 때문이다.

사회적 갈등 완화 지름길

우리 대학에도 소통 원리를 가르치는 과정이 늘어야 한다. 기업도 여기에 투자를 해야 한다. 한마디로 이제 우리도 협상을 일상 속으로 끌어 들여야 한다. 대화와 타협에 의한 상호 타당성을 모색하는 기술을 연마해야 한다. 협상은 싸워서 상대의 것을 빼앗는 것이 아니니다. 서로 호흡을 맞춰야 좋은 결과를 얻을 수 있는 춤처럼, 대화를 통해 모두가 원하는 것을 얻는 합리적 과정이다. 일상에서 협상과 소통의 원리를 깨우치고 실천할 때, 우리 사회의 갈등 구조도 완화될 것이다.

전성철 IGM 협상스쿨 원장

‖ 코너에 몰렸을 때의 탈출법 ‖

독자 여러분 안녕하십니까? 오늘 이 시간에는 16년 동안 코너에 몰렸다 하면 요리조리 빠져나오는 탈출의 달인 ‘석호필’ 선생님을 모셨습니다.

몇 주간 밤새가며 준비한 경쟁 PT를 마친 석대리. 초조한 기다림 끝에 어제 고객사로부터 ‘우선 협상대상자로 결정되었다’ 는 반가운 전화를 받았다. 한껏 들뜬 석대리. 그런데 고객사 협상 책임자가 다른 말을 하기 시작하는데....

고객사 “아주 인상적인 PT였습니다. 그럼 가격 10% 더 깎아서 계약 하시죠?”

석대리 “네? 이건 저희의 마지막 제안인데요.”

고객사 “그래도 지금 가격으로는 좀 어렵네요. 저희가 요새 사정이 너무 힘들어요.”

상대의 예상치 못한 제안에 당황하고만 석대리. 상대방의 요구를 들어주기엔 회사의 불이익이 크다. 당신이 만약 석대리라면?

SOLUTION 1. 권한을 넘겨라

실제로는 당신이 결정할 수 있는 내용이라 하더라도 “네, 잘 알겠습니다. 하지만 그건 회사 내 위원회의 통과가 필요하기 때문에 제가 결정할 수 있는 영역이 아닙니다.” 라고 말하며 위기를 넘겨라. 상대도 결정권자가 누구인지 모르는 상태에서 당신에게 더 이상 그 내용을 요구할 수 없게 된다.

SOLUTION 2. 동반자 관계를 어필하라

"가격을 깎는 것은 현실적으로 어렵습니다. 다른 방법은 없을까요?" 라고 물으며 상대에게 그 문제에 대한 조언을 구하라. 협상은 이기고 지는 싸움이 아니라 더 좋은 답을 함께 찾아가는 과정이라는 것을 상대에게 알릴 필요가있다. 이를 통해 당신이 처한 곤란한 상황이 해결될 수도 있다.

SOLUTION 3. 바쁠수록 돌아가라

준비가 부족한 협상을 무리해서 진행하면 더 큰 수렁에 빠질 수 있다. 시간을 벌기 위해 잠깐 휴식 시간을 가진 후 협상을 재개하거나 '다음 협상 때 계속 논의하자'고 말하고 이번 협상을 끝내라. 아울러 모든 문제를 지금 당장 처리해야 한다는 강박관념을 버려라. 시간이나 상황에 쫓기면 많은 경우에는 원치 않게 자충수를 두어 스스로 불리한 결과를 만들어 내는 경우도 생긴다.

IGM 협상스쿨 최철규 김한솔

‖ 쉬운 안건부터 시작해 'Yes'받은 후 어려운 걸 협상하라 ‖

– 세 가지 중 두 항목 상대방이 양보했는데도 재계약 협상에서 최 사장이 놓친 것은…

<사례> 나고수 상무, 실제 목적은 납품단가 인하인데 숨기고 한꺼번에 '통 큰' 제안
최순진 사장, 다른 것 양보한다는 말에 가장 중요한 '납품단가 인하' 덜컥 동의
"그동안 격월로 해왔던 품질 검사를 매달 하면 어떨까요?"
'어라, 이게 웬 떡? 내가 괜한 걱정을 했나?'

국내 1위 식품 회사 '맛나킹'의 나고수 상무와 재계약 협상을 앞두고 잔뜩 긴장해 있던 '천사식품'의 최순진 사장은 큰 짐을 하나 내려놓은 기분이다. 맛나킹측에서 단가를 깎자고 하면 어떡하나 전전긍긍하던 최 사장. 그런데 상대가 '품질 검사'라는, 의외로 쉽게 받아들일 수 있는 이슈로 협상을 시작했기 때문이다.

"나 상무님, 그건 걱정 마십쇼! 식품 업계에서 품질검사는 기본 아니겠습니까? 헤헤."

"그리고, 원재료 구입처가 바뀔 때에는 저희 맛나킹과 합의한 후에 진행해 주실 수 있죠?"

"그러죠 뭐, 크게 어려운 것도 아니네요. 흐흐."

"좋습니다, 최 사장님. 내년에도 저희랑 함께 하셔야죠!"

"정말요? 저희야 좋죠! 감사합니다!"

물 흐르듯 진행되는 협상에, 최순진 사장은 '재계약'이라는 고지의 8부 능선을 넘은 것 같은 느낌이다. 이렇게 협상이 잘 풀리다니.... '올해 재수가 좋다는 점쟁이의 말이 틀리지 않았구먼!'

그런데 웬걸! 맛나킹의 나고수 상무가 갑자기 여러 가지 요구 조건을 늘어놓기 시작한다.

"다른 안건들은 다 타결된 것 같네요. 협상 시간도 줄일 겸, 나머지 내용들은 한 번에 제안드리죠. 첫째, 납품 주기를 격주에서 주 1회로 늘려주시기 바랍니다. 둘째, 납품 단가는 현재보다 10% 인하해 주십시오. 셋째, 운송비 부담을 작년까지는 반반으로 했는데 올해부터 저희 부담은 30%로 낮춰 주셨으면 합니다."

순간, 최순진 사장은 머릿속이 하얘진다. 대체 어떤 요구 조건부터 협상을 해야 할지 막막해져 버렸다.

"어, 상무님.... 글쎄요.... 조금만 생각할 시간을 주시죠."

최순진 사장의 셔츠가 식은땀으로 물든다. 지난해 겨우겨우 따낸 맛나킹과의 거래인데, 재계약도 못하고 1년 만에 납품이 중단된다면? 그건 악몽이었다.

그때, 5분 정도의 정적을 깨고 맛나킹의 나 상무가 먼저 말을 꺼낸다.

"좋습니다. 사장님과의 인연을 생각해서.... 저희가 납품 주기와 운송비 조건 요구는 철회하겠습니다. 대신, 납품 단가는 저희 요구를 들어주시죠?"

세 가지 중에 두 개나 양보를 하겠다는 상대의 '통 큰' 제안에 최 사장은 덜컥 그의 제안을 받아들였다. 세 가지 요구 중에 두 개는 내 뜻대로 되지 않았는가? 손해 보는 장사는 아니라고 생각했다. 하지만 협상을 끝내고 사무실로 돌아온 최 사장은 뭔가 찜찜한 기분이 들었다. 이번 협상, 뭐가 잘못됐나?

'Yes'하면 'No'하기는 갈수록 힘들다 'Yes-Set'

미끼 조심… 양보하더라도 양보다 질을 생각하라 미끼 전술

중요한 가치는 서로 달라… '교환가치' 잘 따져야 '바기닝 믹스'

〈해답〉

#1. 까다로운 안건부터? 쉬운 안건부터?

협상가들은 중요한 협상을 앞두고 이런 고민을 한다. "까다로운 안건과 쉬운 안건 중에 어떤 것을 먼저 협상 테이블에 올릴까?"

많은 사람들은 까다로운 안건으로 시작해 상대를 강하게 몰아세워야 한다고 주장한다. 중요하고 까다로운 이슈가 풀리면 나머지는 일사천리라는 논리다. 하지만 이는 좋

은 방법이 아니다. 협상의 순서를 정할 때는 쉽게 타결할 수 있는 안건을 앞에 놓는 것이 좋다.

이는 인간의 뇌가 '항상성(恒常性)'을 갖고 있기 때문이다. 인간의 몸이 관성의 법칙에 영향을 받듯이 뇌도 그러한 특징이 있다. 큰 고민 없이 "예스(Yes)"라고 답할 수 있는 질문을 계속 받으면 우리 뇌는 "Yes"라는 단어와 친해진다. 그래서 "Yes"인지 "No"인지 고민되는 질문에서도 "Yes"라는 답을 할 확률이 높다. 이러한 대화법을 'Yes-Set 대화법'이라 한다.

앞의 상황에서 최순진 사장이 상대의 마지막 제안을 쉽게 거절하지 못한 이유는 뭘까? '품질 검사', '원재료 구매업체 변경 시 사전통보'처럼 쉽게 동의할 수 있는 안건에 대해 이미 '예스'라고 대답했기 때문이다. 나고수 상무가 쓰는 'Yes-Set 대화법'에 말려든 셈이다.

협상을 시작할 때는 항상 상대와 쉽게 타결할 수 있는 안건을 먼저 제안하라. 이를 통해 상대와 나의 생각을 'Yes'로 맞춰라. 이렇게 두번 세번 'Yes'가 이어지면, 상대는 'No'라고 답하기 쉽지 않다. 내 입장에선 부드러운 분위기 속에 훨씬 유리하게 협상을 끌고 갈 수 있다.

노사 협상 상황을 가정하자. '임금 인상률'이라는 가장 까다로운 안건부터 먼저 꺼내는 CEO는 하수(下手) 협상가다. 협상 초기에는 노사 양측이 서로 'Yes'라는 답변이 쉽게 나올 수 있는 안건부터 다뤄야 한다.

#2. 미끼 전술의 덫에 걸리지 마라

'Yes-Set 대화법'으로 분위기를 만든 나고수 상무는 한꺼번에 세 가지 제안을 하며 최순진 사장을 코너로 몰았다. 나 상무가 이렇게 제안을 한 이유는 뭘까? 협상 시간을 줄이기 위해서?

아니다. 이는 하나의 전술일 뿐이다. 나 상무가 사용한 전술을 협상학에선 '미끼 전술'이라 부른다. 여러 가지 다양한 안건을 제시해 상대를 혼란스럽게 한 다음, 원래부터 바라지도 않았던 요구 조건은 철회하고 중요한 한 가지만을 얻어내는 기법이다.

앞의 사례에서 나 상무는 '단가 인하'를 얻어내기 위해 '납품 주기', '운송비' 등 애초에 기대하지도 않았던 안건을 함께 제시했다. 이를 통해 정말 중요한 '단가 인하'를 쉽게 얻어낼 수 있었다. '세 가지 조건 중에 두 개를 우리가 양보할 테니, 나머지 하나는 양보해 달라'는 요구를 하면 상대가 받아들일 확률은 커진다.

이 전술은 실전 협상에서도 자주 사용된다. 노르웨이 해운회사가 국내 모 조선회사를 상대로 선박 구매 협상을 벌일 때도 이 전술을 구사했다. 노르웨이 해운사는 "첫째, 선박 인도 기간을 6개월 당기고, 둘째, 기존에 사용하던 한국 기업의 엔진이 아닌 노르웨이제 선박 엔진을 사용하라. 셋째, 선급금 비율을 기존 10%에서 30%로 올리고, 넷째, 통상 계약 금액보다 20% 저렴한 가격에 계약을 하자"는 조건을 한번에 제시했다. 하지만 노르웨이 해운회사가 진짜 원했던 것은 '싼 가격'이었다. 이를 위해 다른 조건들을 한꺼번에 제시했고, 세 가지 조건을 양보하는 척하며 싼 가격을 얻어냈다. 한국 선박회사는 협상 타결 후 많은 양보를 얻어냈다는 생각에 만족했지만, 결과적으로는 상대의 미끼 전술에 당한 꼴이었다.

그렇다면 상대가 이러한 미끼 전술을 사용할 때 어떻게 대응해야 할까? 안건의 중요도에 따라 양보를 해야 한다. 상대가 내게 두 개를 양보했으니 나도 하나는 양보해야 한다는 생각은 버려야 한다. 양보의 양(量)보다는 질(質)이 중요하다는 뜻. 안건 하나하나에 대해 양보할 만한 것인지 따져야만 미끼 전술에 걸려들지 않는다.

앞의 상황에서 최순진 사장이 이렇게 대응했다면 어땠을까? "지금 말씀 하신 조건들을 저희가 수용하는 것은 너무 어렵습니다. 하나씩 협상을 해 나가면서 양측 모두 좋은 방향으로 만들어 나가도록 하죠. 어떤 조건부터 협상을 해 볼까요?"

당신의 '유능하고 간 큰' 부하 직원이 연봉 협상 때 '부서 이동, 연봉 인상, 승진'이라는 세 가지 조건을 동시에 제안한다면? 이는 미끼 전술일 가능성이 크다. 연봉 인상을 좀 더 쉽게 얻어내기 위해 다른 조건들을 동시에 제안하는 것일 수 있다는 뜻이다. 상대가 양보하는 조건의 개수가 아닌 가치를 기준으로 냉정하게 평가하는 것, 그것이 미끼 전술의 덫에서 벗어나는 방법이다.

#3. Bargaining Mix를 활용하라

하지만 어떤 경우에는 상대의 많은 제안이 오히려 고마울 수도 있다. 미끼 전술을 사용하는 상대의 제안을 오히려 역이용할 수 있기 때문이다. 이를 위해선 '교환가치'라는 개념을 이해해야 한다.

교환가치란, 나와 상대가 특정한 내용에 대해 생각하는 중요도가 다르기 때문에 생기는 가치이다. 예컨대 구매자인 나는 대금 지불을 현금으로 하는 것은 크게 문제되지 않지만, 갑작스레 발생한 수요를 맞추기 위해 납기를 당겨야만 한다. 반면 나의 협상 상대인 판매자는 밤샘 작업을 통해서라도 납기를 맞추는 것은 문제되지 않지만, 이달 말까지 현금이 꼭 필요한 상황이다. 이때는 서로 중요하게 생각하는 가치가 다르기 때문에 서로에게 유리한 조건으로 협상을 타결할 수 있다.

이 방식은 협상 안건이 많으면 많을수록 더 효과적이다. 양측이 다른 가치를 매기는 안건들이 많을수록 교환할 수 있는 가치들도 많아지고, 결국 양측 모두 만족할 만한 결과를 얻어내는 방법도 늘어난다.

이처럼 교환가치를 활용해 협상을 진행하는 기법을 협상학에서는 '바기닝 믹스(Bargaining Mix)'라고 한다. 협상 테이블에서 오고 가는 많은 안건을 섞어서, 서로가 중요하게 생각하는 것은 취하고 덜 중요하게 생각하는 것은 양보해 협상 전체 파이의 크기를 키우는 방법이다.

1998년 진행된 볼보건설기계와 삼성중공업의 협상에서도 이 방식이 사용됐다. 볼보는 IMF 쇼크 이후 삼성중공업의 애물단지가 되어버린 중장비 분야를 인수했다. 그리고 670억원의 부채를 안고 있던 기업을 인수 2년 만에 흑자로 전환시키는 대성공을 거뒀다.

그 비결은 협상에서 바기닝 믹스를 통해 양측이 나눠가질 수 있는 파이를 키웠기 때문이다. 협상 초기에는 양측 모두 매각 비용을 얼마로 할 것인가에 초점을 맞춘 것으로 보였다. 하지만 내심 볼보에는 매각 비용보다 더 중요한 것이 있었다. 바로 유럽보다 상대적으로 싼 한국 노동자들을 쓰고, 아시아에서 브랜드 파워가 높은 삼성이라는 브랜드를 활용, 아시아 시장에 진출하는 것이었다. 그래서 매각 비용 이외의 다양한 협상 안건을 협상 테이블에 올려놓았다.

삼성중공업은 이 조건을 받아들이면서 새로운 안건을 제시했다. 브랜드 사용에 대한 로열티 요구와 함께, 자동차 시장 진출을 위해 세계적 수준인 볼보의 자동차 기술 제휴를 요청했다. 삼성 입장에서는 볼보의 선진 자동차 기술을 배우는 것이 매각 비용만큼이나 중요했다. 그리고 이 조건은 볼보에는 크게 중요한 문제가 아니어서 바기닝 믹스를 만들 수 있었고, 이 협상은 양측 모두 만족하는 결과로 타결됐다.

그렇다면 앞의 사례에서 최순진 사장은 어떤 조건들을 제시해 바기닝 믹스를 만들 수 있을까? 납품 물량을 늘려달라는 요구를 할 수도 있고, 대금 결제 방식을 현금으로 전환해 달라는 조건을 제시할 수도 있다. 이를 통해 납품 단가 인하로 인한 손해를 만회하면 어떨까?

협상 고수들은 짧은 협상에서도 미끼 전술과 같은 기만적 전술을 사용해 상대를 무너뜨리려 한다. 하지만 상대가 온갖 전술을 써가며 협상한다 하더라도 두려워할 필요는 없다. 아는 만큼 보이는 법이다. 협상의 원리를 알고 이에 대응하는 법을 익혀 놓는다면 상대의 기만적 전술은 내겐 단지 '애교'일 뿐이다.

IGM(세계경영연구원) 최철규 부원장 / 김한솔 연구원

제 8 장
문화 환경 대응방안

| 제1절 |

국제협상과 문화의 변수

통상 사람들은 비슷한 가치관을 갖는 있는 사람에게 기울어지는 경향이 있다. 이러한 경향은 근로자와 관리자간의 관계, 문화가 다른 사람들간의 태도가 기업활동의 여러 측면에 영향을 미치기 때문에 경영자에게 여러 가지 기준점을 제공해 준다.

사람들은 대개 자기민족의 가치관이 타민족의 그것보다 우월하다고 생각하며 이러한 자기문화의 가치관에 대한 무의식적 주체성 때문에 국제협상활동에 있어서 여러 가지 문제점들을 노출시킨다. 그러나 이러한 가치관의 차이는 결코 이해 불가능한 것은 아니며, 이 문화에 접한 기업이 성공하기 위해서는 이러한 가치관을 이해하고 받아들이는 것이 필요하다.

해외에서 국제협상시 본사와 현지 관리자들이 중요하게 여기고 체계적인 분석이 필요하다고 생각되는 변수들을 열거해 보면 다음과 같다.

첫째, 중앙정부와 지방정부, 그리고 현지 정부간의 관계, 특히 중앙정부가 그 나라 여러 지역에서 자기의 정책을 수행할 수 있는 능력이다.

둘째, 권한을 위임받은 정치기관이나 또는 관리기능에 대한 현지 압력이다.

셋째, 현지 관료들의 전문가 기질, 기술적 능력, 기본적 태도, 특히 이것들이 다국적기업이 관계하게 되는 주요 규제기관에 어떻게 나타날 것인가 하는 점이다.

넷째, 피투자국의 주요 개발목표, 이들의 국내 일관성 정도, 이들이 직면하는 국내논쟁 정도, 특정목표에 우선권이 주어져야 한다고 생각하는 정치집단과 조직체 등이다.

다섯째, 개발계획기구의 계획 실행 능력에 대한 평가 및 중앙정부, 지역정부 또는 현지 정부의 개발계획기구의 특성이다.

여섯째, 국내정부의 열망과 다국적기업 계열회사 활동이 효과적으로 보완될 수 있는 부문이 무엇인가에 대해 명시하는 것이다.

일곱째, 다국적기업의 행동을 포괄하여 그 사회에서 가장 영향력이 있는 집단이 취하는 태도 및 요구사항이다.

여덟째, 외국투자가에게 영향을 미치게 될 정책과 규제이다.

아홉째, 기업이나 또는 피투자국 정부측에서 볼 때 예상과 다른 결과가 나온 데에 대한 명백한 오해, 그리고 이러한 오해를 먼저 어떻게 회피할 수 있고 이러한 오해가 발생하면 어떻게 그것을 설득하고 수정할 것인가 하는 점 등이다.

국제협상을 전개할 때 문화적 변수를 철저히 분석해야한다는 것은 당연하지만 과거에는 이것을 너무 도외시하였다. 그러나 오늘날에는 비록 이에 대한 최선의 분석방법은 없다고 하더라도 여러 가지 방법으로 문화적 변수를 분석하려는 노력이 이루어지고 있다.

| 제2절 |

이문화의 분석모형

1. 클러크혼의 모형

각 문화의 가치체계에 따라 문화적 차이를 비교하기 위하여 클러크혼(F. Kluckhohn) 부부는 5가지의 기본적인 질문에서 사회의 주류가 어떻게 답변을 하는가에 따라 그 사회의 문화를 구분하고 있다. 물론 한 문화권내에서도 수많은 사람이 있고 그들이 제각기 다른 가치관과 행위유형을 갖고 있겠지만, 그 중에서도 다수의 구성원들이 갖고 있는 공통적 가치관과 사고방식을 찾아내 보자는 것이다. 클러크혼의 5가지 질문은 다음과 같다.

① 인간의 본성은 기본적으로 선한가, 악한가?

② 인간과 자연의 관계는 어떠한가?
③ 삶의 주관심사가 과거인가, 현재인가, 미래인가?
④ 사람의 활동양식이 정적인가, 동적인가?
⑤ 인간관계는 개인주의적인가, 그룹 중심적인가, 권위주의적인가?

경영자는 우선 자기문화나 자기의 가치관이나 혹은 행위가 어떤 행위인가를 이 질문을 통해서 확인한 후, 비교하고자 하는 외국문화의 가치관과 행위를 조사하여 두 문화의 차이를 음미해 볼 수 있다. 예를 들면, 한국인의 행위와 사고유형은 '선과 악의 혼합-자연과의 조화-미래지향적-동적-권위주의적' 식으로 지그재그형의 유형이 나올 수 있다. 사실 한국인의 사고유형은 현재 근대화 과정에 있는 만큼 과도기적인 중간유형이 주류가 아닐까 추측해 볼 수 있다.

클러크혼 모형은 물론 문화의 여러 측면 가운데 일부만을 보여 주고 있으므로 이것만 가지고 외국문화를 완전히 이해할 수 있는 것은 아니다. 그러나 이 모형의 매력은 그것이 아주 간단하다는 데 있으며, 그러면서도 이를 통해서 외국문화에 대한 이해를 상당히 높일 수 있다는 점이다.

〈표 8-1〉 클러크혼 모형

기 준	행 위 및 사 고 유 형		
인간의 본성 [a)]	기본적으로 악함	선과 악의 혼합	기본적으로 선함
인간과 자연의 관계	자연에 복종	자연과의 조화	자연을 정복
시간지향적	과거지향적 (전통적)	현재지향적 (찰나적)	미래지향적 (목표지향적)
활동양식 [b)]	정 적	내면성장	동 적
인간관계	권위주의적 (상하관계)	그룹 중심적 (공존관계)	개인주의적 (동등한 관계)

주 : a) 인간의 본성은 선과 악말고도 가변성인가 불변성인가를 기준으로 분류할 수도 있다
b) 정적 : 인생에 꼭 무엇을 달성해야 되는 것은 아니고, 존재하는 것만으로도 충분하다.
내면성장 : 인간의 존재이유는 내면적 성장에 있다.
동적 : 인간이 노력하면 그것에 대한 대가를 받게 되며, 사람은 일을 성취하기 위해서 존재한다.

자료 : Florence Kluckhohn and Fred Strodtbeck, Variations in Value Orientations (Evanston, Illinois : Row. Peterson & Co., 1961).

〈표 8-2〉 클러크혼 모형의 적용

아 랍 문 화 권		일 본 문 화 권		
	선악 혼합		선악 혼합	
자연에 복종	자연과 조화		자연과 조화	
과거지향적		과거지향적		미래지향적
정 적		정 적		동 적
권위주의적		권위주의적	그룹중심적	

2. 홀의 모형

문화적 차이를 이해하기 위해 문화를 비교하는 또 다른 하나의 비교문화적인 분석방법으로 홀(E. T. Hall)의 모형을 들 수 있다. 그는 각 국가의 문화를 고배경문화(High-Context Culture : HCC)와 저배경문화(Low-Context Culture : LCC)의 개념으로 이원화하였다. 여기에서의 배경(context)은 사상을 보는 방법들 중의 하나로서 각 국가의 문화를 평가하는 데 중요한 역할을 한다고 보고 있다. 홀이 고배경문화(HCC)와 저배경문화(LCC)로 각 국가의 문화를 분류하는 데 있어 기준으로 삼은 몇 가지 문화요소 또는 차원을 중심으로 양자의 차이점을 평가한 것을 개략적으로 살펴보면 다음과 같다.

먼저 고배경문화에서는 커뮤니케이션 또는 메시지의 정보가 대부분 신체적 배경 또는 개인에 내부화되고 명백하게 부호로 나타나거나 메시지로 옮겨지지 않는다. 다시 말해서 의사전달자의 배경 또는 개인에 내부화되고 명백하게 부호로 나타나거나 메시지로 옮겨지지 않는다. 다시 말해서 의사전달자의 배경, 연상, 기본적인 가치관 등 커뮤니케이션 배경에 더 많은 정보를 포함하기 때문에 실제로 구두로 나타낸 메시지에는 적은 정보가 적게 포함된다는 것이다. 반면에 저배경문화에서는 메시지가 명백한데 커뮤니케이션에 있어서 실제의 대화를 통해서 대부분의 정보가 교환된다고 보고 있다. 이러한 차원에서 볼 때, 중국, 일본 및 아랍문화는 고배경문화에 속하며 미국 또는 독일의 문화는 저배경문화에 분류된다. 미국의 경영자들이 일본기업의 경영자들과 협상을 할 때 일본의 파트너들이 분명하게 그 핵심을 밝히지 않는다고 불만을 표시하는 이

유의 하나가 이와 같은 문화적인 차이에서 기인한다고 할 수 있다.

다음으로, 저배경문화에서 중요한 것으로 여기는 법률적인 서류사무가 고배경문화에서는 오히려 그것보다 한 개인의 말이 더욱 확실한 보증서적인 역할을 한다. 즉 책임과 신뢰가 중요한 가치로서 강조되는 고배경문화에서는 외부적인 법적 인가 등이 그렇게 필요한 것이 아니고 책임, 명예, 신뢰 등에 더 큰 의미를 두고 있다는 것이다.

조직상의 책임문제가 발생했을 때, 고배경문화에서는 그 조직의 최고위층에게 그 책임이 주어지나 저배경문화에서는 가능한 한 그 책임과 관련된 최하위층에게로 옮겨진다.

또 이 양자의 문화에서 사람들은 공간을 인식하고 구분하는 독특한 방식을 가지고 있다는 점이다. 여기에서의 공간은 서로 접촉하는 개인 사이의 의사전달체계로 보는데, 예를 들면 고배경문화의 민족인 아랍인들은 대화를 할 때 매우 가깝게 접근하여 상대방을 향해 숨을 내쉰다는 것이다. 만약 숨을 죽이고 내쉬지 않으면 상대방은 부끄러워하는 것으로 받아들인다. 그러나 저배경문화 국가에 속하는 미국은 많은 여타 국가들과 비교해 볼 때 상대방과의 지나친 접근은 피한다. 통상적으로 사업상담은 1.5～2.7미터 정도의 거리를 두고 진행되며, 단지 극히 개인적인 상담일 경우 46～91센티미터 정도의 거리를 두게 된다.

이 밖에도 고배경문화와 저배경문화의 차이를 구분하는 중요한 요소 또는 차원으로서는 경쟁적 입찰, 협상 등을 들고 있다. 고배경문화에서는 그 입찰대상 작업을 가장 잘 수행할 수 있고 또 입찰자가 가장 통제하기 용이한 응찰자에게 낙찰시킨다. 반면 저배경문화에서는 입찰요건을 명시하여 낙찰자가 작업을 수행함에 있어 그 요건을 위반하지 못하게 한다는 것이다.

홀은 이 밖에도 저배경문화 국가의 사람들보다 고배경문화 국가의 사람들이 보다 집단지향적이며 또한 개인을 희생한다고 보았다.

이상에서와 같이 홀은 각 국가의 문화를 몇 가지 요소들을 기준으로 분석하였으나, 이 모형이 지나치게 기술적이고 주관적이라는 한계점을 지니고 있다. 아울러 고배경문화와 저배경문화로 구분하는 데 있어서 경계가 불분명하다는 약점을 가지고 있다. 그러나 국제협상의 관점에서 각 국가의 문화적 차이를 이해하는 데 클러크혼 모형보다 유용성이 높다고 하겠다. 특히 이 홀의 분석방법은 비교문화적인 훈련에 대해 생소한 우리나라 해외진출기업들이 그들의 해외파견사원의 현지 문화적응훈련 모형의 설계에 도움을 줄 수 있을 것으로 여겨진다.

〈표 8-3〉 고배경문화와 저배경문화의 비교

요소 및 차원	고 배 경 문 화 (HCC)	저 배 경 문 화 (LCC)
법 또는 법률가	덜 중요함.	매우 중요함.
개인의 말	그 개인의 보증임.	서면으로서의 보증임.
조직의 실책에 대한 책임	최고위층이 짐.	최하위층이 짐.
공 간	상대방과 근접함.	개인적 공간을 지니며, 침해받는 것을 싫어함.
시 간	폴리크로닉함. 즉, 생활에 있어서 매사는 그 자신의 시간에 의해 처리됨.	모노크로닉함. 즉 '시간이 돈이다'이라는 관념이 강함.
협 상	매우 오래 끌게 됨. 그 목적을 모든 당사자들이 서로 알게 하는 데 있음.	매우 신속히 진행됨.
경쟁입찰	빈번하지 않음.	일반적임.

자료 : W. J. Keegan, Multinational Marketing Management, 2nd ed.(Englewood Cliffts, New Jersey : Prentice-Holl Inc., 1980), p. 87.

3. 호프스테드의 모형

국가간의 문화적 차이를 비교분석하는 또 하나의 모형으로 호프스테드(G. Hofstede)의 연구를 들 수 있다.

호프스테드는 4가지의 기준, 즉 ㉠ 개인주의 대 집단주의(individualism versus colectivism), ㉡ 대 · 소권력간격(large or small power distance), ㉢ 불확실성에 대한 회피성의 강 · 약(strong or weak uncertainty avoidance), 그리고 ㉣ 남성다움 대 여성다움(masculinity versus feminity)에 따라 국가 간의 문화적 차이를 비교 분석하였다. 예를 들어 권력간격과 개인주의-집단주의, 권력간격과 불확실성에 대한 회피성, 그리고 남성다움-여성다움과 불확실성에 대한 회피성 등과 같이 서로 독립적인 2개의 차원을 결합하여 각 국가들을 다양한 문호집단으로 분류했다. 호프스테드가 표현한 4가지 차원들의 개념 또는 의미에 대해 간략하게 살펴보기로 한다.

1) 개인주의

이는 사람들이 그들 자신과 직계가족들에게만 관심을 갖는 것으로 간주되는 느슨하게 짜여 진 사회구조를 의미한다. 반면에 개인주의는 사람들이 자신의 집단과 외부집단 사이를 구별하는 엄격한 사회구조로 특징되는데, 그들은 그들 내부집단(친척, 당파, 조직 등)이 자신들을 돌보아 주기를 기대하며, 내부집단에 절대적인 충성을 보인다는 것이다. 예를 들면, 미국 · 영국 · 네덜란드 등은 매우 개인주의적인 국가이고, 콜롬비아 · 파키스탄 · 대만 등은 매우 집단주의적인 국가로, 일본 · 인도 · 오스트리아 · 스페인 등은 양자의 중간에 위치하는 국가로 나타났다.

2) 권력간격

이는 한 사회가 어떤 기관이나 조직에 있어서의 권력이 불평등하게 분산되어 있다는 사실을 받아들이는 정도를 의미한다. 모든 사회는 불평등하나, 어떤 사회는 다른 사회보다 그 정도가 상대적으로 심하다는 점에 착안한 것이다. 필리핀, 베네수엘라, 인도 등은 권위주의적 국가에 속하는 것으로 나타났으며, 반면에 덴마크, 이스라엘, 오스트리아 등은 평등주의적 문화로 나타났다. 그런데 재미있는 현상은 권력간격과 집단주의를 결합시켜 보면 집단주의의 특성이 강한 국가는 항상 큰 권력간격을 나타내지만, 개인주의의 특성이 강한 국가는 항상 작은 권력간격을 나타내지는 않는다는 점이다. 다시 말하면 개인주의적이면서 동시에 권위주의적인 문화가 존재한다는 것이다.

3) 불확실성에 대한 회피성

이는 불확실한 미래를 어떻게 받아들일 것인가를 설명한다. 불확실성에 대한 회피가 약한 사회에서는 미래에 대해 별로 위협을 느끼지 않아 일을 열심히 하지 않고 다른 사람의 의견이 자신의 것과 달라도 별로 신경을 쓰지 않는다. 반면에 불확실성에 대한 회피가 강한 사회에서는 초조, 불안 등이 뚜렷하게 나타나며 이에 따라 각종 법적 · 규범적 제도장치로써 위험을 줄이고 안정을 기하기 위해 많은 노력을 기울인다. 이 불확실성에 대한 회피성과 권력간격 차원을 결합했을 때, 불확실성에 대해 강한 회피성과 함께 큰 권력간격을 보이는 국가들에는 모든 라틴 국가(라틴 유럽과 라틴 아메리카), 유고, 그리스, 터키 등의 지중해 연안 국가들과 일본, 한국 등이 속하는 것으로 나타났으며, 그 반대의 경향을 보이는 국가들에는 덴마크, 스웨덴, 영국, 아일랜드 등이었다.

4) 남성다움

이는 사회 안에서 지배적인 가치가 어느 정도로 남성다운가를 나타내는데, 남성과 여성의 역할을 구분하는 데 있어서 성의 사회적 역할을 최대한으로 구분하는 사회를 '남성다운' 것으로 보고, 상대적으로 그것을 작게 구분하는 사회를 '여성다운' 것으로 본다는 것이다. 가장 남성다운 국가는 일본으로 나타났고, 그 반대로 여성다운 국가는 4개의 노르딕국가들과 네덜란드로 나타났다.

이상에서 호프스테드가 각 국가의 문화를 비교하기 위해서 제시한 4가지 차원에 대해 살펴보았다. 이 호프스테드 모형은 방법론에 있어서 클러크혼 모형이나 홀의 모형과는 달리 계량적인 분석방법을 도입하였기 때문에 객관성이 훨씬 높다고 볼 수 있다. 그리고 이 모형으로 얻어진 경과는 국제협상 또는 국제협상인이 본국과는 달리 분류되는 국가에서 리더십, 조직설계, 동기유발 등의 문제에 효과적으로 대응하는 방안을 모색하는데 도움을 줄 것이다.

그러나 호프스테드의 모형을 이용할 때, 그의 연구가 어느 정도 타당하며 일반화될 수 있을 지에 대한 문제점이 제기될 수 있다. 특히, 그가 연구를 위해 추출한 표본이 과연 각 국가의 문화를 대표할 수 있는가 라는 대표성문제와 그가 표현한 차원의 타당성 문제가 지적된다. 먼저 표본의 대표성 문제에서 볼 때 만약 거대다국적기업(예를 들면, IBM)으로부터 표본을 추출해 일반화한다면 잠재적인 편견(bias)이 들어갈 수 있다는 점이다. 즉 IBM은 세계적으로 비슷한 사람들을 고용해서 국가적인 차이를 줄이려 할 수도 있다. 게다가 강력한 기업문화를 가지고 있는 기업의 경우 종업원의 모든 가치관은 동질적인 경향으로 될 수 있는데, 만약 이것이 사실이라면 다국적기업 내에서의 국가적 차이는 감소될 것이다. 다음으로 호프스테드가 문화비교의 요소로 삼은 4가지 차원은 이미 다른 연구자들이 문화비교연구에 사용한 경우도 있어 새롭지 못하다는 점이다. 또 다른 하나의 잠재적인 문제점은 한 국가 내의 문화는 동질적이라는 가정에 있다. 예를 들면 벨기에, 캐나다, 미국 등은 한 국가 안에서 다양한 문화양상을 나타내고 있다.

지금까지 각 국가의 문화적 차이를 이해하기 위해서 비교문화적인 분석방법들인 클러크혼 모형, 홀 모형, 그리고 호프스테드 모형에 대해서 살펴보았는데, 이러한 문화비교모형들을 이용할 때는 다음 두 가지 사실을 간과해서는 안 된다. 그 하나는 문화간에는 차이점이 있는 만큼 유사점도 많다는 점이고, 또 하나는 같은 문화 내에서도 개인이나 집단에 따라 차이가 크다는 점이다. 특히 국제협상인이 특정 외국인과 접하게 될 때 그 외국인의 배경이나 경험 여하에 따라서는 전혀 비전형적인 사람일 수도 있기 때문에, 그 한 사람을 표준으로 그 외국문화 전체를 평가하는 것은 곤란하다. 어느 사회에서건 외국의 문물에 많이 접해 본 코스모폴리턴(cosmopolitan)한 집단이 있는 반면에 자기문화 이외에는 전혀 접촉해 보지 못한 자기민족중심적(ethnocentric) 내지는 폐쇄적인 집단이 있기 마련이다. 그러므로 경영자가 어떤 유형의 사람들과 접촉하는가에 따라 사고방식이나 행동방식에서 상당한 차이를 경험하게 된다. 따라서 경영자는 자기가 주로 접하게 되는 집단의 사고 및 행동유형을 이해해야 할 뿐만 아니라 그 집단 내의 개인간의 차이점을 고려해야 한다.

사례

‖ 말하는 사람의 의도 · 감정까지 이해하는 '맥락적 경청' 중요 ‖

초보자가 협상에 성공하려면?
'천사식품' 최순진 사장처럼 협상 초보에게 가장 필요한 자질은 무엇일까?

협상 전문가들은 협상에서 중요한 것은 '말재주'가 아니라 '듣는 기술'이라고 단언한다. 어떻게 해야 '잘' 들을 수 있을까? 가장 중요한 것은 '맥락적 경청(contextual listening)'을 해야 한다는 점이다. 드러난 말뿐만 아니라 그 사람의 의도, 감정, 배경까지 이해하며 듣는 것이다. 협상학 용어로 말하면 상대의 숨겨진 '욕구(interest)'까지 파악하는 경청 기술이다.

예를 들어보자. 어느 날 힘든 회사 일을 마치고 집에 왔는데, 7살짜리 사내아이를 키우고 있는 아내가 다짜고짜 불평한다. '요즘 애가 너무 말을 안 들어 힘들다'고. 맥락적 경청이 안 되는 남편은 이렇게 답한다. '그래? 그럼 애를 유치원에 보내. 아니면 아이 돌보는 아줌마를 부를까?'

만약 남편이 맥락적 경청을 한다면 이렇게 답할 것이다. '저런! 요즘 당신이 정말 힘들겠구나. 그래도 당신이 이렇게 헌신하는 덕분에 우리 가족이 행복하잖아.' 이렇게 말하며 아내를 꼭 껴안아 줄 것이다. 무슨 말인가? 아내의 겉으로 드러난 요구(position)는 '아이 때문에 힘들다'는 것이다. 그렇다면 아내의 숨겨진 욕구(interest)는? 힘든 집안일을 하는 자신에 대해 남편이 공감하고, 인정하고, 위로해 줬으면 좋겠다는 것 아닐까?

비즈니스 협상에서도 이러한 맥락적 경청이 필요하다. 경청을 통해 상대의 상황을 이해하고 공감할 때 '라포르(rapport·공감대)'도 형성할 수 있고(Weekly BIZ 4월 4일자 C3면 참조), 바기닝 믹스를 통해 협상 전체의 파이도 키울 수 있다.

IGM(세계경영연구원) 최철규 부원장 / 김한솔 연구원

‖ 과정 속에 답이 있는 협상 ‖

협상에서 '공정한 절차'가 갖는 힘

케익 하나를 놓고 두 아이가 서로 많이 먹겠다고 싸우고 있습니다. 이것을 가장 공정하게 나눠 가질 수 있는 방법이 무엇일까요? 케익의 중심을 찾아 정교하게 자를 수 있

을까요?

가장 간단한 방법은 한 아이가 케익을 자르고 다른 한 아이가 케익을 선택하게 하면 됩니다. 그러면 어느 누구도 상대방을 탓할 수 없습니다.

이 단순한 원리가 UN이 참가한 해양법 협상에서 사용되었습니다. 심해에서 석유 채굴 구역을 어떻게 배정할 것인가 하는 문제로 민영 기업과 UN 소유의 채광 기업 '엔터프라이즈'가 교착 상태에 빠진 상황.

최초에 협의된 조건에 따라 채굴 장소의 반은 민영 기업이, 반은 '엔터프라이즈'가 채굴하기로 했습니다. UN의 채굴 성과에 많은 영향을 받는 후진국들은 선진 기술과 전문 지식을 가진 민영 기업이 유리한 위치를 독점하게 될까봐 걱정이 많았습니다.

이때 탄생된 해결책이 "민영 기업이 채굴 장소를 두 개의 공구로 나누고 '엔터프라이즈'가 채굴 공구를 선택한다"는 것이었습니다. 이렇게 되면 민영 기업은 상대방이 어느 지역을 선택할 지 모르기 때문에 가능한 한 두 공구 모두 좋게 정해야만 합니다. 한 쪽의 공구에만 채굴 가능성이 높은 지역을 몰아 놓으면, 상대방에게 모든 것을 빼앗길 수도 있기 때문입니다.

그 결과 민영 기업과 '엔터프라이즈' 모두 만족할 만한 채굴 성과를 얻을 수 있었습니다. 이처럼 복잡한 문제도 공정한 절차를 생각해 내면 쉽게 해결될 수 있습니다. 협상에서 공정함이 중요한 이유입니다.

최철규 세계경영연구원 부원장

잘못된 말 한마디, 협상판을 뒤집는다

유리했던 협상이 말 한마디 잘못해 쩔쩔매는 협상으로 바뀐다

〈사례〉

"참으로 신뢰할 수 없는 분이군요. 이익을 위해서라면 신의는 헌신짝처럼 버려도 된다는 게 당신네 회사의 경영철학입니까?"

외국계 할인점 '세일킹'의 나다혈 상무가 서툰 한국말로 소리를 버럭 지른다. 협상 테이블 맞은편에 앉아 있던 '대박코리아'의 김토종 부사장. 어쩔 줄 몰라 하며 연방 '죄송하다'는 말만 되풀이하고 있다. 재미교포 3세인 나다혈 상무(세일킹)가 화가 난 이유는 이렇다.

주방용품 제조업체인 대박코리아는 지난해 세일킹과 계약을 맺었다. 대박코리아의 히트상품인 '만능요리사'를 국내 1위 외국계 할인점 업체인 세일킹에 독점 공급하기로 한 것.

하지만 두 달 전부터, 만능요리사가 인터넷쇼핑몰인 '빽조아'에서도 판매되고 있다는 사실을 확인했다. 대박코리아가 독점 공급 계약을 어긴 셈이다.

"정말 죄송합니다, 상무님. 저희 내부적으로 그럴 수밖에 없는 사정이 있었습니다. 사실 빽조아 인터넷쇼핑몰 사장이 저희 회장님의 조카입니다. 그쪽에서 하도 부탁을 해서 아주 소량만…."

식은땀을 흘리며 상황을 설명하는 김 부사장을 향해 나다혈 상무가 다시 호통친다.

"됐어요. 그런 구질구질한 변명이나 들으려는 게 아닙니다. 이건 엄연한 비즈니스입니다. 계약 위반 소송을 걸겠습니다."

나다혈 상무는 이번 기회에 대박코리아의 '군기'를 확실히 잡겠다고 작정했다. 사실 세일킹의 CEO는 '이번 사건이 계약 위반이지만, 워낙 소량이고 만능요리사가 초대박 상품인 만큼 좋은 선에서 타협하라'고 지침을 내렸다. 하지만 나 상무는 생각이 달랐다. 앞으로 더 좋은 납품 조건을 얻어내기 위해 강하게 나가기로 한 것. 소송이란 말을 듣자마자 갑자기 김토종 부사장의 낯빛이 달라진다. 목소리는 차가워진다.

"소송? 좋습니다. 한번 해봅시다. 오늘 이 순간부터 세일킹과의 모든 거래를 끊겠습니다. 협상이고 뭐고 그만둡시다. 그만 가 보겠습니다." 자리에서 벌떡 일어나 갑자기 짐을 챙기기 시작하는 김 부사장.

김 부사장의 돌출 행동에 전세는 역전됐다. 당황한 것은 오히려 나다혈 상무. '사장님의 지시를 따르기 위해선 어떻게라도 김 부사장을 협상 테이블에 다시 앉혀야 하는데….'

양측의 감정적 충돌이 극에 달한 상황. 더 이상의 협상은 불가능해 보인다. 이번 협상, 대체 뭐가 문제였을까?

〈해답〉

1. 같은 단어도 문화에 따라 다르게 해석된다.

앞의 사례에서 김토종 부사장은 '소송'이라는 말을 듣자마자 협상을 깨려 한다. 반면 재미교포 3세인 나 상무는 이런 김 부사장의 '돌발 행동'에 크게 당황한다. 왜 이런 일이 일어날까?

답은 상대의 문화를 제대로 이해하지 못했기 때문이다. 협상 테이블에선 똑같은 단어도 문화에 따라 다르게 해석된다.

동양 문화권에서 '누가 나에게 소송을 건다'는 것은 어떻게 해석되는가? 한마디로 '갈 데까지 가보자'는 얘기. 정상적인 관계의 종말을 뜻한다. 우리 대(代)에서 해결되지 않으면 자식 대(代)까지 갈등이 이어진다.

반면 나 상무가 자란 미국에선 소송은 다른 의미로 사용된다. 소송을 하겠다는 것은

'내가 그만큼 이번 사안에 대해 자신 있다'는 것을 증명하는 수단. 즉 강력한 의사 표현 방식의 하나이다. 미국에서 예컨대 100건의 소송이 접수됐다고 가정하자. 이 가운데 실제로 법정까지 가는 경우는 몇 건이나 될까? 채 5건이 되지 않는다. 나머지 95건은 대화와 타협을 통해 해결된다.

지난 1976년 있었던 소니와 MCA(유니버설 영화사의 모기업)의 협상 사례를 예로 들어보자. 당시 소니와 MCA는 비디오디스크를 공동으로 개발하고 있었다. 비디오디스크란 재생은 되지만 녹화 기능은 없는 원반 모양의 장치. 개발 협상이 한창이던 당시, MCA는 소니가 VCR을 독자적으로 개발하고 있다는 정보를 입수했다. MCA의 쉐인버그 회장은 녹화 기능이 있는 VCR은 미국의 저작권법에 위배될 수 있다는 사실에 착안, 소니의 모리타 회장에게 이렇게 말했다. "VCR 개발을 계속한다면 소송할 수밖에 없습니다".

MCA의 쉐인버그 사장은 이런 '기습적 공격'을 통해 앞으로 VCR 개발도 함께하고, 협상에서 좀 더 유리한 위치를 차지하려는 노림수를 쓴 것이었다. 하지만 결과는 참담했다. '소송'이라는 말에 화가 난 모리타 회장은 즉시 MCA와의 모든 비즈니스 관계를 중단했다. 결국 두 회사는 장장 11년이나 소송을 진행하며 수백만달러를 날렸다. 상대의 문화적 차이를 이해하지 못해 벌어진 낭비였다.

협상에서는 이처럼 협상 상대방의 '문화적 문맥(context)'을 이해하는 것이 중요하다. 국제 협상에서 우리측이 상대 제안에 대해 'Hopefully yes'라는 표현을 사용했다고 치자. 이 말을 미국 사람들은 '아마 괜찮을 겁니다'라는 긍정적 의미로 받아들인다. 반면 똑같은 말이, 영국 사람에겐 '거의 불가능한데....'라는 부정적 의미로 이해된다. 상대의 문화적 배경이 무엇이냐에 따라 전혀 다르게 해석되는 셈이다.

2. 관계 살리려면 '아이 메시지(I-message)'를 써라.

협상가들이 화가 난 상태에서 흔히 저지르는 실수가 있다. 바로 '유 메시지(You-message)'를 쓰는 것이다. 유 메시지란 뭔가?

말 그대로 너, 즉 상대의 '행동'이나 '정체성'에 대해 내가 평가를 내리는 대화법이다. "당신은 너무 이기적인 것 같아", "그런 제안을 하다니, (당신은) 너무 비상식적이네요"

이런 화법은 협상 테이블에선 피해야 한다. 특히 앞으로 지속적인 비즈니스 기회가 남아 있는 '관계 중심'의 협상에선 더욱 그렇다. 좋은 협상가는 상대를 평가하지 않고 그 제안에 대한 '나'의 느낌을 표현한다. 이것을 '아이 메시지(I-Message)' 화법이라 한다.

앞의 사례에서 나다혈 상무는 계약을 위반한 김 부사장에게 "(당신은) 신뢰할 수 없는 사람"이라는 유 메시지를 사용했다. 앞으로 두 번 다시 안 볼 사람에겐 이렇게 말해도 된다. 하지만 앞으로 관계가 중요한 협상 상대에겐 이렇게 말하면 안 된다. 내 행동의 배경(회장님의 지시)에 대해 정확히 알지도 못하면서 상대가 나의 정체성을 규정한다면 기분이 좋겠는가? 관계를 잘 만들어 가야 할 협상의 첫 단추부터 잘못 끼워진 셈이다.

나 상무의 말을 아이 메시지로 바꿔보자. 아이 메시지는 대개 3단계로 이뤄진다. 우선 상대가 제안한 내용을 정리해서 말하는 '사실(Fact)', 다음은 이로 인해 내가 느끼는 '감정(Feeling)', 마지막은 이 말을 하는 나의 '의도(Intention)'이다.

"대박코리아가 독점 공급 약속을 지키지 않았고 이는 엄연한 계약 위반입니다.(사실) 이에 저희 회사 경영진은 실망과 분노를 느낍니다.(감정) 이 문제에 대한 대박코리아측의 합리적인 해결 방법을 듣고 싶습니다.(대화의 의도)"

어떤가? 상대의 감정을 '묘하게' 해치지 않으면서도 얼마든지 내 의사를 분명하게 전달할 수 있지 않은가?

일상의 예를 들어보자. 새벽 2시, 오늘도 남편이 전화 한 통 없이 술에 취해 들어왔다. 남편의 나쁜 버릇을 고치기 위해 어떻게 협상할 것인가?

"지금 몇 시예요? 왜 연락도 안 해요? 당신은 참 배려심이 없는 사람이에요!"

아마 당신과 남편의 대화는 거기에서 끝날 것이다. 하지만 이 상황에서 "당신이 늦게 들어오니까(사실) 내가 걱정되고 불안하잖아요.(감정) 다음엔 꼭 미리 전화를 줘요.(의도)" 라고 말한다면 어떨까?

이런 방식을 협상학에서는 '이슈와 인간관계를 분리하라'는 말로 표현한다. 협상테이블에서 협상 이슈에 대해선 거칠게 나가도 좋다. 하지만 인간관계는 부드럽게 만들어야 한다. 이를 위한 기본적인 화법이 바로 아이 메시지다.

3. 다른 거래 조건들을 끌어들여 협상 판부터 키워라.

독점 공급 조항을 어겼기 때문에 갈등이 심각해진 상황. 이 협상을 윈윈(win-win) 협상으로 전환시킬 순 없을까?

서로 양보할 수 없는 어젠다(agenda·의제)로 부딪힐 때에는 다른 어젠다를 협상 테이블에 올려놔야 한다. 독점 공급이라는 하나의 파이에만 집착하지 말고 납품 가격, 물량, 대금 지불 조건 등 다른 거래 조건을 협상 대상으로 만들라는 뜻이다. 이를 협상학에선 '어젠다 확장 전략'이라고 부른다.

이처럼 어젠다가 많아지면 서로 교환할 수 있는 가치들도 많아진다. 이때 나에겐 별로 중요하지 않지만, 상대방에게는 큰 가치를 줄 수 있는 조건을 제안할 수 있다. 이를 '으뜸 거래 조건'이라 말한다. 으뜸 거래 조건을 양보하고 대신 내가 원하는 것을 더 많이 얻어낼 수 있다.

어젠다 확장 전략을 사용한 대표적인 사례는 1984년에 있었던 중국 정부와 폴크스바겐의 협상. 당시 세계의 많은 기업들이 중국 진출에 눈독을 들이고 있었다. 하지만 중국 정부가 요구하는 '기술 이전' 조건에 발목이 잡혀 중국 진출이 녹록지 않았다. 하지만 폴크스바겐은 중국 정부와 합작 기업을 설립하고 2000년대 초반 중국 승용차 시장의 반 이상(54%)을 점유하는 성과를 기록했다.

비결은 뭘까? 폴크스바겐은 중국 정부가 요구하는 '기술 이전'을 해줬다. 그 대신 '중국 정부와 국영 기업의 폴크스바겐 승용차 우선 구입, 다른 외국 자동차 생산업체의 투자 제한, 해외 완성차 수입 시 높은 관세 부과'라는 3가지 조건을 요구했다. 이 요구만 수용되면 중국시장에선 충분히 승산이 있다는 게 폴크스바겐의 판단. 중국 정부로선 기술 이전만 된다면 나머지 요구를 들어줘도 큰 손해가 없었다. 결국 중국 정부와 폴크스바겐 모두가 만족한 협상 결과가 나왔다.

좋은 협상가는 항상 새로운 어젠다를 창조한다. 가능한 한 많은 어젠다를 협상 테이블에 올려놓은 후 서로에게 중요한 가치를 주고받는다.

앞의 사례로 돌아가 보자. 이렇게 하면 어떨까? 세일킹 은 대박코리아가 빽조아 쇼핑몰에 한해 한정된 물량만큼만 물건을 공급하도록 허락한다. 그 대신, 다른 히트 상품들에 대해 독점 판매권을 갖고, 납품 단가도 낮춰 달라고 요구한다. 이처럼 어젠다 확장 전략은 각자 덜 중요한 가치를 양보하고 더 중요한 가치를 얻어내, 결국 양측 모두가 협상결과에 대한 만족감을 높이는 교환 방법이다.

좋은 협상가란 어떤 사람일까? 내가 원하는 협상 결과만을 얻어내는 사람? 아니다. 협상 결과는 물론이고 협상이 끝나고 난 후 상대의 마음까지 얻을 수 있는 사람이다. 상대 문화에 대한 이해, 관계를 해치지 않는 대화법, 협상의 파이를 키울 수 있는 능력. 이 세 가지 '무기'만 장착해도 당신은 협상 테이블에서 불필요한 '인간관계의 훼손'을 막을 수 있을 것이다.

IGM(세계경영연구원) 최철규 부원장·김한솔 연구원

‖ 코너에 몰렸을 때 대처하기 ‖

협상을 진행하다 보면 더 이상 어떤 대응도 하지 못하게 될 때가 있습니다. 그런데 상대는 야속하게도 계속 나를 몰아세웁니다. 어떻게 해야 할까요?

첫째, "네, 잘 알겠습니다. 그런데 그건 제가 결정할 수 있는 영역이 아니네요." 라고 말하고 그 안건을 미루는 방법입니다. 비록 그것이 당신이 결정할 수 있는 내용이라도 권한 밖이라고 둘러대면 상대도 당신에게 더 이상 요구할 수 없게 됩니다.

단 이때, 상사의 이름을 구체적으로 말하면 안 됩니다. 그렇다면 협상 상대방은 그 상사를 불러오라고 말할 수도 있으니까요. "이사회의 결정 사항이라서…" 라거나 "회사 내 위원회의 통과가 필요하기 때문에…" 라는 등의 모호한 대상을 말하는 것이 좋습니다.

둘째, "저희 쪽의 대안이 부족한 것 같네요. 함께 대안을 마련해 주시면 도움이 될 것 같습니다" 라는 류의 대답을 하면서 상대방에게 그 문제에 대한 조언을 구하는 것이다. 이런 식으로 상대의 기를 세워주면서 상대의 정보를 얻어낼 수도 있습니다. 합의의 결과로 이루어 지는 협상에서 당신이 이렇게 부탁을 한다면, 아무리 강한 상대방이라도 쉽게 거절하기는 힘들 것입니다.

셋째, 협상을 중지하는 것입니다. 잠깐 동안 break를 가질 수도 있고, 다음 협상 때 계속 논의하자고 말하면서 이번 협상은 끝내자고 말하는 것입니다. 준비되지 않은 상황에서 협상을 계속 하는 것은 더 큰 수렁에 빠지는 결과를 만들 수도 있습니다. Break를 갖고서라도 충분한 준비시간을 가지는 것이 협상을 성공적으로 이끄는 가장 중요한 요인입니다.

협상을 하다 보면 생각지도 못한 상황이 생길 수도 있습니다. 이때는 절대 당황하지 않는 것이 가장 중요합니다. 태연하게 상대의 요구에 대응할 수 있도록 많은 준비와 연습을 하는 것이 가장 좋은 대응 방법이 될 것입니다.

최철규 세계경영연구원 부원장

‖ '말' 보다 힘이 센 '몸짓' ‖

귀가 두 개고 입이 하나인 것은 말하기 보다 듣는 것을 더 많이 하라는 의미라고 하죠? 그렇다면 입보다도, 귀보다도 훨씬 더 큰 우리의 몸짓은 어떨까요? 말보다 더 중요한 것이 몸짓이니까 항상 조심하라는 의미가 있는건 아닐까요?

협상장에서 어떤 몸짓을 보여주는가는 아주 중요합니다. 어떤 행동을 하느냐에 따라 상대방은 전혀 다른 느낌을 받을 수 있습니다. 그렇다면 사람들은 어떤 행동을 좋아하고 어떤 행동을 싫어할까요?

첫째, 상대방과 눈을 맞춰야 합니다. 말을 하는 사람을 바라보면서 당신이 듣고 있다는 신호를 계속 보내줘야만 합니다. 눈맞춤을 거부하면 왠지 속이는 듯한 느낌을 받기 쉽습니다.

둘째, 앉는 자세가 중요합니다. 팔짱을 끼고 의자를 뒤로 젖히고 앉는 자세와 약간 앞으로 숙이고 상대와 마주 앉는 자세 중에 어떤 것이 더 상대에게 호감을 줄까요? 바른 자세로 앉아 상대에게 주의를 기울인다는 느낌을 줘야 합니다.

셋째, 귓속말을 해서는 안됩니다. 협상 중에 팀원들 간에 의견을 맞추기 위해 귓속말을 하는 경우가 있습니다. 하지만 이때 상대방은 뭔가 속임을 당한다는 느낌을 받기 쉽습니다. 꼭 전해야 하는 말이 있을 때에는 메모를 전달하거나 잠시 휴식 시간을 갖는 것이 좋습니다.

너무도 당연하지만 '편한 자세'만 생각하다 보면 잊기 쉬운 간단한 원리들입니다. 그리고 이런 몸짓 언어를 잘 활용하면 상대가 말하는 내용에 반응함으로써 상대의 말을 끊지 않고도 동의 혹은 거부의 표현을 할 수 있습니다. 단순히 고개를 끄덕이는 것만으로도 상대가 많은 이야기를 하도록 도와줄 수 있고, 미소를 보여줌으로써 호감을 얻을 수도 있습니다. 당신의 생각과 반대로 진행될 때 고개를 갸웃거린다거나 생각하는 표정을 지음으로써 말보다 은근하게 거절을 표현할 수도 있습니다.

협상 분위기를 긍정적으로 만드는 데에 몸짓을 잘 활용하는 것만큼 쉬운 것은 없습니다. 바르게 앉아 상대와 눈맞추면서 신뢰를 보내 주는 것, 이러한 기본적인 원리를 통해 말 한마디 하지 않고 천냥 빚을 갚을 수도 있습니다.

최철규 세계경영연구원 부원장

‖ 한국 CEO들에게 가장 부족한 스킬은? ‖

'협상력' 불황 이기는 CEO 첫째 기술…우리 기업 '코칭스킬' 보완 시급

'협상력'이 불황을 이기는 첫째 비법이자 CEO들이 가장 어렵게 느끼고 있는 기술로 꼽혔다. 반면 한정된 자원 속에서 직원 생산성을 높여줄 수 있는 열쇠로 주목 받는 '부하 코칭스킬'의 자가평가 점수가 가장 낮아 보완이 시급한 것으로 보인다.

CEO들은 협상력-정보관리-시간관리-갈등관리-코칭스킬-인맥관리 순으로 '절실하다'라고 응답했다. 현재 본인의 수준에 대한 자가평가는 시간관리-협상력-갈등관리-정보관리 및 인맥관리-코칭스킬 순이었다. 조사한 6개 기본기 중요도의 평균 점수는 4.35점(5점 만점)이었다. CEO들은 6개 기본기에 대한 본인의 수준을 평균 3.37점(5점 만점)으로 평가했다. 중요도를 높게 인식하는 데에 비해 스스로의 수준은 다소 낮게 평가하고 있었다.

CEO 기본기 중 우리 CEO들이 가장 어렵게 느끼는 기술을 알아봤다. 협상력(26%), 정보관리(22%), 코칭스킬(17%) 순이었다.

CEO 90% 지난 한 달간 최소 1번 이상 협상했다

협상 중요하지만…교육 받은 적 '없다' 55%

CEO들은 한 달에 협상을 몇 번이나 하고 있을까? CEO 90%는 '지난 달 최소 1번 이상 협상을 했다'고 답했다. (1~2회 59%, 3~5회 24%, 5회 이상 7% 포함) CEO들은 협상을 어떻게 배우고 있을까? 4명 중 3명의 CEO는 '최소 1권 이상의 협상 관련 책을 읽은 적이 있다'고 응답했다. (1~2권 59%, 3~5권 10%, 6권 이상 5% 포함) 26%는 2~3시간의 특강을 들은 적이 있고 하루 이상 또는 1달 이상의 전문 교육을 받은 적 있는

CEO도 각 9% 였다. 한 번도 교육을 받은 적 없는 CEO는 55%를 차지했다.

협상교육과 책 '도움 된다' 76%

CEO 4명 중 3명은 '협상 교육과 관련 서적이 실제 비즈니스에 도움이 되고 있다'고 답했다. (매우 도움이 된다 28%, 비교적 도움이 된다 48% 포함) 협상을 잘 하기 위해 가장 중요한 것으로는 철저한 준비(25%), 빠른 판단력 및 의사결정(19%) 등을 꼽았다. 반면, 5%만이 협상 상대와 친밀한 관계를 맺는 것이라고 응답해 개인적으로 친밀도 보다는 철저한 준비와 판단력을 더 중요하게 여기는 것으로 나타났다.

설문은 누구를 대상으로 진행되었나?

설문에 참여한 101명의 CEO들은 제조, 서비스, 금융, 유통, IT/통신 등 다양한 산업 영역에 종사하고 있다.

<세계경영연구원>

제3편
국제회의 협상

제 9 장
국제회의의 기초

| 제1절 |

국제회의 의의

1. 국제회의 개념

1990년 이후 우리 외교 대상들의 확대와 급속히 이루어지고 있는 세계화와 우리의 대외개방 및 자유화 추진 그리고 1991년 UN 가입과 1996년 OECD가입으로 국제회의에 참석하는 우리나라 사람의 숫자는 매년 눈에 띄게 늘어나고 있다. 따라서 이제 국제회의는 모든 사람들에게 생활의 일부가 되고 있다.

국제회의는 회의외교(conference diplomacy)를 통해 국가 목표를 달성하는 포럼이다. 국가 수가 많아지고 경제 · 문화의 범 세계화 현상으로 이제는 많은 문제들이 한나라의 힘만으로는 해결하기가 어렵고 다자간 국제협력을 통해서만 해결이 가능하게 되어 국제회의의 중요성은 날로 커지고 있다. 그런데 100여개국 이상이 참가하는 회의는 고도의 외교적 기교와 접근을 요하고 있다. 다수가 모이는 이런 회의에서 효과적으로 우리 입장을 밝히고 이익을 반영하는 것이 우리 회의외교의 우선 목적이 되어야 할 것인데 이를 위해서는 국제회의의 메카니즘, 의사규칙, 협상 및 교섭, 토론기법 등을 잘 익혀놓아야 한다.

여기에서 말하는 국제회의(international conference)란 국제기구가 개최하는 회의 또는 국제기구가 주관하는 특별회의(special conference) 등이 포함된다.

2. 국제기구 이해

국제기구(international organization)란 3개국 이상의 정부가 설립한 기구 또는 3개국 이상에 걸쳐 소재한 단체나 개인들이 설립한 기구를 뜻한다. 따라서 국제기구라는 명칭을 가지기 위해서는 대개 다음 요소를 구비해야 한다.

그 목적이 진정한 의미에서 국제적이어야 하며, 3개국 이상에서 그 기구의 설립이념을 실현 또는 전파하는 경우이어야 한다.

설립현장이나 정관은 정책결정기관(governing body)과 임원 등 공식조직을 규정해야 한다. 또한 영구적 본부를 가지고 운영의 연속성을 유지해야 한다.

선거직(의장, 부의장, 보고관, 위원장 등) 및 임명직(사무총장 등) 임원이 있어야 한다. 가시적 활동이 있어야 하며 해당기구의 크기나 중요성은 문제가 되지 않는다.

| 제2절 |

국제회의의 종류

1. 회의주체에 따른 분류

회의주체에 따른 분류로는 정부간 국제회의, 비정부간 국제회의, 준정부간 국제회의로 구별될 수 있다.

정부간 국제회의는 UN, UN에 소속된 UNICEF, FAO ICAO, ILO, IMO, ITU, UNESCO, UPU, WHO 등과 IAEA, IMF/IBRD, OECD 등 정부 또는 국제기구가 기구가 주최하는 회의이며, 비정부간 국제회의는 아・태 변호사협회(APLA), 국제신문발행인협회(FOEJ), 국제상공회의소(ICC), 세계기독교청년협회연맹(YMCA)등 그 숫자는 무수히 많다.

준정부간 국제회의로서는 국제표준기구(ISO), 아시아 최고회계검사기관기구(ASOSAI) 등이 있다.

2. 형태별 분류

1) 회의 (conference)

회의는 안건을 토의하고 결정하는 심의회의(deliberative meeting)를 뜻하는데, 심의회의란 자유로운 토의를 통해 그룹전체의 이름으로 취할 행동을 결정하기 위해 모이는 것을 의미한다.

심의회의에 참가하는 회원은 자신의 판단에 따라 자유롭게 행동할 수 있으며, 각 참가자의 의견은 동일한 중요성을 가지되, 다수의견(prevailing side)에 가담했을 경우 이 결정에 직접적인 책임을 진다.

물론 전체회의(assembly meeting)의 결정에 찬성하지 않는다 해서 그 회의로부터 탈퇴를 의미하는 것은 아니다. 최종 결정을 내리는 회의에 불참하는 회원이 있다하더라도 정상적으로 또는 합법적으로 회의에 참석한 회원이 의사정족수에 따른 규정에 의거하여 결정을 내릴 경우, 이는 회원전체(불참자를 포함)가 채택하는 결정이 되므로 이 결정을 따르고 준수해야 한다.

국제기구가 심의를 목적으로 개최하는 회의로는 대개 총회, 이사회이다. 위원회도 나름대로 결정을 채택할 수는 있으나, 이 결정은 그 기구의 참가자 전체가 모여 최종 결정하는 총회 또는 이사회의 승인을 얻어야 하나의 결정으로서 효력을 갖는다.

2) 포럼 (forum)

제시된 한 주제에 대해 전문가들이 사회자의 주도하에 청중 앞에서 벌이는 공개토론회로서, 청중이 자유롭게 질의에 참여할 수 있으며, 사회자가 의견을 종합한다. 어떤 결정을 채택하는 것보다는 의견교환이 주목적이라고 볼 수 있겠다.

이를테면 남・북 포럼, 환경포럼, 도시화 포럼 등 세계 저명인사들이 어떤 특정주제에 포럼을 구성한 예는 많다.

3) 토의그룹 (discussion group)

토의그룹은 10~20명 정도의 소규모 숫자의 사람이 특정주제에 대해 집중 토의할 수 있도록 조직되며, 토의그룹에서 합의된 사항은 정책결정 과정에서 지속적인 영향력을 발휘할 수 있다는 사실 때문에 이런 토의방법이 많이 사용되고 있다. 한 연구 분야를 다양한 전문견해로 조명해 보는 방법이다.

4) 심포지움 (symposium)

심포지움은 직위가 매우 높고 또 사계의 전문지식을 가진 같은 수준의 인사들이 회합하여 고도의 정보를 교환하고, 해당문제에 대해 상이한 접근방법을 통합해 가는 회합을 의미한다. 따라서 심포지움에서 다루는 주제는 이론이나 적용면에서 중요성이 있고, 심포지움의 토의결과는 주제연구의 방향을 제시한다. 전문적이거나 기교적인 것은 심포지움의 대상이 될 수 없다.

5) 세미나 (seminar)

세미나는 50여명이내의 참가자가 길게는 4주까지 회합하면서 고도교육(advanced teaching)을 목적으로 하는 회의 형태이다. 그래서 세미나에서 교육자와 피교육자간 구별이 있으며, 여러 분야의 문제가 다루어지는 세미나(multidisciplinary seminar)에서는 주제에 따라 교육자와 피교육자의 역할이 뒤바뀔 수도 있다. 국제세미나의 경우 유자격자의 참가가 매우 중요하다. 즉 참가자의 훈련경력, 전문지식, 현재 직위, 세미나에서 터득한 경험의 전수능력이 고려되어야 하고, 다양한 경험교류를 위해서는 지역적 배분이 또한 감안되어야 한다. 강사는 국제적 지명도가 있는 사람이 바람직하다, 강사는 해당주제에 대한 전문지식은 물론 개념을 정립하고 다양한 문화적 배경을 가진 피교육자들을 이해하고 훈련시킬 수 있는 능력도 있어야 한다.

6) 워크샵 (workshop)

워크샵은 훈련목적의 회의로 30명 정도의 인원이 특정문제나 과제에 관해 지식을 서로 교환한다. 국제기구 워크샵은 대개 해당분야에서 일정한 기간 경험을 쌓은 중견 실무관리를 대상으로 이루어지며, 시찰도 프로그램 중 주요부분이 된다.

3. 참가자 수준에 따른 분류

1) 정상회의 (summit meeting)

국가의 정상들이 특정문제에 대해 정책 방향을 제시하는 정치적 결정을 이루어내는 회의이다. 유엔에서는 1990년 이후 정상회의가 빈번히 개최되었는데 예를 들면 1990년 세계 아동정상회의(World Summit for Children), 1992년 세계환경정상회의(Earth Summit), 1995년 사회개발정상회의(World Summit for Social Development), 1995년 유엔설립 50주년기념 정상회의, 1996년 도시정상회의(HABITATII) 1996년 세계식량정상회의(World Summit for Food) 등이 그 예이다. 또한 매년 열리고 있는 APEC 정상회의와 격년제로 열리고 있는 ASEM 정상회의가 있다.

2) 각료회의 (ministerial meeting)

많은 정부간 국제기구의 총회는 사실상 각료급의 회합니다. 해당 각료들이 참석하여 해당주제에 대해 서로 의견을 교환하고 정책방향을 설정하고 이를 이행하기 위한 사업을 결정해준다.

물론 정상회의가 개최되는 경우에는 각료회의는 정상회의를 보좌하는 기능을 수행한다. APEC의 경우 정상회의의 직속으로 열리는 각료회의(외무장관·통상장관이 참석)와 교통·환경·에너지·중소기업·여성·관광 등 분야별로 열리는 각료회의가 그 예이다.

3) 고위급회의 (senior-level officials meeting)

고위급 실무자(국장, 차관보 등)간 회의로 각료회의 또는 정상회의를 보좌하는 기능을 수행한다. APEC 및 ASEM의 고위급회의(SOM)가 그 예이다.

4) 전문가 그룹회의 (expert group meeting)

특정문제가 정부간 문제로 발전하기 전에 전문가들이 회합하여 기술적 측면을 검토하는 회의이다. 마약전문가회의, 환경전문가회의, 관세전문가회의 등 그 예는 많으며 이 전문가 회의에서 논의된 사항은 고위급 회의를 거쳐 하나의 정책으로 발전해 나간다.

4. 목적에 따른 분류

1) 일반토의

유엔총회, 유엔경제사회이사회, 안전보장이사회, 세계 보건기구총회 등 포럼은 회원국들이 모여 일반토의(general debate)를 가진다. 이 포럼에서는 소관 분야에 대해 광범위한 의견개진이 이루어진다. 즉 모든 문제에 대해 다 거론할 수 있다.

2) 정부 또는 국제기구에 권고 제시

유엔총회, 유엔경제사회이사회, 세계보건기구총회 등은 일반토의 후 토의 내용을 이행하기 위해 각국 정부에 대해 또는 국제기구 사무국이 해야 할 일을 권고를 제시한다. 이 권고는 어디까지나 권장일 뿐 구속력을 가지지는 않는다.

3) 정부 또는 국제기구를 구속하는 결정 채택

국제노동기구, 세계보건기구, 세계은행, 유엔개발계획, 유엔고등판무관 등의 집행위원회는 각국 정부를 구속하는 결정을 채택한다.

4) 조약 또는 국제적 문서를 교섭

1944년 브레튼우즈회의, 1945년 유엔헌장제정회의, 1956년 IAEA 헌장채택회의 등은 국제기구 설립을 위한 공식적인 문서를 교섭, 문안을 작성하였으며 1980년대 유엔해양법회의는 조약을 교섭하여 체결하였다.

5) 정보교환

1955, 1958, 1964년에 열린 '원자력의 평화적 이용에 관한 유엔회의(United Nations Conference on the Peaceful Uses of Atomic Energy)' 그리고 1963년에 열린 '최저개발지역에 대한 과학기술 적용에 관한 유엔회의(United Nations Conference on the Application of the Science and Technology to the Least Developed Area)'가 그 예이다.

1970년 대 유엔이 주관한 단일의제 범세계회의(global conference)도 정보교환이 주목적이었다.

6) 기여금 서약회의

유엔총회 기간 중 열리는 기여금서약회의(Pledging Conference) 유엔회원국들의 유엔 개발활동에 대한 기여금을 밝히는 회의이다.

7) 협정이행검토를 위한 협정당사국회의

이전에 채결된 협정이나 조약의 이행을 점검하는 회의로 이를테면 '핵비확산 당사국회의' 또는 '여성차별철폐협약 당사국회의'등이 그 예이다.

| 제3절 |

화합과 회기

국제기구가 심의회의를 개최하는 전 기간을 회기(session)라고 부른다. 매 회기는 적어도 한차례 이상의 회합(meeting)으로 구성되며, 회기 내에서 안건을 모두 처리하지 못하면 속개회기(resumed session)를 갖고 이를 처리할 수 있다.

회합과 회기의 구별은 회의진행 및 의제의 심의보류, 재검토, 이월 등과 관련하여 중요성이 있다.

1. 회합 (meeting)

회합이란 일단의 집회자들(회의 참가자)이 어느 한 장소(방 또는 지역)에서 1회의 공식회합(single official gathering)을 갖고 업무를 처리하는 것을 뜻한다. 회합기간 동안에는 회의진행이 정지되지 아니하며, 짧은 시간의 휴회(recess)의 경우를 제외하고는 구성원들이 흩어지지 아니 한다.

처리할 업무에 따라 회합은 2~3분내에 끝나기도 하고 여러 시간이 걸리는 수도 있다. 회합과 회합간에는 업무의 연속성이 유지된다.

2. 회기 (session)

회기란 회원들이 1회 이상 회합을 거쳐 하나의 독립된 업무일정, 프로그램, 의제를 다루는 전 과정을 뜻한다.

회기와 회기간에는 업무의 연속성이 없다. 그래서 회기내 처리되지 못한 안건은 폐기된다.

정기적으로 회합하여 헌장에 규정된 바에 부합되는 모든 일을 처리하는 회기를 정기회기(regular session)라하며, 정기회기와 정기회기간 사이에 긴급한 조치를 필요로 하는 문제가 발생하여 차기 정기회기 때까지 기다릴 수 없을 때 또는 정기회기 이전에 특정문제에 대해 사전 집중적으로 토의할 필요가 있을 때 소집되는 회기를 특별회기(special session)라 하는데, 특별회기는 속개회기를 예정하지 않는 한 소수의 회합으로 끝나는 것이 보통이다.

속개회기(resumed session)는 직전의 정기회기의 연속이며, 속개 시간과 장소는 사전에 통지된다. 속개회기에서는 전(前) 회기에서 중단된 시점에서 업무를 시작하거나 또는 전 회기로부터 속개회기에 이월된 문제만이 검토된다. 속개회기의 의장 등 임원은 전 정기회기시의 의장 등 임원이 계속 재임한다.

사례

배트나(BATNA · 최선의 대안) 전략 활용하라

세상사는 협상의 연속이다. 개인 간, 기업 간, 국가 간이든 크고 작은 협상을 통해 모든 것이 정리된다. 그 결과에 따라 희비가 교차된다. 그러니 성공하려면 협상을 잘해야 한다. 예로부터 '협상의 명수'를 옆에 둔 군주는 롱런하며 나라를 살찌웠다. 이번 호부터 저명한 국제변호사이자 협상 전문가인 전성철 박사가 기업경영이나 처세에 도움이 되는 '협상의 기술'을 연재한다.

광화문 한복판을 흐르는 물소리, 그 주변에서 들리는 가족들과 연인들의 즐거운 웃음소리. 곧 봄이 오면 청계천에서 흔히 보고 들을 수 있는 풍경이다. 10년 전에는 누구도 청계천이 그렇게 될 것이라고 생각지 못했던 그 풍경들, 이 모습을 이끌어낸 건 서울시의 놀라운 협상 능력이었다는 사실을 얼마나 많은 사람들이 알고 있을까?

2002년 7월 서울시정을 맡은 이명박 당시 서울시장은 청계천 복원 계획을 발표했고, 이는 전국적으로 큰 파장을 불러 일으켰다. 무엇보다 큰 걸림돌이 된 것은 점포 수 6만 5,000여 개, 20여 만 명의 상인들이 그 주변에서 생업에 종사하고 있다는 점이었다.

이들을 협상 테이블로 불러들이기 위해 일 년여 동안 4,200여 회에 걸친 만남이 이어졌다. 가까스로 협상 테이블에 불려 나온 상인연합회는 무려 10조원이 넘는 보상을 요구했다. 서울시가 청계천 복원사업을 위해 현금 보상금액으로 배정한 예산은 3,300억원이었다.

이런 차이에 대한 일반적인 방식은 반씩 나누기. 서울시가 사업을 추진하기 위해서는 4조5,000억원 이상의 보상금이 있어야 문제를 해결할 수 있을 거라고 쉽게 생각할 수 있다. 놀랍게도 서울시는 처음의 안을 그대로 추진한다는 원칙을 고수했고 협상은 성공적으로 이뤄졌다.

어떻게 가능했을까? 협상을 배운 사람이라면 한번쯤은 들었을 배트나(BATNA·Best Alternative To Negotiated Agreement: 최선의 대안)를 적절히 활용했기 때문이다. 배트나란 협상의 당사자가 지금 하고 있는 이 협상에서 실패했다면 무엇을 할 수 있는가 하는 것이다.

좋은 점은 협상이 실패하더라도 다른 좋은 길이 있다는 것이다. 예를 들어 같은 가게가 밀집해 있는 시장에서 한 가게에서 물건을 흥정하는 손님의 배트나는 너무 좋다. 옆에도 가게가 있기 때문이다. 그러나 만일 그 가게가 사막 한 가운데 있는 유일한 가게라면 손님의 배트나는 최악이다.

협상 잘해야 수익도 더 난다

당시 서울시가 복원사업을 추진하지 못했다면 서울시로서는 노후한 청계 고가를 보수해야만 했다. 서울시가 청계천을 복원하지 않고 고가를 보수한다고 해서 서울 시민들이 크게 들고 일어날 일은 아니었다. 반면 청계천을 보수한다고 했을 때 그것이 상인들에게 주는 불편과 고통은 복원 공사를 하는 것과 비교해 크게 다를 게 없었다.

하지만 상인들이 공사 후 얻을 수 있는 이익은 복원하는 쪽이 고가 보수보다 훨씬 더 크다. 바로 이런 점들을 서울시가 잘 정리해서 상인들을 설득한 것이다. 서울시는 뛰어난 협상 능력으로 무려 3조~6조원 정도의 예산을 절감했다. 바로 이것이 협상의 힘이다.

과연 협상 능력의 차이로 얼마나 돈을 벌 수 있을까? 간단한 예를 들어보자. 세계경영연구원 협상스쿨에서 협상 교육의 도입 부분에 참가자들을 대상으로 쉬운 모의협상을 진행한다. 주어진 시나리오에 평균시세가 약 1,200만원인 중고차를 매매하도록 하면 그 결과는 천차만별이다.

지금까지 250여 차례 진행된 이 협상에서 가장 낮은 가격이 800만원이고, 가장 높은 가격이 2,400만원이었다. 협상 능력에 따라 그 결과는 이처럼 큰 차이를 보인다.

기업의 입장에선 더욱 커다란 효과를 볼 수 있다. 1,000억원 정도의 매출을 올리는 기업이 있다고 하자. 1,000억원을 팔기 위해서는 이 기업은 적어도 600억원 이상의 물건을 사야 한다. 다시 말해 이 기업은 매년 1,600억원 이상의 사고 파는 협상을 한다는 것이다.

그런데 협상 능력에 따라 결과의 차이가 있다면 그 기업이 벌 수 있는 돈은 크게 달라진다. 적게 잡아 10%의 효과를 볼 수 있다고 해도 연간 160억원을 손쉽게 벌 수 있다. 이 세상에서 이렇게 돈 벌기 쉬운 것이 있을까?

협상으로 5,000억원 투자 유치한 KTF

기업이 협상을 통해 실제 돈을 번 사례로 KTF를 들 수 있다. 2005년 국내 2위 이동통신업체인 KTF는 세계적 통신업체인 일본의 NTT 도코모와 전략적 제휴를 해 세계를 놀라게 했다. 당시 KTF의 협상실무대표는 3년여 동안 끌어온 협상이 지지부진한 상태가 되자 협상 팀원 전체와 함께 국내의 한 협상스쿨에서 협상 전략을 배웠다.

결과는 대성공이었다. 당시 아시아에선 자본투자를 하지 않겠다고 선언했던 NTT 도코모를 KTF가 설득해 전략적 제휴를 성사시킨 것이다.

한국 내 2위 업체의 지분 10%를 20%의 프리미엄을 붙여 5,000억원에 매수한 NTT 도코모의 결정은 그만큼 이례적인 일이었다. 이뿐만 아니라 양사는 향후 7년간 약 1조원의 부가가치가 있는 핵심 분야에서 긴밀하게 협조하기로 합의했다.

당시 KTF의 협상실무대표를 맡았던 한 임원은 협상 교육을 받은 것을 바탕으로 이 협상에서 가장 중요한 것은 '서로 간의 신뢰'라고 판단했다. 이를 위해 KTF는 협상 과정에서 구체적인 안건보다 미래를 위한 밑그림에 대한 공감대 형성에 주력했다. 또 상대방의 기업 문화에 대한 다각적인 분석도 했다.

사실 생각해 보면 이 세상의 모든 중요한 일들은 인간 관계에 의해 이뤄진다. 평생 실험실에 들어 앉아 무엇인가를 발견해 노벨상을 타는 사람도 사실 그 안을 들여다 보면 연구원들과의 인간 관계가 가장 중요한 역할을 했음을 알 수 있다.

연구원들로 하여금 헌신적으로 일하게 하지 않고서는 노벨상을 탈 만한 업적을 낸다는 것이 불가능하다. 협상이란 상대방으로 하여금 내가 원하는 방향으로 움직이게 하는 방법이다.

2007년 한 해 동안 한·미 FTA, 아프가니스탄 인질 협상, 한·유럽연합(EU) FTA 등의 큼지막한 협상이 이어지면서 협상에 대한 관심도 크게 높아지고 있다. 특히 기업들은 협상이 쉽게 돈 벌 수 있는 기술이란 점을 알게 되면서 협상 교육에 대한 열망도 높아지고 있다.

미국의 경우, 세계적인 협상전문 교육기관인 카라스에선 지난 35년 동안 무려 85만명 이상이 협상을 배웠다. 세계 최고의 대학이라는 하버드도 기업인들을 대상으로 매년 약 25 회 이상의 협상 프로그램을 열고 있다.

보통 2~3일 정도의 과정에 드는 비용은 2,000달러를 훨씬 상회하지만 매번 200명 이상이 이 프로그램에 참가하고 있다. 규모의 차이는 있지만 대부분의 미국 대학들이 이런 프로그램을 열고 있다.

국내에서도 다양한 협상 교육이 제공되고 있지만 아직 전문적으로 제공하는 곳은 턱없이 부족하다는 아쉬움이 있다. 기업들을 위한 대학의 협상 프로그램은 전무하고 협상을 전문적으로 연구하는 기관도 부족한 상태다.

제대로 된 협상 교육을 제공하는 기관이 필요하다. 경제에 주력하려는 새 정부가 해야 할 중요한 일 중 하나는 협상 교육에 대한 투자다.

전성철 박사는 1949년에 대구에서 태어났다. 서울대 정치학과와 미국 미네소타 주립대 MBA 로스쿨을 마쳤다. 이후 뉴욕 로펌 회사에 들어가 최단 기간에 이사로 승진했다.

1991년에 한국으로 돌아와 김&장 법률사무소 변호사, 청와대 정책기획 비서관, 세종대 부총장, 산업자원부 무역위원회 위원장 등을 역임했다. 현재는 세계경영연구원에서 기업 CEO들을 대상으로 협상 전략을 교육하고 있다.

<IGM 전성철 박사가 말하는'협상의 기술'>

‖ 연애하듯 협상하라 ‖

협상은 기교가 아니다. 기교로 접근하면 당장은 이익이 있지만 장기적으론 손해를 볼 수 있다. 대표적인 예가 까르푸 재팬이다. 사업 실패의 원인 중 하나가 잘못된 협상방법을 사용해 오히려 일본 유통업체들의 미움을 샀다는 점이다.

지난해 필자는 아주 귀중한 경험을 했다. 국내 협상교육기관 최초로 해외에서 교육을 실시했다. 국내 유명 L전자의 중국 주재 임원들을 베이징에 모아서 협상방법을 가르친 것이다.

중국 지사장은 물론 중국 각지에서 40여 명의 임원들이 비행기를 타고 날아왔다. 그들은 여러 차례 협상의 어려움을 토로했는데, 강의가 끝난 뒤에는 많은 도움이 됐다고 말했다. 최근 국내 기업들도 외국에 강사를 보내 교육을 할 만큼 협상교육의 중요성을 깨닫고 있다.

사실 세계적인 다국적 기업들은 전 세계 자사 직원들에게 협상교육을 시키는 것이 새로운 일이 아니다. 필자가 머물렀던 베이징의 호텔 로비에서도 눈길을 끄는 행사 안내문이 있었다. 휼렛패커드(HP) 중국법인이 주관하는 협상교육 안내 표지판이었다. 그만큼 협상은 비즈니스에 중요한 역할을 하고 있다.

지난 4년간 협상스쿨을 운영하면서 4000명이 넘는 한국의 기업인들에게 협상을 가르쳐 왔다. 어려움도 많았지만 보람도 컸다. 이때 한 가지 놀란 부분이 있다. 너무나 많은 사람들이 협상을 하나의 기교로 생각하고 있다는 점이다. 협상을 배운다는 것을 일련의 기교를 배우는 것으로 이해하고 있었다.

협상은 기교가 아니다. 마치 연애가 기교가 아닌 것과 비슷하다. 만일 어떤 남자가 연애를 기교로 접근한다고 생각해 보자.'저 여자가 이렇게 이야기하면 이런 반응을 보여라'는 등의 기교를 가지고 연애에 임한다면 당장은 일시적 효과가 있을지 몰라도 궁극적인 결과는 눈에 보듯 뻔하다.

협상에 있어 기교는 간단히 배울 수 있고 언뜻 보면 매우 실용적이다. 예를 들어 니블링(nibbling)이란 협상의 기교가 있다. 니블링은 협상이 거의 타결돼 마지막 계약을 이뤄가는 시점에 아주 조금 양보를 요구하는 기술이다.

백화점에서 정장을 구입하는 소비자를 예로 들어보자. 가격 줄다리기를 하다 60만원에 구입하기로 하고 카드를 꺼내다가 앞에 진열된 넥타이를 보고 한마디 한다. "비싼 정장을 사는데 5만원짜리 넥타이 하나를 덤으로 달라"고 요청하면 점원은 잠시 고민하다 넥타이를 서비스로 주는 경우가 있다. 얼마나 간단하고 이해하기 쉬운가.

실제 이런 기교를 이용하면 바로 효과를 볼 수도 있다. 하지만 한 가지만 더 생각해 보자. 지나가다 아무 가게에나 들러 쇼핑을 하는 것과 단골로 같은 집을 가는 경우에 어느 쪽이 당신에게 이익이 될 것인가. 말할 필요도 없이 단골집이 더 이익이 된다. 좋은 물건을 골라 주고 가능하면 값을 깎아주면서 대접도 받는다.

이제 당신이 협상교육에서 니블링을 배워서 단골집에 가서 쓴다고 하자. 당신은 별 어려움 없이 5만원짜리 넥타이를 거저 얻을 수 있을 것이다.

하지만 다음에 다시 한 번 니블링을 써도 과거처럼 좋은 물건을 다른 사람보다 좋은 조건에 제시할까. 아마 그렇지 않을 것이다. 아마도 그들은 니블링에 대비한 전략을 사용할 것이다. 당신이 단 한 번의 이익을 위해 기교를 부린 것이 당신도 모르게 단골로서 앞으로 얻을 모든 이익을 까먹게 만들지도 모른다.

까르푸 재팬의 뼈아픈 교훈

프랑스의 세계적 유통기업 까르푸는 1995년 한국에 상륙해 10년을 버틴 후에 퇴출하고 말았다. 그런데 일본에서는 한국보다도 늦게 진출해 먼저 짐을 싸야 했다. 그 이유 중 한 가지가 기교 중심의 협상을 했기 때문이란 분석이다. 2000년 11월 까르푸 재팬이 처음 일본에서 사업을 시작했을 때 일본의 유통 업계는 큰 소동을 겪었다.

까르푸 재팬은 제조업체와 철저한 직거래를 통해 일본 제품에 대해서도 다른 유통업체보다 55%나 싸게 구매를 했다고 한다. 이런 놀라운 구매가격이 가능했던 이유는 직거래뿐만 아니라 구매담당자를 대상으로 한 협상교육의 위력이었다.

까르푸의 구매 안내서엔 다음과 같은 내용이 들어 있었다. "거래선의 견적 금액을 봤을 때는 어떤 금액이 써 있더라도 먼저 '뭐라구요?, '기가 막혀'등의 말로 견적 금액을 큰 소리로 비판하라."

이 전술은 서양에서는 상당히 일상화돼 있는 플린칭(flinching·짐짓 당황하거나 놀라는 반응)이란 협상전술이다. 플린칭 전술을 처음 대했던 일본의 제조업체들은 까르푸 재팬 구매담당 직원의 이런 반응에 당황해 대폭적인 할인에 응하거나 거래를 단념하기도 했다. 그럼 낮은 가격에 구매한 까르푸 재팬은 높은 이익을 보면서 승승장구했을까? 그렇지 않았다.

위에서 얘기한 것처럼 오히려 쓰라린 실패를 맛보고 일본에서 물러날 수밖에 없었다. 까르푸 재팬에만 압도적으로 유리하고 때로는 강압적이기까지 한 놀라운 협상 기교에 많은 일본 기업들이 등을 돌렸기 때문이다. 당장은 놀라운 성과가 있었지만 장기적으로 파트너로서 일하고 싶어하는 일본 기업은 많지 않았던 것이다.

협상에서 기교는 그리 바람직하지 않지만 알아 둘 필요는 있다. 내가 기교를 쓰지 않는다고 상대방도 안 쓴다고 할 수 없다. 때로는 상대가 장기적인 이익을 모르고 당장의 성과를 위해 기교를 쓸 수도 있다.

상대가 어떤 기교를 쓰는지 모른다면 일본의 제조기업들이 까르푸 재팬의 반응에 당황했던 것처럼 당할 수밖에 없다. 그런 사태를 막으려면 일단 상대의 행동이 어떤 기교인지 알아야만 한다. 즉 적과 경쟁에서 이기기 위해서라도 협상의 기교는 배워둬야 한다.

그러나 아무리 좋은 기교를 배웠다고 해도 그걸 사용하고자 하는 유혹은 최대한 자제해야 한다. 그 기교를 사용하면 언젠가는 그 칼날이 자신에게 돌아오기 때문이다. 마치 1차 세계대전이 끝난 후 승전국들이 패전국 독일에 날린 천문학적인 배상금의 칼날이 훗날 2차 세계대전이란 칼날로 돌아온 것과 같이 말이다.

협상교육은 기교를 가르치는 것이 아니다. 협상을 가르친다는 것은 인간의 마음이 어떻게 움직이는가를 가르치는 것이다. 상대방의 마음을 어떻게 움직이는가 알면 상대방의 마음을 움직이는 방법은 저절로 나온다. 마치 여성의 마음이 어떻게 움직이는지 알면 여성의 마음을 움직이는 기술이 자연스럽게 배어 나오는 것처럼.

<IGM 전성철 박사가 말하는'협상의 기술'>

‖ 마음을 사면 이익은 '덤' ‖

협상엔 승패가 없다. 단순히 상대방을 이기기 위해 협상을 한다면 더욱 손해를 볼 가능성이 크다. 2차 세계대전도 1차 세계대전 승전국에만 유리하게 진행된 협상에서 비롯됐다. 협상에 불만을 품은 독일이 다시 전쟁을 일으켜 승전국은 더욱 큰 경제 손실을 입었다.

필자가 운영하는 세계경영연구원(IGM) 협상스쿨에선 수많은 모의협상을 한다. 참여자들은 모의협상 때마다 자기 팀이 이겼는지 그 결과를 묻는다. 왜 이겨야 한다고 생각하는가. 이는 협상의 본질에 대해 오해하고 있어서다.

이겨야 한다는 생각은 협상을 승패가 있는'씨름'처럼 보기 때문이다.'이긴다'란 말의 이면에는 상대방은'진다'란 의미가 담겨 있다. 협상에서 상대방이 진다는 것은 상대방이 별로 이익을 못 보고, 이긴 내가 상당한 이익을 본다는 뜻이다. 이런 생각 때문에 협상을 잘 하는 것이 마치'상대방을 쥐어 짜서 나의 실속을 차리는 것'으로 착각하게 한다.

이처럼 상대가 지는 상황을 만드는 협상에서 승자는 얼마나 많은 것을 얻을까. 생각보다 많지 않다. 때로는 이겼다고 생각하는데 궁극적으로 훨씬 더 손해를 보는 경우도 있다.

1차 세계대전이 끝난 후 승전국들은 독일을 상대로 전쟁 피해배상을 요구하는 협상을 벌였다. 승전국들은 손해배상금으로 천문학적인 금액을 요구했다. 전쟁에 대한 손해배상뿐 아니라, 다시는 전쟁을 일으킬 여유를 갖지 못하도록 하기 위해서였다.

협상은 일방적으로 승전국의 요구대로 이뤄졌다. 이 협상은 결국 패전국 독일의 마음속에 있는 한과 분노를 삭이게 했다. 전쟁이 끝나고 10여 년간 승전국들은 패전국들로부터 많은 배상금을 받아냈다. 그러나 독일은 20년이 지나도록 배상금을 다 내지 못했을 뿐 아니라 경제 파탄에 이르게 됐다.

독일인들은 이런 경제적 어려움이 잔인하게 쥐어 짠 승전국에 있다고 했다. 결국 그런 원한은 승전국들을 향해 전쟁을 기도한 히틀러의 지지로 연결돼 2차 세계대전으로 확대되고 말았다.

종전 협상에서 이긴 승전국들은 단기적으로 배상금 이익은 얻었지만 이어진 2차 세계대전의 피해는 1차 세계대전의 피해에 비할 바가 아니었다. 결국 협상에서는 이겼지만 오히려 큰 손해를 봤다.

1차 세계대전의 사례가 보여주는 것처럼 협상에서 진 쪽은 다음 기회에 꼭 복수할 목적으로 칼날을 갈 가능성이 크다. 내가 당한 만큼 돌려주고 싶어하는 것은 어찌 보면 인지상정이다. 복수하지 않더라도 계약사항을 성의 없이 처리해 상대편에게 피해를 주기도 한다.

예를 들어 대기업이 중소기업에 제조 하청을 하면서 힘으로 눌러 상대에게 졌다는 느낌을 갖게 했다고 하자. 중소기업은 대기업의 가격'후려치기'로 생긴 손해를 메우기 위해 다른 방법으로 비용을 줄이려고 할 것이다.

일부 부품에 싼 부품 섞기, 품질 검사 과정을 생략하거나 줄이기 등 눈에 보이지 않는 부분으로 대응할 것이다. 이런 중소기업의 행동은 대기업의 제품 하자로 이어진다. 그결과 대기업의 이미지를 크게 손상시키게 될 것이다.

이처럼 협상 결과는 뒷맛을 남긴다. 그것은 협상 당사자 간 관계에 크게 영향을 받는다. 상대가 졌다고 생각하게 만들면 상대와의 관계는 악화될 수밖에 없다. 상대방이 손해를 보면서도 이겼다고 생각하게 만들어야 한다. 이것이 바로 협상의 기술이다.

요즘 유가가 하늘 높은 줄 모르고 치솟고 있어 온 국민의 근심이 깊어가고 있다. 국민들의 시름 속에 올해 초 그나마 주름살을 펴게 만드는 뉴스가 터졌다. 미국 기업인 테일러 에너지가 내놓은 멕시코만 유전을 석유공사와 삼성물산이 연합한 한국컨소시엄이 인수했다는 것이다.

이 유전은 우리나라가 인수한 유전 중에서 규모가 가장 크다. 더욱이 경쟁자인 미국의 아파치와 스폰보다 낮은 가격에 입찰하고도 인수에 성공했다.

미국 테일러 에너지의 입장에서 생각해 보자. 자신이 받을 수 있는 최고 가격을 받지 못했으니 손해를 봤다고 할 수 있고, 협상에서 졌다고 표현할 수도 있다. 그렇다면 칼자루를 쥐고 있던 테일러 에너지는 왜 이런 손해를 감수했을까?

한국컨소시엄이 공략한 것은 테일러 에너지 CEO의 경영이념이었다. 작고한 패트릭 테일러가 설립한 테일러 에너지는 고학생을 위한 장학사업 등 많은 사회사업을 벌여왔다. 그의 부인이자 현재 CEO인 필리스 테일러는 남편의 유지를 이어받아 사회사업을 중시했다. 그런데 최근 자금의 어려움으로 테일러 에너지를 팔게 된 것이다.

이런 정보를 확보한 한국컨소시엄은 협상 프레젠테이션에 필리스 회장의 남편인 페이트 테일러의 사회사업 공적을 넣었다. 이 내용이 발표되자 회장은 뜨거운 눈물을 흘렸다 한다.

제안서에는 인수 이후에도 사회사업을 지속한다는 조항을 계약서에 넣겠다고 했다. 한국컨소시엄의 인수가 결정됐을 때 필리스 테일러 회장은 기쁨을 감추지 못했다. 매각 기념식을 직접 진행하기도 했다.

테일러 에너지가 한국컨소시엄에 매각을 결정했다는 것은 적어도 협상에서 지지 않았다는 뜻이다. 경제적 손실이 있을 수도 있지만 자신이 원하는 것을 얻었기에 제안을 받아들였을 것이다.

이 사례에서 알 수 있듯이 협상에서 중요한 것은 경제적인 이익이나 손해가 아니라 당사자의 주관적인 만족도다. 경제적 이익은 대부분의 사람들에게 만족감을 주는 중요한 요소이지만 전부는 아니다.

때로는 경제적 이익보다 중요한 다른 가치나 본능이 협상 참가자의 만족도에 더 많은 영향을 미칠 때도 있다. 필리스 회장은 높은 가격보다는 사회사업을 더욱 선호했던 것이다.

협상에선 상대방에게서 경제적 이익을 얻었다면 그에 상응하는 다른 주관적 만족을 줘야 한다. 그것은 상대방의 신념일 수도 있고 정의감일 수도 있고 다른 가치일 수도 있다.

바로 그것을 찾아서 만족시켜 줄 때, 그 사람은 당신에게 엄청난 경제적 이익을 주고서도 행복한 마음으로 협상에서 물러날 것이다. 이것이 바로 윈윈(win-win) 협상을 만드는 비결이다.

<IGM 전성철 박사가 말하는‘협상의 기술’>

제 10 장 국제기구의 조직

| 제1절 | 총 회

1. 총회 명칭과 권한

총회는 General Assembly(UN, WIPO, WTO, ISO APT), Assembly(ICAO, WHO, IMO), General Conference(UNESCO, IAEA, UNIDO) Conference(FAO, ILO, IUT), Board of Governors(IBRD, IMF, ADB), Governing Body(APO) 등 여러 명칭으로 표현되며 그 명칭에 관계없이 총회는 전체 회원이 모여 의제를 토의하고 최종결정을 채택하며 집행하는 권한을 가진다.

2. 총회의 기능

총회의 기능은 아래와 같다.

1) 정책의 결정
2) 예산승인
3) 정회원국, 준회원국, 업서버국 가입 승인
4) 사무총장 및 이사회의 위원장, 위원 임명
5) 위원회, 소위원회 설립 및 폐지
6) 타 국제기구와의 협정 체결
7) 헌장 개정

8) 기구 및 산하위원회 의사규칙, 재정규칙의 채택 및 승인

9) 회원국 정부에 대한 권고

3. 총 회의 개최

총회는 일정한 간격(예 : 매년, 2년, 3년 등)으로 개최되며 총회가 1회 이상 회합을 거쳐 업무를 처리하는 전 과정을 회기(session)라고 한다. 따라서 총회가 개최된다는 것은 관련 국제기구의 한 회기가 있게 된다는 것을 말한다.

| 제2절 |

이사회와 위원회

1. 이사회 (council)

1) 이사회 성격과 기능

이사회란 선거를 통해 선출되거나 또는 인명을 통해 뽑힌 사람들로 구성된 행정 및 관리 조직체이며 때로는 준(準)사법적 기능도 갖는다.

이사회는 심의회의의 성격을 가지되 다음과 같은 특징을 띈다. 첫째는 최소 규모는 없으나 총회보다는 소규모이다. 둘째는 이사회는 자치적으로 기능할 수도 있으나, 그의 운영만큼은 해당 국제기구의 설립헌장 또는 상위기구 즉 총회가 위임하거나 부여한 책임과 권한에 한정된다. 이사회는 정기회기와 정기회기간 조직체의 운영방침을 결정하는 기구이다.

2) 이사회 명칭

이사회 명칭은 유엔 직속기구, 유엔 전문기구의 경우, Governing Council(WFC), Executive Board(UNDP, UNICEF, IFAD, UNESCO, WHO), Exceutive Council(UPU, WMO), Council(FAO, ICAO, IMO, INMARSAT)등 형태가 있고, 소규모 정부간 기구의 경우에는 이사회 형태로 집행위원회(Executive Committ ee)를 가지고 있는 것이 일반적이다.

3) 이사회 구성

이사회는 총회에 의해 구성되는데, 대개의 경우 지역적 배분(geographical distribution 또는 geographical representation)을 고려한다. 이를테면 UNDP의 이사회(Executive Board)와 UNICEF의 이사회는 서구선진국 12개국, 동구 4개국, 아프리카 8개국, 아시아 7개국, 중남미 · 카리브 5개국등 36개국으로 구성되어 있다.

그러나 ICAO, IMO, INMARSAT, INTELSAT 등은 이사국 선정에 특수한 요건을 적용하고 있다. 현재 ICAO의 이사회(Council)는 33개국으로 구성되는데 수송에 있어서 가장 중요한 나라 10개국, 국제민간항공을 위한 시설의 설치에 최대한 공헌한 국가 11개국, 지역대표 12개국 등이다. IMO의 이사회(Council)는 국제 해상수송 용역제공에 최대의 이해관계를 가진 국가 8개국, 국제 해상교역에서 최대의 이해관계를 가진 국가 8개국, 국제 해운 및 항해 특별이해국가로 지역대표 16개국 등 32개국으로 구성된다. INMARSAT의 이사회(Council)나 INTELSAT의 이사회(Board of Governors)는 출자율이 높은 서명당사자와 지역대표로 구성되며 달리 규정한 바가 없으면, 이사회는 하나의 심의회의로 기능하면서 자신의 임원을 선출한다. 이사회의 의장은 통상 이사 중에서 선출된다. 이사회는 자체적으로 의사규칙을 정하여 의사를 운영한다.

2. 위원회 (committee)

1) 위원회 기능

위원회는 총회나 이사회의 산하기구(subsidiary body)로 특정 안건이나 주제에 대해 일차적으로 토의하거나 검토 또는 조사 등을 통해 총회나 이사회를 보좌하는 기능을 수행한다.

흔히 위원회는 총회가 열릴 때 모든 의제를 본회의(plenary meeting)에서 다루기가 벅차기 때문에 각 분야별로 (예: 행정, 기술, 법률, 예산 등) 위원회를 구성하여 보다 능률적이고 전문적인 토의를 하기 위하여 구성되는 임시기구이다. 각 위원회의 토의결과는 본회의에 상정되어 승인을 받아야 한다.

2) 위원회 기능

위원회는 규칙에 정한 바 정기회의가 없다. 큰 조직체의 상임위원회는 사실상 이사회와 다를 바 없이 가능하지만 이사회로 지칭되지는 않는다. 대개 유엔 등 국제기구는 총회중심으로 운영되고 있으며 위원회 중심으로 운영되고 있는 OECD의 경우에도 각 위원회는 사실상 독립적인 의제와 회기를 가지고 회합하고 있지만 이들의 결정에 대한 최종 승인은 역시 상위기관인 이사회(Council)가 내린다.

| 제3절 |

사무국(secretariat)

1. 사무국 직원 신분

대부분의 국제기구는 그들이 조직하는 회의운영을 지원하고 또 그들이 결정한 정책을 집행하는데 있어서 책임을 지고 일하는 사무국을 가지고 있다. 사무국은 총회가 선출한 사무총장과 사무국 직원으로 구성된다. 그 직원은 국제공무원(international civil servant)의 신분을 가진다.

2. 사무국 직원 역할

유엔 헌장 100조는 사무총장 및 사무국 지원에 대해 다음과 같이 규정하고 있다.

① 사무총장과 사무국 직원은 그들의 임무를 수행함에 있어 어떤 정부나 또는 외부당국으로부터 지시를 받으려고 하거나 받아서도 안 된다. 그들은 또한 소속기구(유엔)에만 책임지는 국제공무원으로 위치를 손상시키는 어떠한 행위도 자제해야 한다.

② 유엔의 각 회원국은 사무총장과 사무국 직원의 의무가 전적으로 국제적 성격을 가지고 있음을 존중해야 하며, 그들의 의무수행에 영향을 끼치려고 해서는 안 된다.

사무국의 업무는 각 기구가 정하는 바에 따라 다르나 대체로 사무국은 회의를 조직함에 있어 문서작성, 번역, 통역, 행정, 법률자문, 보고 등을 책임지며, 회의의 행정적인 문제는 물론 실질문제에 대해서도 情報源이 된다. OECD의 경우는 사무총장이 최고 의사결정기구인 이사회의 의장직을 겸임하여 실질문제에서도 사무국이 사실상 주도하고 있다. 세계환경기금(Global Environmental Facility)도 OECD의 예를 따르고 있다.

③ Secretary General, President, Director-General, Executive Director 등으로 지칭되는 사무총장은 사무국의 수석행정관이며, 그 자격으로 총회, 이사회, 위원회 등 관련회의에 참석하고 구두 또는 문서로 사무국의 입장을 대변한다. 그러나 UN, IMF, OECD, WTO의 사무총장은 수석행정관의 지위를 넘어 국제정치인으로서의 지위를 가지고 있다고 볼 수 있다. UN 사무총장의 경우를 예로 든다면 그는 국제 평화와 안전을 위협한다고 생각되는 문제에 대해 안전보장이사회의 주의를 환기시킬 수 있으며 유엔 평화유지군의 사령관으로 또 국제분쟁의 중재자로 활동하고 있는데 이는 수석행정관으로서의 역할을 훨씬 넘어서는 것이다.

3. 사무국 직원 임명

사무국 직원은 총회가 정하는 규칙에 따라 사무총장이 임명한다.

직원채용에 있어서 능률, 능력, 성실성이 우선적으로 고려되며, UN과 UN산하전문기구 등에서는 지역적 배분, 국가별 배분을 고려한다. 그런데 UN의 경우 오히려 지역적 배분(geographical basis)이 강조되어 직원이 자질이 다양성(cultural diversity)을 감안하고 있으나 자질을 우선기준으로 견지하고 있어 높은 수준의 연구서를 계속 내놓고 있다.

사례

숨은 이해관계자를 찾아라

1998년 미국 퍼스트유니온뱅크가 코어스테이츠 파이낸셜을 160억 달러에 인수했다. 퍼스트유니온뱅크가 협상에 성공할 수 있었던 것은 지역 주민에 대한 사회공헌을 약속한 덕분이다.

협상은 그 일의 직접적인 관계자들이 모여 의견을 나누는 일이다. 협상 테이블에 모인 참가자들은 더 많은 이익을 얻기 위해 철저한 준비를 한다. 그러나 협상에 직접 참여하지 않는 이해관계자들이 협상 결과에 큰 영향을 끼치는 경우가 많다.

특히 정부와 관련된 협상에는 많은 이해관계자가 있다. 이해관계자는 협상의 중요 변수다. 협상 당사자 간에 이익이 생기더라도 뒤에 숨어 있는 이해관계자에게 손해가 될 경우 협상이 실패할 가능성이 크기 때문이다.

2005년 미국에선 가난한 나라를 위한 긴급 식량 원조를 크게 늘리는 법안이 통과됐다. 법안의 핵심은 예산 변동 없이 원조를 늘리는 방안이었다. 물론 많은 정치인들과 사회 사업가들이 법안을 열렬히 지지했다.

유독 한 단체가 끝까지 반대했다. 놀랍게도 이곳은 가난한 나라에 식량 원조를 지원하는 시민단체였다. 그 단체의 역할을 생각한다면 도저히 이해가 되지 않는 행동이었다. 그 이유는 그 단체와 관계 있는 다른 이해관계자로부터 찾을 수 있었다.

그 시민단체는 여러 해 동안 식량 원조를 늘리기 위해 미국 정부에 압력을 가해 왔다. 그때마다 미국의 농민들이 발 벗고 시민단체를 지지했다. 왜 농민들은 시민단체를 도왔을까. 미국 정부가 식량 지원을 늘리기 위해선 농민들에게 더 많은 식량을 사야 했기 때문이다.

2005년엔 사정이 조금 달랐다. 미국 의회는 예산 확보가 힘들어지자 조금 더 싼 값에 식량을 구매해야 했다. 이때 의회가 찾은 방법은 미국 농산물보다 저렴한 개발도상국의 식량을 사들이는 것.

이 법안은 개발도상국의 가난한 농부도 돕고, 다른 가난한 나라에 대한 식량 원조도 늘릴 수 있는 '일석이조'의 효과를 거둘 수 있었다.

시민단체도 이런 장점을 누구보다 잘 이해하고 있었다. 하지만 미국 정부와의 협상에서 시민단체는 이처럼 합리적 방안을 반대할 수밖에 없었다. 시민단체는 오랜 정치적 파트너인 미국 농민들을 배신할 수 없었기 때문이다.

시민단체가 정부의 합리적 방안을 받아들인다면 앞으로 식량 원조 로비 활동에서 농민들의 지지를 얻지 못할 것은 불 보듯 뻔한 일이다. 시민단체는 숨어 있는 이해관계자인 농민들 때문에 누가 봐도 불합리한 행동을 선택한 것이다.

이처럼 협상에선 숨어 있는 이해관계자를 잘 찾아야 한다. 정부가 참여한 협상에는 관련부처와의 관계가 걸림돌이 되기도 한다. 대표적인 예가 외환위기 당시 대우자동차 매각 협상이다. 협상 과정에서 산업자원부와 재정경제부의 의견이 엇갈리면서 협상이 이뤄지는 데만 2년이 걸렸다.

대우자동차는 긴 협상을 거친 후 2002년 4월에 미국 제너럴모터스(GM)에 20억 달러에 매각했다. 이 협상은 오히려 손실이 더 컸다. 2년 전에 우선협상자였던 포드가 제시했던 대우차 인수희망가격은 70억 달러에 달했기 때문이다.

기업을 상대로 진행하는 협상에선 관련부서가 이해관계자가 될 수 있다. 최근 모 보험회사가 수년간 보험 왕을 차지한 최고의 영업사원을 경쟁회사에 뺏겼다. 종업원의 임금인상 요구를 받아주지 않았기 때문이다.

당신이 이 회사의 영업담당 임원이라면 이 최고의 영업사원의 임금을 높여주겠는가? 대부분의 경우 당연히'예스'라고 답할 것이다.

그럼에도 불구하고 왜 그 회사는 인상 요구를 거절했을까? 이 경우에는 다른 제약사항이 있었다. 바로 인사 부서가 직원들 간의 위화감을 막기 위해 임금 격차에 대한 제한 규정을 만들었고, 규정의 준수를 강력히 주장했기 때문이다.

대기업의 본사나 공장이 있는 지역은 기업 활동에 영향을 많이 받는다. 덕분에 일자리 창출도 늘고 세금도 많이 거둬들인다. 지방자치단체들은 편의를 제공하고 감세 혜택을 주는 등 기업 유치에 노력한다. 울산의 현대, 수원의 삼성, 파주의 LG 등이 우리나라 대표적인 기업도시라고 할 수 있다.

이런 기업들은 의사결정에 있어 지역 주민을 항상 고려해야 한다. 만일 인건비가 비싸다고 공장을 중국으로 이전한다는 결정을 내리게 된다면 당장 지역 주민들의 반발을 사게 될 것이다.

1998년 미국 은행 역사상 최대 규모의 인수·합병(M&A)이 발생했다. 퍼스트유니온뱅크가 코어스테이츠 파이낸셜을 160억 달러에 인수하기로 암묵적으로 합의한 것이다. 기업에 대한 실사가 끝나고 퍼스트유니온은 가격에 대한 코어스테이츠의 요구를 거의 들어줬다.

그런데도 코어스테이츠의 CEO인 테리 라슨은 최종안 사인을 망설였다. 일주일이 다 되도록 결정을 내리지 않자, 퍼스트유니온은 다양한 경로를 통해 그 이유를 알아봤다. 문제는 가격과 관련이 없었다.

라슨은 자신과 코어스테이츠 파이낸셜이 펜실베이니아, 뉴저지, 델라웨어 이들 세 주에 약속한 자선 활동이 인수 이후엔 중단될지도 모른다고 걱정했던 것이다. 이는 지역사회에 피해를 줄 뿐 아니라 라슨이 지역사회를 팔아 넘겼다는 비난을 살 수도 있는 문제였다.

퍼스트유니온 측은 즉시 1억 달러 규모의 지역사회재단을 별도로 설립하겠다고 제안했다. 아울러 이 재단은 세 주의 지역사회를 위해 사회공헌을 할 수 있도록 했고 운영권은 라슨에게 맡겼다. 재단 설립이 추진되자 라슨은 앞장 서서 이사회 설득에 나섰고, 거래는 성공적으로 이뤄졌다.

협상에 영향을 미치는 이해관계자는 뒤에 숨어 있다. 다양한 이해관계자를 찾아 그들을 위한 제안을 한다면 상대방은 자신이 커다란 성과를 올렸다고 느낄 것이다.

바로 이런 노력이 상대방이 승리했다고 느끼게 만들 수 있다. 그것도 가능하면 상대방이 만든 것처럼 느끼도록 유도하라. 승리의 기분을 만끽할 수 있도록....

<IGM 전성철 박사가 말하는'협상의 기술'>

‖ 상대방 요구 배경부터 알자 ‖

▶1963년 미국 케네디 대통령이 핵실험 반대조약을 서명한 테이블이 부동산 경매 시장에서 화제가 됐다. 하지만 핵실험 반대협약은 미국과 러시아의 요구가 엇갈리면서 무산됐다.

협상에선 기교만 활용하면 좋은 결과를 얻기 힘들다. 협상 당사자들이 서로 내세우는 요구가 다르기 때문이다. 각자 이득만 따지면 협상은 제자리에서 맴돌 뿐이다. 협상에서 부딪히는 요구 사이의 접점을 찾으려면 요구의 배경을 파악해야 한다.

사람들에게 "협상 경험이 어땠느냐"고 물어보면 십중팔구 돌아오는 대답이 "어려웠다"다. 차근차근 어려운 이유를 들어보면 한 가지 공통점을 찾을 수 있다.

사람들은 대부분 협상 원리에 대해 모르면서 기교만 활용해 협상하려고 했기 때문이다. 기교는 상황에 따라 효과가 다른데 그 상황을 정확히 파악하는 일은 쉽지 않다. 정확한 답안이 없어 협상이 어려운 것이다.

우선 협상의 대표적인 원리를 알아야 한다. 이 원리만 제대로 이해하고 적용할 수 있다면 '협상의 달인'이란 얘기를 듣게 될 것이다. 협상을 하다 보면 "상대방이 자기 주장만 내세워 제대로 협상이 안 된다"며 어려움을 토로하는 사람들이 많다.

그래서 "당신은 어떻게 대응했느냐"고 물어보면 대부분 상대의 주장을 들어주기 위해 내 주장을 굽힐 수는 없다고 답한다.

이처럼 서로의 주장이 엇갈리면 협상이 쉽게 타결될 가능성은 거의 없다. 상대방이 자기 주장을 강하게 말하면 나도 내 주장을 굽히기가 쉽지 않다. 내가 양보를 하면 손해 보는 것 같고 지는 것 같기 때문이다. 결국 협상 당사자들은 서로 주장만 내세우다 협상을 끝낸다.

협상에서는 이처럼 당사자가 내세우는 주장이나 가격 등을 '요구'라고 한다. 예를 들어 물건을 사면서 주인이 제시하는 가격이나 그것을 깎으려고 손님이 제안하는 가격이 대표적인 요구 사항이다.

때로는 숫자로 표시되지 않는 요구도 있다. 제품을 사용하던 고객이 손해를 봐서 회사의 대표이사가 직접 나와 무릎을 꿇고 빌라는 것도 요구다.

협상을 하는 당사자들의 요구는 서로 대치할 수밖에 없다. 그래서 갈등이 생기고 협상을 해야 할 필요성이 생기는 것이다. 구매 담당자와 영업사원의 요구는 서로 부딪힐 수밖에 없다. 요구에 매달리게 되면 협상은 파국으로 치닫는다.

1963년 미국과 옛 소련은 핵 실험 금지 조약을 맺기 위해 여러 차례 협상을 했다. 케네디 미국 대통령과 후르시초프 소련 서기장은 양측 모두 지구를 몇 번이나 완전히 파괴할 만큼의 핵무기가 있으니 더 이상 핵 실험을 하지 말자고 합의했다.

당시 냉전으로 표현할 만큼 극한적인 상황 속에 나온 합의란 점을 생각하면 상당히 파격적이고 역사적으로도 의미 있는 합의였다. 그런데 이 역사적 의미를 가진 합의는 실현되지 못했다. 어떤 이유였을까?

합의문이 발표되고 나서 양국은 합의를 구체화하기 위한 협상을 시작했다. 핵 실험 금지 협약이 효과를 발휘하려면 양측이 협약을 제대로 지키고 있는지를 서로 확인할 수 있어야 한다. 양국은 핵 사찰의 필요성에 대해 서로 인정하고 몇 차례에 걸쳐 실시할 것인지에 대해 협의했다.

그러나 양국은 합의를 도출하지 못했고, 협상은 결국 깨지고 말았다. 당시 미국은 적어도 일 년에 10회는 사찰을 해야 한다고 제안했다. 이에 비해 소련은 일 년에 세 차례 이상은 절대로 안 된다고 버텼다. 미국의 10회란 요구와 소련의 3회란 요구가 부딪혀 밀고 당기기를 계속 한 끝에 협상이 무산된 것이었다.

협상 교육을 하다 보면 여러 분야에서 일하는 분들의 고충을 듣는다. 특히 고객 접점에서 일하는 고객센터 담당자들은 협상을 어떻게 업무에 적용할지를 궁금해 한다.

고객센터 담당자들이 말하는 가장 힘든 문제는 클레임(손해배상이나 이의제기)을 제기하는 고객들이 대부분 막무가내라는 것이다. 아무리 타협안을 만들어 제시해도 받아들이지 않기 때문이다.

그들이 원하는 것은 크게 두 가지다. 하나는 터무니 없는 보상이고, 그게 아니면 사장이 직접 나와서 무릎 꿇고 빌라는 것이다. 두 가지 요구 다 기업 입장에서는 받아들이기 힘든 내용이다. 그렇다면 이런 문제를 해결할 수는 없는 것일까?

문제 해결의 열쇠는 '욕구'를 찾는 데 있다. 서로의 요구가 부딪히는 문제는 결코 탈출구가 보이지 않는 미로와 같다. 아무리 돌고 돌아도 항상 제자리다.

미로를 탈출할 수 있는 지도와 같이 협상에서 부딪히는 요구를 풀 수 있는 열쇠는 욕구다. 협상에서 말하는 욕구란 협상 대상에 관련해 협상 당사자가 얻게 되는 다양한 만족 요인들을 말한다.

구매 담당자가 가격을 낮추자는 요구를 하지만, 욕구는 제품 생산에 차질이 없도록 자재를 구매해 기업이 많은 이윤을 남기는 것이다. 영업 담당자가 구매 담당자의 욕구를 충족시키려면 자기 회사의 이익을 포기해야 하기 때문에 수용하기 어려울 것이다.

하지만 욕구에 집중한다면 해결 방안을 찾을 수 있다. 납기를 늦춘다든지, 현금 결제를 요구한다든지 하는 다른 요구를 추가해 서로 이익이 되는 방안을 찾을 수 있다.

미국과 소련 간 핵 실험 금지 협상에서도 서로의 요구가 충돌해 실패로 돌아갔지만, 서로 상대방의 욕구를 들여다 보았다면 해결 방안을 찾을 수도 있었을 것이다. 미국이 10회의 사찰을 요구한 이유는 소련이 약속을 지킬지에 대한 불안 때문이었다.

이에 비해 소련의 욕구는 자존심이었다는 것이 나중에 밝혀졌다. 당시 소련은 지극히 폐쇄적인 사회였다. 미국의 사찰단이 일 년에 10회나 사찰을 실시하면 그 상황이 신문들에 대서특필될 것이 뻔한데, 그 상황을 소련의 자존심으로선 도저히 받아들일 수 없었던 것이다.

구매센터에 클레임을 제기한 고객의 경우도 욕구는 사장이 무릎 꿇는 것이 아닐 것이다. 그 고객은 담당 직원이 자신의 책임으로 해결할 수 없는 문제라고 말하자 자신을 기만한다는 생각이 들어 자존심이 상했을 것이다. 그리고 대표이사가 직접 무릎을 꿇어야만 자신의 자존심이 회복될 것이라는 판단으로 그런 요구를 했을 것이다.

이처럼 상대방의 요구에 얽매이지 말고 왜 그런 요구를 해야만 했는지 이유가 되는 욕구를 찾게 된다면 협상의 해결 방안을 찾을 가능성이 매우 커진다. 여러분은 이제 요구가 아닌 욕구에 집중하는 협상가가 돼야 할 것이다.

물론 욕구를 알았다고 바로 문제가 해결되지 않을 수도 있다. 그렇다면 어떻게 해결 방안을 찾을 수 있을까? 다음 호에선 그 해결 방안에 대해 자세히 알아보겠다.

<IGM 전성철 박사가 말하는'협상의 기술'>

‖ 창조적 대안으로 '윈윈'하자 ‖

성공적인 협상을 위해선 상대방의 욕구를 찾아 채워줘야 한다. 가장 좋은 해결책이 창조적 대안이다. 창조적 대안은 상대방의 욕구는 물론 자신의 욕구도 맞춰주는 방안을 말한다.

2003년에 개봉한 영화 <선생 김봉두>에는 생활 속 협상 장면이 나온다. 학부형 두 명이 시골길에서 싸움을 벌인다. 이유는 만진이 아버지가 비닐하우스에 물을 대기 위해 호스를 길 위에 놓아뒀는데, 형만이 아버지가 경운기를 몰고 가다가 호스를 밟아 그만 호스가 터져버린 것이다.

한번이라면 그냥 양보하고 지나갈 수 있지만, 매번 이런 상황이 반복되자 만진이 아버지가 크게 화가 나서 경운기를 모는 형만이 아버지의 멱살을 잡았다.

만진이 아버지는 다시는 이 길을 지나가지 말라고 소리를 질렀다. 형만이 아버지도 마찬가지. 농사 지은 작물을 장에 내다팔려면 반드시 그 길을 지나야 했기 때문이다.

그때 이 소식을 들은 김봉두 선생(차승원 분)이 등장한다. "무슨 일이냐"고 묻는 김 선생에게 두 학부형은 각자의 요구만을 내세웠고, 상대방이 그 요구를 들어줘야 한다고 우겼다. 이 상황에선 누구의 의견이 옳다고 편들기 어렵다. 한쪽을 들어주면 다른 상대편 의견이 무시되기 때문이다.

양측의 얘기를 다 들은 김 선생이 두 학부형에게 묻는다. "만진이 아버님은 비닐하우스에 물을 대면 되는 거고, 형만이 아버님은 경운기로 이 길을 지나 장에 가면 되는 거지요?"

김 선생은 '길을 지나가라 마라'하는 쌍방의 요구가 아니라, '왜 길을 지나가려는지, 왜 가지 말라고 하는지'에 대한 서로의 욕구를 확인했다. 두 학부형의 욕구를 확인한 김 선생이 내놓은 해결책은 무엇이었을까?

바로 호스를 땅에 묻은 것이다. 김 선생은 문제의 핵심이 요구가 아니라 욕구에 있음을 알아챘던 것이다. 그리고 문제의 발단이 된 호스에 집중해 문제를 해결했다.

이런 해법을 협상에선 창조적 대안이라고 한다. 요구가 아닌 협상 당사자들의 욕구를 파악하고 모두의 욕구를 동시에 만족시킬 수 있는 해결책이 창조적 대안이다.

협상 결과 최종적으로 만들어지는 창조적 대안은 단순하다. 하지만 그 방안은 오랫동안 처리되지 못하고 때로는 결렬될 수 있는 협상을 손쉽게 해결할 수 있는 힘을 지니고 있다.

지난 호에 소개한 '미·소 핵실험 금지 조약'을 위한 협상을 다시 살펴보자. 미국의 10회 이상이란 요구와 소련의 3회 이하란 요구가 충돌해 결렬된 이 협상 역시 서로의 욕구에 집중했다면 창조적 대안으로 해결이 가능했을 것이다.

미국은 소련이 숨어서 핵 실험을 할지 모른다는 불안감이 있었고, 소련은 일 년에 10회 이상 외부에 공개되는 것을 허용할 수 없다는 자존심이 강했다.

이 두 가지 욕구를 동시에 충족하는 창조적 대안으로 일 년에 4회만 사찰하고, 1회 사찰 시 45~60일에 걸쳐 철저히 실시하도록 하는 방안을 생각해 볼 수 있다. 이 방안이라면 양측의 욕구가 만족됐을 것이다.

로널드 레이건 전 미국 대통령은 정치 입문 전 영화배우로 활동했다. 백만장자인 아내 낸시와 결혼하면서 주변 지인들이 모두 백만장자들로 바뀌었다. 자존심이 강한 레이건은 그때부터 백만장자가 돼야 한다는 강박관념에 시달렸다고 한다. 레이건의 회계사는 부동산에 투자하라고 조언했다.

레이건은 미국 캘리포니아 남부의 말리부에 가서 땅을 사들였고 몇 년 후에 대출금을 다 갚았다. 그리고는 여러 필지의 땅을 합쳐 목장을 만들어 시장에 내놓았다. 그가 부른 가격은 100만 달러였다. 일주일 안에 두 사람이 목장을 사고 싶다며 값을 제시했다.

한 명은 현금 95만 달러로 목장을 사고 싶다고 했다. 다른 한 명은 현금 90만 달러와 30년 후에 상환하는 10만 달러의 정부채권으로 백만 달러를 지불하겠다는 조건이었다.

두 번째 제안에서 정부채권의 현재 가치를 계산하면 1만 달러에 불과했다.

결론은 91만 달러에 팔라는 의미였다. 과연 레이건은 어떤 제안을 선택했을까? 고민 끝에 레이건은 현금 95만 달러보다 훨씬 적은 두 번째 제안을 선택했다. 그는 명목적으로라도 100만 달러를 소유하고 싶었기 때문이다.

두 번째 사람은 레이건의 친척을 통해 레이건이 진정으로 무엇을 원하는지 알고 있었다고 한다. 레이건이 백만장자가 되고 싶어하는 욕구와 100만 달러에 해당하는 현금을 제시할 수 없는 자신의 현실 사이에서 그가 선택한 제3의 대안은 바로 '명목상 백만장자 만들기' 해법이었다.

30년 후에 지불되더라도 명목적으로 100만 달러를 지불함으로써 레이건의 욕구와 자신의 욕구를 맞춘 이 해법은 창조적 대안을 제시한 좋은 사례다.

최근 치솟는 유가로 국내외 불안감이 커지고 있다. 국내 기업들은 오래 전부터 대응 방안을 마련하기 위해 노력했다. 필자가 참여한 사할린 유전 프로젝트도 우리 기업의 노력 중 하나였다. 때는 1991년, 당시 소련 정부는 사할린 가스유전 개발을 위해 120억 달러 규모의 거대한 프로젝트를 발주했다.

세계적인 기업들이 서로 수주 경쟁을 벌이는 가운데 미국의 아모코(Amoco)와 호주의 BHP, 한국의 H그룹이 컨소시엄을 결성하기로 합의했다. 그리고 컨소시엄 결성을 위한 구체적 협상이 호주 멜버른에서 벌어졌다.

가장 큰 이슈는 만장일치로 할 것인지, 과반수로 할 것인지 의사결정 방식이었다. H그룹은 내부 회의를 거쳐 만장일치를 주장했고, 아모코는 과반수제를 원했다. 결국 협상은 난항에 빠졌다. 서로의 요구가 팽팽하게 맞선 것이다.

당시 김&장 법률사무소에서 일했던 필자는 H그룹 측 변호사로 협상에 참여했고, 창조적 대안으로 이 문제를 풀고자 했다. 먼저 H그룹이 만장일치를 요구한 이면에는 아모코와 BHP가 같은 영어 문화권으로서 H그룹을 따돌릴 가능성을 걱정했다.

아모코와 BHP가 과반수제에 집착한 것은 H그룹이 당시 세계적으로 알려진 것처럼 고집불통으로 무작정 일을 밀어붙이는 행동을 벌일 것을 염려했다.

이러한 욕구를 파악한 필자가 제시한 창조적 대안은 다음과 같았다. "만장일치를 이루기 위해 최선의 노력을 한다. 그럼에도 합의가 이뤄지지 않을 경우에는 과반수로 결정한다."

최선의 노력을 다하지 않았다는 것이 입증된다면 계약을 위반했다고 인정되는 것이 영미법의 관례다. 이 조항을 포함해 양측이 모두 만족할 수 있는 창조적 대안을 만들 수 있었다.

협상은 빙산과 비슷하다. 요구는 겉으로 드러나는 주장으로 빙산의 수면 위에 드러나는 부분과 같은 것이다. 하지만 그 요구를 만든 욕구는 물 밑에 감춰진 빙산처럼 다양한 것들이 숨어 있을 수 있다.

수면 위의 요구에 집중하면 상대방을 움직이기가 정말 어렵다. 협상이 힘든 것은 바로 이 작은 부분에 집중하기 때문이다.

빙산을 움직이려면 수면에 드러난 부분이 아니라 물 밑의 부분을 밀어야 한다. 즉 상대방의 욕구를 찾아 그것을 채워줄 방안을 제시해야 한다. 물론 그 방안은 내 욕구도 만족시킬 수 있어야 한다. 이런 방안이 바로 창조적 대안이다. 창조적 대안을 찾아 협상에 임한다면 그 협상은 쉽게 타결될 것이다

<IGM 전성철 박사가 말하는'협상의 기술'>

제 11 장

국제회의의 조직과 개최

| 제1절 |

본회의(plenary session)

1. 본회의 성격

본회의는 회의의 폐회식과 개회식을 위해 모든 대표들이 회합하는 모임이다.

대부분의 회의개회식은 화려하게 열린다. 회의규모, 참가국수, 주제에 따라 다르기는 하나, 본회의는 대개 회의 주최국의 국가원수, 수상, 외무장관, 또는 토의주제에 직접 관련된 장관에 의해 개회된다.

2. 본회의 역할

본회의의 처음 부분은 각 수석대표의 기조연설에 할애되는데 대개 이 기조연설들은 신임 의장단에 대한 당선 축하인사 퇴임 의장단에 대한 감사 인사 그리고 사무총장에 대한 평가 등 장황한 인사로 시작된다. 기조연설은 정책방향을 제시하는데 UN 총회의 경우 기조연설은 세계평화와 안보에서부터 인권, 여성, 테러리즘, 마약, 질병과 지역문제, 국내문제에 이르기까지 모든 문제를 다 포함한다.

기조연설이 끝나면 정치적 중요성이 있는 모든 중요의제는 이곳에서 직접 다루어진다. 이런 의제를 제외한 회의 실질업무는 위원회에서 이루어진다. 위원회의 토의내용은 그 채택을 위해 반드시 본회의에 상정된다.

보고서가 채택되어 회의가 끝나면, 폐회 본회의에서 의장, 사무국, 통역, 번역자들에게 회의를 성공적으로 마칠 수 있도록 도와준데 대해 감사를 표시하는 연설이 행하여진다. 유엔, 전문기구, 범세계 회의에서는 이 감사 연설은 지역대표들이 자기 지역을 대표하여(on behalf of his group) 행하는 것이 관행이다.

| 제2절 |

전체위원회(committee of the whole)

1. 전체위원회 구성

전체위원회는 법적인 사항 또는 초안작성 작업을 할 경우 우선 본회의 구성원 전원으로 조직된 회의에서 일차적으로 그 내용을 토의하고, 본회의에서 이를 최종적으로 채택할 때 활용되는 위원회이다. 이 경우 회의를 '회의 구성원 모두에게 참가가 개방되는 회의(open-ended meeting)'라고도 불리 운다. 이 두 경우 모두 비공식 협상의 포럼으로 협상 과정이 회의 참가자 모두에게 개방되었으므로 투명성이 보장된다.

2. 전체위원회 활동

전체위원회 논의사항은 본회의에 상정하여 공식승인을 받아야 한다. 그러나 참가자가 너무 많은 큰 규모의 대회(conference)에서는 전체위원회 산하에 각 분야별로 소위원회를 설치하여 전문적이고 구체적인 사항을 토의할 수도 있으며, 이견이 분분한 사항은 이 소위원회 내에 작업반(Working Group)을 설치하여 합의점을 도출한다. 이후 소위원회, 전체위원회, 본회의 순으로 토의결과를 상정하면서 승인 또는 인준을 받으면 총회결정 또는 토의내용으로 확정된다.

전체위원회에서 발언시간, 횟수 등 제한이 완화된다. 이점 때문에 국제회의에서는 전체위원회 제도를 자주 활용한다.

어떤 국제회의에서는 같은 회의장에 앉아 있는 채로 본회의에서 전체위원회 회의로, 또 그 반대로 전체위원회 회의에서 본회의 형태로 변경한다.

3. 위원회(committee) 역할

총회는 소규모 위원을 임명 또는 선출하여 총회기간 동안 해당분야에 대해 총회를 자문하도록 위원회를 구성 할 수 있다. 국제기구의 규모와 성격 등에 따라 다르나 대개 다음 종류의 위원회 중 어느 하나 또는 다수가 자문성격의 위원회로 구성될 수 있다. 위원회는 자신의 임원을 선출하고 때로는 자신의 의사규칙을 채택하기도 한다.

사례

우리는 왜 토론에 서툰가

나는 평생에 머리에 기름을 바른 적이 딱 두 번 있다. 한번은 장가를 가는 날이었고 다음은 미국 병원에서 노사 협의 대표로 간 날이었다. 그날은 정장에 넥타이를 매고, 커피도 못 마시게 했다. "흥분하면 안 되니까. 일체의 감정은 접어두고 냉철한 이성과 논리로 일관해야 한다, 목소리를 높이지 말라, 상대방의 말을 가로막지 말라, 상대의 입장을 이해하도록 잘 들어라, 공감이 가는 부분엔 인정하라, 상대의 권위를 인정하라, 우리 주장에 무리가 있으면 솔직히 사과하라, 피해의식을 버려라, 상대의 의견과 주장을 충분히 듣고 인정한 후 비로소 내 주장을 '조심스레' 펴라, 100% 달성하겠다는 생각은 말라, 손해다 싶은 선에서 절충하라, 절충이 끝나기 전에 먼저 일어서지 말라." 대충 이런 게 선배로부터 받은 사전 교육의 내용이었다. 이걸 회의에 참석한 모든 위원들이 철저히 지켜 낸다는 게 인상적이었다.

우리 노사회의장은 분위기부터 공격적이다. 잠바 차림에 띠를 두르고 구호마저 결사쟁취(決死爭取)다. 거기에다 서로는 피해의식으로 잔뜩 성이 난 상태라 쉽게 감정이 격화된다. 노(勞)는 노대로 '우리는 혹사당한다'고 하고 사(使)는 '너희들이 어떻게 이럴 수 있어?'라고 한다. 이러니 그만 자존심 대결장이 되고 타협은 물 건너 간다. 억지, 오기가 발동하면 그만 흥분, 파업이다. 초조하게 지켜보는 온 국민을 실망시킨다. 대형 사업장일수록 실망은 더하다. 그곳은 한국의 간판기업이요, 우리의 자랑, 우리의 자존심이 아니던가. 이건 그 사업장만의 문제가 아니다. 한국의 경직된 노사문화가 해외자본의 발길을 주춤거리게 한다. 게다가 국내기업 마저 해외로 유출돼 산업공동화가 더 커지고 있다. 끝내 그 사업장이 망하면 그 부담은 또 고스란히 국민의 몫으로 돌아온다.

우린 아직 토론에 미숙하다. 역사적으로 그렇게 해 본 적이 없기 때문이다. 마을엔 위계질서에 따라 어른의 한 마디로 만장일치다. 그게 화합을 중시해 온 우리 문화였다. 이런 풍토에서 민주주의와 함께 들어온 토론문화가 정착되기란 쉽지 않다. 가장 큰 장애물은 뭐니뭐니 해도 감정적으로 되는데 있다. 내 주장만 하고 남의 말을 들으려 하지 않는다. 삿대질, 우격다짐 등. 우리 국회는 그 전형이다. 토론을 통한 절충이 안 되면 다수결이 민주주의의 기본이다. 그리고 의결된 이상 싫어도 따라야 한다. 이게 잘 안 되는 게 우리 사회다.

고맙게도 노무현 대통령이 토론을 통한 의견수렴을 하려 애쓰고 있다. 워낙 권위주의적 정치 행태에 염증을 느낀 국민에겐 충격이다. 그렇다면 청와대 참모들이 유념해야 할 일이 있다. 우선 토론에는 '위원 1인 평등의 원칙'이 지켜져야 한다. 참석하는 모든 사람은 지위여하를 불문하고 똑같은 권리와 책임을 갖는다. 그러나 지난번 평검사와의 토론은 좌석배치에서부터 기본을 벗어났다. 뒷줄에 말없이 앉은 검사들, 다리 펼 테이블, 팔걸이도 없는 의자에 혼자 앉은 여성 장관, 이걸 생중계 하겠다는 발상, 끝난 후 누가 득을 봤느냐하는 자평까지 씁스레한 기분을 지울 수 없었다. 토론이란 나와는 다른 의견이 있다는 걸 인정하는 자리다. 한데도 우린 나와 의견이 다르면 마치 인간적 공격을 받는 것처럼 흥분한다. 배신감까지 든다. 물론 토론 외적인 문제로 시비를 걸거나 상대의 감정을 일부러 자극하는 건 비열한 짓이다. 제한된 시간에 자기 주장만 장황하게 펴는 건 폭력이다. 토론의 목적은 절충과 타협을 위해서다. 거기엔 완승도 완패도 없다. 때론 자기 주장을 철회하고 상대를 받아들임으로써 더 존경을 받는다. 그게 진정한 승자다. 어떤 경우에도 나만 옳다는 주장은 독선이다. 여기엔 이념, 종교, 가치관에 이르기까지 예외가 없다. 다르다는 걸 존중하고 조화를 이룰 수 있는 모자이크사회가 되어야 한다.

이시형, 동아일보 2003. 4. 3.

‘최소한 명분과 자존심은 지켜줘야’

IGM(Institute of Global Management)은 국내에서 가장 손꼽히는 협상스쿨로 통한다. 세계경영연구원이 2005년부터 기업의 최고경영자(CEO), 임원, 팀장급 실무진을 대상으로 운영하고 있는데 교육 이수자만도 현재 약 2500명. 특히 한 · 미 FTA 협상이 진행된 지난 1년 동안 무서운 증가세를 보이고 있다고 한다.

통상 전문 국제변호사인 세계경영연구원 전성철 이사장은 “협상이란 상대방의 생각을 바꾸는 기술로, 상대방 생각이 바뀌면 그에 따라 내 운명이 바뀔 수 있는 엄청난 일”이라고 말했다. 전 이사장은 “이번 협상을 관전하는 핵심 포인트는 한 · 미FTA 협상의 공은 사실상 처음부터 한국의 손에 있었다는 점”이라며 “무엇보다 한국이 먼저 미국이라는 세계 제1의 경제 대국에게 FTA를 하자고 제의한 것 자체가 상식을 넘어선 일로, 그것은 정말 ‘울고 싶은 어른의 뺨을 때려준 간 큰’ 결심이었다”고 말했다.

■ 이번 한 · 미FTA 협상을 평가한다면.

“협상 승패를 판단하는 가장 중요한 기준은 타결 여부가 아니라 ‘양쪽’ 모두 상당한 충족감을 느껴야 하는 것이다. 한쪽이 ‘쥐어 짜였다’고 느낀다면 그것은 잘 된 협상이 아니다. 여러 가지 징후로 볼 때 이번 협상에서는 양쪽이 대체로 만족하고 있다는 인상을 준다.”

■ **판단 기준은 무엇인가.**

"우선 협상을 통해 충족하고자 하는 각자의 필요(협상 전문 용어로 interest)를 보아야 한다. 우선 한국의 인터레스트는 무엇보다 대미 통상에서 실리를 얻고자 했을 것이다. 그러나 그 보다 더 중요하게 미국과 FTA를 체결함으로써 세계와 직접 연결할 수 있는 고속도로를 얻고자 했을 것이다. 문제는 그 대가로 한국이 얼마나 주느냐 하는 것이다. 한국이 이번 협상에 대해 대체로 만족하는 것은 한국이 준 것이 걱정했던 것만큼 크게 많지 않았다는 점에서다. 그것은 기본적으로 미국의 인터레스트를 파악할 때 이해가 가능하다."

■ **그렇다면 미국의 인터레스트는 무엇이었나.**

"미국은 이미 거의 다 개방된 나라다. 자신이 이미 열려 있기 때문에 어느 나라든 그 나라의 시장을 조금이라도 더 개방할 수 있다면 미국은 환영한다. 경제 규모가 워낙 크기 때문에 다른 나라의 문을 열기 위한 추가적인 양보는 사실 크게 부담이 없다. 더욱이 한국은 세계 11위의 동북아 경제 대국이고 한국과의 FTA는 중국과 일본의 빗장을 여는 물꼬를 제공할 가능성도 상당히 높다. 특히 정치적 곤경에 처한 부시 대통령의 입장에서는 한·미FTA라는 호재는 크게 도움이 된다. 그런 면에서 미국에게는 이번 한·미 FTA 타결이 타결 그 자체로서 매우 큰 인트레스트였다."

■ **협상의 기술이 있다면.**

"협상에 임하는 어느 개인이나 국가나 최소한 지켜야 할 명분과 자존심, 그리고 모양새가 있는 법이다. 그런 명분과 자존심을 지켜주며 나의 실리를 취하는 것이 바로 협상의 기술이다. 이 협상의 기술은 대부분 크리에이티브 옵션(creative option)이라는 수단을 사용한다. 즉 상대의 자존심과 필요를 나의 이해를 훼손하지 않으면서 충족시켜주는 기술이다. 이번 협상에서는 비교적 크리에이티브 옵션이 많이 보이는 편이다. 예를 들어, 민감한 쇠고기 문제를 문서로 작성하지 않고 대통령 연설에 포함시키도록 한 것이라든지, 개성공단 문제는 '역외가공구역'이라는 개념을 활용해 한 것이라든지, ISD 조항에 세금과 부동산 문제 등을 제외시킨 것이라든지 하는 것이 그런 예다."

뉴스메이커 721호 2007. 4. 24.

‖ 마음 열어야 협상 성공 ‖

▶미국 최대 규모의 미디어그룹인 AOL 타임워너 전신인 워너커뮤니케이션 설립자 스티브 로스는 경영을 잘한 것은 물론 뛰어난 협상가였다.

협상은 사람 간의 의사소통 과정이다. 상대방이 내 말에 귀 기울이게 하기 위해선 내가 먼저 그를 인정하고 공통된 관심사를 찾아야 한다. 즉 마음을 열어 인간 관계를 통해 협상을 하는 게 문제 해결이 쉽다.

협상이 어렵다며 질문하는 분들의 이야기를 가만히 들어보면 공통점을 하나 발견할 수 있다. 바로 상대방이 어떻기에 어렵다고 고충을 말한다는 점이다.

때로는 상대방이 너무 막무가내라서 협상을 할 수 없다는 사람들도 있다. 모두 상대방 때문에 협상이 어렵다는 것이다. 이 말은 너무도 당연하다고 생각된다. 상대방도 당신도 서로에게 무엇인가를 얻기 위해 협상을 하기 때문이다. 그럼 이 문제를 풀 수 있는 비법이 있을까?

협상이란 사람 간에 이뤄지는 것이다. 사람들이 필요로 하는 것에 대한 의사소통 과정이 협상이다. 내가 얻고자 하는 만큼, 아니 그 이상으로 상대방도 얻고자 할 것이다.

그러니 상대방이 까다롭다고 느낄 수밖에 없다. 까다로운 상대가 어떻게 하면 내 말에 귀 기울이게 할 수 있을까? 먼저 인간적인 측면에서 시작해야 한다.

지금은 자율적으로 지로로 납부하는 적십자회비를 1970년대에는 직접 찾아가 돈을 받았다. 당신이 전혀 모르는 적십자사 직원이 와서 돈을 달라고 하는 경우와 이웃집 반장이 찾아와서 협조해 달라고 하는 경우를 비교해 보자.

당신은 어느 경우에 돈을 더 잘 내겠는가? 아마도 대부분의 사람들은 안면이 있는 이웃집 반장이 찾아와서 어렵게 입을 열면서 적십자회비를 내달라고 할 때 난처해 하면서 돈을 낼 것이다.

잘 알지도 못하는 적십자사 직원이 찾아온다면 문도 열어주지 않을 것이다. 협상에서 좋은 인간 관계는 긴장을 완화시키고 믿음과 신뢰를 가지고 임하게 만든다.

좋은 인간 관계가 그런 효과를 가진다면, 어떻게 해야 그런 관계를 만들 수 있을까? 먼저 상대방을 인정해야 한다. 내가 상대방으로부터 얻을 것이 있다는 사실을 인정하고 그 부분에 있어 진심으로 상대방의 도움이 필요함을 인정해야 할 때도 있다.

상대방을 먼저 인정하여 성공을 거둔 대표적인 사례는 미국의 하코트 브레이스 조바노비치(HBJ) 매각 협상이다. 유명한 교육 관련 출판사 HBJ는 재정적인 어려움을 겪게 돼 새 주인을 찾고 있었다.

상대방은 공격적인 경영을 취하는 제너럴 시네마의 딕 스미스 회장이었다. HBJ의 대표는 부친에 이어 CEO를 맡고 있던 피터 조바노비치였다.

처음 협상을 시작하는 자리에서 피터 조바노비치는 실무진이 준비한 원고를 덮고 스미스 회장에게 조그만 상자를 내밀었다. “아버지는 사업상 좋은 파트너를 만나면 회사 로고가 찍힌 시계를 선물하시곤 했습니다. 제너럴 시네마가 HBJ에 적합한 인수자라는 내 믿음의 표현입니다.”

조바노비치의 선물과 멘트에 스미스 회장은 미소를 지었다. 상대방을 인정하는 조바노비치의 자세가 HBJ 매각협상을 성공적으로 이끌었다. 이제 HBJ는 하코트로 이름이 바뀌었지만 여전히 세계적인 출판사로 남아 있다.

상대방을 인정하는 것은 당신이 먼저 마음을 열었다는 것을 보이는 것이다. 조바노비치처럼 격식을 갖춘 선물을 하는 것도 하나의 방법이지만, 전통적으로 공통의 관심사를 나누는 것이 훨씬 강력한 힘을 갖는다.

공통의 관심사가 생기면 대화하기가 훨씬 수월해지고 서로의 공통점을 인정하기도 쉬워진다. 사업을 위해 처음 만나는 자리에서 학연·혈연·지연의 관계를 찾는 것도 그러한 노력이다.

세계적인 경영의 대가들도 인간 관계 맺기의 중요성을 인식하고 있다. 미국의 유명한 언론회사 AOL 타임워너의 전신인 워너커뮤니케이션을 설립한 스티브 로스가 대표적인 인물이다. 그는 먼저 마음을 열어 보여 인간 관계를 통한 협상을 성공적으로 이끌었다.

로스가 처음 성사시킨 협상은 뉴욕에 있는 자신의 작은 렌터카 회사와 뉴욕에 60여 개의 주차장을 가진 시저 키멜의 제휴였다. 렌터카 회사가 뉴욕에 있는 주차장을 이용하도록 해주면 수익의 일부를 키멜에게 제공하는 협상이었다.

로스는 협상 전에 키멜에 대한 조사를 통해 그가 열성적인 경마 팬이란 사실을 알게 됐다. 키멜의 사무실에 찾아간 로스는 말을 꺼내기 전 사무실을 둘러보다 큰 대회에서 키멜의 말이 우승한 사진을 유심히 바라보았다.

"이 대회에서 2등을 한 말이 모티 로젠탈의 말이군요! 로젠탈과는 어려서부터 같이 자란 친척이거든요." 이 말에 키멜은 환하게 미소를 지었다. 서로 마음이 잘 맞아 성공적으로 공동사업에 착수할 수 있었다.

협상이 끝나면 상대와의 관계가 끝난다고 생각하는 경우가 종종 있다. 이번 협상 말고는 상대방과 더 이상 관계가 없을 것처럼 생각하지만, 사실 비즈니스의 세계에서는 그렇지 않다.

이 연재의 초기에 보여준 1차 세계대전 종전 협상이 관계의 중요성을 소홀히 한 대표적인 예다. 뒷맛을 남기는 관계는 결코 바람직하지 않다.

미국의 유명한 변호사이자 스포츠·연예 매니저인 로널드 샤피로는 <협상의 심리학>에서 자신의 실패담을 말했다. 샤피로는 오프라 윈프리가 유명해지기 전 볼트모어에서 윈프리의 매니저로 일한 적이 있다. 샤피로는 윈프리와 좋은 관계를 가지며 성공을 이뤄나갔다.

윈프리는 시카고의 ABC방송 계열사에서 성공을 거두자 자신의 경력 관리 및 모든 관련사항을 재검토하기 시작했다. 그리고는 샤피로에게 결별을 선언했다. 다음에 좋은 친구로서 다시 일할 수 있기를 바란다는 말과 함께!

샤피로는 여기에서 그냥 끝내지 않고, 남은 계약기간 동안의 수수료를 받아야 한다는 회사 동료들의 말에 휩쓸려 소송에 들어갔다. 윈프리에 대한 감정의 상처가 샤피로를 자극한 것이다.

그는 결국 승소해서 돈을 받았다. 하지만 그것은 단기적인 조금의 이익이었다. 소송을 통해 서로의 관계가 멀어져서 윈프리란 큰 울타리를 스스로 걷어찬 결과를 낳았다는 점을 샤피로는 후회하고 있다.

당신이 먼저 관계를 만들고자 노력해 좋은 관계가 됐다고 생각하는데 상대방은 여전히 자신의 이익만을 고집하면 어떻게 해야 하느냐고 질문할 수 있을 것이다. 때로는 정말 자기 밖에 모르는 사람들도 있을 수 있다. 이럴 때에는 당신이 냉정하게 스스로를 담금질해야 한다.

먼저 당신에게 이 협상이 정말로 필요한지 생각해 보라. 꼭 해야 하는 것이 아니라면 그런 식으로 행동하는 상대와는 사업적 관계를 시작하지 않는 것이 최선이다. 당신이 협상할 의사가 없다고 하면 오히려 상대가 적극적으로 나설 수도 있다.

그렇더라도 냉정해야 한다. 당신이 판단하기에 상대방과 관계가 도움이 안 된다고 본다면, 지금 당장의 이익을 위해 그런 상대와 지속적 관계를 가져가는 것은 언제 터질지 모르는 지뢰를 안고 있는 것과 같다.

당신이 그 협상을 간절히 필요로 한다면 먼저 다른 대안이 없는지 찾아보라. 다른 대안이 있다면 당장 그 협상을 끝내야만 한다. 다른 대안이 없다면 상대방에 대한 정보를 모으고 질문과 진지한 대화를 통해 상대방의 진정한 욕구를 알아봐야 한다. 그리고 상호 이익이 될 수 있는 방안을 찾아보라.

끝으로 한 가지만 덧붙이고자 한다. 상대방이 협상에 응하고 있다는 점을 명심하라. 이 말은 상대방도 나에게 얻을 것이 있다는 뜻이며, 따라서 당신이 아무리 간절해도 상대방에게 무조건 양보할 필요는 없다는 것이다.

<IGM 전성철 박사가 말하는'협상의 기술'>

‖ "협상이 기업운명을 바꾼다" ‖

'협상의 불모지'쯤으로 여겨지는 한국에서 지난해 무려 1000명 이상의 교육생을 배출한 협상스쿨이 있다 . 세계경영연구원에서 운영하는 IGM(Institute of Global Management)이 그 주인공. 포스코, SK텔레콤, KTF, LG텔레콤 등은 임원급 간부 전원을 IGM에 보내 협상교육을 받게 하기도 했다 . 먼저 협상스쿨에 참여했던 이들 기업 CEO가 강의 내용에 깊은 인상을 받아 임원 교육을 의뢰한 때문이다 . 이 같은 소문이 퍼지면서 IGM 협상스쿨에 대한 기업인들 관심이 새삼 높아지고 있다 . 이 스토리의 중심에는 국내 최초로 협상스쿨 문을 열었다는 전성철 세계경영연구원 이사장이 있다 . 전 이사장을 만나 '협상'의 A부터 Z까지 들어봤다 .

Q1〉 협상이란 한마디로 무엇입니까?

A > 상대방의 생각을 바꾸는 기술입니다 . 상대방 생각이 바뀌면 그에 따라 내 운명

이 바뀔 수 있습니다 . 엄청난 일이지요.

Q2〉 지난해 한국 최초의 협상스쿨을 열었습니다 . 얘깃거리가 있을 것 같은데요.

A > 미국에서 변호사로 활동하면서 우리나라 기업들이 미국 기업과 진행하는 협상테이블에 수없이 참여했습니다 . 당시 협상력 부재 때문에 우리 기업들이 큰 손해를 보는 걸 자주 목격하면서 많이 안타까웠습니다 . 예를 들면 제품을 구입하면서 충분히 2~3년 동안 A/S를보장받을 수 있음에도 준비 없이 협상에 임해 논리 없는 얘길 횡설수설하다가 결국 1년만 보장받고 끝나는 식이지요. 향후 기회가 되면 한국 기업들에게 협상의 중요성을 인지시키고, 또 협상 노하우도 전수해주고 싶다는 생각을 오래도록 해왔습니다 . 협상스쿨은 오랜 소망의 산물이라고 보시면 됩니다 .

Q3〉 요즘은 한국 기업들도 협상의 중요성에 대해 꽤 인식이 깊어진 것 같습니다 .

A > 외환위기를 거치면서 협상테이블에 앉아야 할 상황이 부쩍 늘었고 또 그 과정에서 뼈아픈 경험을 많이 했기 때문입니다 . 대우자동차 우선협상대상자로 선정됐던 회사는 원래 포드였습니다 . 당시 포드는 6억달러에 대우차를 사겠다고 했지요. 그러나 포드와의 협상이 어그러지면서 GM과 재협상이 시작됐는데, 정작 GM이 대우차를 산 금액은 4억달러에 불과했어요. 협상을 제대로 못한 대가가 너무 엄청나지 않습니까.

Q4〉 다들 협상실력을 키우고 싶다는 데는 동의할 겁니다 . 그러나 어떻게 해야 하는지 방법을 모르니까 손 놓고 있는 게 아닐까요?

A > 맞습니다 . IGM이라는 민간 교육기관에서 유일하게 협상학을 가르친다는 것은 사실 말이 안 되는 얘기입니다 . 외국은 경영학 전공자라면 기본적으로 협상학을 배웁니다 . 이런 사람들과 협상장에서 만나 대적하기 어려운 것은 당연한 일이 아니겠습니까?

Q5〉 대학이 협상학을 개설하고 싶어도 가르칠 사람이 없는 등 걸림돌이 많아 못하는 측면도 있을 듯싶습니다 .

A > 협상학을 거창하게 생각할 필요는 없습니다 . '협상의 기본'만 알아도 협상테이블에서 의미 있는 진전을 이룰 수 있습니다 .

지난해 말 KTF는 일본 NTT도코모사로부터 무려 5000억달러가 넘는 외자유치를 이뤄냈습니다 . 2년 넘도록 협상이 지지부진하자 답답해진 KTF사 경영진이 협상 실무진에게 IGM 협상코스를 이수하도록 했습니다 . 이들이 IGM 협상코스에서 배운 것은 정말 간단한 '협상의 기본' 원리였습니다 . 그런데 실무진들은 그런 내용조차 처음 들어봤다며 신기해 하더라고요. 며칠간 '협상의 기본'만 배우고 간 이후 협상이 급물살을 타면서 결국 타결까지 간 거지요.

Q6〉 '협상의 기본'만 알아도 큰 도움이 된다고 하셨는데, 과연 '협상의 기본'이란 게 무엇입니까.

A > IGM이 정리한 '협상의 10계명'이 있습니다 . 이것만 제대로 익혀도 큰 도움이 될 겁니다 . 그 중에서도 가장 중요한 것은 제2계명으로 돼 있지만, 실제로는 1계명과 마찬가지인 '숨은 필요(Interest)를 찾아라'입니다 . 결국 협상의 출발점은 '상대방의 속마음에 숨어있는 욕구를 알아내는 것'이거든요. 우리는 대체적으로 외부로 드러나는 요구에 초점을 맞추는데, 실제 협상의 관건은 내부 욕구와 연관돼 있습니다 .

이를테면 이런 거예요. 사는 쪽은 '2억원으로 깎아달라'고 하고 파는 쪽은 '2억5000만원이 아니면 안 된다'고 합니다 . 2억원에 팔면 수익이 남지 않는 것은 물론 밑지는 수준이라면 더는 양보할 수 없겠지요. 이때 상대방이 내세우는 '2억원'에만 집중하다보면 그 협상은 돌파구를 찾지 못할 겁니다 . 대신 노사관계가 안정돼 있어 파업으로 인한 공급 중단은 절대 없을 것이라는 '제품 공급의 안정성' 등 수요자가 가지고 있는 다른 욕구를 만족시켜주는 내용을 덧붙인다면 어떨까요? 사는 사람은 다시 한번 가격 조정을 고려해보게 될 겁니다 .

Q7〉 '숨어있는 욕구를 찾아라' 외에 또 꼭 새겨들어야 할 계명은 무엇입니까.

A > '너 자신이 되어라'입니다 . 협상장에 들어가는 사람들 태도를 잘 살펴보세요. 혹 상대방이 날 만만하게 보기 시작하면 협상에 끌려다니게 되지 않을까 걱정해 자기를 실제보다 부풀려 과시하려는 마음을 갖기 십상입니다 . 이는 오히려 '나는 협상 아마추어'임을 만천하에 드러내는 일이에요. 위대한 협상가는 '잘난 사람'이 아니라 '편안한 사람'입니다 . 누가 편안한 사람이냐, 자신감이 있으면 편안하지 않겠습니까. 자신감을 갖고 편안하게 협상에 임하는 사람이 결국 최고의 승자가 됩니다 .

Q8〉 '제3의 Option을 개발하라'도 눈에 띄는 계명입니다

A > 숨어있는 욕구는 서로 다른 경우가 대부분입니다 . 예를 들어 신생 영화사에서 좋은 시나리오를 가지고 있는데 꼭 톱스타인 A 여배우를 주인공으로 출연시키고 싶다

고 해봅시다 . 시나리오를 본 여배우도 그 역에 욕심을 냅니다 . 그러나 A 여배우 몸값은 편당 5억원 선인데, 신생 영화사가 줄 수 있는 돈은 1억원도 채 안 됩니다 . 그럼 몸값이 안 맞는다고 다 없던 일로 돌려야 할까요. 서로 다른 양쪽의 숨어있는 욕구를 찾아내 그 욕구를 모두 충족시킬 수 있는 제3의 대안을 찾아낼 수만 있다면 협상 성공 가능성은 훨씬 높아집니다 . 5억원을 주되 일시불로 5억원을 주는 게 아닌 10년 분할로 준다는 조건을 다는 식입니다 . 그렇다면 양쪽을 모두 만족시키면서 소기의 목적을 달성할 수 있게 됩니다 .

Q9〉 'BATNA(Best Alternative To a Negotiated Agreement)를 개발하라'는 무슨 얘기입니까?

A > '협상이 깨졌을 때 내게 어떤 대안이 있는가'를 개발하라는 얘기입니다 . '당신과 협상에 실패해도 나는 다른 대책이 있다'는 사실을 상대방에게 알려주는 것은 굉장히 큰 힘을 발휘할 수 있습니다 . 그 때부터 협상의 주도권은 내게 돌아오게 되지요.

Q10〉 당장 협상을 이끌어야 할 실무진뿐 아니라 CEO들도 IGM 협상스쿨에 관심이 아주 많은 걸로 알고 있습니다 .

A > 현재 우리나라 기업들이 직면해 있는 화두는 바로 '커뮤니케이션 비용 줄이기'입니다 . 회의를 1번에 끝내는 것과 3~4번씩 하는 것은 생산성 차이가 엄청납니다 . CEO들이 '어떻게 하면 회의 횟수를 줄일 수 있을 것인가'에 관심을 가질 수밖에 없겠지요. 방법은 한번에 직원들을 이해시키고 설득시키는 것입니다 . 협상은 단순히 협상장에서만 이뤄지는 것이라고 생각하면 안 됩니다 . 모든 커뮤니케이션이 결국은 협상이라고 할 수 있어요.

【 협상의 10계명 】

1. 너 자신이 되어라
2. 숨은 필요(Interest)를 찾아라
3. 제3의 Option을 개발하라
4. 합리와 논리로 공략하라
5. 상대가 얻는 혜택(Benefit)을 설명하라
6. 객관적 기준부터 합의하라
7. BATNA를 개발하고 활용하라
8. 이슈와 인간관계를 분리하라

9. 질문하라, 질문하라, 질문하라
10. 준비하라, 준비하라, 준비하라

‖ 월마트 · 까르푸, 왜 한국에서 실패했나 ‖

까르푸에 이어 월마트도 짐을 쌌다.

한국 진출 8년만의 일이다.

이로써 세계 최대 할인점(월마트)과 2위 할인점(까르푸)이 줄줄이 한국시장 공략 실패를 인정하고 종지부를 찍은 셈이 됐다.

도대체 무엇이 이들 거대 기업의 발목을 잡았을까. ■월마트 M&A 작전 …3월 이마트가 인수 제의 1달 만에 M&A 전격 합의■ 지난 5월 초 한국월마트에 신임임원이 한사람 부임했다.

상품구매 담당 전무였다.

한국월마트에서 자체적으로 리크루팅해 스카우트한 것으로 알려져 있는 이 전무는 그러나 본격적으로 일을 시작해보기도 전에 그만둬야 할지도 모를 처지가 돼버렸다.

갑작스레 월마트가 이마트에 인수돼버린 때문이다.

이는 이마트의 월마트 인수가 얼마나 비밀스럽게, 그리고 급작스럽게 이뤄졌는지를 한 눈에 알아볼 수 있는 바로미터다.

실제로 한국월마트 내에서는 최종 결정이 내려지던 그 순간까지 전혀 눈치를 못 채고 있었던 것으로 알려졌다.

이처럼 전격 단행된 이마트의 월마트 인수가 시작된 시점은, 이마트가 대외적으로는 까르푸 인수에 열을 올리고 있던 것으로 보여졌던 지난 3월이다.

까르푸 인수를 한창 검토하던 이마트는 ‘까르푸를 인수할 바에야 월마트를 가져오는 게 훨씬 낫겠다’는 자체 판단 아래 월마트에 인수 의사를 표명했다.

‘되든 안 되든 질러나 보자’는 데 경영진 의견이 일치한 것. 2년 전 월마트 본사에 조인트벤처 설립을 제안하면서 연결된 신세계와 월마트 본사의 핫라인이 다시금 작동하기 시작했다.

의외로 월마트 측은 바로 긍정적 사인을 보내왔고,협상을 시작한 지 두 달도 안 된 시점에서 M&A에 최종 합의했다.

인수가격은 8250억원으로 결정됐다.

1조7500억원으로 결론난 까르푸 인수대금의 반도 안 되는 가격이다.

사실 월마트는 이마트로부터 인수 제의를 받기 전까지는, 딱히 한국시장 철수를 검토해본 적이 없는 것으로 알려졌다.

“이마트로부터 먼저 제의를 받은 후 이번이 자연스럽게, 또 명예롭게 한국을 떠날 기회라고 판단한 듯싶다”는 게 박찬희 월마트 상무 얘기다.

이로써 월마트는 지난 98년 한국마크로를 인수해 들어온 지 8년 만에 한국시장에서 손을 떼게 됐다.

‘월마트 효과(월마트가 진출하는 지역마다 다른 유통채널은 대부분 다 죽었다.

이를 월마트 효과라 한다)’라는 신조어를 만들어낼 정도로 승승장구하며 세계 최대 할인점이란 위상을 세운 월마트가 한국시장에서는 오래도록 빛을 보지 못하다 드디어 두손 두발 다 든 셈이다.

■ 월마트와 까르푸, 왜 실패했나 …현지화에 관심없던 탓 적기 투자 못한 때문도■ 세계 2위 할인점 까르푸에 이어 1위 월마트까지. 이들은 왜 모두 한국에서 실패하고 나가게 됐을까. 전문가들은 한결같이 ‘현지적응에 실패했기’ 때문이란 진단을 내린다.

‘할인점 기본 공식’에 너무 집착한 나머지 ‘한국형 할인점’에 입맛이 길들여진 한국 소비자들 취향을 제대로 헤아리지 못했다는 얘기다.

그렇다면 한국형 할인점이란 도대체 무엇을 얘기하는 것일까. 물건이 천장 꼭대기까지 포개어져 쌓여진 창고형이 아니라, 1.4~1.8m의 눈높이 매대가 첫째 요소다.

둘째, 국내 할인점 전체 매출 가운데 상당 비중이 신선식품에서 이뤄지는 것만큼 신선식품 관리에 사활을 건다는 점이다.

셋째는 입지를 들 수 있다.

까르푸와 월마트는 둘 다 이 부분에서 부족했다.

물론 뒤늦게 한국에서는 ‘창고형 할인점’이 먹혀들어가질 않는다는 걸 깨닫고 바꾸기 시작했다.

월마트는 지난해 초부터 창고형 할인점이라는 이미지에서 벗어나기 위한 매장 리노베이션을 꾸준히 단행해왔다.

소위 이마트 진열대 따라 하기였다.

그러나 너무 늦었다.

이미 ‘창고형이라 불편하다’는 인식이 머릿속에 박힌 소비자 마음을 되돌려놓기에 역부족이었다.

신선식품 이야기는 무언가. 서구식 할인점과 한국형 할인점은 개념이 다르다.

서구인들은 신선식품보다는 가공식품을 많이 먹는다.

마당과 뜰이 있는 주택 생활자가 많은 관계로 구입하는 품목 종류도 한국과는 좀 다르다.

할인점이 집에서 멀리 떨어져 있는 경우가 대부분이어서 한 번 갈 때 최대한 많이 사오는 게 보편화돼 있다.

포장 단위를 크게 해서 파는 것은 이 때문이다.

그러나 이 같은 방식은 한국식 생활과는 거리가 멀다.

집 앞 슈퍼 가듯 할인점을 가는 한국 소비자들에게 10개, 20개들이 포장은 부담스럽기 그지없다.

또 재래시장에 가는 대신 할인점에 가는 한국 소비자들에게는 또 신선식품 종류가 다양하지 않은 이들 할인점이 그다지 매력 없게 느껴졌을 수밖에 없다.

월마트 부산점을 자주 이용한다는 주부 C씨는 "근처 외국인들만 가끔 올 뿐 손님이 없어 한산한 게 좋아 오히려 자주 갔다.

그런데 인지도가 낮은 외국 상품만 잔뜩 있고 정작 사고 싶은 신선식품은 거의 없어 원스톱 쇼핑이 안 돼 불편할 때가 많았다"고 지적했다.

이번엔 입지 얘길 해보자. 월마트와 까르푸는 사실 점포 접근성에서 여타 할인점에 비해 떨어진다는 평을 받아왔다.

월마트의 경우 서울에는 강남점 단 1개뿐이다.

물론 각 지방마다 그 지방 중심지에 점포가 있다고는 하지만, 외곽과 지방에만 포진한 모양새로는 한계가 있을 수밖에 없다.

까르푸 역시 입지가 나쁜 대신 싼 임대 매장을 8개나 오픈하는 등, 중심 상권에 집중한 한국 할인점들과 입지 전략이 크게 달랐다.

이처럼 한국형 할인점에 적응하지 못한 가장 큰 이유로 한국인 최고경영자와 임원이 거의 없는 기업문화가 꼽힌다.

특히 까르푸는 사장과 임원, 심지어 점장까지 프랑스인 일색이었다.

월마트는 그나마 3500명 직원 중 외국인은 단 2명에 불과했지만 그 2명이 사장과 부사장으로 의사결정의 최정점에 있던 인물들이다.

그러나 정작 이 같은 지적에 대해 양사는 동의하지 않는다.

특히 월마트는 '투자시기를 놓쳐서일 뿐 다른 이유는 없다'고 반박한다.

2002년경 한국 시장은 다시 얼어붙고 있었다.

벤처거품은 급속도로 꺼져갔고 무분별한 카드 발급으로 신용불량자가 늘어갔다.

전 세계에서 이 같은 상황을 여러 번 경험했던 월마트는 '투자 중지, 당분간 관망' 기조로 돌아섰다.

그 결과 월마트는 2003년에 단 한 개도 점포를 늘리지 못했다.

2004년엔 포항점 1개가 문을 열었을 뿐이다.

이처럼 월마트가 주춤하던 사이 한국 할인점들은 공격적으로 매장을 늘려나갔고 그 결과 할인점은 한국 유통을 대표하는 채널로까지 성장했다.

"한국에서 할인점이 이처럼 급성장할 줄 몰랐다.

잠시 주춤주춤하던 사이 시장 주도권을 뺏겨버렸고 그게 최고 패인이 됐다"는 게 월마트 본사 분석이다.

■월마트 철수 이후 …1강 3중 체제 재편 '아쉽다' 안타까운 목소리도■ 월마트 철수와 이마트의 월마트 인수로 할인점 업계는 확고한 1강 3중 체제로 재편됐다.

매장 102개로 롯데마트(45개), 홈플러스(43개)보다 2배나 넘는 매장을 보유하게 된 이마트는 당분간 독야청청이 확실해보인다.

덕분에 '그나마 이랜드가 까르푸를 가져가서 다행'이라며 가슴을 쓸어내렸던 롯데마트와 홈플러스는 당장 아주 다급하게 됐다.

이제 무슨 짓을 해도 1위 이마트를 따라잡기 어려워지게 된 때문이다.

할인점 업계 재편과 상관없이 이마트와 이랜드 사이에서는 묘한 신경전이 벌어지고 있기도 하다.

서로 자사가 인수한 월마트와 까르푸 상품성이 더 낫다는 신경전이다.

핵심은 월마트와 까르푸 입지 논쟁이다.

이마트는 월마트가 매장이 16개로 까르푸보다 훨씬 적기는 하지만 전체가 자가매장으로 임대도 있고, 경매에 붙여진 경우도 있는 까르푸 매장보다 훨씬 사정이 좋다고 주장한다.

반면 이랜드는 할인점은 입지 싸움인 만큼 자가매장이냐 임대매장이냐를 따질 게 아니라, 얼마나 입지가 좋은 곳에 위치하고 있느냐가 중요하다고 반문한다.

또 까르푸 임대매장이 전체 32개 매장 중 8개에 지나지 않는다며, 자가매장을 지나치게 강조하는 이마트 측 속내를 알 수 없다고 불만이다.

한편 유통가 한 켠에서는 양사 철수에 대해 안타까움을 표방하는 목소리도 흘러나오고 있다.

유통전문가 O씨는 "한국 할인점은 이미 할인점이라 부르기 민망한 수준이다.

백화점에서 밀려나온 브랜드들의 집산지인 준백화점 쯤이 됐다.

사정이 이렇다보니 저가가 최대 무기인 할인점 특성도 거의 사라졌다.

한국 할인점들은 결코 가격이 싸지 않다.

할인점 기본 공식에 충실했던 소위 창고형 할인점이 사라지는 것이 소비자 입장에서 꼭 좋은 것인지 모르겠다"는 의견을 전하기도 했다.

[김소연 기자] < Copyright ⓒ 매경이코노미. >

제 12 장

국제회의 참가준비

| 제1절 |

초청장과 대책반 구성

국제기구로부터 회의 참석 초청장을 받으면 다음과 같은 사항을 먼저 검토한다.

1. 초청장 확인 사항

국제회의가 정부간 국제회의인지 여부와 정기회의 또는 특별회의인지, 그리고 회의수준(총회, 이사회, 위원회, 각료급 회의 등)은 어떠한지 등을 확인한다.

또한 회의의 목적, 일시, 기간 및 장소를 확인하고 회의의 잠정의제, 신임장 또는 전권위임장의 필요여부를 확인한다. 그리고 파견하여야 할 대표단의 규모를 함께 확인한다.

2. 대책반 구성

국제회의에 대해 잘 준비하면 할수록 그 결과는 성공적이 된다.

국제회의 준비는 대책반을 중심으로 해서 이루어지는데 이 대책반은 주무부처를 중심으로 하고 관련이 있는 부처가 구성원이 되어 조직된다. 그 대책반의 주임무는 대체로 다음과 같다.

1) 회의에 대한 우리나라의 정책수립
2) 회의에서 달성해야 할 목표와 목적 결정

3) 우리가 내놓을 제의(initiative) 개발
4) 의제별 정부입장 수립
5) 대책회의 소집 및 이를 통해 참석자에 대해 정부입장 설명
6) 대표단구성 지원
7) 대표단에 대한 브리핑 실시
8) 회의기간 중 대표단 지원

| 제2절 |

대표임명

1. 대표단 구성

정부간 회의의 경우 위 검토결과를 토대로 하여 관계부처와 협의한 후 정부대표 및 특별사절의 임명에 관한 법률에 따라 대표를 임명한다.

국제회의 대표는 외교통상부장관 건의로 대통령이 임명한다. 단 정부대표로서 수석대표가 각료급이 아닐 때는 외교통상부장관이 이를 임명한다.

국제회의 대표단은 수석대표, 교체수석대표, 대표, 자문관, 업서버로 구성된다.

외교통상부는 정부간 국제회의 참가 초청장을 접수하면 이를 관계부처에 통보하고 아울러 대표 추천을 의뢰한다.

2. 대표단 추천시 고려사항

관계부처의 대표 추천 시 다음 사항이 포함되어야 한다.

1) 회의참가 필요성
2) 참가후보자의 이력서
3) 활동 계획서
4) 기조연설 문안(또는 해당안 건 발언문안) 또는 (대책회의에서 마련된 훈령)
5) 경비내역

정부대표단 구성절차는 다소 복잡하다. 대표단의 규모와 구성에 소요되는 시간은 회의주제에 대한 관심도에 달려있다. 대부분의 대표단은 그 규모에 있어서 20명 정도이며, 대표단 구성은 외교통상부 직원을 포함하여 주제에 관련된 관계부처직원으로 이루어진다. 몇몇 경우에는 대표단이 50~100명이 될 수도 있으며, 가끔은 비 정부간 기구, 민간기업이 참여하는 수도 있다.

대표단은 규모와 관계없이 참가하는 회의에서 우리의 이익을 잘 대변할 수 있는 능력있는 팀(talented team)으로 구성되어야 한다. 주제문제에 대해서도 잘 알고 있어야 하며, 언어능력도 고려하고 또한 회의가 열리는 장소에 대해서도 익숙해야 한다.

수석대표(Representative)는 대표단의 총책임자로 대표단에 있어서 가장 중요한 사람이며, 모든 책임을 진다. 수석대표는 회의주제에 대해 가장 잘 아는 부처의 정부공무원이 된다. 수석대표는 대표단을 조직하고 조정하며, 대표단원에게 업무를 분담해주고 본부에 보고한다.

3. 수석대표 활동

수석대표는 대표단 단원이 특히 다음 행동을 하지 않도록 유의해야 한다.

1) 사전 승인 없이 국제기구에 대한 재정지원 약속
2) 훈령 없이 어떤 제의나 제안을 제시하는 행위
3) 기타 훈령사항 위반

교체수석대표(Deputy Representative 또는 Alternate Representative)는 두 명 이상이 있을 수 있다. 대개 선임 교체수석대표가 수석대표 부재중 그를 대신하여 행동하도록 지명된다. 또 수석대표가 회의의장으로 선출되면 대개 선임 교체수석대표가 대표단을 지휘・감독하게 된다.

대표(Delegate 또는 Member)는 공무원의 신분을 가진 사람들이다.

자문관(Adviser)은 정부 산하단체 연구소, 공사 등의 직원으로 공무원 신분을 가진 사람이다. 선임자문관(Senior Adviser)은 자문관보다는 지위가 높은 사람이다. 민간인도 자문관으로 임명될 수는 있으나 정부를 대표해서 발언할 수는 없다.

업서버(Observer)는 비공식 지명(unofficial designation)이며, 대표로 임명되지는 않는다. 또 모든 회의에 참석하여 의견을 제시할 수는 있지만 투표권을 가지지는 못한다. 따라서 대표로서의 권리는 가지지 못한다.

| 제3절 |

대표단의 지위

정부간 국제회의에 참석하는 대표단의 지위에 대해서는 1975년 4월 14일 오스트리아의 비엔나(Vienna)에서 채택된 "국제기구에 대한 국가대표권에 관한 협약(Vienna Convention on the Representation of States in their Relations with International Organizations)" 이 이를 총괄적으로 규정하고 있으나, 현재까지도 동 협약은 발효에 필요한 35개국의 비준을 얻지 못하며 미 발효 상태에 있다. 따라서 대표단의 지위에 대해서는 1946년 2월 13일 유엔 총회에서 채택된 "유엔의 특권과 면제에 관한 협정(Convention on the Privileges and Immunities of the United Nations)"과 해당 국제기구 및 소재지 국간의 개별협정에 의하여 규정되고 있기도 하나, 비엔나 협약이 널리 원용되고 있으므로 1975년 비엔나 협약을 중심으로 대표단의 지위를 소개하면 다음과 같다.

1. 일반적 지위

정부간 국제회의 대표단 및 그 단원은 임무수행과 관련하여 외교사절에 준한 지위를 향유한다. 회의 주체국은 대표단의 임무수행에 필요한 모든 편의(all necessary facilities)를 제공하여야 하며, 해당 국제기구 또는 회의 당국은 대표단이 이러한 편의를 얻을 수 있도록 지원하여야 한다.

회의 주최국 및 대표단 파견국의 의무와 권리는 어느 일방 국가 또는 정부의 타방 국가 또는 정부에 대한 미승인이나 외교・영사관계 미수립이나 단절로 인하여 영향을 받지 않는다.

2. 특권

우선 수석대표와 대표 및 대표단의 직위는 외교직원(Members of the Diplomatic Staff)의 신분으로 신체는 불가침이며, 어떤 형태로도 체포 또는 구금할 수 없다. 회의주최국은 그들의 신체의 자유, 또는 품위에 대한 침해를 방지하기 위하여 모든 적절한 조치를 취하여야 한다.

대표단의 문서는 언제 어디서나 불가침이다. 수석대표, 대표 및 대표단은 외교직원의 신분으로 서류・통신문・재산・개인숙소(papers, correspondence, property and private accommodation)는 불가침이다.

3. 면제

수석대표 및 대표와 대표단의 외교직원은 회의주최국의 형사재판 관할권으로부터 면제되며, 공무 수행중의 모든 행위에 대한 민사 및 행정재판 관할권으로부터도 면제되고 증언을 할 의무도 없다.

그러나 국제회의 수석대표 또는 대표가 사용 또는 소유한 자동차 또는 선박 등에 의하여 발생한 손해와 관련된 민사 및 행정재판 관할권으로부터는 면제되지 않는다.

수석대표, 대표 및 대표단의 외교직원은 다음의 경우를 제외하고는 국가, 지방 또는 지방단체의 모든 인적 또는 물적 부과금과 조세로부터 면제된다.

1) 가격에 통상 포함되는 간접세
2) 순수한 개인 부동산에 대한 부과금 및 조세
3) 재산세, 상속세, 또는 유산세
4) 회의 주최국에 원천을 둔 개인소득에 대한 부과금 및 조세
5) 특별용역 제공에 대한 요금

6) 등기세 수수료 등

주최국은 또한 대표단의 공용물품과 이들 대표의 최초 입국 시 개인화물로 반입되는 사용물품에 대해 통관을 허용하며, 모든 관세 및 조세와 기타 관련되는 과징금을 면제한다.

수석대표, 대표 및 대표단의 외교직원의 개인화물은 특별한 이유가 없는 한 검열에서 면제된다. 단, 개인 화물 속에 대표단의 공용물품 또는 대표의 개인용품이 아닌 물품이 포함되어 있거나 검역규정에 의하여 통제된 물품이 포함되어 있다고 추정할만한 중대한 이유가 있는 경우에는 그렇지 않으나, 이 때에도 검열을 본인이나 그 대리인의 입회하에서만 할 수 있다.

4. 특권과 면책

특권 · 면제를 향유할 권리가 있는 자는 그가 회의참석을 목적으로 회의 주최국에 입국하는 순간부터, 그가 이미 회의 주최국 영토 내에 있는 경우에는, 회의 주최국에 대표임명이 통보된 순간부터 특권 · 면제를 향유하며, 그가 회의 주최국을 퇴거하는 순간 또는 퇴거에 요하는 상당한 기간(reasonable period)이 만료하였을 때에 소멸한다. 단, 대표단원으로서의 직무 수행 중에 행한 행위에 관하여는 면제가 계속 존속한다.

| 제4절 |

훈령과 신임장 작성

1. 훈령

1) 훈령의 의의

정부대표 임명 시 대표단은 회의에 참가하여 의사일정과 토의안건에 대해 취하여야 할 입장을 정부로부터 지시 받는다. 이를 정부훈령이라 한다.

훈령은 외교통상부가 관계부처로부터 제공받은 해당의제에 대한 입장을 고려하되, 동해당의제에 대한 다른 나라의 입장 등 외교적 측면을 감안하면서 우리 측 정부입장을 최종 마련한다.

훈령은 목적과 수단을 함께 지시하는 명령이나, 수단만을 알려주는 호령과는 달리, 대표단이 회의에서 대변하고 반영해야할 목적만을 지시한다. 세부 훈령은 목적 달성을 위해 여러 가지 대안을 제시할 수 있으나, 이는 어디까지나 달성해야할 목적에 관한 것이며 수단에 관한 것은 아니다. 훈령이 목적에 초점을 두는 것은 목적을 달성하는 수단은 개인적으로 다를 수 있기 때문이다. 이를테면 어떤 사람은 뛰어난 설득력을 장점으로 가지고 있을 수도 있으며 어떤 사람은 사교술을 통해 목적을 달성할 수도 있을 것이다.

2) 훈령작성 목적

훈령을 작성할 때 그 우선순위는 우리대표단의 활동이 우리의 국익증진을 도모하는데 있어야 한다. 한편으로는 국제무대에서 우리의 위상에 상응하는 역할을 수행하는데 부합되게 이루어져야 한다. 훈령을 작성할 때 또 염두에 두어야 할 사항은 우리의 대외 이미지와 신뢰성이다. 국제회의에서 우리의 행동이나 발언은 우리의 신뢰성에 직접적인 영향을 미치므로 매우 신중하게 임해야 한다. 개인생활에서도 그렇지만 국제사회에서도 신뢰를 잃으면 영향력을 잃게 되고 나아가서 설 자리가 없어진다. 그러므로 국제회의 또는 협상에서 연설이나 발언할 때 우리의 신뢰성(credibility)을 항상 유념해야 한다.

2. 신임장 작성

1) 신임장의 의의

정부간 국제회의에서의 신임장(credentials)은 국가의 권한 있는 기관(국가원수, 외무부장관)이 정부대표를 지명하고 이를 증명하기 위해 발행하는 문서이다.

신임장은 회의성격에 따라 때로는 편의상 대표단 임명을 통보하는 공식외교서한(Note) 형식의 문서 또는 전보통보로서 대신 될 수도 있다.

2) 신임장 포함사항

신임장에는 다음 사항이 포함된다.

(1) 신임장 발급 정부명
(2) 회의명
(3) 회의 개최지 및 개최시기
(4) 회의주제
(5) 수석대표, 대표, 자문관의 직 · 성명
(6) 발급일자
(7) 발급지
(8) 발급자 서명

대표의 신임장은 신임장 위원회에서 검토되는데, 신임장은 헌장과 의사규칙에서 정한바 조건에 일치해야 하며 공식 형태를 갖추어 정당한 당국에 의해 발급되어야한다. 신임장 위원회의 보고는 대개 "The Credentials Committee found that the credentials have been in order"등 짧게 이루어지며, 가끔 이 보고서에 이의를 제기하는 경우도 있으나 이 보고서는 표결에 회부되지 않고 대개 주목하는 선에서 처리된다.

국제협약이 협상되는 회의에서는 특히 수석대표의 경우 전권위임장(full powers)을 제출하는데, 국제법 위원회(International Law Commission)에 의하면 "전권위임장이란 조약내용에 대해 협상, 채택 또는 인증하거나 또는 조약에 의해 구속될 것에 대해 국가의 승인을 표시하거나 또는 조약에 관련된 여타 조치를 완수하는데 국가를 대표하도록 정부의 권한이 있는 당국이 어느 한사람을 지명하는 문서"를 뜻한다. 그러나 요즈음 대부분의 다자회의는 신임장만 요구하는 것이 일반적이다.

3. 국제회의 참가 외교교신 방법

국제회의 참가를 위한 외교에서 의사소통은 문서를 통해 하는 것이 가장 안

전하다. 물론 문제 해결을 위한 비공식 논의나 진솔한 의견교환은 문서가 오히려 장애가 된다. 그러나 대표단임명 통보, 우리의 제의사항 등 중요한 내용은 반드시 문서로 행하여야 하며, 국가원수에 관한 사항이나 외교통상부장관에 관한 사항은 더더욱 문서로 교신하는 것이 안전하다.

| 제5절 |

국제회의 참가

1. 국제회의 개최

1) 개회식 (Opening Ceremony)

대부분의 국제회의는 회기 첫날 개회식을 갖는다.

개회식에서는 회의주재자에 의하여 회의소집이 선언되고 이어 본부 소재국 정부의 고위인사 개회사, 사무총장의 축사가 있고, 국기게양, 종교 행사 등이 열리기도 한다.

UN 총회는 총회의사규칙 제1조에 따라 매년 9월 셋째 화요일 개회된다. 전임 의장의 개회선언, 개회사를 청취하고 신임 의장단 선출에 들어간다.

2) 임원선출 (Election of Officers)

개회식이 끝나고 나면, 회의주재자(대개 전임 총회 의장)는 곧바로 금 회기의 임원선거를 실시한다.

전 총회의장 주재하에 선출되는 임원은 의장에 한정된다. 왜냐하면 신임 의장의 주재 하에 그를 도와 회의를 이끌어갈 부의장, 위원장, 보고관등이 선출되는 것이 바람직하기 때문이다.

의장으로 선출된 사람은 단상으로 올라가 전임 의장으로부터 의사봉을 인계받고 의장직 수락사를 행한다.

의장의 임기는 회기기간에 한정되는 수도 있으나 대개 차기 총회 시까지 계속되며 회의에 관련된 각종 중요사항을 결정하거나 사무총장의 자문요청에 의견을 제시할 수 있다.

부의장은 의사규칙에 규정된 숫자가 선출되며, 의장 유고 시 직무수행에 대비하여 제1부의장, 제2부의장 등 순위가 붙여진다. 의장을 대리하는 부의장은 의장과 똑같은 권한과 의무를 가진다.

3) 의제채택 (Adoption of The Agenda)

의장은 사무국이 회원국과 사전 협의를 거쳐 마련하여 회의문서로 배포한 잠정의제(draft provisional agenda)를 회의에 상정한다. 의제는 대개 사무국이 사전에 회원국 및 의장과 긴밀한 협의한 후에 제출하므로 정작 회의에서 큰 수정은 이루어지지 않는다. 그러나 만일 첨가나 삭제 동의가 발의되고 재청을 받으면 이를 토의에 회부한다. 새로운 의제를 첨가하고자 할 경우에는 회의 개시 전에 사무국을 통해 제의되어야 하며, 첨가재의 이유와 배경을 가능한 상세히 제출해야 한다. 그렇지 않으면 새로운 의제로 추가되기가 어렵다.

의장은 첨가나 삭제 제의가 없으면 의제 채택을 선언한다.

회의에서 채택하는 것은 토의 안건과 그 토의 순서를 기록한 의제(agenda)이며, 회의 일일진행표(order of the day 또는 journal)등은 사무국이 의장과 협의하여 작성・배포한다. 따라서 매일 아침 일일진행표를 점검해야 한다.

의제와 관련하여, 의제 대신에 프로그램(programme)이라는 용어도 가끔 사용되고 있는데, 기술적으로 구분한다면 프로그람은 의제속에 연사연설시간, 오・만찬 및 그 시간, 시찰일정 등 회의의 토론대상 이외의 사항(non-business matters)까지 상세히 기록한 회의 운영일정이다.

사무국은 잠정의제에 대해 각 항목별로 의제가 다룰 내용을 간략히 설명하고, 그와 관련된 문서와 결의문 등을 소개하여 참가자들의 이해를 도와 의제토의를 용이케 하기 위해 주석 잠정의제(annotated provisional agenda)를 참고 자료로 간행하기도 한다.

4) 토의개시 (Commencement of Debate)

의제채택이 이루어지면 회의는 본회의와 위원회로 나누어지기 전에 사무총장의 정책기조연설(policy statement)을 청취한다. 사무총장의 기조연설은 회의 토의 안건에 대한 일반적인 정보와 자료를 제공한다.

사무총장의 정책기조연설이 끝나면 회의는 본회의, 위원회로 나누어 열리게 된다.

(1) 일반토의

본회의에서 일반토의(general debate)시 기조연설은 반드시 사전에 의장의 승인을 얻어서 해야 하며, 그 순서는 사무국에 등록된 순서(in the order in which they signify their desire to speak)에 따라 이루어진다. 어떤 기구에서는 제비뽑기로 그 순위를 결정하기도 한다.

의장은 회원국 대표의 기조연설이 토의 중에 있는 안건과 관련이 없을 때는 발언을 중단케 할 수도 있다. 그러나 무엇이 토의 주제에 적절하고(relevant(or germane) to the subject under discussion), 무엇이 토의 주제에 어긋나는 것인지(extraneous to the subject under discussion)를 결정하는 것은 매우 어렵다. 기조연설 시에는 광범위한 문제가 토의되기 때문에 그 한계를 정하기가 매우 어렵다.

위에서 언급한 것처럼 일반토의 시 각국대표의 발언은 그 기구의 업무와 활동 등 거의 모든 문제에 대해 언급이 가능하므로 발언의 적합성을 판단할 기준 설정이 어렵다. 요즈음 유엔, 유엔기구, 전문기구 등에서는 1962년 국제노동기구(ILO) 제46차 총회시 의장의 판결(ruling)을 원용하고 있는데, 그 내용은 다음과 같다. 즉 특정국의 사회 또는 정치제도에 대해 일반적인 방법으로 비난하는 것은 의사규칙을 위반한 것으로 볼 수 없으나 특정 정부를 지칭하거나 그 정부를 지칭하는 것임을 알 수 있는 방법으로 그 정부의 정치적 성격에 대해 비난을 하는 것은 의사규칙에 합당하지 않다는 것이다.

(2) 세부토의 (debate on the specifics)

세부 토의는 위원회에서 실시된다. 대개 사무국과 산하기구의 활동사항을 점검하고, 본회의의 일반토론 사항에 대한 회의의 결정 초안을 마련하기도 한다. 큰 국제기구의 총회는 분야별 활동사항이 광범위하므로 검토해야 될 세부 사항도 매우 많다. 세부 사항에 대한 지식 없이는 전체 흐름을 파악하는 것이 어려우므로 위원회의 토의에서도 그 하나 하나를 잘 파악해야 한다.

위원회 토의는 본회의 일반 토의에서와는 달리 형식과 의전은 다소 덜 중요하다. 따라서 위원회에서의 발언은 간단명료하고 요점만을 언급한다. 발언은 다음과 같은 내용으로 구성되면 좋을 것으로 생각된다.

- 사무국 문서에 대한 논평
- 사무국 제의에 대한 우리측 입장
- 해당 주제에 대한 우리나라 현황(경험교류 측면에서 소개 필요)
- 해당 주제에 대한 우리측 제의

2. 대표단의 대내 활동

수석대표는 일반지침서, 정부입장서 및 훈령에 따라 대표단에 대해 정책지침을 제공하고 행정적인 사항에 대한 지도 등 대표단 활동을 통솔한다.

1) 업무분장 (Functional Assignment)

국제회의와 관련된 업무가 다양하므로 업무분장은 명확히 이루어져야 한다. 대표단은 회의에서 다루어지는 실질의제 항목 외에도 타 대표단과 교섭, 언론연락, 비 정부간 기구와 협의, 본회의 및 위원회의 보고내용, 비행기편 예약, 행정 등 많은 일을 해내야 한다. 따라서 수석대표의 업무분장을 흔쾌히 따라야 한다.

2) 정책지침 (Policy Guideline)

국제회의 대표단은 정책지침에 따라 행동해야 한다. 정책지침은 훈령을 통해 사전에 대표단에 하달되며, 긴급 청훈사항에 대해서는 외교채널을 통해 대표단에게 시달된다.

현지에서 자기 소속부처와 직접 팩스나 전화 등을 통해 주요한 정책지침을 받아서는 안 된다. 특정문제에 대한 자료나 통계, 기술적인 문제에 대한 지침에 대해 소속부처에 전화할 때도 가급적 수석대표에게 보고한 후에 해야 한다.

3) 단원간 협조정신 (Team Spirit)

수석대표의 지휘하에 팀 일원으로서 임해야 한다. 정책상 차이점은 회의참가 전 훈령작성 과정에서 조정되어야하며, 조정된 정부 입장에 대해 회의장에서 다시 우리끼리 논쟁을 벌려서는 안 된다.

우리 대표단은 다른 나라 대표단에 의해 일사불란하고 조화를 이루는 조직체로 보여야 한다.

회의 종료 후 본부에 대한 보고서 작성 시에도 서로 도와야 한다. 적어도 자기소관 사항에 대해서는 책임을 지고 보고서를 마련해야 한다.

4) 대표단회의 (Delegation Meeting)

대표단 회의는 대개 조찬을 겸하여 매일 열리며 회의참가에 있어서 매우 중요하다. 대표단 회의에서는 전날 이루어진 일에 대해 보고가 행하여지고 당일 업무분장이 결정된다. 또한 대표단 회의는 대표단원간 견해 차이를 토의, 조정한다. 대표단 회의는 대표단원이 의견을 개진하는 좋은 기회이다. 대표단원간 의견차이는 여기에서 해결되어야 하며, 내부문제를 회의장에까지 가지고 가서 논의해서는 안 된다.

대표단 회의에서는 정보 교환이 이루어지는데, 연회에서 또는 회의장에서 보고들은 이야기가 있으면 대표단원간 공유하는 것이 필요하며 중요성이 없어 보이는 정보라도 이야기하는 것이 좋다. 작아 보이는 정보가 매우 중요한 역할을 한 경우를 여러 번 경험하였다. 특히 수석대표는 많은 정보를 가지고 있어야 한다.

3. 대표단의 대외 활동

1) 보고 (Report)

보고는 외교채널은 통해 이루어져야 하며, 보고 시기를 놓쳐서는 안 된다. 대표단원은 소관문제에 대해 보고서를 작성하도록 요청 받으면서 신속하게 작성하여 수석대표의 승인을 받아야 한다. 회의가 2-3주 계속될 경우에는 주말 종합보고(weekly wrap-up report)를 작성해서 보고해야 한다. 최종보고는 회의장소를 떠나기 전에 행하여야 하며, 상세한 대표단 보고서는 서울 귀환한 후 20일 이내에 작성해서 제출해야 한다.

보고서는 회의에서 채택된 결정사항을 분명하게 기술해야 한다. 이는 회의 참가의 기본이다. 보고서에서 회의가 결정한 사항을 누락시켜서 심각한 결과를 가져온 경우가 가끔 있다. 보고서에는 또한 회의 진행 사항이 상세히 기록 되어야 한다. 특히 의제별 각국의 입장은 꼭 기록으로 남겨 놓아야 한다. 따라서 회의 기간 중에 기록을 철저히 해야 한다. 이 점에서는 일본 사람들이 가장 잘하고 있다고 생각된다. 그들은 어느 회의에서든 대표단원 모두가 열심히 기록하고 이 기록을 잘 보관하고 있다. 내가 1986년도에 방콕에 부임하여 에스캅 일로 일본대사관 담당관을 방문하였는데, 이 담당관은 1950년도부터 에스캅의 위원회별 및 주요 이슈별로 회의 참가자들이 해놓은 회의 기록을 잘 보관하고 있었다. 나는 이들의 행동에 크게 감동을 받았다. 우리가 OECD 가입 시 OECD이사회의 한국 가입에 관한 토의에 대해 여러 나라 동료들이 정보를 제공해 주었는데 나중에 보면 일본 대표부의 직원들이 제공해 주는 정보가 가장 상세하고 또한 정확하였다. 이는 기록 때문에 가능한 일이 아닌가 생각된다.

2) 소재지 (Whereabouts)

회의장에서 상당한 시간동안 이석할 필요가 있거나 또는 2~3주 계속되는 회의 참가 중 주말 계획 등이 있을 경우에는 이를 대표단 실무주무자 또는 수석대표에게 반드시 보고하고 행선지를 알려놓아야 한다. 국제회의에서는 예기치 않는 상황이 자주 발생하므로 대표단원간 긴급 협의가 필요한 경우가 자주 있다. 책임 단원이 연락이 안 되어 결정적인 순간을 놓치면 이는 큰 낭패를 가져오고 나중에 처벌을 받게 된다.

3) 좌석배치 (Seating Arrangement)

회의가 시작되기 전에 자기나라 대표단의 위치를 찾는 일은 가끔 혼선을 가져오는 수가 있다. 각 대표단은 그에게 배정된 자리에 자기나라 이름이 새겨진 명패를 가진다. 이 명패는 영어 또는 불어로 쓰여 진다.

우리나라의 경우는 영어로는 'Republic Korea', 불어로는 'Rep blique de

Core'로 표기된다.

유엔 등 범세계적인 대규모 회의에서는 제비뽑기로 특정국을 지명한 다음 이 나라부터 회의장 좌측 앞에서 알파벳순으로 자리가 지정된다.

유엔의 경우 우리나라는 영어 알파벳 순서 상 R자 표기로 Qatar와 Romania 사이에 위치하고 있으며, 북한(Democratic People's Republic of Korea)은 알파벳 순서상 D자 표기로 Czech와 Denmark 사이에 위치한다.

OECD는 UN 등 보편적 기구가 아니고 특정 국가만 가입하는 기구이므로 한국을 'Korea'로 표기하고 대표단석 순서가 프랑스어 표기에 따르므로 캐나다와 덴마크 사이에 위치한다.

4) 연회 (Social Function)

국제회의가 개최되면 회원국 대표간 접촉기회를 마련하기 위해 오찬·만찬·리셉션 등 각종 연회가 자주 개최된다. 이러한 연회에 초청을 받았을 경우 가능한 참석하는 것이 좋다. 이는 초청자에 대한 예의이기도 하고, 그 기회를 이용하여 회원국 대표와 접촉, 주요 문제에 대해 의견을 교환할 수도 있기 때문이다. 회의 토의에만 열중하다보면 돌아가는 상황에 대해 뒤지는 수가 있는데 때로는 정보부족으로 매우 곤혹스러운 경우를 당하기도 한다. 민감한 인권 문제를 다루는 회의에서 종종 그렇다. 그러므로 회의참석으로 피곤하고 또 보고서 작성 등 부담이 가는 일이 있더라도 가급적 연회에 참석하여 돌아가는 상황을 파악하고 이를 수석대표에게 보고하거나 또는 자기가 활용해야 한다.

5) 언론 (Press)

일반적으로 언론은 국제회의에 큰 관심을 가지고 있지 않다고 말할 수 있다. 그러나 회의주최국의 언론이 토의 중에 있는 문제에 대해 우리나라의 입장에 대해 관심을 가지고 회견하기를 원할 경우에는 수석대표가 임하는 것이 좋으며, 민감한 문제이거나 또는 수석대표가 응할 경우 시사하는 바가 크다고 생각되면 수석대표의 허가를 얻어 다른 단원이 이에 응할 수도 있다.

사례

직원들이 시킨대로 일 안한다고? 세밀화 그리듯 정교하게 지시해야

▲ 많은 리더들이 지시한 대로 일을 해오는 직원들이 없다고 불평한다. 하지만 이런 아쉬움은 리더의 소통능력 부재 탓이 더 크다. 처방전은 어때야 할까.

첫 번째는 일의 맥락(Context)을 잘 전해야 한다. 병원 공사현장에서 일하는 벽돌공에게 일을 시킬 때, “오늘 저녁까지 벽돌 500장 쌓으세요”라고 하는 것과, “당신이 쌓을 벽돌은 내년에 들어설 노인병동의 담장이 될 겁니다. 오늘 500장을 튼튼히 쌓아야 당신 부모님도 언젠가는 이 안에서 편안히 치료를 받겠지요”라고 하는 것 가운데 어느 쪽이 효과적인가. 맥락과 의미를 정확히 파악하게 될 때 지시받은 사람의 업무 태도가 달라지고 실수 가능성도 낮아진다. 많은 리더들은 업무와 관련해 부하들도 나와 똑같은 상황파악과 의미부여를 하고 있을 것이라고 오판한다.

다음은 목표설정(Goal Setting)이다. 이때 원칙은 구체적이고 측정가능하고 현실적이고 기한이 있어야 한다. ‘부하에게 더 잘해 주겠다’ ‘건강을 위해 체중을 줄이겠다’ ‘국내 최고의 영업본부를 만들겠다’는 식은 목표설정이 아니다. 체중감량의 기한과 구체적 수치가 없고 단기간에 국내 최고의 영업본부를 만든다는 것은 너무 막연하기 때문이다. 미래에 대한 그림이 추상화여선 곤란하다. 사실주의에 입각한 세밀한 스케치를 봐야 부하들이 제대로 그림을 그릴 수 있다.

셋째는 행동계획(Action Plan) 수립이다. 제일 매력 없는 직장 상사는 목표 달성방법에 대해선 “당신을 믿으니까 알아서 해”라고 말하는 이다. 이런 상사들은 목표가 정해지면 갑자기 부하의 능력을 믿는다. 참된 리더라면 거기에 도달할 수 있는 방법을 알려주거나 함께 고민해야 한다.

행동계획은 당장 실행 가능한 ‘퀵윈 과제’(Quick Win·단기간에 변화를 이끌어 내는 실천과제)부터 시작해야 한다. 2003년 현대캐피탈 CEO를 맡은 정태영 사장이 ‘퀵윈 과제’로 CEO가 입장할 때 직원들이 일어나 박수치는 것을 금지하고 회의장 가운데 놓여 있는 사장 전용 의자를 치운 게 대표적이다. CEO도 아무 자리에나 끼어 앉아 ‘수평 소통’을 하겠다는 의지를 보이자 회사가 바뀌었다.

마지막은 장애요소 제거(Clear Obstacles)다. 행동계획 실천 과정에서 부하 직원들은 미흡한 권한이나 시간 부족, 불충분한 정보, 불분명한 R&R(업무에 대한 역할과 책임) 같은 장애물에 부딪혀 어려움을 겪는다. 리더가 이를 직시하고 도와줄 때, 부하의 실행력은 배가된다.

훌륭한 소통은 힘들고 귀찮을 수 있다. 하지만 그런 일을 하는 게 부하에 대한 배려고 사랑이다.

▲ 최철규 IGM 협상스쿨 원장

성공에 대한 추억이 많은가?
당신은 소유 편향(내 생각에 대한 근거없는 확신)에 빠지기 쉽다

소유편향_지금까지 실패경험 없어 아무리 좋은 아이디어도 쉽게 받아들이지 못하고 일방적 지시로 일관

그룹 싱크_회의때 리더가 얘기하면 직원들이 토를 달지 않아… 똑똑한 다수가 모여 멍청한 의사 결정 내려

의사 결정_오류 줄이려면 소통 위한 열린 마음 필요나 역시 틀릴 수 있다는 전제 깔고 대화해야 진짜 토론 이뤄져

▲ 최철규 · IGM 협상스쿨 원장

#1. TV 드라마 얘기를 할 수밖에 없다. 바로 '뿌리 깊은 나무'라는 화제작이다. 하나의 드라마가 이처럼 많은 철학, 경영학, 정치학적 화두를 던지기도 쉽지 않을 듯싶다. 그 중 소통 리더십 관점에서 봤을 때 압권인 장면이 있었다. 세종과 그의 정적(政敵)인 밀본의 수장 정기준이 한글 반포의 옳고 그름에 대해 치열하게 논쟁을 벌인다. 세종은 백성이 글을 알게 되면 힘이 생기고, 이것이 백성을 위한 길이라 주장한다. 반면 정기준은 백성이 글을 알면 욕망이 생기고, 이것이 사회의 신분 질서를 무너뜨리는 대혼란을 일으킬 것이라 단언한다. 중요한 것은 논쟁이 아니라 그 다음 장면이다. 목숨을 건 치열한 토론이 끝난 후 이들은 각자 자신의 본거지로 돌아가 고민하기 시작한다. 세종은 생각한다. '정말 한글 창제는 이 사회를 혼란으로 빠트리는 게 아닐까? 지금이라도 한글 반포를 포기해야 하나?' 정기준 역시 고민한다. '백성이 글을 알면 사서삼경을 익히게 되고 이것이 성리학적 이상을 실현하는 데 도움이 되지 않을까? 한글 반포를 지지하는 게 옳은 일 아닐까?' 서로가 상대의 논리에 대해 깊이 생각하면서 자신의 주장을 뒤엎기 일보 직전 단계까지 이르게 된다.

#2. TV 토론 얘기를 하려 한다.

100분 토론, 시사토론, 대통령 후보자 간 토론, 시장 후보자 간 토론. 수많은 TV 토론을 봤지만 시청 후 뒷맛은 그리 감동적이지도, 깔끔하지도 않다. 물론 토론회에 참석한 패널들은 우리 사회를 대표하는 지성인이자 리더다. 상대에 대한 공격은 날카롭다. 내

주장을 강화시킬 수 있다면 상대의 폐부를 찌르는 '모진' 발언도 서슴지 않는다. 수비 역시 차돌처럼 단단하다. 불리하다 싶으면 또 다른 '상황논리'를 만들어 나의 약점을 비켜간다. 양측 모두 똑똑한 건 알겠는데, 뭔가 허전하다.

TV 드라마 속 리더와 TV 토론 속 리더. 이 둘의 차이점은 무엇일까? 드라마와 현실의 차이라는 당연한 얘기는 말자. 이 둘의 차이점은 한마디로 '열린 마음'을 갖고 소통하느냐, 하지 않느냐의 차이이다. 세종과 정기준의 토론이 '진짜 토론'처럼 느껴지는 이유를 생각해 보자. 양측 모두 상대의 얘기를 듣고 마음이 흔들린다. '내가 생각한 것, 내가 믿고 있는 것이 틀린 게 아닐까? 상대 논리가 더 옳지 않을까?' 이 같은 끊임 없는 '자기 검증'과 '자기 의심'이 있다. 반면 TV 토론 속 리더들을 떠올려 보자. 이들에게 과연 상대 주장을 듣고, 자신의 주장을 뒤엎을 수 있을 정도의 치열한 '자기 검증'과 '자기 의심'이 있을까?

그렇다면 소통 리더십의 핵심 가치인 '열린 마음'이란 도대체 뭘까? 한 문장으로 정의하면 'I may be wrong' 이다. 내가 상대보다 나이도 많고, 직급도 높고, 경험도 많고, 더 성공했지만 나 역시 틀릴 수 있다는 전제를 깔고 있는 마음 상태다.

어떤가? 리더로서 열린 마음을 갖기가 쉬운가? 그렇지 않다. 그 이유를 심리학자들은 두 가지 용어로 설명한다. 하나는 '소유 편향'이다. 소유 편향이란 한마디로 '내 것', 특히 '내 생각'에 대해 갖는 근거 없는 확신을 뜻한다. 심리학자들이 실험을 했다. 길거리에 5000원짜리 복권을 떨어뜨려 누군가가 줍게 만든다. 이때 심리학자가 복권을 주운 사람에게 다가가 제안한다. "1만원 드릴 테니, 그 복권을 제게 파시죠?" 결과는 어땠을까? 대부분 팔지 않는다. 1만원에 판 후 복권 두 장을 사는 것이 훨씬 더 지혜로운 선택이지만 사람들은 자신이 지금 소유한 복권이 큰 금액에 당첨될 것이라는 확신을 갖고 있는 셈이다. 심리학자들은 주식 손절매가 어려운 이유도 같은 원리라고 설명한다. 다른 주식은 다 떨어져도 내 주식은 오를 것이라는 근거 없는 확신!

소유 편향에 빠져 있는 리더의 회의 장면을 상상해 보자. 일반적으로 성공에 대한 추억이 많은 리더일수록 소유 편향에 빠지기 쉽다. 지금까지 내 생각대로 해서 실패한 경험이 별로 없기 때문이다. 그는 부하들이 아무리 좋은 아이디어를 쏟아 내도 내 머리에서 나온 아이디어가 훨씬 더 좋다고 느낀다. 부하들을 상대로 한 일방적인 설득과 지시가 이어진다. 왜 내 말이 옳은지.... 이런 일이 반복되다 보면 어떻게 될까? 마침 운이 좋아 리더의 판단이 모두 옳은 것으로 나중에 판명됐다. 이때부터 '진짜 문제'가 발생한다. 부하들은 리더가 회의 때 무슨 말을 하면 그때부터 그 말에 '토'를 달지 않는다. 리더의 판단이 맞을 것이라는 '믿음 반(半)', 아무리 말해 봤자 리더의 생각이 바뀌지 않을 것이라는 '예상 반' 때문이다. 이러다 보면 회의 때 '진짜 토론'이 사라지고 잘못된 결정을 내리는 경우가 발생한다. 이런 현상을 심리학자들은 '그룹 싱크(Group Think)'라 부른다. 한마디로 똑똑한 다수가 모여 멍청한 의사 결정을 내리는 현상이다. 1962년 존 F 케네디와 그의 보좌관이 실행한 쿠바 피그만 침공사건, 1972년 닉슨의 워터게이트, 1984년 미국 NASA의 챌린저호 폭발사건 등이 그룹 싱크의 영향을 받은 대표적인 사례다.

부하들과 진짜로 소통하고 싶은가? 이를 통해 의사 결정의 오류를 줄이고 싶은가? 그렇다면 당신에게 필요한 것은 열린 마음, 즉 'I may be wrong'이다. 상대의 마음을 움직이는 소통을 위해 필요한 것은 화려한 '말발'이 아니다. 나 스스로 상대의 말에 의해 마음이 움직여질 준비가 돼 있어야 한다. 마치 설득하려면 설득당할 준비가 되어 있어야 하듯이. 그래야만 조직 내에서 '진짜 토론'이 이뤄지고 의사 결정의 오류를 줄일 수 있다. 어떤가? 열린 마음을 가로막는 두 가지 적들. '소유 편향'에서 당신은 얼마나 자유로운가? '그룹 싱크'에서 당신의 조직은 얼마나 자유로운가?

부하들이 말 안 듣는가? 입아픈 소리는 그만, 게임의 룰을 바꿔라

▲ #1. 후반 10분을 남기고 스코어는 1대0. 별 탈 없이 이대로만 시간이 흘러준다면 포항 스틸러스의 승리가 확실하다.

상대팀이 선수 교체에 들어간다. 교체돼 나가는 선수가 어슬렁어슬렁 운동장 밖으로 걸어가자 포항의 선수들이 소리친다. "빨리빨리 나가!" 상대 선수는 황당하다. '아니, 시간을 까먹을수록 자기들이 유리한데, 나보고 빨리 나가라니….'

포항 선수들의 '이상한 조급증'은 이것만이 아니다. 이기고 있든 비기고 있든 지고 있든, 그라운드에 쓰러진 선수는 용수철처럼 다시 튕겨 일어난다. 후배 선수가 심판 판정에 항의하려 하면 고참들이 달려와 막는다. 코너킥, 프리킥 상황에서도 공만 놓이면 바로 킥(kick)에 들어간다. 백 패스(back pass)? 후방에서 공 돌리기? 상상도 할 수 없다.

프로축구 포항 스틸러스 선수들의 플레이가 이처럼 '빛의 속도'로 바뀐 이유는 무엇일까? 답은 '스틸러스 웨이(way)'라는 독특한 선수 평가 기준에 있다. 지난 2008년 부임한 김태만 스틸러스 사장은 '어떻게 하면 K리그가 재미있어질까?'를 화두로 잡고 고민했다. 그가 내린 답은 90분 경기 중 축구공이 정지해 있는 '데드 타임(dead time)'을 줄이는 것. 잉글랜드 프리미어리그는 데드 타임이 평균 32분인 반면, K리그는 43분(2008년 기준)이었다. 그만큼 K리그는 불필요한 시간 끌기가 많았고, 이는 게임에 박진감이 떨어진다는 걸 의미했다.

▲ 포항 스틸러스 축구팀은 2009년 아시아 챔피언스리그에서 우승했다. 불필요한 시간 끌기를 하지 않고 속도감 있는 경기를 펼친 선수에게 인센티브를 주도록 제도를 개선한 덕분이다. / 로이터 하지만 김 사장은 선수들을 불러 '빨리빨리 플레이하라'고 훈시하지 않았다. 대신 제도를 살짝 바꿨다. 게임에 이겼을 때 보너스로 지급되던 '승리 수당'을 없앴다. 대신 빠르고 매너 있는 경기를 할 경우 '출전 수당'을 지급했다. '빠르고 매너 있는 경기'에 대한 평가는 코치·스카우터·경기지원팀장으로 구성된 '평가위원

단'이 맡았다. 평가위원단은 경기마다 데드 타임과 반칙 수 등을 정량적으로 분석했다. 속도감 있는 플레이 덕분인지, 포항은 2009년 아시아 챔피언스리그 왕좌에 올랐다.

#2. "총장님! 학생들에게 아무리 알아듣게 얘기해도 도통 말을 듣지 않습니다. 더 이상은 말로 안 됩니다. 징계가 필요합니다."

미국 컬럼비아대의 교무처장이 총장에게 목소리를 높인다. 문제의 발단은 잔디밭. 학생들은 '출입 금지'라는 팻말이 놓인 잔디밭 위를 가로질러 도서관으로 향하곤 했다. 그러지 않으면 2배에 가까운 거리를 돌아가야만 했기 때문이다. 교무처장의 얼굴을 물끄러미 바라보던 총장이 한마디를 건넸다. "길을 만들어 주세요. 잔디밭 한가운데를 관통하도록." 학생들이 규칙을 어기지 않을 수 있는 제도를 만든 것이다. '게임의 룰'을 바꾼 이 총장은 몇 년 후 대통령이 된다. 미국 34대 대통령, 드와이트 아이젠하워(Eisenhower)다.

#3. 1993년. 모두가 "IBM은 끝났다"고 말했다.

3년간 누적 적자는 160억달러. 죽어가는 IBM을 살리기 위해 루이스 거스너(Gerstner)가 구원투수로 나섰다. CEO에 취임한 뒤 그는 황당한 광경을 목격한다. IBM의 각 사업 본부들이 자기 본부의 성과에만 관심이 있을 뿐, 회사 전체의 이익에는 무관심했던 것. 심지어 자기 성과를 위해 다른 본부의 비즈니스를 갉아먹는 '제살깎기'식 경쟁도 벌어지고 있었다. 이를 알게 된 거스너 CEO는 어떻게 했을까?

그는 모든 본부장들을 회식 자리에 모아놓고 '서로 잘해 보자'며 폭탄주를 돌리지 않았다. 사장실에 불러놓고 호통치지도, 서로 협력하라고 훈시하지도 않았다. 대신 제도만 살짝 바꿨다. 이전까지 IBM은 개인 성과를 근거로 인센티브를 지급해 왔다. 회사 전체 실적은 엉망이더라도 자기 본부만 잘 되면 본부장은 보너스를 챙겨갔다. 거스너 CEO는 보상 체계부터 뜯어고쳤다. 본부별 인센티브를 절반 이상 줄이고, 그룹 전체의 성과에 따른 인센티브를 확대했다. 직급이 높을수록 개인 성과보다는 조직 성과에 따라 보상했다. 결과는 어땠을까? 서로 관심 없고 반목하던 본부장들이 머리를 맞대고 고민하기 시작했다. 어떻게 해야 회사가 잘 되고 본부 간 시너지가 극대화될까? 기업 문화가 달라지니 실적이 올랐다. 취임 2년 만에 IBM은 흑자로 돌아섰다.

많은 리더들이 한탄한다. 충분히 알아듣게 말해줬는데, (부하들이) 도통 말을 듣지 않는다고. 혹시 당신은 승리 수당만을 챙겨주며 선수들에게 빠른 플레이를 요구하고 있지 않은가? 길을 만들어 줄 생각은 못한 채 잔디밭을 가로지르는 학생들에게 호통만 치고 있지 않은가? 회사 전체의 이익을 강조하면서 개인 성과만 보상하고 있지 않은가?

소통은 '내 생각을 따르라'고 반복, 반복, 또 반복해서 강요하는 게 아니다. 상대가 내 생각을 따를 수 있도록 환경(게임의 룰)을 만들어 주는 게 우선이다. 일요일 저녁, 소통이 안 되는 아빠는 거실에서 'TV 삼매경'에 빠져 있는 수험생 아들에게 '진심 어린' 말을 반복한다. "이제 제발 네 방에 들어가 공부 좀 해라." 소통이 되는 아빠는? 거실을 아예 서재로 '용도 변경' 해 놓지 않았을까? 소통을 위해 '룰'을 바꾸는 일, 결코 거창한 게 아니다.

<세계경영연구원(IGM) 협상스쿨 원장>

제4편
국제통상협상

제 13 장
국제통상협상의 이해

| 제1절 |

국제통상협상의 개념

1. 국제통상협상의 필요성

오늘날 국가간의 상호의존성이 심화되면서 국가간 경제적인 협력과 마찰이 더욱 증대되고 있기 때문에 이를 해결할 국제경제협상이 더욱 빈번해지고 그 중요성도 증대하고 있다. 지금 세계는 경제전쟁이라 하리만큼 경제활동에서의 경쟁이 치열하다. 이러한 경제전쟁은 한편으로는 기업의 차원에서 이루어지고 있고 한편으로는 국가의 차원에서 이루어지고 있다. 국가의 차원에서 경제전쟁이 가장 치열하게 일어나는 곳이 국제협상의 장이라 할 수 있다.

이 경제전쟁에서 자국의 기업과 국민의 경제적인 이익을 지키기 위해서는 국가가 협상력을 발휘할 수 있어야 한다. 협상력은 국가의 경제력은 물론이고 정치, 군사, 외교, 정보 등의 국력을 형성하는 제반요소를 바탕으로 하여 협상을 유리하게 전개할 수 있는 능력이나 기술에서 나오기 때문에 협상자의 능력이나 기술도 협상의 결과에 큰 영향력을 미치게 된다. 따라서 국제협상주체는 체계적인 협상전략과 기술로써 자국이 갖고 있는 협상자원을 동원하여 협상력을 최대한 발휘함으로써 성공적인 협상을 하지 않으면 안 된다.

또한 국제협상은 문화, 가치관, 신념, 언어 등이 사로 다른 사람간의 협상이다. 이러한 문화적인 차이는 표면적으로 나타나지 않는 가운데 중대한 역할을 하기 때문에, 협상당사자는 상대국의 정치, 경제, 문화, 사회의 제반 배경을 충분히 이해하고 이러한 차이를 감안하여 협상에 임할 필요가 있다.

2. 국제통상협상의 문화적 특성

국가간의 협상은 어느 협상보다 중대하며 이러한 문화적 차이에 따른 문제 또한 있기 때문에 그 절차에 있어서도 국제적인 의전이나 예양을 갖추게 된다. 국제협상자는 협상사안에 대한 지적외에도 언어의 의사소통문제, 문화적 차이에 따른 문제 등을 잘 통제할 수 있어야 하며 국제적인 예의와 같은 기본적인 능력을 갖추고 있어야 한다.

국제협상에서는 상대방과의 의사전달에 있어서 명확성이 줄어들게 된다. 상대방이 표현하는 의사표시의 방법, 언어의 정확한 의미, 뉘앙스, 바탕으로 하고 있는 생각 등에 있어서 전달의 한계가 있기 마련이다. 문화 및 가치관의 차이로 인하여 동일 사실에 대하여 인지의 차이가 있을 수 있고, 상대방의 제스처, 예법, 행동 감정의 표시등에 대하여 오해하거나 불편함을 느끼거나 감정적인 손상을 입을 수 있다. 따라서 당사자가 의도하지 않았거나 통제할 수 없는 요인이 발생할 가능성을 줄이기 위하여 혼동되는 용어의 사용이나 정치적, 종교적, 문화적으로 미묘한 문제는 피할 필요가 있는 것이다.

3. 국제통상협상의 고려점

국제협상에서의 사회, 문화적인 차이는 협상전략에도 고려되어져야 한다. 국가나 문화에 따라 협상에서 사안에 접근하는 방법이나 진행방법이 다를 수 있으며, 협상단의 역할분담이나 협상단내의 정보의 흐름이나 의사결정형태가 다르다. 일반적으로 문화적인 배경에 따라 차이가 날 수 도 있고 따라서 협상전략에서 고려해야 할 상대방의 성향으로는 ① 명분을 중요시하느냐 실리를 중요시하느냐, ② 당사자 관계를 중요시하느냐 협상내용을 중요시하느냐, ③ 원칙합의를 중요시하느냐 구체적인 합의를 선호하느냐, ④ 집단적인 의사결정을 하느냐 단독결정을 하느냐, ⑤ 상향식 의사결정을 하느냐 하향식 의사결정을 하느냐, ⑥ 연역적인 접근을 하느냐 귀납적인 접근을 하느냐, ⑦ 입장을 은폐하고 표현을 삼가느냐 입장을 공개하고 솔직히 표현하느냐, ⑧ 타협적이냐 비타협적이냐 등을 들 수 있다.[27)]

| 제2절 |

통상협상의 성격과 중요성

1. 국제통상협상의 성격

국제협상의 목표는 국익의 수호 또는 증대이다. 국제협상에서 추구하는 가치는 경제적인 문제 이외에도 정치, 사회적인 문제와 같은 다른 많은 요인을 포함한다. 예를 들어 자유무역이 경제적인 차원에서 이익이 된다고 하여도 국내의 다른 사회적, 정치적 사정이 자유무역을 허용할 수 없다면 무역개방이 협상의 목표로 될 수 없는 것이다. 따라서 협상의 목표는 경제적인 면을 포함하여 국가 전반적인 차원에서 국가의 이익이 극대화 될 수 있는 방향으로 설정된다.

협상이 갖는 이러한 성격으로 인하여 협상의 목표설정이 간단하지 않을 뿐만 아니라 협상과정에서 이해관계의 교환도 어렵다. 경제적인 면만 이라면 쌍방에 이익이 증대되는 방안을 찾기가 보다 수월하겠지만 경제외적인 다른 면들도 고려하여야 하기 때문에 쌍방이 가지고 있는 복합적인 면을 상대방에게 이해시키기도 어렵고 이해관계의 교환도 어렵게 된다.

이와 같이 국제협상은 단순하지 않고 여러 가지 면에서 복잡성을 가지고 있는 것이다. 또한 국가는 다양한 이해관계를 가지는 국민들의 집합체이므로 협상의 결과에 대한 국민 개개인의 이해관계는 달라질 수밖에 없다. 협상의 목표나 결과에 대하여 이익을 갖는 집단이 있는 반면 손해를 보든 집단이 있기 마련이다. 국가내의 이해집단은 협상내용에 대한 자기이해에 따라 찬성하기도 하고 반대하기도 하면서 사회여론을 환기시키거나 로비활동을 하는 등 자신의 이해를 반영하고자 노력하게 된다.

따라서 협상과 관련하여 그 국가의 국민들이 가지는 다양한 이해관계를 적절하게 조정하는 것이 중요하다. 그렇기 때문에 국제협상에서는 대외적으로는 외부협상을 하면서 대내적으로는 국내의 의견조정을 위한 내부협상을 해야하는 경우가 많다. 정부내에서는 국내 사회집단이나 계층간의 이해관계를 조정하

27) 조영정, 국제통상학, 학현사, p.234.

고 국내정책간에 상충되는 문제를 해결하기 위한 부처간의 협의과정이 따르게 되는 것이다.

2. 국제통상협상의 중요성

국제의 범세계화 추세가 심화되면서 국제적인 상품거래가 많이 이루어지고 국제적인 투자나 서비스교역이 중요해지면서 국제적인 거래를 규율하기 위한 국제통상규범의 중요성도 증대되고 있다. 이에 따라 국제통상규범을 확립하기 위한 국제협상이 더욱 활발히 진행되고 있으며, 경제가 복잡해짐에 따라 국제협상의 내용도 포괄적인 동시에 복잡해지고 있다.

이와 같이 국제통상과 협상이 서로 밀접한 관례를 갖고 있는 것은 국제적인 거래가 협상의 결과로 이루어지기 때문이기도 하지만 기본적으로는 국제통상을 규율하고 이에 영향을 주는 국제경제질서와 국제통상규범이 국제통상협상의 산물이기 때문이기도 하다. 예를 들면, 관세 및 무역에 관한 일반협정(GATT)은 제2차 세계대전 직후 서방국가들의 경제 발전이라는 공동의 목표아래 이루어진 다자간 협상의 산물이며, GATT에 이어 1995년 출범한 세계무역기구(WTO)는 제8차 다자간 무역협상인 우루과이 라운드 협상에서 진행된 수많은 양자간, 다자간 협상의 결과로 탄생한 것이다. 또한 OECD, UN 등 다자간 협력기구 및 APEC, EU 등의 지역적 협력기구 등도 국가간의 대화와 협상을 통해 만들어진 것이다. 이들 국제기구들에서는 지금도 많은 국제통상협상이 진행 중에 있다. OECD 산화 여러 위원회에서는 공개적・비공개적 협상이 진행 중에 있으며, WTO는 과거에 합의된 협정을 바탕 무역관련 의제에 대해 계속해서 협상이 이루어지는 장소 및 근거가 될 것이다.

국제통상에 있어서 이와 같이 많은 협상이 이루어지고 있는 가장 근본적인 이유는 전쟁 등 물리적인 힘을 통한 문제의 해결보다는 공동의 번영을 달성하기 위하여 협력이 필요하다는 데에 모든 국가들이 공감하고 있기 때문이다.

협상은 최소한의 공동의 이해관계 또는 공동의 목표가 존재하는 가운데 당사자간의 이해가 충돌하는 경우, 이를 합의를 통해 해결하는 과정으로 이해될 수 있다. 따라서 국제통상에 있어서 협상이 중요한 역할을 담당하고 있는 것은 국제무역의 활성화가 모든 국가에게 이익이 되며, 통상협상을 통해 당사자 모두가 이익을 얻을 수 있다는 데에 의견을 같이하고 있기 때문이라고 할 수 있다. 물론 개별국가의 입장에서는 상대국의 무역자유화를 주장하는 반면, 자국의 이익을 위해 자신은 무역자유화에 소극적인 자세를 나타내기가 쉽다. 그러나 모든 국가가 보호무역주의를 채택하는 경우 모두에게 손해가 되기 때문에 많은 국가들은 이와 같은 이해의 충돌을 합의를 통해 해결하고 무역자유화 또는 국제적인 무역교범에 대해 협상할 필요를 느끼게 되는 것이다.

그러나 국제통상협상이 항상 만족스러운 결과를 가져오는 것은 아니다. 우선 국제통상협상이 합의를 도출하지 못하는 경우도 존재한다. 협상이 실패로 돌아가 상호간에 이익이 되는 국제거래가 일어나지 않는 경우도 있으며, 국제통상협상이 결렬되는 경우 때로는 연속되는 무역보복조치에 의해 해당국가들 모두가 피해를 보기도 한다. 또한 무역협상의 타결이 지연되어 더욱 발전된 형태의 국제통상규범의 제정이 늦어지기도 한다. 예를 들면, 1986년 시작된 우루과이라운드 협상은 당초 1990년 12월까지 끝나기로 예정되어 있었으나 특히 농산물부문을 둘러싼 미국과 프랑스의 힘겨루기로 말미암아 3년 뒤인 1993년 12월이 되어서야 타결되었다. 새로운 국제통상규범 제정의 지연은 그만큼 모든 국가에게 손해를 가져다주었다고 할 수 있다. 둘째로 국제통상협상에 있어서 협상의 기술이 부족한 기업은 협상을 제대로 이해하지 못하는 국가는 협상에서 좋은 결과를 얻어내기 어렵게 되어 있다. 협상에서의 불리한 결과는 외부적으로 주어진 낮은 협상력 또는 외교력 때문이기도 하지만, 때로는 협상에 대한 준비가 부족하거나 협상을 제대로 이해하지 못하는 데서 비롯되기도 한다. 우리나라의 경우, 대미협상에 있어서 양보만을 해왔다는 비판이 많이 제기되고 있는데, 이것은 우리의 협상력이 부족해서일 수도 있으나 우리나라 협상 담당자들의 협상에 대한 이해가 부족했기 때문일 수도 있는 것이다. 그만큼 국제통상에 있어서 협상은 중요한 역할을 담당하고 있으며, 국제통상을 올바로 이해하고 국제통상협상에서 더 좋은 결과를 얻어내는 데 있어 협상에 대한 이해는 필수적이다.[28)]

---

28) 강인수 외, 국제통상론, 박영사, 1998.

| 제3절 |

국제통상협상의 특성

1. 국제통상협상과 대내외 협상

한 국가는 하나의 구성원으로 이루어져 있지 않고 다양한 의견과 선호를 가진 다양한 구성원들로 구성되어 있다. 따라서 한 국가의 선호는 완전히 획일적이지(monolithic) 않으며, 국제통상협상에 앞서서 대내적인 협상은 필수적이게 된다. 정부는 다양한 이익집단의 로비대상이 되어 이들에 의해 커다란 영향을 받으며, 자유무역을 추구하는 통상협상의 경우에도 자유무역을 지지하는 이익집단과 보호무역을 지지하는 이익집단간에 힘겨루기가 진행되는 것이 일반적이다. 따라서 사회적인 후생을 극대화하는 협상결과가 있다고 하더라도 때로는 그와 같은 협상결과가 정치적으로 받아들여지기 어려운 경우도 많이 있다. 예를 들면, 우루과이 라운드 협상에서 우리나라가 가장 적극적으로 반대하였던 쌀시장개방의 경우 결국 2004년까지 국내소비량의 4%까지 수입을 개방하게 되었는데, 4% 쌀시장개방의 경제적인 효과가 다른 서비스시장의 개방(예를 들면, 금융시장의 개방이나 통신시장의 개방)에 비해 적을 것이리는 데 대부분의 협상참가자들은 의견을 같이하고 있었다. 그럼에도 불구하고 그와 같은 쌀시장개방에 마지막까지 결사적으로 반대한 이유는 쌀시장개방이 다른 서비스시장의 개방보다 정치적으로 받아들여지기 어렵기 때문이었다. 따라서 협상은 협상가능집합 가운데 정치적으로 받아들여지기 어려운 것들을 제외한 대안 가운데 이루어지게 된다.

실제로 국제협상에 있어서는 대내적 협상과 대외적 협상이 동시에 진행되는 경우가 많이 있다. 국제협상에 있어서 정부내 부처간에 이익이 상충되는 경우가 많이 발생하며, 이를 해결하기 위해 대외적인 협상이 진행되는 가운데 대내적인 협상이 동시에 진행되는 경우가 많이 있다. 또한 정치적으로 받아들일 수 없는 영역은 로비에 의해 영향을 받기도 하기 때문에 국제적인 로비도 많이 이루어지고 있다 때로는 이와 같이 통일적이지 않은 구가의 선호는 협상에서 활용될 수도 있다.

2. 국제통상협상의 의제

국제통상협상에서 하나의 의제만을 다루는 경우, 협상이 결렬될 위험이 크다. 그것은 가격을 흥정하는 경우와 마찬가지로 한 국가가 이익을 보면 다른 국가는 손해를 보기 때문이다. 이와 같은 사실은 선진국의 시장개방압력과 이에 대항하는 개도국의 자존심싸움에서도 잘 드러난다. 따라서 한 품목의 관세율에 대해 협상하는 경우보다는 여러 의제를 동시에 다루는 경우에 있어서 협상의 타결 가능성이 높다.

이와 같이 여러 의제를 관련지어 동시에 다루는 것은 협상에 있어서 그 혜택이 협상국 모두에게 골고루 돌아갈 수 있도록 한다는 점에서 바람직할 수 있다. 물론 의제를 잘못 관련시킬 경우, 협상이 더욱 어려워질 수도 있다. 그러나 협상에 있어서 상대국이 일방적인 요구를 하도록 용인하지 않고 자신도 상대국에 어떤 사항을 요구하는 자세는 협상에서 이익의 균형을 가져옴으로써 협상의 타결 가능성을 높이는 동시에 상호 이익의 증진을 가져올 수 있는 것이다. 과거 대부분의 한 · 미간의 협상은 미국의 일방적인 시장개방요구와 이에 대한 우리나라의 방어로 이루어져 왔다. 이와 같은 협상자세는 상호간에 바람직하지 않으며, 우리에게도 나름대로 필요한 협상의제의 개발이 요구되는 것이다.

국제협상은 포지티브섬(positive-sum) 게임인 경우가 많다. 국제협상은 가격을 단순히 흥정하는 것과 달리 서로의 이익을 위해 택할 수 있는 많은 선택변수를 갖고 있다. 따라서 국제협상은 한쪽만이 이익을 얻는 윈-루즈(win-lose) 게임보다는 양쪽이 모두 이익을 얻는 윈-윈(win-win)게임인 경우가 많다는 사실을 인식하는 것이 국제통상협상에서는 매우 중요하다.

3. 상호주의와 다자간 협상

상호주의(reciprocity)는 중요한 WTO의 원칙 가운데 하나이다. 한 국가는 자신의 무역장벽을 일방적으로 낮추는 데 매우 소극적일 수밖에 없다. 따라서 상대국의 시장개방을 전제로 자국의 시장을 개방한다는 상호주의는 국제통상협상에 있어서 중요한 원칙이 되어 왔다.

그러나 상대국의 시장개방에 상응하는 시장개방을 이룬다는 것은 말처럼 간단하지는 않다. 왜냐하면 시장개방의 정도를 측정하기가 매우 어렵기 때문이다. 따라서 관세의 경우에는 시장개방을 측정하는 방법으로 다양한 방법들이 사용되어 왔으며, 우루과이 라운드 농산물협상에서는 비관세장벽의 관세화방법도 사용되었다.

한편, 국제통상협상에는 다수의 협상국이 참여하는 경우가 많다. 즉 양자간에 협상이 이루어지는 경우도 있으나, 지역내 국가들간, 복수국간, 다자간에 협상이 이루어지는 경우도 많이 있다. 이 경우 국제통상협상은 협상참가자가 많음으로 인해 협상의 과정이 복잡하고 타결 또한 더욱 어려워지기 쉽다. 또한 국제통상협상은 형식적으로나마 만장일치제에 의해 모든 국가들의 동의를 얻어야 타결되는 경우도 있다. 이 역시 협상의 타결을 어렵게 하는 요인 가운데 하나가 되고 있다.

이와 같은 다자간 협상의 어려움을 해결하기 위해 국제협상에 있어서는 중재자가 개입되는 경우가 많이 존재한다. 앞에서 살펴본 캠프 데이비드 협상도 그랬거니와, 가까이는 우루과이 라운드 협상에 있어서도 제3자 또는 중재자의 노력이 곳곳에서 발견되고 있다. 예를 들면, 우루과이 라운드 협상이 별다른 진전을 보지 못하자 둔켈(Dunkel) 당시 GATT 사무총장은 중재자의 입장에서 협상의 초안이라고 할 수 있는 둔켈초안을 만들어 협상국에게 제시하였는데, 이 둔켈초안은 우루과이 라운드 협상의 결과인 WTO협정이 골격이 되었던 것이다.

다자간 협상에서 협상을 자국에게 유리하게 이끌기 위해서 일부 국가들은 연합(coalition)을 이루기도 한다. 국제협상에 있어서의 협상력은 일반적으로 국력에 비례하기 때문에, 특히 소규모국가들이 협상에서 좋은결과를 도출하는데 있어서 다른 국가들의 협조는 필수적이다. 연합은 공동의 통상·외교정책을 펴는 EU의 경우와 같이 공식적이고 강한 결속력을 나타내는 경우도 있지만, 때로는 매우 느슨한 형태의 연합이 시도되기도 한다. 우루과이 라운드 농산물협상에서의 케언즈그룹(Cairns Group)이 후자의 대표적인 예라고 할 수 있다. 연합은 국제통상협상뿐만 아니라 만장일치제를 채택하고 있는 OECD와 같은 국제기구에 있어서도 다른 국가들의 정책결정에 압력으로 작용하기도 한다.

| 제4절 |

국제통상협상 유형

1. 국제통상협상과 정부

국제협상은 국가간의 통상무역을 촉진하는 원동력이다. 협상은 주로 국제무역의 절차와 방법에 합의하는 형식으로 진행되나 주기적으로 무역장벽을 제거한다든지, 신규통상문제의 제기 또는 무역분쟁과 같은 특별한 경우에도 국제적인 관심과 이해를 통해 국제통상의 방향과 틀을 결정하게 된다. 이러한 국제통상의 진행방식과 절차 및 한국의 통상정책과 조직에 대하여 정부라는 조직을 중심으로 WTO는 이러한 국제통상의 주요한 무대를 제공하며 기존의 무역관행에 대한 수정이나 해석은 물론, 신규 통상의제를 추진하는 중심역할을 담당하고 있다.

WTO의 내부협상은 항구적으로 특별히 설립된 위원회를 중심으로 비공식적으로 개시되는 것이 보통이다. WTO의 협상은 대부분 다자간 무역협상(MTN : Multilateral Trade Negotiation)의 형태로 진행되지만 경우에 따라서는 양국간 쌍무협정이나 몇몇 국가를 중심으로 하는 집단적 협상에 근거하여 진행되기도 한다. 물론 이러한 경우에도 최혜국대우조항(MFN: Most Favoured-Nation)에 의거하여 그 협상결과는 모든 회원국에게 공유될 수 있다.

협상참가자들이 합의를 추진하는 과정에서 발생하는 문제와 이에 대응하는 전략적 기법, 그리고 협상이 참가국들에게 최대의 만족을 가져다주지 못하는 차선의 결과에 이르게 되는 배경에 대해 알아본다.

많은 나라가 국제통상의 자유화를 위하여 쌍무협상 대신에 호혜적인 다자간 협상에 참가하는 것은 경제적이라기보다는 정치적인 동기에 기인한다. 통상자유화는 수입품과 경쟁관계에 있는 대체산업에서 발생하는 반대를 해외시장 확대에 따른 수출산업분야의 지원에 의해 정치적으로는 상쇄될 수 있는 의제일 것이다. 특히, 경제규모가 큰 나라일수록 원칙적으로 통상자유화는 상호 개방을 통해 경제장벽을 제거하며 교역조건의 개선을 가져오는 긍정적인 효과를 미치게 된다.

일반적으로 다자간 협상은 게임이론적 접근에 의해 설명될 수 있다. 게임이론에서와 같이 다자간 협상당사자들은 각자 독립적으로 행동하며 협상결과는 게임의 구조와 법칙, 입수된 정보의 수준과 상대방의 행동에 대한 예상에 의해 결정되기 때문이다. 게임의 기본유형으로는 협조적 게임과 비협조적 게임이 있다. 전자는 게임의 결과가 통상이익을 극대화한다는 점에서 효율적이라 할 수 있으나 문제는 그 최대이익의 분배에 놓이게 된다. 협조적 게임은 강제적인 구속력이 존재하며 상대방의 배반행위가 다른 당사자에게 관찰되고 있음을 가정한다. 비협조적 게임은 구속력을 갖는 중앙기구가 없고 협상결과가 파레토 최적과는 거리가 멀다고 느낄 경우에 발생한다. 파레토 최적(Pareto optimal)이란 어떠한 사람도 다른 사람의 후생을 감소시키지 않고는 자신의 후생을 증가시킬 수 없는 상태를 말한다. 통상 협상에 임하는 당사자는 경제적인 고려에 못지않게 정치적인 내부조율을 의식하기 때문에 의제선택의 기준 및 이에 따른 협상의 결과가 상당히 달라질 수 있다. 정치적인 관점에서 파레토 최적의 결과는 어떠한 정당도 다른 정당이 피해를 입었다고 느끼지 않고는 개선의 여지가 없는 협상결과를 의미한다. 다만, 정보는 정치 및 경제적인 최적 협상결과가 상호 차이가 많지 않다는 것을 확인시켜준다는 점에서 중요한 역할을 담당하게 된다.

WTO 체제 내에서의 다자간 협상은 국제적인 통상게임의 규칙을 제정하는 것을 담당하게 된다. 국가들은 한자리에 모여 향후 발생될 게임의 유형에 대해 동의를 얻고자 노력하게 된다. 다자간 협상이 동일한 목표로 움직이더라도 파레토 최적의 결과를 도출하는 것은 매우 어렵다. 그 이유는 통제된 게임이라는 다자간 협상의 기본성격에서 기인한다. 다양한 상황이 제약조건의 성립에 영향을 미칠 수 있기 때문이다. 통제된 게임으로 잘 알려진 사례 중의 하나인 죄수들의 딜레마게임에서, 당사자들은 개별적으로 합리적인 전략을 선택하지만 결과는 모두에게 최적이 아닌 균형으로 나타나게 된다.

2. 쌍무간 통상협상(Bilateral Trade Negotiation)

쌍무간 협상은 이해관계가 있는 양당사국에 협상을 행하는 것이다. 쌍무적인 협상은 다양한 형태와 내용으로 이루어지지만 기본적으로 상호주의하에서 양국간에 통상상의 이익을 서로 교환하는 것이다. 통상의 경우 이익의 연계교환은 상호주의에 의하여 받는 혜택과 주는 혜택을 균형 있게 함으로써 달성되는 것이며, 서로에게 필요한 이익을 교환함으로써 전체로서의 이익을 증가시키게 하는 작업이라고 할 수 있다.

쌍무적인 협상에서는 다자간의 협상에서보다 개별국가가 가진 힘의 요인이 많이 작용하게 된다. 국제협상에서 약소국은 강대국과의 협상에서 협상력이 약하기 때문에 협상을 유리하게 이끌어 가기가 어려운 것이 일반적이다. 약소국은 강대국에 비하여 협상에서 사용할 수 있는 대안이 적고, 협상이 결렬될 경우에 발생하는 어려움이 강대국보다 더 큰 경우가 많기 때문에 협상에서의 입지가 좁다. 국제협상에 있어서 상대국에 대한 자국시장의 폐쇄위협은 중요한 협상무기이다. 그런데 국제경제관계에 있어서 강대국이 약소국의 시장에 의존하는 것보다 약소국이 강대국의 시장에 더 많이 의존한다. 따라서 약소국의 강대국에 대한 시장폐쇄위협이 보다 약할 수밖에 없다는 점에서 협상력에서 균형이 유지되지 않는다. 뿐만 아니라 약소국은 국제시장에서 가격결정력이 약하기 때문에 무역장벽을 극복할 수 있는 힘이 강대국에 비하여 더 약하다는 점을 비롯하여 여러 가지로 불리한 요인이 많다.

현재의 다자간 국제무역체제 하에서도 미국은 대외 통상관계에 있어서 쌍무간의 협정을 통한 접근방법을 많이 활용하고 있다. 그것은 미국이 우우에 있는 협상력을 쌍무협상에서 최대한 활용할 수 있기 때문이다. 또한 다자주의체제 하에서는 무임승차의 문제가 항상 발생할 수 있기 때문에, 미국이 세계의 통상관계를 주도하는 입장에서 개별 국가와의 쌍무적인 관계로 상호주의적인 접근을 함으로써 무임승차를 방지하고 실질적으로 효과적인 무역규칙을 설정하고 유지할 수 있다는 주장도 있다. 그렇기 때문에 이같은 미국의 쌍무주의는 다자주의 무역체제의 약화를 막고 실질적으로 다자주의를 유도하는 역할을 한다는 것이다.

다자간 통상체제하에서도 다자간의 협상기간이 아닌 통상저인 시기에 양당사국간에 통상상의 협상이 필요한 경우에는 쌍무간의 협상이 이루어지게 된다. 다자간 통상관계도 그대로 쌍무적인 협상에서의 상대국에 대한 혜택은 이어진다. 그래서 쌍무적인 협상에서 개방을 요구받는 국가는 그만큼 상대국의 요구

수용이 부담이 된다.

그리고 통상당사국중의 한나라가 다자간 무역기구의 비회원국인 경우에는 다자간 통상체재의 영역밖에 있으므로 쌍무적인 협상에 의한 통상관계가 성립한다. 또한 다자간 협정회원국간이라도 다자간협정의 범위 밖의 분야에 대해서는 쌍무적인 협상에 의존할 수밖에 없다. 이때는 다자간 관계의 최혜국 대우원칙이 적용되지 않아 이때 주어지는 양허는 협상당사국에 대해서만 효력이 미치게 된다.

3. 다자간 통상협상(Multilateral Trade Negotiation)

다자간 협상은 여러 국가들이 동시에 참가하여 협상을 하는 것이다. 다자간 협상도 기본적으로는 쌍무간의 협상과 마찬가지로 이익의 연계교환으로 이루어진다. 다자간의 협상은 다수의 주체가 참여하여 서로간에 혜택의 교환을 하는 행위로 이루어지게 되며 다자간 협상의 장은 이러한 거래가 이루어지는 하나의 시장이라고 할 수 있다. 이러한 시장에서 개별국가는 특정 분야에서의 개방이나 관세인하를 제안(offer)하고 승낙(bid)하는 것이다. 이는 혜택들의 물물교환과 같기 때문에 한 국가가 제시하는 혜택을 주되 바로 그 국가에 주지는 않더라도 다른 국가가 원하는 것을 줄 수 있어야 한다.

그리고 주고받는 것의 가치의 동등성이 보장되어야 한다. 다자간체제하에서 혜택의 제공없이 받기만 하는 무임승차의 발생을 방지하는 것은 그 체제의 유지와 관리에 있어서 매우 중요한 것이다. 이러한 가치의 교환을 기반으로 하는 상호주의는 무임승차자를 방지하는 역할을 한다. 그러나 대가의 동등성을 유지한다는 것은 매우 어려운 문제이다. 관세의 경우는 어려움이 덜 하지만 비관세장벽의 경우에는 이러한 동등성을 유지하기가 매우 어렵게 된다. 비관세장벽은 수량적인 측정이 불가능하기 때문이다. 따라서 다자간 협상은 다수 주체간에 동등한 가치의 교환이 이루어지도록 해야 한다는 점에서 성립되기가 결코 쉬운 거래는 아닌 것이다.

한편 다자간협상은 강대국과의 1대1 협상에서 유리하게 협상을 이끌 수 없는 약소국들에게 연합하여 힘을 발휘할 수 있는 기회를 제공한다. 그리고 다자간 체제의 무차별원칙은 약소국에게 더욱 소중한 것이다. 자국의 힘으로는 얻을 수 없는 혜택을 다른 국가가 얻어내면 그것을 동등하게 누릴 수 있기 때문이다. 세계에는 세계무역을 주도하는 경제대국보다 경제소국의 수가 압도적으로 많다. 따라서 다자간 협상에서는 비슷한 입장에 있는 많은 수의 후진국들이 공동의 입장을 취함으로써 소국의 불리한 입장이 다소 완화될 수 있다. 그러나 후진국들은 개별국가의 경제사정과 이해관계가 매우 다양하다. 또한 경제대국에 정치적, 경제적으로 종속되거나 대국의 입장을 무시할 수 없는 입장에 있는 약소국의 경우에는 강대국의 요구를 정면으로 거부할 수가 없다. 따라서 약소국들이 결집된 힘을 발휘하기 쉽지 않은 것도 현실이다.

다자간 협상에서는 협상을 주도하는 국가들이 있게 되는데 주로 미국을 비롯한 선진국들이다. 다자간의 협상에서는 이미 개방정도가 높은 선진국들이 보다 개방적인 통상관계의 틀을 제시하고, 이에 대하여 후진국들은 어쩔 수 없이 참여하는 다자간 협정을 체결하는 경우도 많다. 반면에 선진국의 입장에서도 많은 국가들이 참여하는 다자간의 협정이 되기 위해서는 후진국의 입장을 반영하지 않을 수 없다. 그래서 후진국의 개발을 지원하거나 후진국이 다자간 무역체제에 참여하여 경제적인 발전과 이익을 누릴 수 있도록 GSP의 예와 같이 후진국에 특혜를 주는 방향으로 다자간 무역규칙을 설정하게 되기도 한다.

이러한 다자간 협상은 ① 쌍무적인 협상으로는 수십회의 협상으로도 이루기 어려운 많은 범위의 무역자유화를 이룰 수 있다는 점, ② 전 세계가 공통적으로 직면하고 있는 문제를 해결할 수 있다는 점, ③ 제3국의 중재가 가능하고 다른 국가와 보조를 맞추어야 한다는 부담으로 합의가 쉬울 수 있다는 점, ④ 약소국의 입장에서 같은 입장에 있는 국가들이 협조하여 강대국과 교섭할 수 있기 때문에 쌍무적인 협상에서보다 공평한 결과를 도출할 수 있다는 점 등에서 장점을 갖는다.

반면에 ① 양허의 효과가 다른 모든 국가에 미치므로, 양허가 자국경제에 미칠 영향의 불확실성 때문에 양허를 쉽게 할 수 없다는 점, ② 자국은 작은 양허를 하면서 다른 국가들의 많은 양허를 누리는 무임승차국이 생길 수 있으며 이를 이용하려는 유혹이 따른다는 점, ③ 모든 당사자의 이해를 맞추기 어려워 합의가 어려울 수도 있다는 점, ④ 협상이 복잡하고 오래 걸린다는 등의 단점도 있다.[29]

---

29) 강인수 외, 전게서, pp.511-519.

사례

‖ 협상전문가 보호 · 육성해야 ‖

'세계화 시대' 뛰어난 협상가 절실
협상팀 실증분석 노하우 계승필요

한미 자유무역협정(FTA)이 14개월의 협상과정을 끝내고 타결되었다. 이번 협상 타결로 GDP 14조 달러 규모의 세계 3위 경제권이 탄생하게 됐다. 이러한 양국 간 협상을 게임이론으로 분석할 수 있는데, 게임의 구성요소로는 게임의 경기자, 규칙, 결과를 꼽을 수 있다. 먼저 게임의 경기자는 한미 간 자유무역협정이므로 양국 정부당국이 되며, 게임 규칙은 양국이 자신들의 협상력을 가지고 효과적인 협상전략을 취할 것인지를, 결과는 협상 타결에 따른 양국의 이해득실로 나타난다.

지난 2일 한미 자유무역협정이 타결된 후 세간의 관심은 협상의 규칙과 결과에만 집중하고 있는 듯하다. 먼저 협상 반대론자들은 협상규칙이 불공정한 게임이므로 원천무효라고 주장하면서 국회비준 과정에서 이의를 제기할 태세다. 대부분 경기에는 수많은 관계 당사자들이 있지만, 정작 현장에서 경기를 진행하는 사람은 선수들이다. 한미 자유무역협정 협상에서도 총 8차에 걸친 협상에서 양국의 협상팀은 평균 100여명이 참가하여 분과별 협상을 현장에서 진행했다. 협상 결과의 공과를 떠나 이들의 역할과 노고는 높이 평가돼야 한다. 세계는 WTO 체제하에서 각국이 자국의 이익을 위해 무한경쟁을 하는 각축장이 되고 있다. 이러한 전장에서 국익을 위해 필요한 것은 전문성을 지닌 뛰어난 협상가라고 할 것이다.

한 사람의 우수한 협상전문가를 육성하는 데는 많은 시간이 걸린다. 어떤 통상협상의 결과가 마음에 들지 않는다고 협상담당자들을 문책한다든지 책임추궁을 한다는 발상은 곤란하다. 책임은 실제 경기장에서 열심히 뛰고 있는 선수들에게만 있는 것이 아니라 코칭스태프, 경기관계자, 심지어 관중들 모두에게 있다고 하겠다. 이번 한미 자유무역협정에서도 한국과 미국의 협상담당자들을 보호하고 대우하는 모습은 많은 차이를 보였다. 우리는 앞으로 수많은 통상협상과 자유무역협정을 추진해야 하므로, 통상 담당자들을 대접하고 격려하고 칭찬해야 할 필요가 있다.

따라서 통상협상을 마무리한 협상 담당자들에게 각종 인센티브를 제공하고, 협상 전문가를 육성하기 위한 체계적인 교육 시스템이 마련되어야 한다. 행정조직에서는 하나의 정책을 수행하면 결과보고서를 작성하게 되는데, 그 내용이 너무 딱딱하고 양식적인 형태로 되어 있어 담당자들이 협상 현장에서 보고 듣고 경험한 노하우를 효과적으로 정리하기 어렵다. 따라서 협상팀을 대상으로 협상 또는 경영 관련 연구자들이 실증분석 모델을 만들어 분석할 수 있도록 함으로써, 그들의 협상 노하우인 암묵적인 지식을 콘텐트화해 계승하는 것도 필요하다.

조선일보 2007. 4. 5.

‖ 전문가가 없다 ‖

初짜 수두룩… 기본자세 몰라 국제 망신 자초

국제기구에서 자료 요청하면 한국만 답변 없어

실무과장 20%는 업무파악하기도 전 딴 자리로 국제기구에서 자료 요청하면 한국만 답변 없어

실무과장 20%는 업무파악하기도 전 딴 자리로

"12월 국제회의(뉴질랜드)에 참가했다 부끄러운 소릴 들었습니다. 9월 말라카 해협 회의(쿠알라룸푸르)에서 연안국 중 하나가 이용국들의 입장자료를 요청했는데, 한국은 몇 달이 지나도록 답변이 없다는 겁니다. 기본 협상 자세조차 갖추지 못한 거죠." 백진현 서울대 교수(국제대학원)가 "정부가 국제망신을 자초하고 있다"며 소개한 일화다. 말라카 해협은 말레이 반도와 수마트라 섬 사이에 있는 연장 800㎞의 국제해협으로 우리나라 원유 물동량의 99% 및 해상 물동량의 35%가 운송되는 통로다. 해적들로 인한 피해가 계속되자, 2005년부터 연안3국과 한·중·일 등 이용국들은 매년 '말라카 해협의 안전·보안 및 해양환경 보호 증진을 위한 국제회의'를 갖고 있다.

"12월 국제회의(뉴질랜드)에 참가했다 부끄러운 소릴 들었습니다. 9월 말라카 해협 회의(쿠알라룸푸르)에서 연안국 중 하나가 이용국들의 입장자료를 요청했는데, 한국은 몇 달이 지나도록 답변이 없다는 겁니다. 기본 협상 자세조차 갖추지 못한 거죠." 백진현 서울대 교수(국제대학원)가 "정부가 국제망신을 자초하고 있다"며 소개한 일화다. 말라카 해협은 말레이 반도와 수마트라 섬 사이에 있는 연장 800㎞의 국제해협으로 우리나라 원유 물동량의 99% 및 해상 물동량의 35%가 운송되는 통로다. 해적들로 인한 피해가 계속되자, 2005년부터 연안3국과 한·중·일 등 이용국들은 매년 '말라카 해협의 안전·보안 및 해양환경 보호 증진을 위한 국제회의'를 갖고 있다.

지난해 회의가 열린 9월에는 책임자인 해양수산부 안전관리관직이 공석인 상태였다. 전임자는 8월에 영국으로 발령이 났고, 공모를 통한 후임자가 10월에야 결정됐다. 백 교수는 "잦은 보직 이동으로 각 부처에 국제업무 경험과 자질을 갖춘 전문가가 없어서 빚어진 일"이라고 꼬집었다.

취재팀이 정부 부처 통상·국제협력담당 국·과장의 이동상황을 분석한 결과는 왜 이처럼 정부의 대외협상력이 좀처럼 나아지지 않는지를 고스란히 보여주고 있다.

■ **말뿐인 '인사개혁'**

문제는 시간이 갈수록 인사이동이 잦아지고 있다는 점이다. 18개 부처 554명 전원(615명 중 현직 61명 제외)을 대상으로 했을 때 참여정부 국제협력 국·과장(207명·2003년 3월1일 이후 인사발령 기준)의 재임기간은 398일로 국민의 정부 433일(347명)보다 한 달 이상 짧았다.

외교부를 빼면 사정은 더욱 나빠진다. 참여정부의 경우 재직기간은 1년도 채 되지 않으면서 이전 정부와의 격차도 2개월 이상으로 벌어진다. 특히 2일 차밖에 나지 않는 국장급들과 달리 과장급은 무려 100일 이상 차이가 난다. 이전 정부에서 국제협력담당 과장들이 455일 동안 해당 업무를 수행한 반면, 현 정부 들어 이 기간은 350일로 뚝 떨어졌다.

2003년 이후 국제협력을 담당한 과장 80명 중 6개월 이내에 전출된 사람은 18명(22.5%)이나 된다. 즉 4명 중 1명은 미처 업무 파악을 끝내기도 전에 다른 보직을 새로 맡게 된 셈이다. 국민의 정부 시절 124명 중 18명(14.5%)이 6개월을 채우지 못했던 것과 비교하더라도 심각한 수준이다.

참여정부가 출범하자마자 의욕적으로 추진했던 '인사개혁'을 무색케 하는 대목이다. 참여정부는 정권 초기인 2003년 4월 정부혁신·지방분권위원회를 설립한 뒤 5개 분야 혁신 슬로건을 내세웠고, 그달 9일 '인사개혁' 로드맵을 가장 먼저 발표한 바 있다. 정부의 한 고위관계자는 "아직도 각 부처들은 당장의 협상보다는 승진자리 하나 더 확보하는 것을 더 중요시하다 보니 전문성을 따지기 전에 자리가 나면 무조건 (사람을) 집어넣을 생각부터 한다"고 말했다.

■ **외교부도 '기대 이하'**

각종 외교·통상·안보협상의 핵심 부처인 외교부도 타 부처와 비교할 때 별반 나은 게 없었다. 외교부 국·과장 250명(현직 제외)의 재직기간은 평균 437일로 17개 부처 평균(405일)보다 한 달 남짓 길었다. 6개월 이내에 타 보직으로 이동한 경우가 13명(5.2%)이었고, 6개월~1년은 94명(37.6%)에 이르렀다. 외교부 인력 역시 순환보직 관행에서 벗어나지 못했던 셈이다.

협상이 매듭지어질 때마다 혹은 서명이 끝나기도 전에 협상대표였던 외교부 인사가 해외공관으로 영전하는 사례가 심심찮게 발견되는 것도 이 때문이다.

더욱이 2003년 발표된 자유무역협정(FTA) 추진로드맵에 따라 10여개의 동시다발적 FTA 체결을 추진하고 있는 상황에서 외교부의 이 같은 잦은 인력이동은 우리 협상력의 최대 약점으로 작용할 수밖에 없다는 지적이다.

세계일보 2007. 2. 6.

‖ 당근과 채찍만으로는 사람의 마음을 움직이지 못한다 ‖

외적 동기의 나약함
보상에 익숙해지다 보면 약발이 떨어지는 순간 하고자 하는 의욕도 소멸

진짜 리더가 되려면
보너스와 연봉동결 카드로 부하들을 이끌지 말고 어떤 일을 하고 싶은지 물어보고 밀어줘라

▲ 소설가인 당신. 창작을 위해 두 달간 한적한 마을을 찾았다. '여기가 바로 천국'이라며 집필 활동에 집중하고 있는데, 예상치 않은 '방해꾼'들이 등장했다. 동네 꼬마 4명이 마침 당신이 머무는 숙소 앞 공터에서 소리를 지르며 축구를 하고 있다. 노는 모습을 보니 매일 공터에 모일 기세다. 여기서 문제! 어떻게 꼬마들을 다른 공터로 보낼 수 있을까? 지금 당신의 주머니에는 3만원이 들어있다.

사람들은 일반적으로 이렇게 말할 것이다. "얘들아, 아저씨가 일에 집중해야 하니 딴 데 가서 놀아라. 안 그러면 혼난다." 그래도 순순히 말을 듣지 않는다면? "만원 줄게, 다른 데 가!" 아이들은 만원을 받아 들고 신나할 것이다. 하지만 며칠 뒤 또다시 공터에 등장할지 모른다. "아저씨, 저희 돈 다 떨어졌는데요." 기대감과 미안함이 섞인 미소와 함께.

만약 당신이 심리학자라면 앞의 두 가지, 즉 협박과 매수가 아닌 다른 방법으로 이 문제를 해결할지 모른다. "아저씨가 외로운데, 너희들이 활기차게 놀아주니 너무 좋구나. 공터에서 놀다 집에 가기 전에 꼭 아저씨에게 들러라. 고마움의 표시로 매일 1000원씩 줄게." 꼬마들은 기쁨의 환호성을 질렀다. 이렇게 3일이 지난 후 4일째 되는 날 당신은 다시 말한다. "미안한데 1000원은 너무 과한 것 같구나. 앞으로는 500원씩만 줄게." 꼬마들은 약간 실망했지만 그래도 여전히 공터를 찾아와 '놀아준다'.

다시 3일이 지난 후 당신은 아이들에게 10원씩을 준다. 아이들은 따진다. "왜 10원만 주세요?" "미안하다. 아저씨가 돈이 없어 이것 밖에 줄 수 없구나." 그러자 아이들은 황당하다는 표정을 지으며 말한다. "아니, 아저씨. 저희가 그깟 10원 받으려고 여기까지 와서 이렇게 힘들게 뛰어다니며 노는 줄 아세요? 이 동네에 다른 재미있는 놀거리가 얼마나 많은데요!" 아이들은 다음날부터 공터에 나타나지 않았다.

인간이 어떤 행동을 하는 데는 분명 동기(motivation)가 있다. 심리학자들은 이를 '외적(外的) 동기'와 '내적(內的) 동기'로 구분한다. 화가를 생각해보자. 작품 활동 자체가 행복해서 붓을 잡는 화가는 내적 동기, 돈과 명예 때문에 붓을 잡는 화가는 외적 동기가 충만하다고 볼 수 있다.

심리학에서 자주 인용되는 앞의 사례는 '외적 동기의 나약함'을 잘 보여준다. 꼬마들은 처음에 공놀이 자체가 즐거워 공터에서 뛰어놀았다.(내적 동기) 하지만 아저씨가 주는 보상에 익숙해지다 보니 이젠 노는 것보다 돈을 받는 일(외적 동기)에 더 관심이 커졌다. 이런 상태에서 외적 동기를 줄여 버리니 원래 갖고 있던 내적 동기도 아예 사라져 버린 것이다. 심리학자들은 말한다. "외적 동기만 갖고는 사람을 움직일 수 없다"고. "사람의 마음을 지속적으로 움직이려면 내적 동기를 건드려야 한다"고.

수년 전 책으로 소개돼 세계적인 화제를 모은 브라질의 '샘코'라는 회사가 있다. 이 회사의 운영방식은 독특하다. 직원들은 자기 할 일을 스스로 결정한다. 출근시간, 같이 일할 사람, 근무 장소, 월급 등이 모두 자기 마음이다. 회사의 중요한 의사 결정은 철저히 '다수결'을 따른다. 당신이 만약 관리자라면 화를 낼지도 모르겠다. "뭐 이런 말도 안 되는 회사가 있냐", "기업 경영이 무슨 장난이냐."

하지만 샘코의 경영 실적을 보면 장난이 아니다. 샘코의 지난 10년간 연평균 성장률은 40%에 달한다(2005년 기준). 샘코의 셈러 사장은 말한다. "나는 최고경영자(CEO), 즉 효소 역할 최고 책임자(Chief Enzyme Officer)다. 샘코의 모든 직원들이 열정적이고 신나게 일할 수 있도록 '촉매제' 역할을 하는 게 내 임무다." 그는 '인간은 남이 시켜서가 아니라 스스로 하고 싶은 일을 할 때 가장 창의적이고 열정적으로 일할 수 있다'는 신념을 갖고 있다. 한마디로 '내적 동기'의 절대적 힘을 신봉하는 회사가 바로 샘코다.

세계적 미래학자인 다니엘 핑크(Pink) 역시 "당근과 채찍(외적 동기)은 인간의 창의성을 파괴한다"고 단언한다. 그는 단순 반복적인 일을 할 때는 당근과 채찍이 위력을 발휘하지만, 지식 기반의 일을 할 때는 내적 동기를 강화하는 것이 훨씬 생산성을 높인다고 말한다. 막대한 자금과 조직이 투입된 마이크로소프트의 MSN 엔카르타(Encarta·인터넷 백과사전)가 모든 사람들이 자유롭게 참여하고 수정할 수 있게 만들어진 위키피디아에 KO패를 당한 것과 같은 이치다. 그는 부하들이 자신의 것(autonomy·자율성)을 할 수 있게 해 주고, 자신에게 중요한 일(purpose·목적성)을 할 수 있도록 도와주는 게 리더의 역할이라고 말한다.

당신이 리더라면 부하들 앞에서 무슨 말을 주로 하는지 복기해보자. 혹시 올해 목표를 달성하면 보너스를 주고, 달성 못하면 내년도 연봉 인상은 없다고 말했는가? 당신은 외적 동기로 부하를 이끄는 리더다. 만약 부하들에게 어떤 일을 하고 싶은지 물어보고, 그들에게 그 일을 할 수 있는 권한을 주기 위해 애썼는가? 당신은 다니엘 핑크가 말한 '진짜 리더'다.

소통이란 당근과 채찍으로 상대의 마음을 움직이는 단순한 기술이 아니다. 상대가 스스로 움직이고 싶게끔 만드는 고도의 전인격적인 작업이다. 자녀와의 소통도 마찬가지다. 혹시 아이가 공부를 하지 않아 답답한가? 성적 오르면 용돈 더 주겠다고 말했는가? 그전에 아이의 '꿈'을 먼저 물어라. 그리고 그 꿈을 이루려면 지금은 공부가 필요하다는 사실을 스스로 깨닫게 하라. 진짜 리더는 일을 가르치는 사람이 아니다. 일의 의미를 가르치는 사람이다. 내적 동기를 건드릴 때 진짜 소통은 시작된다.

<최철규·세계경영연구원(IGM) 협상스쿨 원장>

‖ 칭찬은 춤추게 한다? 난 직원을 스마트하게 깬다? 꿈 깨라 ‖

둘 다 높은 곳에서 낮은 곳에 있는 사람을 평가하는 행위…리더 특유의 오만함일 뿐
리더는 리더십을 버려라 관리도, 평가도 하지말라 단지 피드백하라
상대의 행위를 언급하며 자신의 주관적 느낌을솔직하게 말하는 게 최선

▲ #1. 얼마 전, 한 은행 지점장의 고민을 듣게 됐다.

지점을 맡은 지 1년 반이 됐는데 그동안 실적이 많이 좋아졌다고 한다. 부하 직원들에게 고마운 마음도 있고 해서, 최근 의식적으로 칭찬을 많이 했다. 사실 크게 잘한 일이 아닌데도, "김 과장, 당신 최고야!" "최 대리, 당신 대단해!" "박 팀장, 정말 잘했어!" 같은 칭찬을 입에 달고 다녔다.

하지만 결과는 기대와 달랐다. 실적 변화는 없었고 오히려 지점장과 부하의 관계가 어색해졌다. 지점장은 말했다. "김 과장은 자기가 진짜로 일을 잘하는 줄 알아요. 나는 칭찬이라도 하면 조금이라도 나아질까 한 말인데." 그는 한숨을 지으며 덧붙였다. "칭찬은 고래도 춤추게 한다면서요? 그런데 우리 직원들은 왜 그럴까요? 성과도 없고 오히려 서로 대화가 단절되는 느낌이니…."

#2. 제조업체를 창업한 뒤 17년 동안 성공적으로 운영하고 있는 한 중소기업 오너(owner).

그는 틈만 나면 자신의 커뮤니케이션 비법을 소개한다. "나는 직원들을 아주 효과적으로 '깹니다'. 화를 낼 때는 무섭지만 '뒤끝'은 없어요. 단점을 얘기할 땐 장점도 항상 함께 언급해 균형을 맞춥니다." 그는 자신이 직원들을 스마트(smart)하게 '깬다'는 것에 자긍심을 갖고 있는 듯했다. 하지만 그 회사 직원들을 만나 속 얘기를 나눠보니 인식은 천지차이였다. 최고경영자(CEO)가 부하 직원의 장점을 언급할 때 부하들은 긴장했다. '또 무슨 나쁜 얘기를 하려고 이렇게 미리 약을 치는(장점을 언급하는) 거지?' '뒤끝'에 대한 생각도 달랐다. 부하들은 말했다. "가해자(CEO)는 뒤끝이 없겠죠. 하지만 피해자(부하)는 뒤끝 있습니다. 하지만 어쩔 수 있나요? 직장생활이 다 그렇죠 뭐."

의식적으로 칭찬하는 지점장과 스마트하게 '깨는' CEO. 두 리더의 문제는 소통에 대한 전제(前提) 자체가 잘못됐다는 점이다.

칭찬하는 행위와 '깨는' 행위에 대해 생각해 보자. 높은 곳에 있는 누군가가 낮은 곳에 있는 누군가를 '평가'하는 행위다. "김 과장, 당신 최고야!"라고 칭찬하는 지점장, "박 팀장, 당신은 판단력이 형편없어!"라고 혼내는 CEO. 이들의 마음속엔 리더 특유의 '오만함'이 자리 잡고 있다. '당신이 어떤 사람인지, 나는 당신의 본질을 모두 알고 있어'라는 전제가 깔려 있다. 이는 궁예의 '관심법(觀心法)'과 일맥상통한다. 궁예는 자신을 '사람의 마음을 읽는(觀心) 미륵'이라고 칭했다. 높은 곳에 있는 미륵(궁예)은 항상 낮은 곳에 있는 인간(부하)의 마음을 읽고, 상대의 본질을 평가했다. 때로는 잘했다고 상을 줬고, 어떤 경우엔 못했다고 목숨을 거뒀다.

"나도 옛날에 해봐서 아는데...." 기성세대의 표현 가운데 젊은 세대가 가장 듣기 싫어하는 말이다. 이 말의 밑바탕엔 '당신들은 (나와 달리) 해보지 않아서 모른다'는 전제가 놓여 있다. 상대를 아래로 보고 판단하고 평가하는 수직적 인간관이 숨어 있는 것이다.

그렇다면 도대체 어쩌란 말인가? 부하에게 아무 말도 하지 말라는 얘기인가? 아니다. 부하가 사표라도 던질까 두려워 아무 말도 못하는 리더는 최하급의 리더다. 진짜 리더는 침묵하지 않는다. 칭찬하지도, 혼내지도 않는다. 단지 '피드백(feedback)' 한다.

피드백은 상대가 행한 사실(fact)을 언급하고, 이에 대한 나의 주관적 느낌을 솔직하게 얘기하는 것이다. 여기에다 내가 왜 이런 얘기를 하고 있는지, 대화의 의도까지 밝히면 더욱 좋다.

예를 들어보자. "김 과장, 당신은 일할 때 보면 창의성이 부족해." 이 말은 피드백이 아니다. 김 과장이란 인간에 대한 나의 평가, 즉 판결(judgment)이다. 그렇다면 피드백은? "김 과장, 당신은 지난 아이디어 회의 때 한 마디도 하지 않았어(사실). 그럴 때마다 당신에게 기대가 큰 내 입장에선 실망스러워(주관적 감정). 앞으로 더 많은 아이디어를 냈으면 좋겠네(대화의 의도)."

'말장난'이나 '말하기 스킬(skill)'에 대해 얘기하는 게 아니다. 피드백의 핵심은 '수평적 인간관'이다. 부하든 상사든 똑같은 인간이다. 누가 누구를 판결할 수 없다. 단지 상대의 행동에 대한 나의 감정과 대화의 의도만이 존재할 뿐이다.

소통은 서로의 솔직한 생각과 마음이 교류하는 것이다. 위에서 아래로 생각을 떨어뜨리는 것을 교류라고 하지 않는다. 그것은 지시이자 강요다. 서로의 다른 생각이 평등하게 오가는 교류는 수평적 인간관을 가질 때만 가능하다.

독일 출신의 경영학자이자 리더십 전문가인 닐스 플레깅은 저서인 '언 리더십(Un-Leadership)'에서 "미래의 리더는 리더십을 버려야(Un) 한다"고 단언한다. 그는 "직원들을 관리하지도, 평가하지도 말고, 직원들이 일의 의미를 찾을 수 있도록 소통하고 도와주는 게 리더의 역할"이라고 말한다.

미래형 리더가 되고 싶은가? 그렇다면 어설픈 '궁예 따라잡기'부터 관둬라. 당신은 관심법의 대가가 아니다. 부하의 본질을 저 높은 곳에서 함부로 판단하지 마라. 칭찬도, '깨는' 것도, 인간보다는 고래에게 하는 게 더 어울린다.

<최철규·세계경영연구원(IGM) 협상스쿨 원장>

"백과사전 외판원, 그는 상대방이 뭘 원하는지 알았다"

솔직함 · 소통으로 성공한 윤석금 웅진그룹 회장
자식 공부위한 父情 읽어 연탄가게서 백과사전 팔았다
회사 골프장 나무 한 그루도 직원 스스로 결정, 심게 했다
웅진그룹을 키워낸 그는말만 잘하는 리더가 아니었다

#1. 그는 백과사전 외판원이었다.

하루는 연탄가게 앞에서 바쁘게 연탄을 나르고 있는 한 남성을 만났다. 그가 말을 붙였다. "사장님 계세요?" 얼굴에 검은 석탄 가루를 묻힌 남자가 답했다. "제가 사장입니다." 사장과 직원의 구분이 없을 정도로 작고 허름한 가게였다. 연탄 몇 장을 함께 나르던 그가 다시 말을 건넸다. "혹시 집에 백과사전 필요하지 않으세요?" 가격을 들은 주인은 기겁하며 손을 내저었다. 하지만 그는 가게 주인의 말 속에 녹아있는 마음을 읽으려 했다. 자녀들이 자기와 다른 삶을 살기 원하는 부정(父情)을 느낄 수 있었다. 설득이 이어졌다. "지금 이렇게 고생하시는 것도 전부 자식을 위해서 아닙니까? 자녀분들이 가게를 물려받아 평생 연탄을 나른다고 생각해 보세요. 그렇게 안 되려면 아이들이 많이 배워야 합니다. 하고 싶은 일을 하면서 살게 해야죠." 결국 계약서 위로 연탄재 묻은 주인의 손이 올라갔다.

#2. 시간이 흘러 그는 10개가 넘는 계열사를 거느린 성공한 사업가가 됐다.

골프를 좋아하는 그는 회사가 소유한 골프장에 종종 들렀다. 어느 날 골프를 치다가 '17번홀 티박스 주변에 소나무를 심으면 좋겠다'는 생각을 했다. 골프장 관리담당 임원을 불렀다. "17번홀 티박스 근처에 소나무를 심으세요"라는 말이 목구멍까지 차올랐지만 참았다. 그리고 물었다. "어떻게 하면 17번홀을 더 멋지게 만들 수 있을까요?" 한참 동안 대화를 나누다 관리담당 임원이 아이디어를 냈다. "회장님, 멋진 소나무를 심으면 어떨까요?" 이 광경을 본 주위 사람들이 그에게 물었다. "아니, 그냥 '소나무를 심으라'고 시키면 될 일을 왜 그리 일일이 상의하십니까?" 그가 답했다. "사람은 신바람 날 때 일을 가장 잘합니다. 부하 입장에선 상사 지시에 따라 일을 하면 사기가 떨어지지요. 자기 생각이 들어간 일을 하다 보면 신나는 게 당연지사 아닌가요."

#3. 성공 가도를 달린 그의 회사가 기업 인수합병(M&A)에 나서게 됐다.

인수 대상은 경북의 한 섬유화학업체. 노조는 "그룹이 만든 '구조조정 시나리오'를 입수했다"며 "감원(減員)은 절대로 안 된다"는 입장을 고수했다. 그는 노조와 담판을 짓기 위해 직접 공장으로 내려갔다. 노조원들이 모여 있는 지하 강의실 입구부터 분위기가 살벌했다. 그가 '시나리오'의 존재를 인정하며 입을 열었다.

"여러분 회사는 적자 상태입니다. 적자 회사를 인수하는 입장에서 감원을 고려하는 건 당연한 일입니다. 노조와의 마찰이 두려워 인력 구조조정 시나리오도 짜지 않고 그냥 쉽게 회사를 인수하려는 기업이 여러분 회사를 인수한다고 생각해 보십시오. 적자에 허덕이다 결국 또 다른 회사에 팔려가는 비극이 되풀이되지 않겠습니까?"

그는 순간의 위기를 모면할 수 있는 사탕발림 대신 정면 돌파를 택했다. 이어 3시간 동안 노조와 마주 앉아 거짓 없이 솔직한 대화를 나눴다. 시간이 지나면서 노조원들이 귀를 열기 시작했다. 한 달 뒤 다시 공장을 찾았을 때 그는 눈을 의심했다. 공장 입구에 노조가 내건 현수막이 걸려 있었다. "회장님의 방문을 환영합니다!"

'말 잘하는 리더'는 많지만 '소통 잘하는 리더'는 흔치 않다. 소통에 능한 리더는 상대의 마음속 '욕구'에 집중한다. 그가 계약서에 연탄가게 주인의 사인을 받아낸 비결은 '자식들은 나보다 많이 배워 연탄가게보다 더 좋은 일을 했으면 좋겠다'는 아버지의 '욕구'를 공략한 것이다. 상대의 표면적 요구(position)가 아닌 내면적 욕구(interest)에 집중하는 것이 소통의 시작이다.

'상대 입장에서 생각할 수 있는 힘'을 의미하는 '관점 전환(perspective taking)'도 소통하는 리더의 필수 역량이다. 지시하면 빨리 처리될 일을 그는 시간을 들여 부하와 상의했다. 부하 입장에서 생각해 보면 이유는 명백하다. 똑같은 일을 하더라도 상사가 시켜서 할 때와 내가 원해서 할 때 일에 대한 재미와 몰입 정도는 천지 차이다.

엄마가 시켜서 공부한다고 생각하는 아이와 자기가 원해서 공부하는 아이의 성적이 극과 극일 수밖에 없는 것과 같은 이치다. 소통 능력은 상대방의 입장에서 생각할 수 있는 힘에 비례한다.

잭 웰치(Welch) 전 GE 회장은 '부하와의 관계에서 가장 중요한 것은 '캔더(candor)' 라고 말했다. 캔더는 '절대적 솔직함'이다. 앞뒤 재지 않는 진실함을 뜻한다. 구조조정 시나리오의 존재를 알고 격앙돼 있던 노조원들 앞에서 그가 "그런 문건은 만든 적이 없다"는 거짓말을 했다고 가정해 보자. 순간의 위기는 넘겼을지 모르지만 그와 노조 사이엔 어떠한 신뢰도 쌓이지 않았을 것이다.

7년 전 그에게서 받은 명함을 다시 꺼내 봤다. '윤석금'이라는 세 글자가 눈에 띈다. 상대의 욕구에 집중하고, 관점 전환에 익숙하며, 절대적 솔직함을 두려워하지 않는 웅진그룹의 회장. 올해 웅진그룹의 매출은 6조원을 넘어설 전망이다. 그를 처음 만난 7년 전에 비해 3배 이상 늘어난 규모다.

<최철규·세계경영연구원(IGM) 협상스쿨 원장>

제 14 장

주요국들의 상관습

| 제1절 |

미국 상관습

1. 시간과 효율성 강조

미국은 우선 문화적 특성으로 시간의 중요성과 일에 대한 효율성을 외국인이 언뜻 이해하기 어려울 만큼 강조하는 편이다. 또 여러 사람이 함께 모이는 것을 좋아하기 때문에 미국인들은 이를 아주 친한 상대로 오인하기 쉽다. 외국인의 눈에는 미국인은 너무 쉽게 친해졌다가 곧 식어 버리는 우정을 지니고 있는 것으로 비치고 있다.

미국시민들은 식당종업원, 택시운전사, 호텔의 벨보이 까지도 평등사상에 젖은 나머지 외국인의 눈에는 무뚝뚝하고 사무적으로 비치기 쉽다. 외국인들은 때때로 이런 미국인의 태도를 이해하지 못해 이들로 하여금 더욱 무뚝뚝한 행동을 취하게 하기도 한다. 또 미국은 격정적 감정의 라틴계와 조용하기 그지없는 동남아인과의 중간적 위치에 있다. 라틴계가 볼 때 미국인은 너무 차갑고 감정이 없는 것처럼 보이나 아시아인에게는 과장이 심하고 정열적으로 보일 수도 있으며 정장이나 공식적 차림에 익숙한 사람은 미국인의 복장을 깜짝 놀랄 때가 있다. 공공장소에서의 사랑표시 행위, 도발적인 옷차림 등에서 미국은 도덕적 파멸의 길로 들어섰다고 여겨질 수도 있다.

2. 팁 제도의 일상화

일상생활에서 팁 제도가 철저하리만큼 보편화되어 있으며 물건가격에 포함되어 있지 않고 별도로 계산되는 소비세가 때로 외국인을 당황하게 만들기도 하지만 외국인이 놀랄 만큼 자국과 자신의 문화에 지적이 부족하다. 이는 본래의 고향을 버리고 신세계로 이민 와서 지리적으로 고립되어 있었기 때문일 것이다. 주요 상관습으로 미국 거래선과의 상담시에는 사전 약속을 반드시 해야 한다. 대개 1주일 전에 약속을 하는 것이 좋으며 금요일 오후는 주말임을 명심, 가급적 피하는 것이 좋다. 만약 약속을 지키기 어려운 상황이 발생했을 때는 꼭 사전통보를 해 약속을 변경하거나 이해를 구해야 한다. 미국인은 약속을 지키지 않는 사람을 신용하지 않는다.

3. 의사표현 방법

미국인은 표현이 직설적이고 분명하다. 상대방의 권위나 기분을 고려해 검토해 보겠다던가 최선을 다해 보겠다는 등의 표현은 상담시 별 도움이 되지 않는다. 상담의 질이 빠르고 실제적으로 명쾌한 것을 좋아하고 결정이 지연되거나 의사가 뚜렷하지 않은 것은 좋아하지 않는다.

미국인은 격식에 구애받지 않는다. 외견상 무례하게 행동하는 것처럼 보일 때도 많으며 친한 경우 상담 중 곧잘 욕지거리를 할 때도 있으나 이에 개의치 말고, 특히 이를 흉내내는 것은 비즈니스에 별 도움이 안 된다. 외견상으로 볼 때는 위아래도 없는 것 같으나 나름대로 룰이 있어 자기 상사에 대해 상당히 의식하며 아울러 상사도 자기 권위를 가지려 노력한다. 특히 다른 부서의 상사에 대해서는 별로 개의치 않으면서도 자기의 업무와 급여결정을 관여하는 직속상사는 깍듯이 예우를 해 준다.

개인과 개인, 회사 대 회사간의 거래 시 미국에서는 상대방을 우선 믿고 인정해 주려는 풍토가 정착돼 있는 반면에 일단 신용을 잃은 사람은 사업에서 재기하기가 힘들다. 신용위주로 모든 거래가 이뤄지고 있는 것이다.

개인적으로 친밀한 유대관계를 가지는 일은 거래에 있어서 매우 중요하다.

퍼스트네임이나 닉네임을 부를 정도거나 서로를 집으로 초대할 수 있을 정도면 상당히 친숙해진 것으로 간주할 수 있다. 상대에게 부담을 주거나 받지 않으려는 생각이 깔려 있기 때문에 미국에서는 상대를 집까지 초대한다는 것은 웬만한 교분이 아니고서는 상상하기 힘들다. 개인적으로 친해지는 방법은 자주 만나고 통화하는 것이 최상이고 상대방의 생일이나 결혼기념일을 기억해 축하해 주거나 사소한 일에 대한 무형의 배려를 표시하는 것이 좋다.

비즈니스상 유의점으로 미국문화에 바탕을 둔 미국의 비즈니스 에티켓을 이해하는 것은 거래선과의 상담이나 미국 주재원으로 근무할 때 매우 중요한 사항 중의 하나다. 자신을 소개할 때 직책을 말하지 말고 본인의 풀 네임과 소속회사를 분명히 말하면 된다. 악수를 할 경우에는 눈을 정면으로 바라보고 손을 굳게 잡는 것이 좋다.

거래선에 전화할 때는 가급적 미스터·미스와 같은 존칭을 붙인 라스트 네임을 사용하는 게 좋다. 전화통화시에는 자기의 풀 네임과 소속회사를 분명히 밝혀야 한다. 업무와 관련된 전화의 경우 회신이 늦어 거래를 망치는 경우가 종종 있으므로 리턴 콜을 반드시 해야 한다. 편지나 팩스 등 문서교류에 대비하여 전화시에는 상대방의 스펠링을 체크해 두는 것이 바람직하다. 대부분 사람들은 잘못 쓰여 진 이름의 편지를 받을 경우 매우 불쾌하게 생각하며 심할 경우 읽어보지도 않는다.

미국에서는 업무상 관계로 만나지 않을 경우는 명함을 주고받지 않는다. 상담시 명함을 교환하는 타이밍은 서로 악수를 하고 자리에 앉도록 권하는 순간 잠깐 동안 대화가 끊어지는 데 이때 명함을 꺼내 주는 것이 가장 적합하다. 명함은 별도의 가죽케이스에 넣고 다니며 깨끗하게 보관하는 것이 좋고 이름은 상대방이 읽기 쉽게 크게 인쇄하는 것이 낫다.

| 제2절 |

EU국가 상관습

1. 영국 상관습

미국인과 동일한 언어와 거의 유사한 문화적 배경을 지녔지만 미국인과는 차이가 있다. 옛날의 화려했던 시절에 비해 경제적·정치적 영향력은 많이 쇠퇴하였지만 영연방의 정신적 지주 역할을 하고 있다.

앵글로색슨족으로부터 아프리카, 아시아계에 이르기까지 여러 종족과 문화가 혼재되어 있는 영국에서는 스코틀랜드, 북아일랜드 등에서 강한 민족주의 경향을 보여 주고 있다.

영국인은 일반적으로 친절하고 공손하여 우호적이라고 알려져 있지만 상황 변화에 따라 쉽게 이런 성품을 변화시키기도 한다. 영국인의 이런 성품을 이해하기 위해서는 무엇보다도 먼저 그들의 자존심과 정신적 우월감을 충분히 인식하여야 한다. 산업혁명을 선도했고 아직도 원자핵분야의 기술은 세계 최고의 위치에 있는 영국으로서는 자신들이 세계사에 이바지한 공로를 인정받고 싶어 할 것이다. 영국인은 아직도 강한 계급의식을 지니고 이는 것으로 평가받고 있으며 교육제도, 공공의식 등에서 봉건제국주의의 잔재를 찾을 수 있다.

비즈니스상의 유의점으로 영국인의 역사와 전통에 대한 긍지와 자부심을 손상시켜서는 안 된다. 영국인은 미국의 자본, 근로의식, 경영자들에 대해 약간의 피해의식을 가지고 경계하고 있다. 생산성이란 개념은 상류계층에 대한 충성이란 의미와 연결되어 있다. 경영자에 대한 반발심이 내재되어 미국의 노사관계와는 다른 근로의식을 지니고 있다. 물질 소유욕망보다는 여가에 대한 욕구가 미국인에 비해 더 큰 편이다. 영국인은 정보수집능력이 뛰어나고 정치적 음모, 잔재주에도 강한 것으로 알려져 있다. 가끔 평소와 다른 모습을 보이더라도 이들을 업신여겨서는 안 된다. 소수의 인원으로 세계를 제패하여 왕국을 건설한 우호적인 국민성을 지니고 있다.

2. 프랑스 상관습

계층의식이 매우 강한 편이다. 최상류층으로부터 최하류층까지 약 여섯 가지 계층으로 구분될 수 있는데 모든 생활방식에 결정적인 영향을 미친다. 교육정도, 가옥의 크기, 지식수준, 조상의 신분 등에 의해 결정되는 이 신분사회에서는 미국과는 달리 아무리 노력하여도 1~2계층 이상의 신분상승은 어려우며 프랑스인은 인간의 내면성, 인격을 척도로 삼는다. 미국인은 타인의 평가와 기대에 따라 스스로 자존심을 키워가지만 프랑스인은 스스로의 존재를 부각시키는 행동과 사고를 타인에게 보여 준다.

또 프랑스인은 "I"나 "My"와 같은 단어를 대화에 잘 사용하지 않는다. 스스로 내세우는 것이나 자랑하는 것은 약점만 내보이는 성숙치 못한 행동이라 여긴다.

그러나 얼굴이 상기된 채 열을 오려 서로의 주장을 큰 소리를 외치는 프랑스인의 모습을 흔히 볼 수 있는데, 이들은 의견의 차이로 당혹해 하는 미국인과는 달리 상당히 즐기는 편이라 할 수 있다.

프랑스의 관공서나 국영기업에서는 작업의 성취도를 문제 삼아 근로자를 해고하는 일이 불가능하기 때문에 상당히 비능률적이라고 알려져 있으며 대부분의 국공립기관은 인센티브제를 실시하지 않고 있다. 그러나 사기성에서는 미국인만큼 일에 투철하지 않지만 책임감이 강한 편이다.

프랑스인은 세계최장의 휴가기간(년 4주~6주)을 즐기며 연장근무를 싫어한다.

기업에서는 권한위임의 범위가 좁은 편이어서 의사결정에 시간이 많이 걸리는 편이다. 프랑스의 최고경영자는 미국의 최고경영자보다 더 권위적·관료적이라 평해지고 있다. 기업조직은 매우 엄격한 편이나 개인의 성취도에 대한 통제는 미국보다 심하지 않은 편이다.

비즈니스상의 유의점으로 악수할 때 꽉 잡는다거나 상하로 손을 심하게 흔드는 것은 피해야 한다. 살짝 잡고 금방 놓아야 하는 것이 프랑스식 악수방법이며 집으로 초대를 받으면 늦지 않도록 주의하고, 꽃을 선물하는 것이 좋으나 장미와 국화는 피해야 한다. 또 식사 대 즐거운 대화를 나누는 것이 좋으나 개인의 신상이나 금전문제에 관한 대화는 금물이다. 그리고 손가락을 젖혀 딱딱 소리를 내거나 손바닥으로 다른 주먹을 감싸쥐는 행위는 심한 욕이 된다.

3. 독일 상관습

우리와 달리 독일사람들은 고발 정신이 매우 강하다. 함께 모여서 떠들고 놀기를 좋아하는 우리나라 사람들이 가장 수난을 당하는 나라가 독일이다. 개인주의적인 성향이 강한 서구 선진국에서는 모두 비슷한 경향이 있지만 유독 독일에서는 된장국 냄새만 나도 이웃의 고발로 출동한 경찰을 만나야 한다.

독일인의 이 같은 세계 제일의 고발정신은 이방인에 대해서는 지나친 감이 없지 않지만 원리와 원칙을 중시하는 그들의 사회질서의식에서부터 출발하고 있는 것이다. 개인보다는 조직의 공익을 우선시 하는 독일인의 사고방식이 그 밑바닥에 깔려 있다.

독일인들도 토론을 좋아한다. 그러나 독일에서 기차 여행을 하다 보면 기찻간이 너무 조용하다는 사실을 발견할 수 있을 것이다. 연인들도 이야기를 하면 옆에 사람들이 방해를 받을까 봐서 책이나 잡지를 읽거나 아니면 잠을 잔다.

독일인의 특성으로 정확함을 들 수 있다. 실제로 시내 곳곳에서 사람의 눈에 띄는 곳에 시계가 잘 설치돼 있다. 업무상 거래선을 방문할 때 정확히 시간을 맞추지 못하면 실격당할 가능성이 높다.

독일인과의 대화시에는 정확성과 합리성은 절대적이다. 그들은 대개 결론을 먼저 말하고 그에 합당한 논리적인 근거를 제시한다. 애매모호한 표현이라든가 논리성이 결여된 말은 독일인과의 대화시 가급적 피해야 한다.

독일인은 기본을 매우 중요시하고 철저하게 정리정돈을 하는 습관을 가지고 있다. 회사에서뿐만 아니라 가정에서도 각종 영수증이나 서류를 잘 정돈해 보관하고 있다.

정리정돈을 잘하고 정확성을 중요시하기 때문에 독일인은 편지를 무척 많이 사용한다. 팩스나 전화를 통하여 긴급한 것은 연락하지만 편지로 사후 보안을 하는 것이 일반적이다.

독일에서도 줄서는 문화는 보편화돼 있다. 특히 폐점 시간이 임박한 상점에서는 20~30분 이상 계산을 위해 줄을 서 있어야 한다. 일단 자기 차례가 되면 뒤에 서 있는 사람을 생각해 주지 않는다. 계산을 마친 물건을 차곡차곡 잘 정리한 다음 계산대를 빠져나간다. 공중전화에서도 마찬가지다. 기다렸다가 자기

차례가 되면 10분이든 20분이든 자기가 필요한 만큼 통화를 하고 나온다. 우리나라에서처럼 뒷사람을 생각해서 1통화만 하고 끝내자는 말을 통하지 않는다.

특이한 상관습으로 "That is against our principle." 이 말은 독일인들이 거래상담에서 거부의사를 전달하는 데 가장 많이 사용하는 표현이다. 독일 거래선과 상담시 이 말을 들었다면 거래성사 확률은 거의 제로에 가깝다. 독일 거래선이 이 말을 한다면 더 이상 같은 얘기를 반복할 필요가 없다.

독일 거래선과의 상담에서 설득력을 갖기 위해서는 항상 논리적이고 합리적인 근거를 제시해야 한다. 어떤 근거에서 이 같은 가격이 오퍼되는지를 합리적으로 제시되지 못하면 설득력을 인정받기 힘들다. 독일인들은 상담시 결론부터 먼저 말하고 나중에 그 이유나 근거를 말하는 경우가 대부분이다.

독일의 일반적인 상거래 관습은 매우 보수적이다. 이 대문에 처음 거래를 트는 데 매우 신중한 모습을 보인다. 장기간의 시험기간을 거쳐야 하고 처음에는 소량 오더에서부터 시작하는 것이 관례이다. 독일인은 항상 상대와 비즈니스를 시작할 때 "장기거래(Long term basis)"라는 사실을 언급한다.

보수적이고 원칙을 중시하는 국민성으로 계약을 철저히 이행한다. 한 번 계약을 맺으면 비록 자신이 손해를 보더라도 계약된 내용을 지킨다. 거꾸로 이해하면 그만큼 계약 전 준비가 치밀하다는 이야기다.

거래 시작을 위해 독일회사를 접촉해 보면 대부분의 경우 한 번 만나자는 제안을 한다. 이 첫 만남에서 독일인은 상대를 저울질해 보고 앞으로 거래는 이어갈 수 있는 상대인가의 여부를 결정한다. 이 때 중요한 것은 전문성을 충분히 보여 주는 것과 신뢰감을 심어 주는 것이다. 담당자와의 인간적인 친밀도를 높이는 사전작업은 별로 의미가 없다.

비즈니스상의 유의점으로는 독일 사람들은 악수를 참 좋아한다. 남녀 구분 없이 회사복도에서 사람을 만나면 악수를 주고받는다. 악수를 하고 나서 조금 후에 또 다시 만나도 또 악수를 한다. 구라파 지역 공통이지만 연장자나 여자가 먼저 악수를 청하는 것이 원칙이지만 무시되는 경향이 있다. 독일인은 악수를 할 때 손을 위 아래로 흔들기보다는 상대의 손을 꽉 잡은 경우가 많다. 비즈니스시에는 한 손을 주머니 속에 넣고 악수를 하는 것은 매너가 아니다. 상대방이 악수를 청하면 응하고 앉아서 악수를 하는 것도 경우에 어긋나는 것이다.

독일에서는 다른 구라파 국가들보다 직함이나 자신의 경력을 표시하는 타이틀로 상대를 호칭하는 경향이 강하다. 사람들 중에는 그들의 학사 학위까지도 명함에 새겨 넣는다.

독일인들의 전화받는 습관도 미국이나 우리나라와 다른 데가 있다. 수신자나 송신자 모두 자신의 이름을 정확히 밝히고 나서 용건을 말한다. 독일인이 만약 당신을 집으로 초대했다면 그것은 각별한 우정의 표시이며 당신을 인정한다는 의미가 담겨 있다.

손님을 접대하는 데 있어서도 독일인의 검소함은 그대로 드러난다. 프랑스 등 라틴 계통의 사람들이 풍성한 식탁과 맛있는 요리를 접대하는 것에 비하면 큰 차이가 난다. 독일인이 정식으로 저녁을 준비해 놓고 손님을 집으로 초대하는 경우는 극히 드물다. 독일에서는 2~3 월과 9~10월이 비즈니스 활동이 가장 왕성한 시기여서 대개 이 기간 중에 출장이 집중될 가능성이 많다. 7~8월의 하계휴가기간과 연말연시에는 출장을 피하는 것이 상식이다.

| 제3절 |

일본 상관습

1. 의사표현 방법

일본인들은 직접적이고 명확한 표현보다는 간접적이고 이중적인 표현이 선호되며, 문장을 끝맺지 않고 상대방이 결말을 짓도록 남겨두는 습관이 있어, 일본어는 사업이나 과학 · 기술을 표현하는데·부족한 점이 있으나 심적상태의 뉘앙스는 아주 잘 표현할 수 있다. 일상생활에서 공손의 정도에도 여러 가지가 있다. 여성은 경어의 사용에 특히 조심해야 하고, 공식적 협상장소에서 보다는 술자리에게 결론이 나는 경우가 더 많다.

주요 상관습으로 이윤 · 매출의 극대화보다는 인화 · 위신 등을 더 중요시하는 기업도 많이 있으며, 제3자의 추천이 있으면 비즈니스에 큰 도움이 된다. 그리고 가급적이면 상급자와 접촉하는 것이 좋다.

일본인은 생활에서 깔끔하고 잘 정돈된 복장을 좋아한다. 제복을 착용하거나 회사 뱃지를 달기도 하며, 공식적 행사에는 정장을 하지만 가족적인 생사에는 전통의상인 "기모노"를 입는데 독특한 색감을 지니고 있다(백 : 슬픔, 흑 : 기쁨). 식사란 것은 매우 의식적이고 여러 명이 동시에 오랜 시간을 두고 즐기며 일본인이 초대하더라도 부인을 저녁식사초대에는 데려가지 않는 것이 좋다.

2. 시간 개념

일본인은 시간관념이 대단히 투철하나 의사결정을 하는 데는 매우 신중하기 때문에 협상기간이 비록 몇 년이 걸리더라도 타결이 되면 즉시 행동에 돌입한다. 또 엄격한 테스트를 거쳐 선발된 신입사원은 약 45세까지는 일자리가 보장된다. 대개 45세에 임원으로 승진하면 80세까지 일자리가 보장되나, 승진하지 못하면 자회사로 전보되거나 55세 정도에 퇴직해야 한다.

비즈니스상의 유의점으로 일본 거래선과 상담할 때는 반드시 일본어를 사용해야 한다. 해외부문의 담당자나 고참 부장 정도면 영어로도 비즈니스가 가능할지 모르지만 이런 경우는 극히 드물다. 영어를 사용하면 일본 거래선은 내용을 파악하기보다는 빨리 상담을 끝내려 한다. 일본인의 영어컴플렉스를 이용하려는 생각을 한다면 이는 매우 위험하다.

일본인과의 대화시에 우리가 가장 주의를 기울여야 할 곳은 '긍정'과 '부정'의 의사표시를 구분하는 것이다.

| 제4절 |

중국 상관습

1. 민족성

중국인은 신용과 상호 인간관계를 매우 중시하여 자신이 한 말에 매우 집착한다.

단기적 이익보다는 장기적 이익에 중점을 둔다.

중화사상에 젖어 있어 국가적 모독을 참지 못하며 아직도 정치적 슬로건이나 구호에 익숙해 있다.

인내와 끈기로 무장되어 있는 중국인은 참을성이 부족한 외국인과 협상할 때 그들의 무기를 최대한 이용한다.

신의를 무엇보다 존중하는 중국인의 태도로 볼 때 외국인도 이에 상응하는 우정을 보여 주는 것이 사업의 진행에 큰 도움이 된다.

한번 최고, 최상이라고 인정한 것에 대해서는 전폭적인 믿음을 보여 준다.

중국인은 굳은 악수나 어깨를 툭 치는 행동은 별로 좋아하지 않는 편이다. 가볍게 목례를 하거나 악수를 하더라도 가볍게 손을 잡아야 한다.

중국인은 외국인이 중국의 정치에 대해 언급하는 것을 싫어한다. 특히 정치적 지도자나 이념에 관한 질문을 금기사항이다.

환영연회를 베풀어주었으면 곧 답례로 그들을 초청하는 것이 좋다.

중국관리에게 소개될 때 차나 담배를 권유받는 경우가 있는 데 특히 담배는 호의의 표시이기 때문에 금연가가 아니라면 거절하지 말아야 한다.

본격적인 협상이 시작되기 전에 차, 검술시범, 환담 등 예법절차가 복잡하게 진행되는 경우가 많다.

2. 거래상담시 유의점

특히 비즈니스의 유의점으로 중국거래선은 상담시 거래가격에 가장 큰 관심을 두고 있다. 상거래란 가격을 깎는 것이고 납기나 질·효율 등의 요소는 그다지 중요하게 취급되지 않는다. 가격지상주의라고 할 수 있다. 이는 중국의 무역구조를 조금만 들여다보면 이해가 확실히 된다. 중국 내 무역기관에서 담당자의 책임은 우선 가격에 있고 기록에도 가격만이 남는다. 가격을 많이 깍은 담당자는 유능한 사람으로 평가받는다.

사례

> **물고 물렸던 한 · 미 FTA 협상 과정을**
> **협상의 기술이란 차원에서 되짚어 본다.**

1. 맞불작전 치킨게임

협상이 막바지에 도달하자 한 · 미 협상팀간에는 밀리지 않으려는 기싸움이 치열하게 전개됐다.

김현종 통상교섭본부장은 "쌀은 레드라인이다. 건드리면 결렬도 불사한다"\"며 미국을 압박했다.

미국은 "쇠고기 개방을 문서로 보장해 달라"고 한국을 압박했다카란 바티아 미국 무역대표부(USTR) 부대표는 지난달 20일 미 하원 무역소위 주최 한 · 미 FTA 청문회에 출석해 "시한이 지나면 추가 협상을 할 계획이 없다"며 엄포를 놨다.

자동차 2대가 서로 마주보며 달리다 먼저 핸들을 꺾는 편이 지는 '치킨게임'에서는 자신의 의지를 관철하기 위한 엄포성 행동이 뒤따른다.

우리는 이미 국민에게 약속했으니 더 이상 물러설 곳이 없다는 주장은 고전적인 수법이다.

2. 볼웨어 전술로 붙어라

"쇠고기 수입을 문서로 허용해 달라"는 미국 측 억지에 쇠고기 문제가 '딜 브레이커(deal breaker · 협상 결렬 요인)'로 급부상했다.

협상에서 가장 큰 고비는 "처음 제시한 조건이 아니면 절대로 'YES'라고 할 수 없다"는 태도를 상대방이 취할 때다.

미국 경영자인 볼웨어라는 인물이 노동조합에 대해 워낙 한 치의 양보 없이 강경하게 밀어붙인 탓에 '볼웨어 전술'이란 이름까지 만들어졌다.

볼웨어 전술에 맞받아치면 협상이 깨진다.

한국 측은 '돌아가기'로 마음을 먹었다.

우선 박홍수 농림부 장관의 '평판'을 역이용했다.

국내 언론을 통해 박 장관이 마지막 골키퍼라는 점, 또 그가 '20년이나 소를 키운 사람' '밥장관'이란 점을 미국 측 협상단에 은근슬쩍 흘려넣었다.

꿈쩍 않던 미국 측은 동요하기 시작했다.

3. 지피지기면 백전백승

FTA 협상 초기부터 미국은 무역촉진권한(TPA)에 의한 협상 시한이 3월 31일 0시(미국시간 30일 오후 6시)에 끝난다는 점을 계속 강조했다.

이때까지 타결이 안 되면 한 · 미 FTA 협상은 끝장이란 점을 강조한 것이다.

31일 오전 4시 30분께 배종하 국장은 쇠고기 시장을 15년에 걸쳐 단계적으로 개방하겠다는 최후 통첩안을 제시했다.

미국은 당황했다.

당초 기대안에 턱없이 못 미쳤다. "마감 시한이 이미 지났는데 한국이 정말 협상을 깰 의지마저 있는 것 아닌가."

결국 협상 시한은 다시 48시간 연장됐고 쇠고기 협상은 한국 측 안이 대폭 수용됐다.

협상단 한 관계자는 "미국이 막판까지 밀어붙이다가 협상 시간을 덜컥 연장해 버릴 가능성을 이미 간파하고 있었다"며 "1998년 한 · 미 자동차 통상 마찰로 발동된 슈퍼 301조를 해결하기 위한 협상 당시에도 미국이 써먹은 수법"이라고 지적했다.

4. 내부의 적(敵)을 활용하라

노무현 대통령은 지난 2일 대국민 담화를 통해 "반대론자들의 주장이 합리적인 논리와 근거에 바탕하지 않았다"면서도 "반대하신 분들의 주장이 우리의 협상력을 높이는데 큰 도움이 됐을 것이며 전략적으로 그렇게 하신 분들도 있을 것"이라고 말했다.

전국적인 규모로 단행된 FTA 반대 시위가 결국 협상단으로 하여금 물러설 수 있는 여지를 좁혔다.

또 우리 측 협상단의 이 같은 입장을 파악한 미국으로서도 강하게 밀어붙일 수 없었다.

외국과의 개방 협상을 계속하면서 국내 반대 세력과의 협상도 동시에 진행해야 하는 게 국제 협상의 어려움이다.

하지만 "나를 밟고 가라"는 김근태 전 열린우리당 의장의 단식 농성 등 국내의 격렬한 반대는 역설적이지만 협상팀에 전투력을 배가시켜 주는 힘이 됐다.

5. 재치 있는 유머는 활력소

'신기한 책략은 하늘의 이치를 다했고, 오묘한 계산은 땅의 이치를 꿰뚫었도다 . 전쟁에 이겨 이미 공이 높으니, 만족함을 알고 그만두기 바라노라.'

배종하 농림부 국제농업국장은 지난 3월 8차 협상 마지막날 미국 협상단에 을지문덕 장군의 한시 '여수장우중문시(與隋將于仲文詩)'의 원문과 영역본을 보냈다.

'예외 없는 관세 철폐' 원칙을 내세워 압박해 들어오는 미국 협상단에 신선한 유머를 한 줄 선사함으로써 숨 막힐 듯한 협상장 분위기에 여유가 감돌게 했다.

칭찬은 고래도 춤추게 한다. 지나친 아부는 무례한 느낌을 주기 때문에 협상에선 금물이다.

하지만 적절한 위트를 가미한 칭찬은 상대방의 긴장을 풀게 하는 양념이다.

6. 주눅 들지 말고 당당하라

부시 미국 대통령은 한·미 FTA에 긍정적이지 않았다.

2005년 11월 17일 13차 부산 아시아·태평양 경제협력체(APEC) 정상회의차 방한한 부시 대통령과 노무현 대통령이 경주에서 오찬을 함께했다.

부시 대통령은 앉자마자 김현종 통상교섭본부장에게 "어느 고등학교를 나왔죠?"라고 물었다.

미국 동부 명문인 앤도버고등학교를 나온 그가 김 본부장이 같은 지역 내 월브램 맨슨 고등학교를 나온 것을 의식한 질문이었다.

김 본부장은 즉석에서 "대통령께서 나온 학교보다 좋은 곳을 나왔습니다"라고 받아쳤다.

부시는 "당신의 통상장관이 내 시험을 통과했다"며 웃었다.

7. 경험 많은 장수를 중용하라

외교통상부에서 잘나가려면 이른바 '성골' 출신이어야 한다.

서울대 외교학과 또는 정치학과 출신으로 미국 대사관 경험이 있는 '북미통'들만이 출세 가도를 달리고 또 외교협상도 독점한다는 우스갯소리다.

한·미 FTA는 제네바 출신들이 주도했다.

협상 대표인 김현종 통상교섭본부장, 김종훈 수석대표, 조태열 통상교섭조정관, 민동석 농림부 차관보 등은 모두 제네바에서 통상 문제로 잔뼈가 굵었다.

80, 90년대 미국과 자동차·쇠고기 분쟁 당시 판판이 깨졌던 '북미통'들은 이번 협상에선 측면 지원에 치중했다.

화려한 슈퍼스타들을 협상 전면에 내세우지 않고 실무형 전문 협상가들을 전진 배치한 게 협상 전투력을 크게 높였다.

8. 협상장 선택도 중요한 전략

지난해 12월 5차 협상은 미국 몬태나주에서 열렸다.

평균 해발 1000m가 넘는 고산지대로 전체 물 소비량의 97.5%를 가축 사육에 쓸 만큼 축산업 의존도가 높다.

한·미 FTA 협상팀을 몬태나주로 끌어들인 보커스 상원의원의 별명은 '미스터 비프'.보커스 상원의원은 한국 협상팀에 스테이크를 대접하면서 한국말로 "맛있습니다"를 연발했다. "몬태나산 쇠고기에 대해 시장을 열지 않는다면 한국은 미국과의 FTA를 얻지 못할 것"이라는 압박도 곁들였다.

이에 앞서 10월 4차 협상은 제주도에서 열렸다.

김태환 제주지사는 4차 협상장인 중문관광단지를 방문해 "감귤류는 FTA 협상에서 제외해 달라"고 읍소했다. 협상장 바깥은 농민 시위가 한창이었다.

결국 5차 협상의 몬태나 개최는 한국이 4차 협상지를 제주도로 고른 데 대한 일종의 보복이었다.

9. 적절한 비유로 설득하라

지난 1월 6차 협상 상품분과에선 수산물이 최대 이슈였다.

수산물의 중요성을 아무리 강조해도 미국 측이 꿈쩍하지 않았다.

한국 협상팀 한 관계자는 "명태는 농업분과의 쇠고기와 같습니다. 민감성에 대한 충분한 고려가 필요합니다"라고 미국 측 설득을 시도했다.

그 순간 해양부 고위 관계자가 느닷없이 끼어들었다.

"무슨 말씀이에요. 명태는 농업의 쇠고기가 아니라 바다의 쌀입니다."

한국 측 입장에서 명태가 얼마나 중요한지는 이 한마디로 설명이 끝났다.

10. 허풍도 전략이다

미국은 우체국보험을 민영화할 것을 끝까지 요구했다.

신제윤 금융분과장(재경부 국제금융심의관)은 블러핑(허풍) 전략을 시도했다.

"우체국보험을 잘못 건드리면 전국 곳곳에 포진해 있는 20만 집배원이 오토바이를 타고 몇 시간 내에 모여들어 엄청난 반대 시위에 나설 가능성이 높다 ."

미국 협상단은 이 한마디에 우체국보험에 대한 요구 수위를 대폭 낮췄다.

한국의 격렬한 FTA 반대 시위를 두려워한 미국의 마음을 읽은 블러핑이었다.

하지만 실제 집배원 수는 1만5000명에 불과하다.

11. 먼저 박차고 나가라

협상이 지지부진할 때는 충격요법이 필요하다.

그 중에서도 협상장을 먼저 박차고 나가는 것은 상대방에게 극적인 효과를 줄 수 있다. 2차 협상 때 미국이 우리 측 약제비 적정화 방안 도입 계획에 반발해 의약품 분과 회의를 일방적으로 중단시킨 것이 대표적이다.

4차 협상 섬유분과에서 미국이 제시한 양허안을 앉은 자리에서 내던지고 일어난 것도 그에 버금간다.

양보에 소극적이던 상대편 분과장이 물러나고 고위급이 나서면서 절충안이 마련되기 시작했다. 5차 협상 때 무역구제 분야 최후통첩을 하면서 자동차와 의약품 회의까지 한꺼번에 중단시킨 것도 극적인 효과를 배가했다.

매일경제 2007. 6. 30.

‖ 한 · 미 FTA는 끝나지 않았다 ‖

얼마 전 한 · 미 자유무역협정(FTA) 협상 타결 소식이 신문 지면을 가득 채웠었다. 이달 말에는 양국이 정식 서명을 할 것이라고 한다. 하지만 종착역까지는 아직도 먼 길이 남아 있다. 양국 국회의 비준을 얻어내는 일이 쉽지만은 않을 것이기 때문이다.

한국도 어려움이 있겠지만 미국 의회의 비준 동의도 낙관하기 어려운 상황이다. 조금 심하게 말한다면 비관적이라고도 할 수 있다. 협상 과정에서 자동차나 쇠고기 문제가 만족스럽게 해결되지 않았다는 불만의 목소리가 높다. 의회를 장악하고 있는 민주당은 한 · 미 FTA가 미국에 좀 더 유리하도록 수정돼야 한다고 주장하고 있다.

민주당은 우선 부시 행정부와 협의를 거쳐 앞으로 비준될 모든 FTA 협정문에 노동과 환경 등을 중시하는 신(新)통상정책을 반영하도록 만들었다. 노동 분야에서는 1998년 국제노동기구(ILO)에서 선언한 결산의 자유 같은 5개 핵심 협약을, 환경 분야에서는 오존층 파괴물질에 관한 몬트리올의정서 등 7개 국제환경협약 의무 등의 이행을 반드시 명시하도록 했다.

그러니 부시 행정부가 지난 16일 노동, 환경 등 7개 분야에서 추가 협의를 하자고 한국에 제안한 것은 한 · 미 FTA를 성사시키기 위해 불가피한 일이었던 셈이다. 신통상정책이 반영되지 않은 채로는 절대로 의회 비준을 통과할 수 없을 테니 말이다.

하지만 한국의 입장에서 본다면 이미 타결한 한 · 미 FTA 협정문을 다시 수정하자는 제안은 당황스럽고, 부담스러운 것일 수밖에 없다. 한국 국민들이 화를 내는 것은 당연한 일이라고 할 수 있다. "협상은 이미 완료됐고, 이는 존중돼야 마땅하다"고 주장하는 것은 일리 있는 얘기다. 자칫 이번 일로 한 · 미 FTA 체결에 대해 매우 부정적인 인상을 갖거나 아예 그만둬 버리고 싶다는 충동을 받을 가능성도 있다.

그러나 한국이 그런 충동에 굴복해 버리고 말기엔 한 · 미 FTA 협정은 너무나 중요하다. '끝난 협상에 대해 토 달지 말라'는 원칙만을 고수, 한국이 끝까지 협정문을 수정할 수 없다고 결정한다면 미국과 한국 사이의 FTA는 파국으로 치달을 수밖에 없게 된다. 이 경우 한국과 미국이 장기적으로 입을 피해는 막대하다는 것을 잊지 말아야 한다.

더군다나 한 · 미 FTA에는 신통상정책에 따른 협정문 수정보다 훨씬 복잡한 문제가 얽혀 있다. 미국 의회가 자동차 분야의 협정문도 고치기를 원한다는 것이다. 미국은 또 FTA와 직접적인 관련은 없지만 한국이 미국산 쇠고기 수입을 완전히 자유화할 것도 요구하고 있다.

이런 사정까지 고려해보면 한국 정부가 이번에 부시 행정부가 제안한 7개 분야 추가 협의를 받아들여 협상을 진행키로 한 것은 올바른 선택이라고 본다. 일단 미국의 이번 요구를 가능한 정도까지 수용해주면 만약 최악의 경우 미국 의회가 비준을 논의하는 과정에서 자동차 협정문 수정이 필요하다고 주장할 때 "한국은 최대한 노력했다. 미국의회가 무리한 요구를 접을 차례이다"고 말할 수 있을 것이기 때문이다.

미국이라는 세계 최대의 시장을 안마당으로 삼게 될 한·미 FTA는 21세기 한국 경제의 새로운 토대가 될 것이라고 믿는다. 반드시 성공시켜야 할 일이다. 물론 한국은 미국과의 협상 과정에서 마땅히 누려야 할 권리를 지키고 지나친 요구에 대해서는 맞설 필요가 있다. 그러나 현 시점에서 한국은 미국과의 긴밀한 공조를 통해 FTA를 완성시키는 것이 우선 과제다.

50년 후의 한국인들은 협상 과정의 자세한 내용들은 기억하지 못할지도 모르지만 FTA 체결을 완성시키기 위해 노력했던 지도자들의 결단과 지혜는 기억하게 될 것이다.

조선일보 2007. 6. 20.

리더인 당신, 갑자기 위기에 빠졌는가? '불운에 빠진 불쌍한 리더'라도 돼라

불운에 빠진 나쁜 리더 "나는 모르는 일이었다" 자기는 쏙 빠지면서 아랫사람에 화살 돌려

불운에 빠진 착한 리더 "죄송합니다 제가 책임지겠습니다" 사태 해결 주도해나가

불운에 빠진 불쌍한 리더 상황을 풀려는 노력으로 "그 사람 참 안됐어" 주변인에 동정심 일으켜

리더의 어깨에 조직의 운명이 걸려있을 때가 있다. 바로 위기 상황이다. 리더의 소통 능력이 가장 요구되는 그 순간, 어떻게 소통해야 조직과 리더가 함께 살 수 있을까? 정답부터 말하면 '불운에 빠진 나쁜 사람(Bad Guy in Misfortune)'으로 낙인 찍히는 일을 피해야 한다.

'불운에 빠진 착한 사람(Good Guy in Misfortune)'이 돼야 한다. 불가능한가? 그렇다면 최소한 '불운에 빠진 불쌍한 사람(Poor Guy in Misfortune)'이라도 되어야 한다. 무슨 뜻일까?

① 불운에 빠진 '나쁜' 리더

농협 전산망이 해킹 때문에 마비 상태에 빠졌다. 사태 초기 "1~2일이면 해결할 수 있다"는 약속은 허언(虛言)이 됐다. 최고경영자(CEO)는 사고 발생 이틀 뒤 기자회견을 열었다. 해명이 시작됐다. "나는 비상근이라 일을 모르고 책임도 없다." 부하 직원들에 대한 공개 질책이 이어졌다. "(사내 IT 담당자들은) 속이지 말고 (기자들 앞에서) 확실하게 말하라!" 그러나 여론은 악화됐다. 책임을 회피하려는 '나쁜 리더', '자중지란(自中之亂)에 휩싸인 형편없는 금융 회사'라는 인식이 확산됐기 때문이다.

'회장의 아들'이 술집에서 맞고 들어왔다. 격분한 회장은 직접 '응징'에 나섰다. 여기까지는 어쩔 수 없었다고 치자. 문제는 그 다음부터다. 보복 폭행이 기사화되고 가담 여부를 묻는 질문에 "아니다"는 말만 되풀이했다. 결국 회장의 폭행 사실이 밝혀지고 국민의 분노는 극에 달했다. 만약 회장이 처음부터 "자식을 아끼는 부모의 마음 때문이었다"고 솔직하게 밝혔다면 어땠을까? 사람 때리고 거짓말까지 하는 '나쁜 재벌' 이미지는 벗어날 수 있지 않았을까? 결국 회장은 구속되고 실형 선고까지 받게 된다.

▲ 지난 4월 10일 서울 여의도 현대캐피탈 로비에서 전산망 해킹 사고에 대한 사과 기자회견을 마친 정태영 사장이 허리를 숙이며 인사하고 있다. 그는 신속한 초동 조치로 잘못에 대한 책임을 다하려는 '착한 리더'이미지를 얻었다. / 조선일보DB

② 불운에 빠진 '착한' 리더

현대캐피탈 전산망이 해킹을 당했다. 고객 정보가 줄줄이 새 나갔다. 노르웨이 출장 중이던 CEO는 급히 귀국해 기자들 앞에 섰다. "고객들께 죄송하고 수치스럽다. 책임질 일이 있으면 책임지겠다." 이후 회사는 해킹 전담 창구를 개설하고, 전화와 이메일을 통해 고객들에게 피해 사실을 알렸다. CEO의 사과와 회사의 신속한 초동 조치가 알려지면서 여론은 점차 호전됐다. 적어도 자신들의 잘못에 대해 책임지려는 '착한 리더', '착한 금융사'라는 인식이 퍼져 나갔다.

멀쩡하던 다리가 하루아침에 무너졌다. 수십 명의 사상자를 낸 성수대교 붕괴사고(1994년)다. 시공사인 동아건설은 사상 초유의 위기를 맞는다. 사고 발생 후 동아건설 회장은 대국민 사과 메시지를 깔끔하게 정돈된 사무실에서 전하지 않았다. 그는 사고 현장을 직접 방문했다. 끊어진 다리를 바라보며 비통함과 사과의 마음을 전했다. 이 장면을 본 국민들의 마음 한편에선 회장에 대한 분노가 연민으로 바뀌어 갔다. 사람을 죽여 놓고 잘못은 모두 실무자에게 떠넘기는 '나쁜 재벌'의 이미지에서 벗어날 수 있었다. 결국 동아건설 회장은 구속과 실형 선고를 면하게 된다.

▲ 미국 일간지 뉴욕포스트가 작년 1월 21일자에 게재한 타이거 우즈의 사진. 섹스 중독 치료센터에 입소한 우즈의 불쌍한 모습이 그에 대한 동정 여론을 불러일으켰고, 복귀에 성공해 선수생활을 이어가고 있다. / 뉴시스

③ 불운에 빠진 '불쌍한' 리더

2009년 12월 전세계 골프 팬들은 충격에 빠졌다. '골프 황제' 타이거 우즈의 스캔들이 전세계 미디어를 뒤덮었다. 그와 불륜에 빠졌던 여성 수는 자고 나면 늘어나 있었다. 많은 이가 "죄질이 너무 나쁘다. 우즈는 끝났다"고 예상했다. 하지만 지금 우즈는 도덕적 비난을 잠재우고 복귀해 선수 생활을 이어가고 있다. 미국 일간지 뉴욕포스트에 실린 사진 한 장이 그를 살렸다. 사진에는 섹스 중독 치료센터에 입소한 초췌한 모습의 우즈가 등장한다. 사진을 본 사람들이 모두 한마디씩 내뱉었다. "안됐네(What a poor guy)! 병 때문에 그런 거였구나…." 위기에 빠진 우즈는 대중의 동정을 받고 다시 골프채를 휘두를 수 있게 됐다.

◆ 위기 극복의 열쇠는 '거짓 없는 소통'

농협과 현대캐피탈을 비교해 보자. 어느 회사의 죄가 더 무거울까? 농협 사건은 사이버 테러 때문으로 결론났다. 반면 현대캐피탈은 "사고 예방 대책 마련에 소홀했기 때문"이라는 게 금감원의 공식 발표다. 사고 원인으로만 따진다면 농협이 현대캐피탈보다 잘못했다고 말하기 어렵다.

한화그룹과 동아건설은 어떤가. 부정(父情) 때문에 불거진 폭력이 더 나쁜가, 아니면 32명의 목숨을 앗아간 사고에 대한 책임이 더 무거운가? 판단은 개인마다 다르겠지만 어느 한쪽의 죄질이 더 나쁘다고 단언하긴 쉽지 않다.

당신은 리더인가? 당신 또는 당신의 회사가 위기에 빠졌는가? 그렇다면 '불운에 빠진 착한 리더'가 되도록 노력하라. 어렵다면 적어도 '불운에 빠진 불쌍한 리더'라도 돼야 한다. 방법은 간단하다. 우선 거짓말하지 마라. 그리고 사건이 터지면 최대한 빨리(24시간 내) 입장을 밝혀라. 이때 리더가 직접 나서야 한다. 내부를 통제하고 회사의 솔직한 입장을 단일화하라. 위기는 누구에게나 발생할 수 있다. 위기 전으로 시간을 되돌릴 순 없다. 중요한 건 위기 극복을 위해 어떻게 소통하느냐다. 마지막 질문. 그렇다면 위기 상황에서 '착한 척', '불쌍한 척'만 잘하면 될까? 물론 아니다. '진정성'없는 소통은 소통이 아니다. 단지 '떠드는 것'이다.

<최철규의 세계경영연구원(IGM) 협상스쿨 원장>

‖ 당근과 채찍만으로는 사람의 마음을 움직이지 못한다 ‖

외적 동기의 나약함
보상에 익숙해지다 보면 약발이 떨어지는 순간 하고자 하는 의욕도 소멸

진짜 리더가 되려면
보너스와 연봉동결 카드로 부하들을 이끌지 말고 어떤 일을 하고 싶은지 물어보고 밀어줘라

소설가인 당신. 창작을 위해 두 달간 한적한 마을을 찾았다. '여기가 바로 천국'이라며 집필 활동에 집중하고 있는데, 예상치 않은 '방해꾼'들이 등장했다. 동네 꼬마 4명이 마침 당신이 머무는 숙소 앞 공터에서 소리를 지르며 축구를 하고 있다. 노는 모습을 보니 매일 공터에 모일 기세다. 여기서 문제! 어떻게 꼬마들을 다른 공터로 보낼 수 있을까? 지금 당신의 주머니에는 3만원이 들어있다.

사람들은 일반적으로 이렇게 말할 것이다. "얘들아, 아저씨가 일에 집중해야 하니 딴 데 가서 놀아라. 안 그러면 혼난다." 그래도 순순히 말을 듣지 않는다면? "만원 줄게, 다른 데 가!" 아이들은 만원을 받아 들고 신나할 것이다. 하지만 며칠 뒤 또다시 공터에 등장할지 모른다. "아저씨, 저희 돈 다 떨어졌는데요." 기대감과 미안함이 섞인 미소와 함께.

만약 당신이 심리학자라면 앞의 두 가지, 즉 협박과 매수가 아닌 다른 방법으로 이 문제를 해결할지 모른다. "아저씨가 외로운데, 너희들이 활기차게 놀아주니 너무 좋구나. 공터에서 놀다 집에 가기 전에 꼭 아저씨에게 들러라. 고마움의 표시로 매일 1000원씩 줄게." 꼬마들은 기쁨의 환호성을 질렀다. 이렇게 3일이 지난 후 4일째 되는 날 당신은 다시 말한다. "미안한데 1000원은 너무 과한 것 같구나. 앞으로는 500원씩만 줄게." 꼬마들은 약간 실망했지만 그래도 여전히 공터를 찾아와 '놀아준다'.

다시 3일이 지난 후 당신은 아이들에게 10원씩을 준다. 아이들은 따진다. "왜 10원만 주세요?" "미안하다. 아저씨가 돈이 없어 이것 밖에 줄 수 없구나." 그러자 아이들은 황당하다는 표정을 지으며 말한다. "아니, 아저씨. 저희가 그깟 10원 받으려고 여기까지 와서 이렇게 힘들게 뛰어다니며 노는 줄 아세요? 이 동네에 다른 재미있는 놀거리가 얼마나 많은데요!" 아이들은 다음날부터 공터에 나타나지 않았다.

인간이 어떤 행동을 하는 데는 분명 동기(motivation)가 있다. 심리학자들은 이를 '외적(外的) 동기'와 '내적(內的) 동기'로 구분한다. 화가를 생각해보자. 작품 활동 자체가 행복해서 붓을 잡는 화가는 내적 동기, 돈과 명예 때문에 붓을 잡는 화가는 외적 동기가 충만하다고 볼 수 있다.

심리학에서 자주 인용되는 앞의 사례는 '외적 동기의 나약함'을 잘 보여준다. 꼬마들은 처음에 공놀이 자체가 즐거워 공터에서 뛰어놀았다.(내적 동기) 하지만 아저씨가 주는 보상에 익숙해지다 보니 이젠 노는 것보다 돈을 받는 일(외적 동기)에 더 관심이 커졌다. 이런 상태에서 외적 동기를 줄여 버리니 원래 갖고 있던 내적 동기도 아예 사라져 버린 것이다. 심리학자들은 말한다. "외적 동기만 갖고는 사람을 움직일 수 없다"고. "사람의 마음을 지속적으로 움직이려면 내적 동기를 건드려야 한다"고.

수년 전 책으로 소개돼 세계적인 화제를 모은 브라질의 '셈코'라는 회사가 있다. 이 회사의 운영방식은 독특하다. 직원들은 자기 할 일을 스스로 결정한다. 출근시간, 같이 일할 사람, 근무 장소, 월급 등이 모두 자기 마음이다. 회사의 중요한 의사 결정은 철저히 '다수결'을 따른다. 당신이 만약 관리자라면 화를 낼지도 모르겠다. "뭐 이런 말도 안 되는 회사가 있냐", "기업 경영이 무슨 장난이냐."

하지만 샘코의 경영 실적을 보면 장난이 아니다. 샘코의 지난 10년간 연평균 성장률은 40%에 달한다(2005년 기준). 샘코의 셈러 사장은 말한다. "나는 최고경영자(CEO), 즉 효소 역할 최고 책임자(Chief Enzyme Officer)다. 샘코의 모든 직원들이 열정적이고 신나게 일할 수 있도록 '촉매제' 역할을 하는 게 내 임무다." 그는 '인간은 남이 시켜서가 아니라 스스로 하고 싶은 일을 할 때 가장 창의적이고 열정적으로 일할 수 있다'는 신념을 갖고 있다. 한마디로 '내적 동기'의 절대적 힘을 신봉하는 회사가 바로 샘코다.

세계적 미래학자인 다니엘 핑크(Pink) 역시 "당근과 채찍(외적 동기)은 인간의 창의성을 파괴한다"고 단언한다. 그는 단순 반복적인 일을 할 때는 당근과 채찍이 위력을 발휘하지만, 지식 기반의 일을 할 때는 내적 동기를 강화하는 것이 훨씬 생산성을 높인다고 말한다. 막대한 자금과 조직이 투입된 마이크로소프트의 MSN 엔카르타(Encarta·인터넷 백과사전)가 모든 사람들이 자유롭게 참여하고 수정할 수 있게 만들어진 위키피디아에 KO패를 당한 것과 같은 이치다. 그는 부하들이 자신의 것(autonomy·자율성)을 할 수 있게 해 주고, 자신에게 중요한 일(purpose·목적성)을 할 수 있도록 도와주는 게 리더의 역할이라고 말한다.

당신이 리더라면 부하들 앞에서 무슨 말을 주로 하는지 복기해보자. 혹시 올해 목표를 달성하면 보너스를 주고, 달성 못하면 내년도 연봉 인상은 없다고 말했는가? 당신은 외적 동기로 부하를 이끄는 리더다. 만약 부하들에게 어떤 일을 하고 싶은지 물어보고, 그들에게 그 일을 할 수 있는 권한을 주기 위해 애썼는가? 당신은 다니엘 핑크가 말한 '진짜 리더'다.

소통이란 당근과 채찍으로 상대의 마음을 움직이는 단순한 기술이 아니다. 상대가 스스로 움직이고 싶게끔 만드는 고도의 전인격적인 작업이다. 자녀와의 소통도 마찬가지다. 혹시 아이가 공부를 하지 않아 답답한가? 성적 오르면 용돈 더 주겠다고 말했는가? 그전에 아이의 '꿈'을 먼저 물어라. 그리고 그 꿈을 이루려면 지금은 공부가 필요하다는 사실을 스스로 깨닫게 하라. 진짜 리더는 일을 가르치는 사람이 아니다. 일의 의미를 가르치는 사람이다. 내적 동기를 건드릴 때 진짜 소통은 시작된다.

<최철규·세계경영연구원(IGM) 협상스쿨 원장>

2011.11.5

성실하지만 실력없는 부하… "리더와 업무코드 맞추게 하라"

가까운 오너 경영인에게 물었더니 "일 잘하는 부하가 그만두겠다"고 할 때 가장 괴롭다고 했다. 반대로 일 못하는 부하가 그만두겠다면? 반가운 일이다.

하지만 그 부하가 인간적으로 괜찮다면? 아쉬움이 클 것이다. 성품이나 태도는 좋지만, 실력은 떨어지는 저(低)성과자인 부하를 코칭하는 방법을 알아보자. 잠깐! 태도도 나쁘고 저성과자인 부하는? '같은 버스에 태우지 말라'는 게 답이다.

〈상황1〉 부하의 업무에 대한 불만, 솔직히 말해줘라

올해로 대리 10년차인 김열심 대리. 그는 오늘도 1등으로 출근, 사무실 불을 켠다. 이렇게 회사를 위해 '몸을 던져' 일한 지 벌써 13년째. 동기들은 벌써 과장을 단 지 몇 년이 지났지만 그는 만년 대리다.

올해는 뭔가 다를 것 같다. 올해 새로운 보직(마케팅 업무)을 맡아 미친 듯이 일했다. 매일 새벽 1시에 퇴근, 오전 7시에 출근하는 '집에 잠깐 다녀오는' 생활을 거의 1년간 지속했다.

물론 성과야 그리 탐탁지 않았다. 목표의 60% 정도를 달성했다. 하지만 올해 승진 가능성을 크게 보는 데는 나름의 이유가 있다. 사업부의 최고 책임자인 최성과 상무와 매일 야근을 함께 하며 인간적으로 가까워졌기 때문이다.

연말 코칭 시간. 김 대리는 쭈뼛쭈뼛 말문을 연다. "이런 말씀 드려도 될지…. 내년에 저 과장 승진할 수 있겠죠? 정말 열심히 일했는데…."

순간 최 상무의 머릿속이 복잡해진다. '어쩌지, 저 친구는 성과 달성을 못해 승진 대상이 아닌데….' 최 상무의 선택은 둘 중 하나다. "승진은 어렵네"라고 잔인한 진실을 말할 것인가? 아니면 "좀 더 하면 언젠가는 좋은 결과가 있겠지"라고 에둘러 말할까?

■ 원칙 1 : 솔직하라

잭 웰치(Welch) 전 GE 회장은 자서전에서 "부하와의 관계에선 '절대 솔직(candor)'이 중요하다"고 말했다.

왜일까? 뭔가 불만이 있는데 솔직히 말해주지 않으면 마음 한구석에 켜켜이 쌓이게 된다. 이는 상대에 대한 미움으로 변질돼 감정의 폭발로 이어진다.

13년째 해체되지 않은 아이돌 그룹 '신화'를 아는가?

이 그룹이 오래갈 수 있는 비결은 간단하다. 멤버들끼리 '모이면 싸운다.' 섭섭한 건 모두 뱉어낸다. 반면 아이돌 그룹의 원조 'H.O.T'는? 데뷔 5년 만에 인기 절정의 순간 해체됐다. "서로 솔직하지 못해 오해가 쌓였고, 그러다 보니 해체까지 갔다"는 게 멤버 중 한 사람인 강타의 말이다. 이는 코칭에도 그대로 적용된다. 부하와 건강한 관계를 오래 유지하고 싶다면 '좋은 게 좋은 게 아니다!'

〈상황2〉 열심히 일한 것에 대한 보상욕구는 공감하라

최 상무는 잔인하더라도 솔직해 지기로 했다. “김 대리, 당신은 승진 자격이 없어. 목표 실적을 60%밖에 달성 못했지 않나.” 내친김에 진심 어린 충고도 덧붙인다. “당신은 창의성이 부족해. 야근만 하지 새로운 기획안은 제대로 낸 적이 없잖아?”

그런데 김 대리의 낯빛이 차가워진다. “상무님, 저 회사 그만두겠습니다” ‘어라? 이런 결과를 기대한 게 아닌데.’ 당황한 쪽은 오히려 최 상무다. 도대체 뭐가 문제일까?

■ 원칙 2 : 공감하라, 받아들이지 않더라도

협상학에서 자주 등장하는 ‘요구(position)’와 ‘욕구(interest)’라는 말이 있다. 중학생 사내아이와 아빠가 용돈 협상을 벌인다. “아빠, 용돈 2만원만 올려주세요.” “안 돼!”

이때 아이는 아빠가 ‘용돈 인상 불가’라고 말하는 진정한 이유가 뭔지 생각해 본다. ‘내가 돈을 낭비할까봐 걱정하고 계신다’ 그게 바로 아빠의 욕구다.

아들은 “함부로 돈 쓸까 봐 걱정되시죠? 용돈 기입장을 써서 매달 보여 드릴게요. 그리고 주말마다 아빠 차를 닦을게요.” 어떤가? 당신이 아빠라면 용돈을 올려주지 않겠는가? 아빠의 욕구를 충족시킨 것이다.

만약 욕구를 충족시켜줄 수 없다면, 적어도 욕구를 인정하고 공감해야 한다. 최 상무의 코칭에도 뭔가가 빠져 있었다. 바로 상대방 욕구에 대한 ‘공감’이다. 김 대리의 욕구는 열심히 일한 것에 대해 공평한 보상(승진)이다. 최 상무가 코칭 고수라면 “열심히 일했으니 승진할 자격은 있지. 하지만 정말 승진하려면 성과를 달성해야 한다네”라고 말할 것이다.

최 상무가 “당신은 창의성이 부족해”라고 말한 것도 잘못이다. 이런 대화법을 코칭에선 ‘유 메시지(You-message)’라 부른다. 상대의 ‘정체성’에 대해 내가 평가를 내리는 대화법이다. 유 메시지를 즐겨 쓰는 상사들의 마음속에는 ‘오만함’이 그득하다. ‘나는 당신의 본질을 훤히 꿰뚫고 있다’는 자만심이 깔려 있는 것이다. 최 상무는 유 메시지와는 반대되는 대화법, 즉 ‘사실- 감정- 의도’의 3단계로 구성된 ‘아이 메시지(I-message)부터 새롭게 익혀야 한다.

〈상황3〉 근거와 사실에 바탕한 칭찬을 하라

자신의 실수를 깨달은 최 상무. 며칠 후 김 대리를 만나 다시 코칭 시간을 갖는다. “그래, 열심히 일한 만큼 공평한 보상을 바라는 게 당연하겠지(욕구에 대한 공감). 하지만 목표를 60% 달성해선 승진 후보에 들지 못하네(요구 불수용).”

최 상무는 아이 메시지를 활용해 충고한다. “올해 당신은 3건의 마케팅 기획안을 내놓았고, 이 중 1건만 실행됐네. 다른 동료들은 평균 10건을 내 6건 실행했어(사실). 당신이 내놓은 기획안의 양과 질, 모두가 부족하다고 느끼네(감정). 내년엔 창의적 기획안을 10건 정도 내고, 절반은 실행시키길 바라네(의도).” 훈훈한 분위기 속에 코칭은 잘 마무리됐다.

이후 두 달의 시간이 지났다. 하지만 김 대리는 여전히 열심인데 결과물이 없다. 오늘은 김 대리의 기를 북돋아 주기 위해 립서비스까지 동원한다. “김 대리, 넥타이 색깔이 잘 어울려. 빨간 넥타이가 열정을 표현하는 것 같아!” ‘칭찬은 고래도 춤추게 하잖아!’ 그런데 김 대리는 춤추기는커녕 일 처리에 실수도 잦아지고, 자꾸 엉뚱한 결과물을 들고 온다. 뭐가 잘못됐나?

■원칙 3 : 한 방향 정렬(Goal-Alignment)이 우선이다

열심히 일하는데 성과를 내지 못하는 부하들을 유심히 살펴보라. 이들의 공통점은 상사가 중요하게 생각하는 일을 본인은 정작 중요하게 생각하고 있지 않다는 점이다. 다시 말해 업무의 우선순위를 정하는 데 있어 상사와 ‘코드’를 맞추지 못하고 있다는 뜻이다.

최 상무가 김 대리와 코칭시간을 가질 때 반드시 해야 할 일이 있다. 바로 ‘목표 정렬’의 시간을 갖는 것이다. 방법은 간단하다. 코칭을 하기 전 김 대리에게 “당신이 가장 중요하다고 생각하는 업무 5가지를 중요한 순서대로 적어오라”고 시킨다. 최 상무도 김 대리가 가장 중점적으로 할 일 5가지를 혼자서 적어본다. 코칭 시간에 만나 각자 작성한 주요 업무를 동시에 비교해 보라.

어떨까? 김 대리의 경우 ‘기가 막히게’ 일치하지 않을 가능성이 크다. 코칭에서는 주요 업무 목록이 80% 이상 일치해야 한다고 말한다. 부하와 리더가 같은 방향을 바라볼 때, 다시 말해 목표가 ‘한 방향 정렬(Goal-Alignment)’되어 있을 때 부하의 성과와 조직의 성과가 함께 높아진다.

맥킨지컨설팅의 최정규 전 디렉터는 말했다. “어떤 기업에 가서 그 조직이 일류인지, 삼류인지를 가장 빨리 파악할 수 있는 방법이 있습니다. CEO, 팀장, 대리. 이렇게 세 명을 따로 만나 각각 똑같은 질문을 합니다. 지금 당신 회사에서 가장 중요한 이슈 세 가지가 뭡니까. 만약 이들 세 명이 각각 비슷한 답을 한다면 그 회사는 일류 회사일 확률이 높습니다. 세 명이 전혀 다른 얘길 한다면 이 회사는 뭔가 문제가 있겠죠.”

■원칙 4 : 할리우드 피드백은 고래에게 하라

부하의 행동이나 성과에 대한 피드백에도 단계가 있다. 최하수 리더는 항상 침묵한다. 부하가 잘하든 못하든 방치하는 리더는 사실 리더가 되지 말았어야 한다. 하수 리더는 '선택적 피드백'을 한다. 부하의 단점만을 끄집어낸다. 정말 같이 일하기 싫은 매력 없는 상사다. 최 상무가 김 대리에게 했던 립서비스는 '할리우드 피드백'이다. 중수 리더들이 즐겨 쓰는 방식이다. 김 대리는 고래가 아니다. 고래는 조련사가 먹을 것과 칭찬을 던지면 열심히 재주를 부릴지 몰라도 인간은 고래보다 복잡한 동물이다.

고수 리더들의 피드백은 뭘까? 바로 진심이 담긴 피드백이다. 내 기분에 따라, 부하의 기분을 띄우려고 던지는 칭찬이 아니라 근거와 사실에 바탕을 둔 칭찬이다. ≪칭찬은 고래도 춤추게 한다≫의 저자인 켄 블랜차드 역시 '진정성'을 소통의 주요 요소라고 강조했다.

■ 에필로그

많은 CEO가 고민한다. '어떻게 해야 회사를 키울 수 있을까?' 회사는 사람의 집합체다. 결국 일은 사람이 하는 것이다. 따라서 어떻게 회사를 키울까를 고민하기 전에 먼저 어떻게 사람을 키울까를 고민하는 게 순서다. 여기에 코칭의 가치가 있다.

코칭이란 결국 상대의 잠재력을 극대화시켜 더욱 가치 있는 사람으로 키우는 일이다.

정말로 회사를 키우고 싶은가? 그렇다면 코칭하라. 그러면 '태도만' 좋았던 당신 부하의 '성과도' 좋아질 것이다.

<IGM 세계경영연구원 최철규 부원장, 김한솔 연구원>

제 15 장
주요국들의 통상협상배경

| 제1절 |
미국의 통상정책

1. 미국의 통상기조

제1차, 2차 세계대전을 치르면서 미국을 제외한 각 국가들이 모두 전쟁의 폐해를 입었지만 미국만이 그러한 폐해를 입지 않았다. 제2차 세계대전이 종료되었을 때 세계각국의 수입수요는 급격히 증가하였다. 이는 전쟁 중 파괴된 생산시설을 부흥시키기 위하여 막대한 자원 및 시설재의 수입이 필요했을 뿐 아니라, 전쟁기간 동안 사용이 불가능하였던 소비재에 대한 수요도 급격히 증가하였기 때문이다. 전쟁 직후 이를 생산할 수 있는 국가는 미국이 유일하였으며, 시설재와 소비재에 대한 각국의 수요로 미국은 막대한 무역흑자를 기록하며 급성장하게 되었다. 이러한 배경을 바탕으로 미국은 1940～60년대에 GATT체제하에서 다자간 무역협상을 주도했다. 그 결과 선진공업국들은 관세율을 낮추었고 동시에 유럽국가들과 일본은 무역에 대한 수량적인 제한을 축소하였다. 당시 미국은 GATT를 중심으로 한 개방적인 다자간 무역체제와 이를 통한 무역자유화의 추진을 지지하였다.

이러한 미국의 지도력에 힘입어 세계경제는 괄목할 만한 성장을 지속하였으며 세계무역환경은 과거 어느 때 보다 자유롭고 안정적이었다.

1970년대까지 미국은 다자간 무역체제의 강화를 통상정책의 기조로 삼았으며 미국내에는 보호주의를 주창하는 이해집단이 생기게 되었으며 이들은 여러 채널을 통해 의회와 행정부에 대해 압력을 가하기 시작하였다. 그로 인해 일련의 무역법안들이 제정되었으며 미국 내에는 보호무역주의정서가 전개되었다. 1970년대부터 나타나기 시작한 미국의 보호주의 경향은 1980년대 들어 미국이 세계경제에서 차지하는 비중이 상대적으로 낮아지면서 무역수지가 심각할 정도로까지 악화되었고 이의 치유가 용이하지 않다는 위기의식에서 비롯되었다. 이에 따라 미국의 통상정책은 기존의 보호주의 색채를 더욱 짙게 띠면서 이를 확대·강화하게 되었다.

1970년대의 미국 행정부는 미국의 무역수지 적자에 대한 그동안의 수수방관적 정책에서 탈피하여 달러화의 평가절하에 따른 외국의 양보를 얻어내려는 적극적인 정책을 수행하였으며 이에 따라 1978년 달러화 가치는 급락하였으나 미국 내에서 수입상품 가격의 상승에 따른 인플레이션이 가속화되자, 미국은 1979년 달러화의 추가하락 방지를 위한 국제협력을 추진하면서 아울러 긴축금융정책을 실시하였다. 1980년대 전반에 달러화의 강세로 무역수지 적자규모가 점차 확대되자 미국은 달러화가치의 조정, 무역상대국의 시장개방을 위한 국제적 협력, 그리고 국내산업 보호를 위한 신보호주의 정책을 추진하였다. 즉, 미국은 자국의 무역수지 적자, 유럽 및 일본의 인플레이션, 선진국간 금리격차에 따른 달러화의 변동성 등의 문제해결을 위해 선진국간 정책협조를 적극 모색하였다.

1990년대의 국제무역환경은 급격히 변화하였으며, 특히 일본과 서구제국의 부상 그리고 아시아의 신흥공업국의 빠른 경제성장 등으로 국제무역질서에서 미국이 차지하는 비중이 상대적으로 저하되기 시작하였다. 또한 전후 미국과 소련의 군사력을 바탕으로 한 냉전체제가 1980년대 말 이후 동구와 소련의 극적인 개방화·개혁정책의 추진으로 탈냉전시대가 도래하게 되었다. 따라서 국제정치질서의 구조변화와 함께 세계경제 또한 그동안 축적되어 온 각국의 경제력 변화, 사회주의 국가들의 시장경제원리의 도입, 우루과이 라운드 협상 등 새로운 국제무역질서로의 개편움직임 등으로 미국의 새로운 위상과 과제가 요구되게 되었다.

2. 미국의 통상 특징

행정부의 통상정책은 자유무역주의를 표방하고 있으나 미국의 경제체제와 경기부양을 위하여 수출증대의 중요성을 강조하고 있다. 이를 위하여 미국은 무역상대국에 대하여 공정한 무역관행의 확립과 시장접근의 개선을 요구하고 있으며, 불공정한 무역관행이 존재하는 국가에 대해서는 강력한 통상정책을 펴 나간다는 입장이다. 미국의 통상정책은 무역자유화의 추구와 동시에 미국의 수출증대를 도모하되 보호주의에 빠지지 않는다는 입장을 견지와 지역주의의 형성 및 쌍무주의를 병행하면서 한편으로는 미국은 공정한 경쟁조건을 강조하고 있다.

2000년 들어 미국은 새로운 부시행정부가 들어서면서 맞게 될 당면 문제로는 물가안정에 기여했던 달러화 강세가 현재 미국의 수출기업과 다국적기업의 실적약화를 불러와 경상수지 적자를 확대시키고 있다는 현실에서 부시정부는 무엇보다도 경상수지 적자개선에 초점을 맞출 것으로 예상된다. 따라서 대미 수입장벽 제거는 물론 자국 상품의 경쟁력 제고를 위해 수입규제를 강화할 것으로 보인다. 즉, 미국의 주력상품인 농산물, 항공기, 군수장비 등에 대해 수입장벽이 높은 유럽연합(EU)일본 한국 등에 개방압력을 높이는 한편, 자국산업과 경합관계에 있는 전자, 정보통신, 자동차부문 등에 대한 수입규제는 확대할 것으로 예상된다. 부시행정부의 구체적인 통상정책 목표는 제시되지 않았지만 지금까지 미국무역대표부에서 제시된 통상정책목표를 보면 다음과 같다.

첫째, 무역정책은 전반적으로 통합・조정된 경제전략의 한 부분이다. 어떠한 무역협상도 오도된 경제정책으로 인해 미국기업에 지워진 부담을 상쇄시킬 수 없으며 어린이의 교육과 노동자의 훈련을 대체할 수 없다. 대통령의 경제정책 프로그램이 우리들의 성공에 그렇게 중요한 이유는 바로 이 때문이다.

둘째, 통상법의 엄격한 집행으로 뒷받침된 시장개방조치를 통해 무역확대를 추구한다. 미국시장을 폐쇄하는 것은 국민복지에 유해할 뿐만 아니라 문자 그대로 불가능하다.

셋째, 우리는 교역상대국이 그들의 약속사항을 이행하여 시장을 더욱 개방하기를 기대한다. 우리는 각국의 그들의 새로운 경제력에 상응하는 것 정도로 세계무역체제를 유지・강화하는 책임을 공유하기를 기대한다.

넷째, 미국은 적절하다고 판단되면 미국산업에 무역구제조치를 취할 것이다. 그 대신 구제받은 산업은 경쟁력 강화를 위한 개혁조치를 취해야한다.

다섯째, 앞으로 우리는 외교정책이나 안보적 고려에 경제적 이익이 종속되도록 하지 않을 것이다. 제2차 세계대전 이후 처음 수십 년 간 무역은 미국경제에서 아주 작은 부분에 불과했다. 우리는 냉전의 승리에 힘을 집중시킬 수 있었다. 그러나 오늘날 우리는 국가안보는 여기 국내의 경제력과 밀접하게 결부되어있다.

이상의 원칙에서 나타난 미통상정책의 기저는 국민을 최우선으로 한다(putting people first)는 것이다. 전반적인 국내경제개혁을 통해 미국경제의 경쟁력과 세계경제의 지도력을 회복하고, 대외통상면에서는 국가경제전략과의 연계 하에 공정무역과 상호무역주의원칙을 관철시키겠다는 방침을 천명하고 있다.

| 제2절 |

EU의 통상정책

1. EU의 통상기조

EU는 1973년 제1차 오일쇼크가 발생하기 전까지는 비교적 개방적인 통상정책기조를 유지하였지만 1973년의 제1차 오일쇼크로 인하여 세계경제는 실업증대와 물가상승이 동시에 나타나는 스태그플레이션에 직면하게 되었다. 이에 EU회원국들은 실업문제 해결방편의 하나로 보호주의적 무역정책을 채택하도록 하는 압력을 받기 시작하였다. 그러나 이 당시 EU회원국의 최우선 정책목표인 인플레이션 억제와 보호주의정책의 채택에 따른 세계경제 및 국내경제의 침체를 우려하여 무역규제조치의 사용을 가능한 억제하였다. 그러나 1970년대 중반부터 가속화하기 시작한 일본 및 신흥개발도상국(NIES)으로부터의 경쟁압박과 이로 인한 EU내의 노동집약적인 산업에서의 구조조정에 따른 실업증대 등으로 인하여 대외무역에 있어서 보호주의적인 수단의 채택압력이 가중되기 시작하였다.

이런 상황에서 EU는 1977년 최초로 반덤핑조치를 사용하였고 1982년에는 일본과 수출자율규제(VER)협정을 체결하였다. 또한 1979년 말에 발생된 제2차 오일쇼크로 인하여 EU내의 실업이 확대됨에 따라 보호주의 무역수단의 채택압력이 더욱 가중되기 시작했다.

80년대 중반 이후 EU통상정책의 기조는 미국의 보호주의 정책의 강화, 일본의 지속적인 대규모 무역 흑자의 실현 등으로 인하여 더욱 보호주의적인 강좌를 시작했다. 그러나 세계적인 보호주의 경향의 확대 및 심화추세에 대한 주요국가들의 우려는 우루과이 라운드를 1986년 출범시켰고 오랜 기간의 협상결과 1995년 발효된 WTO체제는 매우 포괄적이었고 강화된 규범하에 세계교역의 자유화를 추진하는 기본틀을 제공함으로써 향후 EU의 통상정책도 그러한 방향으로 나아갈 것으로 보인다.

또한 EU는 1993년 유럽단일시장의 출범이후 EU의 경제성장 추세를 지속적으로 유지할 방안으로 주요 역외국 또는 역외 지역경제협력체와 자유무역지대를 형성하거나 관계강화를 위한 노력을 증대시키고 있다. 미국과의 범대서양 자유무역지대의 출범을 위한 협상을 진행시키고 있으며 21세기 경제성장을 주도할 것으로 예상되는 아시아는 미국을 배제한 채 경제교류 확대 및 정책협조를 위한 아시아유럽회의(ASEM)의 출범시킨 것이 그 예이다.

2. EU의 통상 특징

유럽경제통합을 목표로 하는 EU가 세계경제의 지역주의를 확산시키고 역외국가들에 대해서 상대적인 차별대우를 야기시킴으로써 전 세계의 보호주의적 추세를 강화시키는 것이 아닌가 하는 우려가 상존하고 있는 상황이다.

EU의 통상정책에서 특징적으로 나타나는 통상정책들은 다음과 같다. 첫째, 공통통상정책의 운용이다. EU는 역외국가에 대한 공동관세 부과 및 수입쿼터, 수출자율규제협정, 반덤핑조치 및 상계관세 그리고 긴급수입제한조치 등의 공동적용 등 통상정책이 회원국 공동으로 채택, 운영되고 있다. 이는 강제통합단계의 이론적인 설명이기도 하지만 역외국에 대하여는 그만큼 일치된 행동을 보여주고 있는 것이다. 둘째는 다양한 특혜무역협정의 유지이다. EU는 WTO 회원국에게 부여하는 최혜국 대우보다 특혜적이고 조치를 부여하는 여러 형태의 특혜무역협정을 유지하고 있다. 이러한 여러 협정들은 EITA협정, EEA협정, 유럽협정(European Agreements), 로메(LOME) 협정 GSP시행협정이다. 셋째 반덤핑 조치의 적극적 활용이다. EU는 현재까지 상계관세 조치활용도 전무하며 현재 다자간 무역협정을 통하여 EU의 공동관세가 점차적으로 낮아지고 개별회원국의 수입규제조치가 완전히 철폐됨에 따라 무역규제수단으로서의 반덤핑조치에 대한 의존도가 최근에 크게 증대되고 있다. 특히 반덤핑조치는 특정산업의 보호를 위하여 집중적으로 사용되어지는 경향이 있다. 넷째 통상정책의 투명성 및 개방성이다. EU는 통상정책은 집행위원회에 의해서 입안, 제안되고 최종적으로 각료이사회에서 결정되며 중요한 사안의 경우에는 그 과정에서 회원국간의 실질적인 토의가 이루어지기 때문에 각 회원국은 관련내용을 보다 정확히 파악할 수 있으며 각국의 이해관계를 감안하며 협상전략을 수립한다.

| 제3절 |

일본의 통상정책

1. 일본의 통상기조

2차 세계대전의 최대 피해국으로 불려질 정도로 일본은 전쟁의 후유증이 컸다. 그러나 1950년대 일본의 통상정책은 산업의 부흥에 앞서 경제자립 기반을 확립하는 것이 최우선 과제였으므로 국제수지 균형의 확보, 수출에 의한 수입대금의 충당, 나아가서 경제성장에 필요한 공업용 원료와 해외시장 확보라는 세 가지의 기본방향에 입각한 강력한 수출지원과 수입억제로 특징지어진다. 이러한 정책을 추진하기 위한 각종 정책수단과 무역 및 외환관리제도가 1950년부터 도입되기 시작했고, 선진국의 보호주의 압력하에서 자유무역체제의 유지를 위해 일본이 시장개방 등 적극적 대응을 하였다. 1960년대 들어서 일본은 1964년 동경올림픽을 개최하면서 점차로 일본경제는 고도성장을 시작하였다. 이에 따라 무역규모도 크게 확대되어 외환의 축적도 상당히 진행되었을 뿐만 아니라, 유치산업의 보호·육성과 왕성한 투자로 경공업뿐만 아니라 중화학공업분야에서 경쟁력을 갖추어 선진국과 경쟁이 가능한 수준에 이르게 되었다. 이렇게 일본의 국제경쟁력이 향상됨에 따라 국제사회에서 일본의 역할에 대한 많은 국가들의 개방화 요구가 급증하기 시작하였고, 그 이외에도 경제구조의 합리화와 고도화, 해외시장의 보다 광범위한 확충을 위해서 개방체제로의 이행이 불가피하다고 판단한 일본정부는 무역 및 외환자유화를 단계적으로 추진하였다.

그러나 1970년대 들어서 일본경제는 고도성장에서 안정성장으로 이행되었지만 두 차례에 걸친 석유파동으로 인하여 현저한 물가등귀현상과 공해문제 등으로 고도성장이 한계에 봉착하게 되어 저 성장으로 전환하게 되었다. 이 무렵 일본은 충격적인 인플레이션과 수출증가에 따른 상대국들과 많은 통상마찰을 야기했다. 따라서 일본은 전후 20년 이상 지속되어온 수출에 대한 국가의 지원을 축소 내지 철폐하는 단계에까지 이르렀다. 1980년대 들어서면서 일본의 무역흑자 폭이 해를 거듭할수록 커지자 통상마찰 분야가 자동차, 금융, 서비스분야는 물론 첨단산업까지 확대되었으며, 미국은 일본의 무역수지 흑자자체를 문제 삼게 되었다. 이 때문에 일본은 지속적인 자유화조치를 시행해왔고, 미국과의 쌍무적 통상협상을 통해 실질적인 시장개방조치를 취해왔다. 그러나 일본은 지속적인 무역수지 흑자로 인해 미국을 비롯한 대부분의 선진국과는 물론이고 우리나라를 포함한 주요중진국들과도 통상마찰이 끊이지 않고 계속되었다. 이처럼 대규모의 무역수지 흑자문제에 비롯된 통상마찰로 인해 일본경제는 수차례의 위기를 겪었다. 그러나 1985년 플라자 합의(Plaza Agreement)에 따른 엔고로 인하여 일본제품이 국제시장에서 경쟁력을 상실하여 수출감소와 수입증대로 국내경기가 후퇴하자, 일본정부는 이에 대처하기 위하여 적극적인 공공투자 확대와 감세정책을 실시하였다. 1990년 이후 일본의 경제동향을 살펴보면 경기불황의 조짐이 현저하게 나타나 실질성장률이 감소하고 있는 추세이다. 그러나 경기회복을 위한 금융·재정정책 및 기업재고조정에 힘입어 3년여에 가까운 경기불황의 최저점에 들어섰다는 편가도 있을 만큼 전반적인 불황세를 벗어나고 있는 상황이다.

현재 일본은 무역의존도가 15%정도로 선진국 중 가장 낮지만 교역규모가 크고 대규모의 무역흑자를 보고 있다. 따라서 일본의 국별 수출입구성에서 수출을 살펴보면 미국, 동남아시아, 유럽(EU) 세 지역에 집중되어있고 특히 유럽으로의 수출이 급격히 증가하다가 최근 다소 소강상태에 머무르고 있다. 수입의 경우에는 산유국으로부터 원유수입이 있기 때문에 위 세 지역에 대한 편중도가 수출보다는 작다. 미국으로부터의 수입비중은 1980년대까지 미국의 비중이 계속 낮아지다가 1990년부터 다소증가, 미・일간의 무역불균형이 1980년대에 극에 달하면서 일본시장개방을 위한 미국의 압력 때문에 1990년대 미국으로부터의 수입비중이 다소 증가한 것으로 보인다. 유럽과의 무역불균형은 미국에 비해 상대적으로 심한 편이 아니기 때문에 일본의 통상마찰은 미국과의 마찰이 주를 이루고 있다. 한편, 한국의 對日무역수지는 한・일 국교정상화 이후 지속적인 적자를 보이고 있다. 1998년에는 우리의 경제위기로 인한 對日 수입이 급감으로 무역수지적자가 대폭감소(46억불)하였으나, 1999년 우리경제의 회복으로 투자재・원・부자재 수입이 급증하면서 적자폭이 확대(83억불)되었고, 2000년 들어서도 이러한 대일무역적자는 더욱 확대될 전망이다. 1999년도 한국의 일본에 대한 수출은 전년동기대비 29.6% 증가한 15,862백만 달러이고, 수입은 전년동기대비 43.4%증가한 24,142백만 달러를 기록하였고 2000년 10월 현재 수출은 16,832백만 달러(36.9%), 수입은 26,547백만 달러 (39.9%)를 기록하고 있다. 개별국가를 기준으로 할 때, 일본은 미국, EU 다음으로 한국의 수출에 큰 비중을 점유하고 있다.

또한 한국의 對日투자는 1998년 경제위기 여파로 인한 일본진출지 상사들이 철수하는 등 크게 감소하였으나, 1999년 이후 회복세를 보이고 있다. 그러나 우리나라의 해외직접투자에서 차지하는 비중은 미미한 편으로, 2000년 9월 현재 순신고기준으로 대일 투자누계액은 362건에 643백만 달러에 그치고 있는 실정이다.[30)]

2. 일본의 통상 특징

일본의 주요 통상정책의 특징은,

30) 외교통상부, 외국의 통상환경 p.276, 2000.12.

첫째, 수출자율규제 등의 적극적 활용이다. 일본은 외부환경 변화에 빠르게 적응하고 통상정책의 유연성을 발휘함으로써 오늘날 세계 경제대국이 되었다. 1950년대에 섬유에서 시작하여 그 후 수십 년 간 여러 가전제품들, 자동차, 공작기계, 반도체 등으로 이어지는 일본의 주력 수출품목들은 지속적으로 일본의 무역흑자 폭을 확대시켜 왔다. 이에 따른 무역마찰이 심화되자 일본은 다른 나라에 비해 수출자율규제(Voluntary Export Restraints: VER)를 보다 적극적으로 활용했다.

둘째, 일본의 관세정책이다.

일본은 선진국 중 가장 낮은 관세율을 책정하고 있는 국가 중 하나이다. 일본의 경우 통상정책특징으로서 관세의 부과율이 다른 선진국에 비해 상대적으로 높지 않다는 것을 의미하는 것으로 해석할 수도 있지만, 일본의 지속적인 무역흑자문제로 인해 수입규제 자체가 부담으로 작용할 수 있기 때문이라고 볼 수도 있다. 그러나 일보의 경우에도 일부 품목에는 고관세체제가 유지되고 있고, 농산품과 공산품의 경우 많은 품목에서 가공도별 경사관세(tariff escalation)가 존재한다. 공산품보다는 농산품에서 이러한 가공도별 경사관세가 심하고, 산업별로는 피혁 및 신발, 목제품 및 종이, 석유 및 의류 등의 산업에서 심하게 나타나고 있다. 이러한 관세구조는 선진국보다는 우리나라를 포함한 중진국 및 개발도상국에 불리한 구조로서 일본의 정책의도를 드러내는 일면이라 할 수 있다.

셋째, 비공식 채널을 통한 민관협력체제의 구축이다.

일본의 통상정책은 정부와 의회의 긴밀한 협조하에 입안되고 실행된다. 법이 정한 한도 내에서 정부는 상당히 구체적인 사항까지 입안·실행 할 수 있는 권한을 보유하고 있는데, 최근에는 내각이 집권당과 연합본부를 설치하여 이를 시행하고 있다. 정부와 민간부문간에는 자문기구를 통한 긴밀한 협조가 이루어지고 있는데, 이러한 자문기구들은 소비자보다는 생산자와 무역업자들의 이익을 대변하는 경향이 있다.

| 제4절 |

중국의 통상정책

1. 중국의 통상기조

중국이 개혁·개방 정책을 시행하기 시작하면서 국제무대에 얼굴을 내민 이후 무서운 속도로 부상하고 있다. 개혁개방을 외치면서 불과 20여 년이라는 짧은 기간 동안 중국은 이미 세계의 중요한 경제 대국으로 자리하게 되었으며, 전통적인 국력과 새로이 축적된 경제력을 바탕으로 하여 국제 사회에서의 정치적 영향력 또한 막강해져 가고 있다. 세계은행(IBRD), 경제협력개발기구(OECD) 등 유수의 국제기구와 영국의 국제전략문제연구소(IISS), 미국의 FBI 등 권위 있는 기관들은 중국이 빠르면 2020년 늦어도 2030년에 가면 세계 최대의 경제 대국으로 부상하게 될 것이라고 전망하고 있다.

1970년대 말 개혁개방 정책이 추진된 가운데 중국경제는 빠른 속도로 성장을 지속하였으며, 아시아 외환위기 이후에도 중국은 경제적 위상 강화를 하였다. 2000년 중국의 GDP는 8%의 고성장을 하였으며 장기적으로도 7~8%의 안정적 성장 지속 전망이다.[31] 따라서 향후 미국을 추월하는 경제대국으로 부상할 것으로 전망된다.

더구나 중국은 80년 이후 연평균 9.6%의 유례없는 고도성장을 구가하였고, 95계획기간 중(96~2000년)에는 연평균 8.3% 성장을 하였다. 97년 아시아 외환위기 이후 오히려 중국의 위상은 강화하였는데 구체적으로 97~99년 기간 중 주변 아시아 국가들의 경제위기 영향으로 중국경제의 성장률도 다소 둔화되었으나 여전히 7~8%의 성장률을 유지하였고, 외환위기 당시 아시아경제의 안전판 역할을 하면서 중국의 경제적 영향을 과시하면서 이 무렵 아시아 국가들의 통화 절하로 위안화 평가절하 압력이 있었으나 환율을 그대로 유지함으로써 아시아 금융위기를 확산 방지하였다.

21세기를 맞이하면서 중국은 정치·군사적 측면에서뿐만 아니라 경제적으

31) 조석홍, 중국경제 변화와 향후 통상전망, 한국통상정보학회, 2001. 6.

로도 대국으로서 세계의 주목을 받을 것으로 보인다. 이러한 이유는 아시아 경제위기의 영향 속에서도 의연한 모습을 보이고 개혁·개방 20년의 성과가 가시화된 2000년 중국경제는 정부목표 7%를 상회하는 8%로 성장하였고, 현재 세계 7대 경제대국으로 2000년에 최초로 GDP 규모 1조달러 돌파하였다.[32)]

〈표 15-1〉 중국의 주요 경제지표

	단위	2000	2001
GDP 규모	10억달러	1,062	1,168
실질성장률	%	8.0	7.7
인당 GDP	달러	840	915
구매력평가(PPP)기준	달러	4,700	5,130
소비자물가 상승률	%	0.6	2.3
산업생산 증가율	%	10.0	8.8
실업률	%	7.0	6.0
외환보유고	억달러	1,670	1,720
총외채	대GDP 비중(%)	15.3	14.1
경상수지	억달러	93	152
수출	억달러	2,317	2,575
수입	억달러	1,980	2,301
무역수지	억달러	337	274

자료 : Financial times, 2000. 11.

이러한 중국의 고도성장 배경에는 첫째, 정부정책의 측면에서 경제의 점진적인 시장화·자유화와 제조업 중심의 연해개발전략과 단계적 대외개방을 추구한 중국식 개혁·개방 정책의 성공에 연유하고, 둘째, 공급 측면에서 노동과 자본의 투입이 빠르게 증대됨으로서 성장이 촉진되었다. 이는 12억에 달하는 인구와 농촌의 충분한 잉여노동력으로 인해 노동력 투입의 증대가 용이했고, 높은 저축률(현재 GDP의 40% 수준)과 외자의 대규모 유입으로 투자율 또한 높았기 때문이다. 셋째, 경제의 공업화, 시장화, 대외지향화가 착실하게 진전되면서 노동과 자본이 생산성이 낮은 쪽에서 높은 쪽으로 빠르게 이동하고 산업내 경쟁이 촉진되었으며 외국인투자의 대규모 유치로 선진 기술과 경영기법의 도

32) 조석홍, 전게서.

입이 촉진됨으로써 생산효율이 크게 향상되었다.

현재도 경제구조의 급속한 변화는 계속 진행 중이며 이는 최근 중국경제구조가 21세기에는 중국 경제의 모습이 전혀 새로운 모습으로 재편되는 조짐을 보이고 있다. 과거 중국의 개방은 개방지역을 확대하는 형식으로 진행되었으며 진행시 조세혜택 등 인센티브 부여로 지역적 개방의 추진과정은 점개방으로부터 선개방, 면개방, 전방위개방의 점진적 · 단계적으로 진행하였는데, 1단계는 1987년부터 83년까지 점개방 단계로 80년대 최초 개방지역으로 광동성 심천, 주해, 산두와 복건성 하문에 경제특구 설치했고, 2단계는 84년부터 87년의 선개방 단계로 84년 14개 연해지역의 주요 항만도시를 개방도시로 지정하고 경제기술개발구 설치와 85년 장강삼각주, 주강삼각주 및 민남삼각주를 개방지역으로 지정하였다. 3단계는 88년부터 91년의 면개방 단계로 88년 산동반도, 요동반도 및 환발해지역이 경제개방구로 지정하였으며 마지막 4단계는 92년 이후 전방위개방단계로 등소평의 남순강화(南巡講話: 92년초 심천, 광주 등 남부지역을 순시하며 개혁개방의 가속화를 역설) 이후 국경지역 및 내륙지역으로 개방 확산하였다. 그러나 지금 중국은 발전의 기초를 만들기 위한 지역적 개방의 확대로부터 산업발전을 고려한 산업정책적 · 전략적 차원의 개방으로 전환 중이다. 개방확대로 발전하는 추세로 정보통신, 인터넷, 금융, 유통 등 산업적 측면에서 기존의 개방은 제조업을 중심으로 한 전통산업 분야 위주로 옮겨가고 있는 것이다.

2. 중국의 통상 특징

중국은 2001년 11월 WTO에 가입하였다. WTO의 가입으로 전망되는 중국 통상정책의 특징들은 첫째 중국의 WTO가입으로 가장 큰 변화는 세계경제에의 편입가속화 이다. 중국의 WTO가입은 글로벌 경제에의 편입을 의미하는데, 즉 국제무역규범과 준칙을 준수해야 할 의무와 책무를 갖게 됨으로서 지금까지의 전근대적이고 불합리한 국내법규, 관행에서 벗어나, 공정무역과 자유경쟁이란 틀 속에서 움직여야 한다. 또, 중국의 WTO 가입은 무역 · 투자장벽을 완화시키고, 업종별 진입장벽을 낮추게 됨으로서 중국경제의 대외개방이 가속화

될 것이므로 따라서, 중국내 비즈니스 환경의 큰 변화와 시장 재분할이 이루어지고, 그동안 연해지역, 제조업종에 치우쳤던 개방효과가 내륙지역과 서비스, 하이테크 업종으로까지 확산될 것으로 전망된다.

둘째, 중국은 그간 중국산업 보호를 위한 관세·비관세 장벽의 점진적 폐지에 따라, 왜곡되었던 자원배분이 개선될 것으로 예상되며, 이에 따라 중국산업의 경쟁력이 제고될 것으로 보이는데, 이는 장기적으로 자원배분이 효율적으로 이루어진다면, 단기적으로는 특히, 현재 관세·비관세 장벽의 보호를 받고 있는 농업부문(면화, 밀, 콩, 옥수수 등)과 일부 기계공업(자동차 등)이 충격을 받을 것으로 예상된다. 셋째, 중국의 WTO 가입은 대외적으로는 중국경제의 투명성(transparency) 및 예측가능성 제고로 대외무역과 외국인 투자가 증대되는

〈표 15-2〉 WTO 가입에 따른 중국경제에의 영향

분 야	긍정적 영향	부정적 영향
거시경제	• 시장개방 확대, 규제, 철폐로 성장 제고 효과 • 경제 구조조정(개혁) 가속화 • 중국경제의 지속적 발전 조건 정비 • 중국의 경쟁력 제고 • 수입가격 하락으로 소비자 후생 증대	• 실업증가, 사회불안 증가
무역정책의 변화	• 무역환경 개선, 무역 확대 • 미국 등의 쿼타 철폐로 방직, 가전 등의 품목 수출 증가	• 외국 선진제품에 의한 국내 시장 잠식 • 고급제품 수입 증가 • 무역수지 악화
투자제도 개혁	• 정책과 제도 투명성 제고 등 사업 환경 개선 • 외국인 투자 증가	• 국내 취약산업 붕괴
산업구조 고도화	• 산업구조 고도화 • 외국자본 유입으로 정보통신, 전자 등첨단산업 발전 • 금융, 서비스산업 발전 가속화	• 부실기업, 금융기관 파산 가속화에 따른 불안정 • 국내 산업구조의 이중성 심화 우려
기업 구조조정	• 기업간 M&A, 기업구조조정 가속화 • 기업경쟁력 강화와 체질개선 • 유망 사영기업의 성장과 국유기업의 재편	• 부실기업 및 취약기업의 도태

자료 : 산업자원부, 2001.

효과를 가져온다. 넷째, 중국이 대만과의 WTO 동시가입으로 향후 경제교류가 적극화 될 경우 중국대륙 · 홍콩 · 대만을 묶는 중화경제권내에서의 교역 및 투자활동이 더욱 강화될 수 있으며, 이에 따른 영향력 증대가 예상된다.

그러나 중국의 WTO가입이 중국경제전반에 주는 영향으로 거시경제, 무역정책변화, 투자제도 개혁, 산업구조 고도화, 기업구조조정 등에서 긍정적인 영향과 부정적인 영향의 양면성을 보여주고 있다.

한편 중국의 통상 협상전략을 예측하여 보면,

첫째, 융통성이다.

중국 통상정책의 특징 중 첫째로 꼽을 수 있는 것이 융통성이다. 중국은 그들의 민족성처럼 만만디 전략을 가지고 통상협상 상대에 따라 유효적절한 전략을 취해 온 것으로 평가되고 있다. 중국은 자국의 국력을 기준으로, 협상상대국에 비해 자국의 국력이 약하다고 판단하는 경우 다자간 협상을 선호하고 국력이 우월하다고 평가하는 경우 양자간 협상에 의존해 왔다. 이는 중국이 1986년 이후 지속적으로 추진하고 있는 WTO 가입 협상에서 잘 나타나고 있다.

둘째, 실리성이다.

지금까지 개혁 · 개방정책 채택 이후 양자협상의 가장 중요한 상대자는 미국이었고, 미국과의 협상에서 특히 실리적인 태도를 취해 왔다. 최근 미국과의 경제관계로 인한 협상은 대체로 3가지로 집약된다. 지적재산권 관련 협상, MFN 연장 협상 및 WTO가입 협상이 그것이다. 특히 지적재산권 및 MFN연장 협상시 막판까지 협상을 진행시키면서 최대한 양보를 얻어 내는 협상전략을 구사했는데, 이것이 실리를 추구하는 중국 통상정책의 특징을 잘 드러내고 있다.

셋째, 상호 경제성이다.

중국이 자주 사용하고 있는 또 하나의 통상협상 전략은 상호 엇비슷한 국가들을 견제시키는 것이었다. 이 전략은 주로 WTO가입협상에서 사용되었다. 미국과의 협상이 거듭된 난관에 봉착함에 따라 미국과의 협상을 진행시키면서 EU 및 일본과의 관계를 강화시키는 방법을 자주 사용하였다.

이와 관련하여 중국이 우리나라와의 유대를 강화하는 목적이 기술과 자본이 월등하면서도 중국을 견제하고 있는 일본을 끌어들이기 위한 전략이라는 예측도 나오게 한다.

사례

‖ 한 · 미 FTA 협상 뒷 이야기 ‖

협상전문가들은 이번 한 · 미FTA 협상에 대해 "양국 협상 프로들 간의 세련된 테이블"이었다고 평가한다. 한국 국민의 거센 반발에도 협상장에서 거칠게 밀어붙인 미국 협상팀이나 이를 맞받아치며 마지노선을 지켜낸 우리 협상팀이나 '적정선'의 결과를 이끌어냈다는 것이다.

덜 주고 더 받는 게 협상의 승리. 전문가들은 노사문제나 연봉협상은 물론, 물건을 흥정하거나 심지어 부부싸움 등 크고 작은 협상에서 몇 가지 노하우만 알면 '우위'에 설 수 있다고 조언한다.

1. '기싸움'에서 밀리면 끝이다

통상 협상 과정에서는 '먼저 양보하면 상대에게 밀릴 수 있다'는 생각이 테이블을 장악한다. 때문에 답보 상태에 머무는 경우가 많다. 이번 협상에서도 막바지에 이르자 한 · 미 협상팀 간에는 밀리지 않으려는 기싸움이 치열하게 전개됐다. "쌀은 레드라인이다. 건드리면 결렬도 불사한다"는 김현종 통상교섭본부장의 압박에 미국은 "쇠고기 개방을 문서로 보장해달라"고 대응했다.

협상은 결국 시한이 있어야 마지막 몇 시간을 앞두고 결정된다는 게 전문가들의 지적이다. 이번 협상에서도 시한을 48시간 연장하고도 20분만 남겨둔 상황에서 타결됐다. 이를 '데드라인 게임'이라고 하는데 결국 누가 기싸움에서 밀리지 않느냐가 마지막 손익을 결정한다는 분석이다.

2005년 11월 아시아 · 태평양 경제협력체(APEC) 정상회의차 방한한 부시 대통령이 김현종 통상교섭본부장에게 "어느 고등학교를 나왔죠?"라고 물었을 때 "대통령께서 나온 학교보다 좋은 곳을 나왔다"고 받아친 일화도 기싸움의 한 측면이다.

2. 내부의 반대를 적극 활용하라

협상타결 직후 노무현 대통령은 대국민 담화를 통해 "반대론자들의 주장이 합리적인 논리와 근거를 바탕으로 하지 않았다"면서도 "반대하는 분들의 주장이 우리의 협상력을 높이는 데 큰 도움이 됐을 것이며 전략적으로 그렇게 하는 분도 있을 것"이라고 말했다. 바로 내부의 반대를 적극 활용했다는 이야기다.

전국적인 규모로 단행된 FTA 반대 시위는 결국 협상단으로 하여금 물러설 수 있는 여지를 좁혔고, 이는 미국 측에 대한 강한 압박으로 작용했다. "나를 밟고 가라"는 김근태 전 열린우리당 의장의 단식 농성이나 "우체국보험을 잘못 건드리면 전국 곳곳에 포진해 있는 20만 집배원이 오토바이를 타고 몇 시간 내에 모여들어 엄청난 반대 시위에 나설 가능성이 높다"고 반대 목소리를 높인 신제윤 금융분과장(재경부 국제금융심의관)의 발언이 그것이다.

미국 협상단 역시 비슷하다. "당신의 요구를 들어주고 싶어도 의회가 거절할 것"이라고 말하는 전략은 자기의 권한 밖이라는 뜻에서 '제 손 묶기(tied-in-hand)' 전략이라고도 부른다. 미국 측은 이 전략으로 우리 측 요구인 전문직 비자 쿼터 허용 등을 피해갈 수 있었다.

3. 지피지기면 백전백승

FTA 협상 초기부터 미국은 무역촉진권한(TPA)에 의한 협상 시한이 3월 31일 0시(미국시간 30일 오후 6시)에 끝난다는 점을 계속 강조했다. 이때까지 타결이 안 되면 한·미FTA 협상은 끝장이란 점을 강조한 것이다.

31일 오전 4시 30분께 배종하 국장은 쇠고기 시장을 15년에 걸쳐 단계적으로 개방하겠다는 최후 통첩안을 제시했다. 미국은 당황했다. 당초 기대안에 턱없이 못 미쳤다. "마감 시한이 이미 지났는데 한국이 정말 협상을 깰 의지마저 있는 것 아닌가." 결국 미국은 협상 시한을 다시 48시간 연장했고 쇠고기 협상에선 한국 측 안을 대폭 수용했다.

협상단 한 관계자는 "미국이 막판까지 밀어붙이다가 협상 시간을 덜컥 연장해버릴 가능성을 이미 간파하고 있었다"며 "1998년 한·미 자동차 통상 마찰로 발동한 수퍼 301조를 해결하기 위한 협상 당시에도 미국이 써먹은 수법"이라고 지적했다.

4. 유머와 비유로 상대를 녹여라

"신기한 책략은 하늘의 이치를 다했고, 오묘한 계산은 땅의 이치를 꿰뚫었도다. 전쟁에 이겨 이미 공이 높으니, 만족함을 알고 그만두기 바라노라."

지난 3월 8차 협상 마지막 날 미국 협상단에 을지문덕 장군의 한시 '여수장우중문시(與隋將于仲文詩)'의 원문과 영역본을 보낸 배종하 농림부 국제농업국장의 편지는 '예외 없는 관세 철폐' 원칙을 내세워 압박해 들어오는 미국 협상단에 신선한 유머를 한 줄 선사함으로써 숨 막히는 협상장 분위기에 여유가 감돌게 했다.

지나친 아부는 무례한 느낌을 주기 때문에 협상에선 금물이지만 적절한 위트를 가미한 칭찬은 상대방의 긴장을 풀게 하는 양념이다.

적절한 비유도 상대에 대한 설득력을 높인다. 수산물의 중요성을 아무리 강조해도 미국 측이 꿈쩍하지 않자 한국 협상팀 한 관계자는 "명태는 농업분과의 쇠고기와 같다"고 미국 측을 설득했다. 그 순간 해양부 고위 관계자가 느닷없이 끼어들었다. "무슨 말씀. 명태는 농업의 쇠고기가 아니라 바다의 쌀"이라는 그의 한마디는 한국 측 입장에서 명태가 얼마나 중요한지 극명하게 보여주었다.

5. 판 깰 준비를 하라

협상이 지지부진할 때는 충격요법이 필요하다. 그 중에서도 협상장을 먼저 박차고 나가는 것은 상대방에게 극적인 효과를 줄 수 있다. 2차 협상 때 미국이 우리 측 약제비 적정화 방안 도입 계획에 반발해 의약품 분과 회의를 일방적으로 중단시킨 것이 대표적이다. 4차 협상 섬유분과에서 미국이 제시한 양허안을 앉은 자리에서 내던지고 일어난 것도 그에 버금간다. 양보에 소극적이던 상대편 분과장이 물러나고 고위급이 나서면서 절충안을 마련하기 시작했다. 5차 협상 때 무역구제 분야 최후통첩을 하면서 자동차와 의약품 회의까지 한꺼번에 중단시킨 것도 극적인 효과를 배가했다.

"Over my dead body(차라리 내 시체 위로)"

남영숙 외교통상부 FTA 제2교섭관이 한미 자유무역협정(FTA) 통신분과 협상에서 통신사업자의 기술표준을 시장 자율에 맡겨야 한다는 미국 측의 요구에 맞설 때 한 말이다.

남 교섭관은 통신분야의 빠른 기술진보를 위해서는 기술표준을 시장 자율에 맡겨야 한다며 실질적으로 미국 기업들이 확보한 기술을 한국에 심으려던 의도에 맞서 정부가 정당한 기술표준정책 추진권한을 갖고 있음을 설득시켜 성공적으로 통신분과의 협상을 이끌어냈다는 평가를 받고 있다.

남 교섭관은 8일 연합뉴스와의 인터뷰에서 성공적인 협상의 비결에 대해 "기본적으로는 합리적이고 유연하게 협상하는 모습을 보이되 핵심쟁점이 부딪히는 결정적인 순간에는 표정과 억양까지 바꾸고 'over my dead body(차라리 내 시체 위로)'라는 식으로 강하게 대응했다"고 말했다.

그는 "모든 이슈에서 강하게 부딪히기만 하는 것보다 적당히 유연성을 보여가면서 상대의 더 큰 유연성을 끌어내는 것도 남는 장사"라고 강조했다.

그는 협상에서 여성의 강점에 대해 "여성들이 일반적으로 남성보다 치밀 냉정하고 합리적으로 문제를 풀어가는 편이기 때문에 협상가로서의 강점이 있다"고 설명했다.

그는 "이번 우리 측 협상단의 4분의 1이 여성이었고, 거의 모든 분과에서 맹활약했다"면서 "우리도 미국처럼 여성들이 주도적으로 통상협상을 이끌어가는 시대를 열 수 있을 것"이라고 전망했다.

중학교 3학년이 된 아들을 키우고 있는 남 교섭관은 "7차 협상을 위해 워싱턴에 다녀왔더니 자기도 협상했다는 이야기를 해줬다"며 수학학원을 그만두겠다던 아이가 학원 선생님에게 1년을 다녔으니 한 달을 공짜로 해 주면 열심히 공부하겠다고 제안해 협상을 성사시켰다는 얘기를 웃으며 소개했다.

고려대 경제학과를 나와 미국 스탠퍼드대에서 경제학 석사와 박사학위를 받고 국제노동기구(ILO)와 경제협력개발기구(OECD)에서 근무한 남 교섭관은 정보통신부를 거쳐 외교통상부에 합류한 재원으로 부친이 남재희 전 노동부 장관이다.

■ 통신분과 협상에서 선방했는데, 협상 노하우가 있다면.

➤협상은 상대가 있고 서로 윈-윈의 결과를 도출해내야 하는 싸움이다. 그래서 소통과 신뢰가 매우 중요하다. 적극적으로 소통하면서 인간적인 신뢰를 쌓아 가면, 상대가 무슨 생각을 하고 있고 뭘 원하는지 어떤 계산을 하고 있는지가 좀 보인다. 그러면 협상을 리드해 나갈 수 있다.

또 합리적이고 유연하게 협상하되 핵심쟁점이 부딪히는 결정적인 순간에는 강하게 나갔다. 모든 이슈에서 강하게 부딪치기만 하는 것 보다는 적당히 유연성을 보여 가면서 상대의 더 큰 유연성을 끌어내는 것이 남는 장사다.

절대 양보할 수 없는 핵심쟁점에 가서는 표정과 억양까지 바꾸고 'over my dead body'와 같이 강하게 대응하여 상대가 일정 부분 포기하도록 유도했다. 미국 측 통신.전자상거래 분과장은 부인이 재일교포 출신 한국사람이고 서로 아들 나이도 비슷해 협상장에서는 싸워도 협상장 밖에서는 하소연도 들어주면서 틈을 봐서 계속 우리 입장과 상황을 끈질기게 설득했다.

■ 협상과정에서 가장 짜릿했던 때는.

➤통신분과에서 핵심쟁점이었던 기술표준 관련 조항을 둘러싼 협상이 가장 어려웠다. 통신사업자의 기술선택을 시장에만 맡겨야 한다고 주장하는 미국 입장과 정부의 기술표준정책 권한 확보가 중요하다는 우리 입장이 첨예하게 대립해서, 매번 협상을 해도 서로 얼굴만 붉힐 뿐 한 치의 진전도 없었다.

결국 마지막에 서울에서 열린 장관급회담 첫날인 3월26일 최종 문안합의를 극적으로 이뤄냈다. 우리 측이 원했던 정부의 기술표준 정책 추진 권한을 확보하면서, 기술표준 제정 절차에서 국내외 사업자의 의견 개진 기회를 부여할 수 있도록 절차적 투명성과 공정성을 보장한다는 내용이었다.

우리 주장을 관철하면서도, 상대방 주장 중 합리적인 면을 수용해 국내 제도 개선에 기여할 수 있는 절충안이었다. 최대 난제를 해결한 이 순간이 가장 짜릿했던 것 같다.

■ 이번 협상 중 재미있는 에피소드를 소개한다면.

➤중학교 3학년이 된 아들이 있는데 협상 때문에 아이에게 소홀하게 돼 늘 미안한 마음을 갖고 있다. 7차 협상을 위해 워싱턴에 다녀왔는데 아이가 그만 두는 것으로 돼 있던 수학학원을 계속 다니고 있었다. 어떻게 된 거냐고 묻자 아이는 자기도 엄마처럼 협상을 했다고 했다. 학원선생님에게 "1년을 다녔으니 마일리지를 적용해 1달을 공짜로 해 달라 그러면 열심히 더 공부하겠다"는 제안을 해 황당한(?) 협상을 성사시켰다는 것이다.

또 6차 협상 때 미국이 국경 간 정보이동과 관련, 강력한 내국민대우 의무를 요구하는 문구를 들고 왔다. 문구를 슬쩍 보니 도저히 받기 힘들어 본 척도 하지 않고 완전히 무시해버렸다. 그리고는 협상 후 작성하는 통합협정문에 이를 미국 측 문안으로 넣는 것도 거부하고 버텼다. 미국이 결국 포기했다.

■ **통신분야 협상에서 얻은 것과 잃은 것은.**

➤얻은 것은 정부의 통신분야 기술표준정책 추진 권한을 확보한 것이다. 또 양국 간 투자를 활성화하고 우리나라 통신서비스산업의 경쟁력과 소비자 혜택을 높이는 데 기여할 수 있게 됐다는 점이다. 다른 나라와의 통신분야 FTA 협상에서 우리가 더욱 공세적으로 나갈 수 있는 토대도 마련됐다.

딱히 잃었다고 할만한 것은 없는 것 같다. 다만 양국의 제도적 차이를 인정하는 틀 내에서의 의무사항을 규정하는 것을 원칙으로 했기 때문에 통신분야에서 아주 혁신적인 제도개선의 효과는 없을 것이다. 이 부분에 대해서는 정보통신부가 중장기 로드맵을 가지고 자발적으로 추진하고 있다.

■ **한미 FTA 협상의 의의는.**

➤한미 FTA 협상은 해외시장의 확보, 제도의 선진화 및 외국인투자 촉진 등 기본적인 FTA 추진목적에 부합하는 협상을 추구했고 결실을 맺었다. 앞으로 더 큰 과제는 이렇게 새롭게 만들어진 틀을 바탕으로 경쟁력을 강화하고 우리 경제.사회 시스템을 한 단계 업그레이드시키는 효과를 극대화할 수 있도록 국가 차원에서 유도해 나가는 것이다.

■ **향후 거대경제권과의 협상에서 우리가 미리 준비해야 할 부분이 있다면.**

➤인도와는 올해 말까지 타결하는 것을 목표로 협상 중인데 현재까지 순조롭게 진행되고 있다. 다음 달에 시작될 유럽연합(EU)과의 협상은 이미 오래전부터 준비해왔다. 한미FTA 협상과정에서 제기됐던 문제점들을 보완해 사전분석과 준비, 여론수렴, 국회보고 등을 착실히 해 오고 있다. 협상 자체를 잘 하는 것도 중요하지만 거대경제권과의 협상을 통해 어떻게 우리나라 경제를 업그레이드 시키고 성장동력을 확보할 것인지에 대한 명확한 비전과 청사진을 가지고 협상에 임하는 것이 중요하다고 생각한다. 또 한·미 FTA에서 미진한 부분이 있다고 판단되면, 한.EU FTA에서 관철해 나갈 수 있다.

■ **여성 통상협상가의 좋은 점과 어려운 점은.**

➤여성이라서 좋거나 어려운 점은 없다. 다만 여성들이 일반적으로 남성들보다 치밀하고 냉정하고 합리적으로 문제를 풀어가는 편이기 때문에 협상가로서의 강점이 있다고 생각한다. 우리 협상단의 4분의 1이 여성이었고 주로 젊은 층이지만 거의 모든 분과에 걸쳐 맹활약했다. 앞으로 이들이 경험을 쌓으면 우리도 미국처럼 여성이 주도적으로 통상협상을 이끌어나가는 시대를 열 수 있을 것이다.

■ **통상협상가를 꿈꾸는 후배들에게 조언을 한다면.**

➤국제기구공무원과 통상협상가를 모두 경험했는데, 이들 직업의 공통점은 겉으로 보기에는 매우 화려해 보여도 실제로는 매우 힘들고 고생스러운 직업이라는 거다. 하지만 글로벌시대에는 그만큼 보람 있고 도전해볼 만한 직업이라고 생각한다. 둘 다 고도의 전문성과 헌신적인 자세를 요구하고 어학을 포함한 복합적인 커뮤니케이션 능력이 필요하다. 늘 열린 마음으로 세상을 넓게 보면서 많이 알고 경험하려는 자세를 가지고 어학과 전공분야를 공부해나가는 것이 중요할 것 같다.

■ **앞으로의 꿈은.**

➤지금 맡고 있는 FTA 협상에 전념을 하면서, 힘이 닿는 대로 국제기구 또는 국제통상협상 분야에 진출하려는 후배들을 돕고 싶다. 언젠가는 전공이자 관심분야였던 국제개발협력 관련 일을 하고 싶다.

연합뉴스 2007. 4. 8.

∥ 최고경영자과정, 실습 · 체험 · 통섭형〈지식의 통합〉으로 업그레이드 ∥

할리데이비슨 타고, 사랑의 집 짓고, 젊음의 거리 찾고…
거리로 나온 '최고경영자 과정'
'폭탄주 사교클럽'은 옛말… 전문화 프로그램으로 승부 실습용 단편 영화에 출연해 배우 체험… 댄스도 배워 정보기술 등 전문분야 강좌 많아… 해외 탐방 수업도

CEO들을 위한 교육과 사교의 장인 최고경영자과정(AMP)이 진화하고 있다. 강의실에서 벗어나 할리데이비슨 모터사이클을 타며 마니아 문화를 체험하고, 서울 신사동 가로수길을 탐방하며 젊은이들이 사는 방식을 직접 느껴보기도 한다. 경영과는 무관한 인문학 강의가 인기를 끌고, 가수 겸 기획자 박진영씨나 드라마 '대장금'을 연출한 이병훈 PD 등 전혀 다른 분야의 전문가가 강연을 한다.

오는 3월 문을 여는 한양대 경영대 최고경영자과정(U-CEO) 수강생 50명은 할리데이비슨 모터사이클 마니아들과 함께 강원도 속초로 떠날 예정이다.

이른바 '호그족(HOG·할리데이비슨 마니아 커뮤니티)' 문화를 직접 체험하기 위해서이다. 수강생들은 호그족과 모터사이클을 함께 타고 해변 도로를 누비고, 1000여명이 모이는 마니아들의 파티에 참가해 할리데이비슨에 애착을 갖는 이유를 들어볼 계획이다.

유행을 선도하는 거리로 알려진 가로수길(서울 강남구 신사동)을 찾아 젊은이들과 대화를 나누며 그들의 사는 방식을 느껴보기도 한다.

▲ 서울 한남동 할리데이비슨 매장에서 소비자들이 모터사이클에 시승해 보고 있다. 한양대 U-CEO 과정 수강생들은 오는 5월 강원도 속초의 할리데이비슨 마니아 행사에 참여해 모터사이클을 직접 타보고 마니아 문화를 체험할 계획이다.

이 과정을 기획한 홍성태 한양대 경영학과 교수는 "요즘 최고경영자(CEO)들은 판에 박힌 강의 대신 '체험'에 목말라한다"며 "그래서 실제로 소비자들이 특정 브랜드에 애착과 충성도를 갖는 이유를 몸소 느끼게 만들고자 수업을 마련했다"고 말했다.

CEO들을 위한 교육과 사교의 장인 대학 최고경영자과정(AMP·Advanced Management Program ·키워드)이 진화하고 있다. 경영과는 무관한 인문학 강의가 인기를 끌고, 가수나 PD 등 전혀 다른 분야 전문가의 강의를 듣기도 한다.

서울과학종합대학원이 개설한 '4T CEO 지속경영 과정' 수강생들은 강원도 춘천으로 나무를 심으러 떠나는가 하면, 직접 목수가 되어 연장을 들고 빈곤층을 위한 사랑의 집 짓기 활동을 벌인다. 졸업식 때는 수강생이 직접 국제 규격에 맞춘 지속가능경영 보고서를 만들어 발표한다.

▲ 서울종합과학대학원 4T CEO 지속경영과정에 참가한 수강생들이 저소득층을 위한 사랑의 집짓기 활동에 참여해 함께 천장 부분을 조립하고 있다. / 서울과학종합대학원 제공

세계경영연구원이 개설한 '7SP 최고경영자 과정'은 교과서적인 경영 지식 대신 실전적인 경영 노하우를 집중적으로 가르친다. 주된 강의 내용이 '협상 노하우', '직원들에게 동기 부여하는 방법', '합리적인 의사 결정을 하는 방법' 등이다.

■ 날로 다양해지는 프로그램

최근 최고경영자 과정 프로그램은 경계가 없다. 경영학은 물론, 인문학과 엔터테인먼트 등 각종 전공을 자유자재로 넘나든다.

예를 들어 서울대 '인문학 최고지도자 과정(AFP)'에 참석한 CEO들은 노벨 문학상 수상작가 토니 모리슨의 작품을 통해 흑인 문학의 역사를 탐구한다. 연세대 최고경영자 과정은 건강 관리와 미술을 비롯한 교양 과목을 개설, CEO와 배우자가 부부 합반으로 함께 배우도록 한다.

한양대 '최고 엔터테인먼트과정'에 참여한 CEO들은 지난 학기에 드라마 '허준'과 '이산'을 제작한 이병훈 PD에게 감동적인 드라마를 연출하는 법을 배웠다. 실습용 단편 영화에 출연해 배우 체험을 하기도 했다.

▲ 지난 학기 한양대 최고 엔터테인먼트과정에 참여한 CEO들이 사교 댄스를 배우고 있다. /한양대 제공

미국과 중국, 일본을 비롯한 해외 탐방 수업은 거의 필수 코스로 자리잡았다. 강의는 캠퍼스에서 벗어나 호텔 연회장에서 저녁 식사를 겸해 열기도 한다. 서울대 인문학 최고지도자 과정은 서울 역삼동 서울대병원 강남센터에서 열린다. 삼일회계법인이 개설한 '삼일최고경영자과정(SMP)'은 서울, 부산, 대구의 호텔 3곳에서 동시에 열린다.

대학 관계자들은 대학과 각종 기관이 시행하는 최고경영자 과정이 200개를 넘을 것으로 추산한다. 워낙 전공과 내용이 다양하다 보니 한 대학이 10여개 이상 과정을 운영하는 경우도 쉽게 볼 수 있다. 서울대의 경우 기업의 최고경영자를 대상으로 한 과정(경영대, 비경영대 포함)이 26개에 이른다. 서울대에서 일반인이 수강할 수 있는 공개 강좌(44개) 중 절반이 넘는 숫자다.

최고경영자 과정 수강 인원이 보통 30~50명 정도임을 감안하면, 약 1만명의 CEO급 인재들이 공부에 열중하고 있는 셈이다. 2~3개 과정을 동시 수강하는 CEO도 적지 않다. 그럼에도 수강생은 날로 늘어나고 있다. 서울대·연세대·고려대·KAIST의 인기 최고경영자 과정은 항상 경쟁률이 2대 1을 넘는다.

■ 한국 특유의 네트워크, 학벌 문화 배경으로 성장

최고경영자 과정의 인기가 높은 이유는 새로운 경영 지식을 업데이트하려는 학구열 외에도 '인맥'과 '학벌'을 중시하는 한국의 특수한 문화 풍토 때문이다. CEO들은 각 분야 리더들과 함께 공부하면서 유용한 인맥을 구축할 수 있다. 많은 대학들이 최고경영자 과정 수료자에게 동문 자격을 부여하고 있어, 학벌이 부족한 CEO에게는 만회할 기회가 된다.

대학 입장에서도 최고경영자 과정은 환영할 만한 과정이다. 최고경영자 과정은 등록금이 적게는 300만원에서 많게는 1000만원이 넘는 고급 과정이므로 수강료 수입이 적지 않다. 하지만 이보다 더 큰 동기는 단기간에 다양한 기업인 동문을 확보함으로써 학교 발전기금을 모금하는 데 큰 힘이 된다는 점이다. 강의가 끝나면 수강생들은 각기 수백만~수천만원씩을 학교 발전기금 명목으로 기부하곤 한다.

■ 폭탄주 모임 줄이고, 전문화 잇달아

하지만 최고경영자 과정이 너무 흔해진 데다, 웬만한 기업인들은 이미 여러 과정을 수강한 터라 차별화해 달라는 수요가 높다.

한 기업인은 "계속 공부하고 싶은 마음은 있지만, 최고경영자 과정을 두번 이상 수강

하다 보면 같은 내용을 또 듣거나, 만났던 사람을 또 만나는 경우가 많아 더 나오겠다는 의지가 사라진다"고 말했다. 그는 "해외의 첨단 경영 지식도 학교보다는 기업이 먼저 파악하는 경우가 많다"고 말했다.

이러다 보니 만족도가 높은 특정 최고경영자 과정에 접수가 몰리고, 그렇지 못한 최고경영자 과정은 수강생 모집에 어려움을 겪는 양극화 현상이 일어나고 있다. A대학 교수는 "서울과 지방 대도시의 몇몇 대학을 제외하면 기업인들의 선호도가 많이 떨어져 정원의 절반을 채우지 못한다"며 "'물 관리'를 포기하고 '학벌'이 필요한 벼락부자들을 울며 겨자 먹기로 받기도 한다"고 전했다.

이에 대해 대학들은 크게 세 가지 방향으로 변화를 추진하고 있다. 가장 큰 트렌드는 공부의 깊이와 폭을 더하는 것이다. 한국과학기술원(KAIST), 서울과학종합대학원, 세계경영연구원의 최고경영자과정이 특히 경영 수업을 강조하는 최고경영자 과정으로 꼽힌다.

한국과학기술원의 '정보기술교육(AIM) 과정'은 수업에 글로벌 컨설팅 회사들이 함께 참여하며, 실제로 원가 우위나 제품 차별화를 이뤄낼 수 있는 방안을 연구한다. 서울과학종합대학원은 앞서 소개한 4T CEO 지속경영 과정 외에도 지배구조나 리스크 관리, M&A 과정을 통해 CEO들이 특정 분야의 심화 학습을 할 수 있도록 하고 있다.

최철규 세계경영연구원 부원장은 "2~3년 전부터 기존의 최고경영자 과정에 식상한 기업인들이 보다 심층적인 전문 지식을 다루는 최고경영자 과정을 선호하고 있다"며 "이들 과정에서는 다른 최고경영자 과정에서 흔히 볼 수 있는 사교성 '폭탄주' 모임과 부부 합동 수업을 찾기 어렵다"고 말했다.

교과서적인 분석 대신, 시의성을 보다 강화하는 과정도 큰 흐름이다. 고려대 최고경영자 과정은 이번 학기에 경제 위기를 맞아 국내외 역동적인 환경 변화를 분석하고 이를 헤쳐나갈 수 있는 혁신 경영기법을 주로 강의한다. 한국능률협회는 미국 와튼스쿨과 공동으로 최고경영자 과정(KMA)을 개설했다. 와튼스쿨 교수들이 경기 불황 극복에 유용한 지식을 강의한다.

전문화로 활로를 찾는 과정도 많다. 기존 과정들이 제공하는 일반적인 경영 지식과 달리, '틈새'에 해당하는 지식 시장을 개발한다.

예를 들면 서울과학종합대학원은 보안산업 CEO와 대기업 보안 담당자를 대상으로 한 '산업보안 최고경영자과정'을 추진 중이다. 아주대는 지난해 방송·통신·재난 방비·금융을 비롯한 IT 인프라의 중요성을 가르치는 '유비쿼터스 SOC 최고위 과정'을 신설했고, 한국지적재산권법제연구원은 지적재산권을 전문으로 가르치는 최고경영자과정을 신설했다.

윤은기 서울과학종합대학원 총장은 "(최고경영자 과정이) 과거처럼 고급 파티를 한다든가 사교 모임을 갖는 차원으로는 더 이상 수강생을 끌 수 없다"며 "심화 학습이나 봉사 체험을 통해 감성적인 뿌듯함을 얻을 수 있는 과정이 새로운 코드가 돼 가고 있다"고 말했다.

→ 최고경영자과정

주로 기업 CEO와 고위 임원, 고위 공무원 등을 대상으로 한 3~6개월의 단기 비학위 과정. 우리나라에서는 1975년 고려대와 1976년 서울대에서 개설되며 본격적으로 시작됐다. 1980년대부터는 경영학과가 있는 거의 모든 대학과 각종 기관이 최고경영자 과정을 열어 현재 전국적으로 200여개 과정이 있는 것으로 추산된다. 원래 대학 경영학 강의를 단기간에 배우는 성격이 강했지만, 최근에는 대학 강의와 차별화되는 실습형, 체험형, 통섭(지식의 통합)형 프로그램이 많이 개발되고 있다.

<IGM(세계경영연구원) 최철규 부원장·김한솔 연구원>

‖ 버럭은 下手… 高手는 스리쿠션으로 찌른다 ‖

[효과만점 화내는 기술]
칭찬으로 시작해 따끔히 질책…자존심 살려주며 끝내야 특효
후배 땜에 자꾸 감정 쌓일땐 글로 써보면 유치함 깨닫게 돼

대기업에 다니는 김모(35) 대리는 최근 다른 부서에서 온 다혈질 부장 때문에 스트레스가 이만저만이 아니다.

보고서에 오타라도 하나 발견되면 "이런 거 하나 제대로 못하나?"라고 화를 내고, 시키는 대로 보고서를 만들어 갔는데도 "내가 언제 이렇게 하라고 했어! 학교는 뒷문으로 들어갔나?"라고 질책한다. 전화를 좀 늦게 받는다고 "손가락이 부러졌느냐?"라고 비꼬기도 한다. 김 과장은 "처음엔 긴장해서 잘 해야겠다는 생각도 들었지만, 갈수록 반항심이 생긴다"고 말했다.

이래서는 회사에 오히려 마이너스가 되기 쉽다. 전문가들은 화를 자주 내는 것보다 '잘 내는 것'이 중요하다고 말한다.

◆ 화낼 때에도 원칙이 필요하다

화를 낼 때 가장 피해야 할 것은 일방적인 감정 분출이다. 단순한 '화풀이'가 아니라, 화를 내는 목적을 상기할 필요가 있다. 후배가 조직에 꼭 필요한 인재가 되도록 가르치는 게 목적이 돼야 한다는 것이다. 직장인 이모씨는 "단순히 자기 실적 때문에 화를 내는 상사는 싫다"며 "날 아끼는 마음에서 호되게 가르치는 상사는 나중에 고맙게 여기게 된다"고 말했다.

최철규 세계경영연구원 IGM 협상스쿨 원장은 "감정이 아닌 사실 중심으로 말하고, 과거가 아닌 미래를 이야기하라"고 조언한다. 지각을 자주 하는 후배에게 "당신은 왜 만날 지각이야?"라고 단순히 화를 내기보다 조용히 불러 "김 대리가 일주일에 세 번이나 지각을 하니 조직 규율이 무너질까 걱정이 된다. 사내 분위기나 김 대리 본인 평판을 위해서라도 조심해 줬으면 한다"라고 말하는 것이 효과가 있다는 것이다.

감정 조절이 잘 안 되는 상사라면 자기만의 격노(激怒) 원칙을 세우고 화를 내기 전에 한 번쯤 되새길 필요가 있다. '절대 욕은 하지 않는다' '뒤끝 없이 끝낸다' '한 번 실수는 용서하자' '후배들 보는 앞에서 혼내지 않는다'와 같은 원칙을 책상 위에 적어놓는 것이다. 임무경 더웰커뮤니케이션 원장은 "자기 감정을 글로 먼저 한번 정리해 놓는 것도 방법"이라며 "글로 써보면 그 감정이 얼마나 유치한지 깨닫게 된다"고 말했다.

◆ 여직원에게 화낼 때는 '스리쿠션'

직장 생활 4년차 여성 최모씨는 거의 매일 화를 내는 직장 선배 때문에 퇴사까지 고려하고 있다. 최씨는 "선배는 나 잘되라고 하는 얘기라고 하지만, 전혀 진정성이 느껴지지 않고 이런 수모를 당하면서까지 회사를 다녀야 하나 싶다"고 말했다.

직설화법에 익숙하지 않은 여성들에겐 조금 다른 접근 방법이 필요하다. 이정숙 유쾌한대화연구소 대표는 "여성들에게 화를 낼 때는 당구 칠 때처럼 '스리쿠션'이 필요하다"며 "칭찬을 먼저 한 번 해주고 시작하라"고 조언한다. "평소 그렇게 똑 부러지던 최 대리가 이번엔 왜 이런 실수를 했어? 더 실망시키지 않도록 잘하리라 믿어" 식으로 자존심을 살려주라는 말이다.

◆ 화를 무작정 안 내는 것은 가장 하수

최근 부하 직원이 잘못 쓴 보고서 때문에 상사에게 질책을 받은 김모(41) 과장은 후배에게 화풀이를 해볼까 하다가 "상사랑 똑같은 사람이 되지 말자"고 생각하며 화를 삭였다. 그러나 전문가들은 이렇게 화를 참기만 하는 것은 후배에게나 본인에게 모두 안 좋은 방법이라고 조언한다.

이정숙 유쾌한대화연구소 대표는 "후배 때문에 피해를 봤다는 생각을 하면 원망만 쌓이게 되고, 후배도 무엇을 잘못했는지 모르게 된다"고 말했다. 최철규 원장은 "화를 무작정 안 내는 것이 가장 하급(下級)이고, 중급은 화를 내는 것"이라며 "최선의 방법은 후배에게 화를 내기보다 '피드백(feedback)'을 해준다는 자세로 조언해주는 것"이라고 말했다.

‖ "솔직히 다 털어놔" 대신 "우리 아들놈이…"로 시작하라 ‖

부하직원 마음 여는 '면담의 기술'
사적인 얘기로 자아 자극하면 이야기 쉽게 끌어낼 수 있어
"자네 그러지 말게" 보다 "난 자네 행동에서 이걸 느꼈네"… You 아닌 I 화법으로 전달하고 마지막엔 핵심 내용 상기시켜야

대기업 계열 금융회사에 다니는 이모(39) 차장은 지난달 승진했다. 다른 업무야 승진하기 전부터 해오던 일이라 어지간히 손에 익었지만, 새로 맡은 부하 직원 13명과의 면담은 아무래도 쉽지 않다. 위에서는 월 1회 이상 개별 면담해 개선책을 내놓으라고 하는데, '초보 관리자' 이씨에게는 면담 자체가 민망하다. 짧은 면담으로 부하 직원이 현장에서 겪는 고충이나 직장 내 인간관계, 실적과 업무량을 파악하는 일이 쉽지 않다. 이씨는 "직원들도 내 앞에서 어색하게 앉아 있기 일쑤"라며 "면담 전문 요원들이 따로 있다는 다른 회사들이 부럽다"고 말했다. 전문가들은 성공적인 면담에도 노하우가 있다고 말한다.

◆ 상사: 지적은 분명히

부하 직원은 상사가 갑자기 "잠깐 회의실에서 볼까"라고 말하면 주눅부터 들기 쉽다. 긴장하고 들어온 방에서 말이 제대로 나올 리 없다. 이때 필요한 것이 면담 예고제다. "조금 후에 10분만 함께 얘기하고 싶은데 괜찮나" 식으로 면담을 미리 예고해 동의를 구한 뒤, 상대방이 마음의 준비를 할 수 있는 시간을 줘야 한다.

몇 가지 장치도 면담 분위기를 누그러뜨리는 데 도움을 준다. 상사와 부하 직원이 마주 보고 앉아 있으면 시선 처리가 애매해지기 쉽다. 차라리 처음부터 90도 떨어진 좌우 옆자리에 앉는 게 좋다.

자칫 딱딱해지기 쉬운 면담의 첫머리를 잘 여는 게 중요하다. 거두절미하고 본론부터 꺼내지 말고 윤활유를 쳐야 한다는 뜻이다. 전문가들은 '사생활 효과(privacy effect)'를 활용하라고 조언한다. '요즘 우리 아이가 말을 잘 안 들어서 힘들다'는 식으로 자신의 이야기를 먼저 꺼내 상대방의 공감을 얻어내는 방법이다. 표창원 경찰대 교수(심리학)는 "누구나 공감할 수 있는 사람의 이야기나 사건 등을 화제로 삼으면 상대방 자아의 일부가 자극돼 이야기를 쉽게 끌어낼 수 있다"고 설명한다.

▲ /게티이미지 멀티비츠 사적인 화제로 마음을 풀었다면, 이제 본론에 들어갈 차례다. 업무상 지적·전달사항이 있으면 명확하게 전달해야 한다. 다만 화법은 '자네 그러지

말게' 식이 아니라 '자네의 요즘 행동에서 난 이런 걸 느꼈네' 식이 좋다. 전자는 '유메시지(You-message·당신으로 시작하는 말)'로 상대방에게 책임을 묻는 거라면, 후자는 '아이 메시지(I-message·나로 시작하는 말)'로 나의 입장을 전달하는 방식이다. 면담이 어느 정도 마무리될 때도 그냥 자리로 돌아가면 안 된다. 이정숙 '유쾌한 대화연구소' 대표는 "면담을 끝낼 때 '고생하고 있는 것은 잘 아네. 근데 이건 바뀌리라 믿네'라고 말해 면담의 목적을 다시 상기시켜 주는 것이 필요하다"고 말했다.

◆ **부하 직원: 불만은 에둘러**

면담에서 부하 직원의 역할도 상사 못지않게 중요하다. 상사에게 자기의 의사를 표현하는 방법은 항상 염두에 두어야 할 1순위다. 면전에서 '부장님, 그건 아닌 것 같습니다' 식의 화법은 금물. 상사의 자존심은 항상 지켜줘야 한다. 이른바 '상사관리법(boss management)'이다.

최철규 세계경영연구원 협상스쿨 원장은 "미국 링컨 대통령이 암살됐을 때 품에서 '링컨은 역대 최고 정치인'이라는 내용의 오래된 신문기사 스크랩이 나왔다"며 "직장 상사도 링컨처럼 항상 품에 자존심을 넣고 다닌다는 것을 기억해야 한다"고 말했다.

하지만 해야 할 말을 완전히 누를 수는 없는 일. "부장님, 참고삼아 제가 다른 관점에서 몇 가지 얘기를 해도 될까요" 식으로 에둘러 말을 꺼내라고 전문가들은 조언한다. 미리 반대되는 얘기를 하겠다는 의사를 은근히 비춰 상대방의 동의를 구하는 절차다. 마지막으로 면담 장소를 나올 때 상사가 전하려고 했던 말을 간결하게 정리해 "부장님, 오늘 이런 얘기하신 것 맞죠" 식으로 확인하는 게 필수적이다.

<최철규 세계경영연구원(IGM) 협상스쿨 원장>

‖ "CEO 100인에게 물었다: 우리 정부의 협상력은 몇 점?" ‖

CEO 10명 중 1명만 "우리 정부 협상 잘한다"

IGM 협상스쿨(원장 전성철)이 지난 4월 14일부터 6일동안 국내 기업 CEO 101명에게 우리 정부의 협상 수준에 대해 물었다. 응답자 전체의 평균점수는 2.6점으로 '보통 이하'다. 응답자의 41.6%가 정부의 협상력에 보통(3점)보다 낮은 점수를 준 것. 한편 정부의 협상력을 '잘함' 수준의 4, 5점으로 책정한 응답자 비율은 11%에 그쳤다.

CEO 절반 이상은(53%) 정부가 '대국민 갈등 조정'에 특히 약하다고 답했다. 이는 신공항 백지화나 등록금 갈등, 과학벨트 추진과 세종시 이전 등 정부의 대국민 커뮤니케이션 능력의 부족을 지적한 결과다. 6자회담과 북핵관련 대북협상(27%) 등도 정부가 약한 협상 분야로 꼽혔다. 정부가 비교적 잘 하는 협상 분야를 묻는 질문에, 응답자의 59%는 '특히 강한 협상 분야가 없다'고 답했다. 그러나 FTA 등 통상협상(20%)이 상대적으로 강한 협상 분야로 꼽혔다.

정부의 협상력을 높이기 위한 방안으로는 '협상전문가 육성(32%)'이 대다수를 차지했다. 협상의 기본 원리를 갖춘 협상 전문가가 직접 협상에 임하는 것을 주요하게 인식한 결과다. 국민과의 소통을 위한 기본 조건인 신뢰를 위해 '정책의 일관성을 유지(26%)'해야 한다는 응답도 다수를 차지했다.

특히, '협상 결과에 대한 대국민 소통(29%)'이 두 번째 시급한 과제로 꼽혔다. 협상은 크게 두 단계로 구분된다. 1단계는 협상 당사자간의 결과를 도출하는 과정이고, 2단계는 협상 결과에 영향을 받는 이해관계자들을 설득하는 과정이다.

따라서 이러한 서베이 결과는 현 정부가 상대국 정부와 협상 결과를 도출하는 1단계 협상보다 협상 결과를 두고 국내 이해관계자와의 협상과 설득 과정을 위주로 하는 2단계 협상에 상대적으로 약하다는 것을 지적한 것으로 보인다. 협상 당사자는 물론, 국민들이 협상 결과를 이해하고 합의하게 조율하지 못해왔다는 현 정부에 대한 문제의식이 드러난 것.

이러한 서베이 결과에 대해 최철규 IGM 협상스쿨 부원장은 "정부는 1단계 협상은 물론 2단계 협상, 즉 국민과의 소통도 중요한 협상 요소로 생각해야 한다"며 "정부가 내부 구성원과의 소통에 미숙하다면 협상 상대와의 표면적인 윈윈 협상을 이룰 수 있을지 몰라도, 협상 결과로 인해 실질적인 영향을 받는 국민들을 만족시키긴 어려울 것."이라고 말했다. 그는 또한 "협상의 기본 원리를 습득한 협상 전문가를 육성해야 한다. 또한 협상 결과에 대해 국가 구성원이 충분히 이해하고 합의할 수 있도록 정보를 제공하고 내부 커뮤니케이션을 하는 2단계 협상력 강화에 힘써야 할 것"이라 제언했다.

이번 설문은 제조, 서비스, 금융, 유통, IT 통신 등 다양한 분야의 CEO들을 대상으로 했다. 조사 대상 CEO 들의 기업 매출 규모는 300억 원 미만 기업부터 1조 원 이상까지 다양했다.(그래프 5, 6). 응답한 CEO는 오너가 73%, 전문경영인이 27% 였다.

(2011년 4월 조선일보)

‖ '협상' 성공의 키포인트 ‖

살아가는 일은 끊임없이 타인을 설득하는 일입니다.

부하직원과 상사를 설득하고, 고객을 설득하고, 아내와 아이들을 설득하는 일들의 연속입니다. 그래서 설득에 능한 사람들이 자기 분야에서 성공할 가능성이 높아지게 됩니다.

협상에 대한 전성철 변화사의 책 글 가운데서 핵심적인 부분을 정리해 보았습니다.

1. 요구에 얽매이지 말고 욕구를 찾아라.

요구에 집착하면 협상을 망치고, 욕구에 집중하면 성공의 지름길이 보인다. 협상 테이블에 앉으면 자칫 요구밖에 보지 않는 실수를 저지를 수 있다.그러나 요구의 밑바탕에는 욕구가 있다는 사실을 명심해야 한다. 요구와 욕구의 관계는, 빙산의 보이는 부분과 보이지 않는 부분에 비유할 수 있다.

요구가 빙상의 일각이라면 욕구는 그것을 떠받치는 나머지 빙산이라고 할 수 있다. 중요한 것은 욕구지 요구가 아니다.

수면 위로 드러난 일각만 건드려서는 빙산 전체를 움직일 수 없다.그 밑에 있는 거대한 빙산을 움직이기 위해서는 상대방의 욕구를 찾아내고 그것을 만족시킬 수 있는 방법을 모색해야 한다.

2. 양쪽 모두를 만족시키는 창조적 대안을 개발하라.

상대방과 내가 둘 다 '요구'가 아니라 서로 '욕구'에 초점을 맞추면 십중팔구 양쪽 모두 만족할 수 있는 대안을 찾아낼 수 있다. 이 대안을 협상 전문 용어로 '크리에이티브 옵션(creative option)' 또는 '창조적 대안'이라고 한다.

3. 협상 이슈에 대한 준비만큼 중요한 것이 협상 외적인 요소

즉 문화, 시간 그리고 장소에 대한 준비다.

- 인도에서는 왼손으로 사람을 가리키는 것이 큰 실례다.
  우리나라에서는 어린아이의 머리를 쓰다듬는 것이 귀엽다는 표현이지만 미국에서는 무례한 행동이다. 따라서 문화적인 차이를 모르고 상대에게 접근할 경우 큰 오해가 생길 수 있다.
- 협상학에는 10대 90의 법칙이 있다.
  협상의 마지막 10% 시간에 90%의 합의가 이루어진다는 뜻이다. 처음에는 쉽게 양보할 수 있는 안건으로 시작해 '잘 되겠다'는 분위기를 만드는 것이 중요하다.
- 그리고 협상의 막바지에 민감한 주제가 많이 논의되는 만큼, 마무리를 잘 하는 것이 중요하다. 막바지로 향할수록 '끝내야 한다'는 생각 때문에 중요한 안건임에도 큰 고민 없이 양보를 해버리는 경우가 있다. 계약서에 서명을 하게 되는 순간까지 긴장을 늦춰서는 안 된다.
- 사람들은 자신에게 익숙한 공간에서 편안함을 느낀다.
  협상 역시 가능하다면 내가 편안함을 느낄 수 있는 장소에서 진행하는 것이 좋다.

4. 윈윈협상을 만들도록 노력하라.

상대방을 쥐어짜는 협상은 열에 아홉은 '소탐대실'의 결과를 불러온다. 따라서 협상은 상대방과 내가 모두 즐거운 윈윈 협상이 되어야 한다. 말하자면 상대방을 눌러 이기는 씨름이 아니라 서로 협력해 모두가 즐거워할 수 있는 댄스가 되어야 하는 것이다.

5. 숫자를 논하기 전에 객관적 기준부터 정하라.

협상이란 떡을 나누어 먹는 과정이다.

그렇다 보니, 협상의 양 당사자는 상대방이 자기보다 많이 먹으려 할 것이라고 의심하게 된다.따라서 상대방이 제시하는 숫자를 항상 의심의 눈길로 바라보게 되고, 그로 인해 그 숫자를 그대로 받아들이려 하지 않는다.

따라서 객관적 기준에 먼저 합의를 하는 것은 둘 사이에 있는 의심의 먹구름을 제거하는 좋은 수단이 될 수 있다.

이 때 필요한 것이 스탠더드(standard) 또는 '객관적 기준'이다. 객관적 기준에는 시장가격 혹은 신뢰할 만한 '제 3자의 결정', '관례' '전례' 등이다. 대부분의 경우 객관적이고 합리적인 기준을 설정하는 것이 양쪽 모두를 위해 가장 좋다.

먼저 객관적이고 합리적인 기준이 무엇인지에 대해 고민하고,

자신이 생각할 때 객관성이 가장 높은 기준을 제시하여 이를 상대방에게 진지하게 설명해야 한다.

-출처: 전성철-최철규, <협상의 10계명>, 웅진윙스, pp.1-92

제 16 장
국제통상협상의 전개

| 제1절 |

국제무역기구(ITO)설립추진 협상

1. ITO 설립추진 배경

제2차 세계대전 이후 미국과 영국을 중심으로 한 선진국들은 세계무역환경을 개선하기 위한 노력을 전개하였다. 특히 미국은 1930년 사상 최악의 보호무역법안인 '스무트-홀리 관세법'(Smoot-Hawley Tariff Act)제정이후 주요 교역상대국들과 관세인하 노력을 전개해 나갔다. 미국은 1934년에 제정한 '상호무역협정법'(Reciprocal Trade Agreement Act)을 근거로 1945년까지 32개 국가들과 쌍무적인 관세인하협정을 체결하였다.

미국은 당시 과거에 단행하였던 관세인상과 수량규제 등과 같은 보호무역조치를 반복하지 않겠다는 의지를 갖고 있었다. 미국은 더 나아가 다자간 무역체계를 중심으로 자유무역을 확대하는 것이 각국은 물론 세계경제의 성장, 번영, 안정, 평화를 가져다 줄 수 있을 것으로 믿게 되었다. 따라서 미국은 제2차 세계대전 이후 '브레튼우즈'(Bretton Woods)회의 때 무역을 관할할 국제기구 설립의 필요성을 인식하고 비슷한 생각을 하고 있는 영국과 캐나다와 함께 이를 타진한 바 있다. 그러나 브레튼우즈 회의에서는 국제통화기금과 세계은행의 설립만을 결정하고 무역을 관장할 국제기구의 설립은 본 의제에서 제외되었다. 미국은 1940년대 중반 자유무역의 확대와 관련하여 2개의 복안을 가지고 있었다. 하나는 상호무역협정법에 근거한 관세인하협상권이 1948년까지 연장된 것을 계기로 다자간관세인하 협정을 체결하는 것이고, 다른 하나는 1946년 2월에 개최된 UN의 경제사회이사회(UNESCO) 1차 회의 때 의결된 국제무역기구(ITO) 헌장을 제정하는 것에 적극 참여하는 것이었다. 이와 같은 배경하에 1947년 4월에서 11월까지 스위스 제네바에서는 세 가지 협상이 진행되었다. 첫째는 국제무역기구의 헌장 초안을 작성하기 위한 협상이고, 둘째는 관세인하를 위한 다자간 협상이었으며, 셋째는 관세협상 결과의 이행과 관련된 일반의무조항을 제정하기 위한 협상이었다. 그러나 관세인하와 이와 관련된 일반의무조항의 제정을 위한 협상은 제네바에서 마무리되었으나 국제무역기구의 헌장제정을 위한 협상은 결론을 맺지 못하고 추후 재개하기로 합의하였다.

1947년 11월 쿠바의 하바나(Havana)에서는 54개국이 참여한 가운데 국제무역기구(ITO : International Trade Organization)의 헌장을 제정하기 위한 회의가 재개되었으며 국제무역기구의 헌장을 최종적으로 1948년 3월에 완결되었다. 하바나 헌장(Havana Charter)에는 전통적인 관세 및 일반적 무역규제에 대한 규정 외에도 많은 민감한 조항들이 포함되어 미국, 영국을 비롯한 주요국가들간에 입장차이가 심했다. 즉 기업의 경쟁제한적 행위에 대한 규제조항, 광물과 곡물과 같은 1차산품에 대한 협정, 고용과 국내경제 상황에 따른 예외규정, 국제투자관련규정 등이 포함되어 많은 논란의 소지를 남기게 되었다.

2. ITO 설립의 실패

미의회는 하바나헌장의 비준 동의를 위한 정차를 밟지 않았으며 당시 미국의 투르먼(Truman)대통령은 1950년 비준동의 의뢰를 철회하였다.

이로써 ITO의 설립은 실패로 돌아가게 되었다. 미국이 국제무역기구의 설립을 반대한 데에는 많은 이유가 있었다. 가장 근본적인 이유는 무역관련법안의 제정을 통해 미국의 무역정책을 통제해 온 미의회가 국제무역기구에 의해 그 권한이 제한 받을 수 있다는 우려에 있었다. 또한 경쟁정책, 국제투자정책, 긴급수입제한조치 등 국제무역기구 협정에 포함된 많은 조항들에 대해 미국내 업계도 강한 불만을 표시하였던 것으로 알려지고 있다. 그렇다고 미국만 반대하고 다른 참가국들은 다 만족한 것은 결코 아니었다. 54개국이 참여한 협상이었기 때문에 각 나라의 이해가 달라 이슈별로 합의를 도출하기 매우 힘들었다.

특히 미국과 영국이 결정적인 영향력을 발휘했던 브레튼우즈 협상과는 달리 국내 정치적 상황에 따라 이들간에 입장 차이가 큰 경우가 많았다. 영국은 영국령 국가와 지역에 대한 우대조치 허용을 주장하였으며 다수의 유럽국가들은 국제수지를 근거로 한 긴급수입제한조치의 허용을 강력히 주장하였다. 또한 개도국들도 경제발전과 관련된 예외조항을 요구하였다. 하바나 헌장은 모근국가들의 요구사항을 만족시키기 위해 많은 타협안을 수용하게 되었으며 그 결과 어느 한 국가도 만족시키지 못하는 협정문이 되고 만 것으로 평가되고 있다.

3. GATT 체제의 출범

1947년 10월 스위스 제네바에서 다자간 관세인하 협상이 종료되자 이를 국제무역기구(ITO) 출범이후 함께 발효시키자는 의견과 관세인하 협정을 독립적으로 우선 발표시키자는 의견이 참가국들 사이에 엇갈려 나왔다. 협상 참가국들은 결국 관세인하협상 결과로 도출된 '관세 및 무역에 관한 일반 협정'(GATT)을 먼저 발효시키기로 합의하였다. 이러한 합의 도출에는 미국의 영향력이 결정적인 역할을 하였다. 즉 미국은 1948년에 미행정부에 부여된 관세협상 권한이 종료될 예정이어서 그 전에 GATT를 발효시키기를 원하였던 것이다. 다른 참가국들도 ITO설립이 불투명한 상황에서 관세인하협상 결과의 이행을 지연시키는 것은 문제가 있다고 보았다. 그러나 미국은 GATT의 체결도 국회의 비준동의가 필요한 것으로 판단되자 매우 어려운 상황에 빠지게 된다. 관세인하협상 결과의 수용이 국회의 비준동의가 요구되는 이유는 GATT의 제2부에 관세절차, 수량규제, 보조금, 반덤핑 관세, 내국민대우 등 실질적인 의무조항들이 포함되어 있기 때문이었다. 즉 이러한 의무조항들은 의회가 행정부에 부여한 협상권한 밖의 사항으로 간주되어 국회 비준동의가 필요해진 것이다. 당시 미의회는 행정부의 협상권한에 대해 매우 민감한 입장을 견지하고 있던 상황이어서 이러한 조항들이 포함된 GATT에 대해 부정적인 시각을 가지고 있었다. 영국, 프랑스, 독일, 캐나다, 호주 등 주요국가등도 자국의 이해관계가 심각하게 걸려있는 사항들이 포함된 GATT를 그대로 수용하기가 부담스럽게 느끼고 있는 실정이었다.

미국과 주요국들은 크게 두 가지 방법으로 이러한 어려움을 슬기롭게 극복해 나갔다. 첫째, GATT를 잠정협정안(Protocol of Provisional Application)으로 채택키로 하였다. 이로 인해 GATT를 수용하는 데 있어서 의회 비준동의가 필요없게 되었으며 GATT에 참여하는 국가들은 회원국이라고 하지 않고 체약국이라 일컫게 된 것이다. 둘째, GATT 제2부에 대해서는 조부조항(Grandfathreing Clause)을 적용시켜 기존의 무역관련 법안들을 예외로 간주해 주었다. 그 한 예로 미국의 상계관세 부과시 산업피해 검사를 하지 않아도 되었던 것은 동 제도가 GATT발효 이전에 이미 존재하고 있었고 조부조항을 통한 예외규정을 적용 받았기 때문이다. 그러나 그러한 법규나 제도가 새로 개정되면 예외가 될 수 없도록 함으로써 조부조항이 남용되는 것에 대비하였다. 따라서 GATT발효이후 출범한 유럽공동체(EC)는 조부조항에 따른 권리를 부여받지 못하였다. GATT발효 당시 조부조항에 근거하여 예외로 빠져 나왔던 법규와 제도를 이 시간이 지나면서 그 수가 많이 줄어들었다.

GATT는 처음부터 잠정협정안으로 출발하였기에 국제기구로 간주되지 않았다. 따라서 초기에는 정식 사무국도 없었으며 나중에 국제무역기구 설립을 위해 구성된 임시위원회가 GATT사무국 역할을 담당하게 되었다. 이렇게 잠정협정으로 출발한 GATT는 계속해서 정식 국제기구로 변신하려는 노력을 거듭하였으나 실패하였으며 1995년 세계무역기구 (WTO)로 확대・개편되면서 정식 국제기구로 탈바꿈하게 되었다.

| 제2절 |

케네디 라운드 협상

1. 케네디 라운드 협상의 개념

케네디 라운드(Kennedy Round)란 미국 대통령 케네디 (J. F. Kennedy)의 제안에 의하여 1964년 5월부터 1967년 6월까지 약 3년 동안 제네바에서 62개국이 참가한 가운데 개최된 여섯 번째의 대규모적인 다자간무역협상을 의미한다.

이 케네디 라운드의 정식 명칭은 'GATT체약국이 주최한 1964년부터 1967년까지의 무역회의'이다. 케네디 라운드는 국제무역을 저해하고 있는 관세장벽을 완화하여 무역자유화를 촉진하기 위하여 개최되었다.

2. 케네디 라운드 협상의 배경

1) 관세인하 협상방식의 결함

케네디 라운드는 종래 2국간 품목별 관세인하교섭에 의한 GATT관세인하 협상 방식의 결함을 해결하기 위해서 개최되었다. 제1차 관세인하협상부터 제5차 관세인하협상까지 5회에 걸쳐서 GATT는 양국간 품목별 관세인하교섭에 의하여 양국간 베이스로 어떤 상품의 관세율을 얼마만큼 인하시킬 것인가를 교섭했다. 그러나 이러한 방식은 협상회수가 거듭됨에 따라 이상 다자간무역협상의 결함에서 설명한 바와 같이 상당한 결함이 노출되었기 때문에 관세의 일괄인하방식의 채택이 필요하게 되었다.

2) 지역적 경제통합체의 결성

케네디 라운드는 당시 EEC 등 지역적 경제통합체의 대외 공통관세율울 인하시키기 위하여 개최되었다. 당시 EEC · EFTA등 경제통합체는 역내우선주의와 역외차별주의에 입각하여 통합체 내부의 국가에 대하여 관세를 철폐하거나 인하하는데 반하여, 통합체 외부의 국가에 대하여 공통적으로 적용되는 고율의 차별관세를 부과하였다. 경제통합의 대외 공통관세율을 인하 하는데 반하여, 통합체 외부의 국가에 대하여 공통적으로 적용되는 고율의 차별관세를 부과하였다. 결제통합체의 대외 공통관세율을 인하시키기 위해서는 세계 주요국가들이 적용하고 있는 관세율이 일괄인하가 필요하게 되었다.

3. 케네디 라운드 협상의 특징

1) 관세의 일괄인하 방식

케네디 라운드에서는 종래 양국간 품목별 관세인하교섭 방식이 지양되고 관세의 일괄인하 방식이 채택되었다. 이러한 방식이 채택된 것은 종래의 관세교섭 방식에는 교섭횟수가 거듭됨에 따라 상당한 결함이 드러나게 되었고, 더욱이 당시 EEC · EFTA등 지역적 경제통합체의 결성 등으로 말미암아 관세의 일관인하가 불가피하게 되었다. 따라서 케네디 라운드에서는 이러한 점으로 말미암아 극히 소수의 예외를 제외하고 실질적 관세일괄인하 방식이 채택되었으며, 당시 그 일관인하가 불가피하게 되었다. 따라서 케네디 라운드에서는 이러한 점으로 말미암아 극히 소수의 예외를 제외하고 실질적 관세일괄인하 방식이 채택되었으며, 당시 그 일괄인하폭은 40%를 원칙으로 하였다. 이 원칙을 중심으로 실제의 관세교섭이 전개된 것은 GATT의 역사상 획기적이었다. 이 원칙은 당초의 목표대로 실현되지 않았으나 각국이 관세를 양허한 3만여 품목가운데 50% 또는 그 이상의 관세인하가 실현된 품목이 많았다고 아는 점은 주목할 만하다.

2) 관세인하협상대상품목의 다양화

관세인하협상 대상품목은 종래 광공업품에만 집중되었으나 케네디 라운드에서는 광공업품만 아니라 농산물 등 1차 산품도 포함되었다. 각국은 국내농업을 보호하고 농업소득을 안정시키기 위하여 농산품 수입에 대한 관세 및 비관세 등 제한조치를 취했기 때문에 종래의 관세인하협상에서는 농산물의 협상대상 범위가 극히 제한되었다.

그러나 케네디 라운드에서는 농산물의 수출입의 중요성이 인정되어 이의 수출확대를 위하여 농산물의 전면적으로 협상대상품목에 포함되었다. 그러나 실제의 협상과정에서 GATT는 농업보호상태를 단적으로 표시하는 국내생산자지지가격에 대하여 교섭하려고 고집했고, 한편 미국은 무역확대를 위하여 관세 등 수입제한조치에 대하여 교섭하려고 고집하였기 때문에 결국 농산물에 대한 교섭은 관세인하를 중심으로 마무리되었다.

3) 개발도상국 주요품목에 대한 무역장벽완화

케네디 라운드에서 선진공업국은 개발도상국의 주요 수출관심품목에 대한 무역장해를 가급적 완화시키려고 노력했고, 이와 더불어 선진공업국은 관세교섭시에 개발도상국들과의 상호주의를 기대할 수 없다는 점을 인식하게 되었다. 따라서 선진공업국은 관세교섭시에 개발도상국에 대하여 상호주의를 요구하지 않았으나, 개발도상국은 선진공업국의 관세인하 등에 불만을 가졌다.

4) 비관세장벽의 교섭대상취급

케네디 라운드에서는 관세장벽뿐만 아니라 비관세장벽도 교섭의 대상으로 취급되었다. 그러나 종전의 GATT의 관세인하협상에서는 비관세장벽의 협상대상으로 취급되는 경우는 극히 적었고, 더욱이 실제적인 면에서 그 성과가 이루어진 경우도 드물었다. 케네디 라운드 교섭에 있어서는 특정국의 상품에 대한 차별대우를 제거할 수 있는 방법이 검토되었고, 또한 관세인하의 성과가 비관세 장벽에 의하여 상쇄되거나 또는 무효화 되지 않도록 일련의 방법이 검토되었다 비관세장벽이 협상대상에 포함된 것은 GATT 가맹국간에 관세 인하되어 무역자유화가 진전됨에 따라 비관세장벽은 무역확대를 저해하는 요인으로 적용했기 때문이었다.

4. 케네디 라운드 협상의 성과

1) 관세장벽의 완화

케네디 라운드는 교섭가맹국수・관세양허품목수・관세인하율・인하품목의 무역액 등으로, 감안해 볼 때, GATT의 수차의 관세인하교섭 성과 중 획기적 협상이었다. 케네디 라운드에 참가한 62개 국가 중 우리나라를 비롯한 37개국가는 본 교섭에서 관세의 인하를 양허하는데, 당시 세계무역총액의 역 75%를 차지했던 이들 37개국이 양허한 300,300종이었고 그 무역액은 400여 달러에 달했다. 이는 딜론 라운드(Dillon Round)에서 양허된 품목수 4,400종의 7.5배에 해당되며, 또한 그 무역액 50억달러의 8배에 해당된다. 뿐만 아니라 관세의 평균인하율은 딜론 라운드에서는 7%에 지나지 않았으나 케네디 라운드에서는 35%였다. 그리고 케네디 라운드에서 양허된 품목수는 GATT가 창설된 이래 5차에 걸친 총양허품목수 65,000종에 비하여 거의 절반에 해당된다. 이는 실질적으로 전산업에 걸친 관세인하라고 볼 수 있다.

2) 비관세장벽의 협상대상취급

케네디 라운드의 성과는 관세를 일괄적으로 인하시킨 것뿐만 아니라, 관세장벽 이외에 비관세장벽문제도 협상대상으로 취급하여 이를 경감시켰다는 점이다. 케네디 라운드에선 타결된 비관세장벽의 완화 등 기타의 문제는 다음과 같다. ①ASP(American Selling Price)협상, ② 덤핑방지규약 및 곡물협정, ③ EEC의 자동차도로세의 개선에 관한 약속, ④이탈리아 對일자동차의 자유화에 관한 약속, ⑤수입을 국가가 관리하고 있는 폴란드 및 그 외 국가의 수입증가에 대한 약속 등이었다.[33]

| 제3절 |

도쿄 라운드 협상

1. 도쿄 라운드 협상의 목적

도쿄 라운드(Tokyo Round)란 GATT의 주재하에서 1973년 9월부터 1979년 4월까지 약 5년 동안 일본 동경에서 99개국이 참석한 가운데 개최된 일곱 번째의 대규모적인 다자간무역협상을 의미한다.

도쿄 라운드의 개최목적은 다음과 같다. ① 국제무역의 확대를 저해하는 모든 무역장벽을 점진적으로 철폐하고 국제적인 무역규범을 개선함으로써 세계무역의 자유화와 확대를 실현하여 전 인류의 복지를 증진시킨다. ② 개발도상국의 수출의 확대 및 다양화, 외화수입의 증대, 수출관심품목의 대외시장조건의 개선 등을 도모한다.

2. 도쿄 라운드 협상의 배경

1) 무역장벽의 상존

도쿄 라운드가 개최될 무렵에는 무역장벽이 상존해 있었다. 케네디 라운드의

33) 신현종, 세계통상정책론, 박영사, pp.323~326.

관세일괄인하에 따라 종래의 관세율은 상당히 높아서 무역자유화가 저해되었다. 그리고 이 관세장벽뿐만 아니라 비관세장벽이 더욱 더 강화되어 국제무역의 확대가 억제되지 않을 수 없었다. 따라서 이러한 무역장벽을 완화함으로써 무역자유화를 촉진하기 위하여 도쿄 라운드가 개최된 것이다.

2) 국제경제의 침체

도쿄 라운드가 개최될 무렵에는 국제경제가 침체되었다. 1973년에 야기된 제1차 석유파동으로 인하여 세계 각국에서는 석유가격이 폭등하고, 이에 따라 물가가 폭등 한데다가 경기는 현저히 침체되었다. 이 스태그플레이션(Stagflation)은 국제무역의 확대를 저해시킬 뿐만 아니라 보호무역주의를 한층 더 강화 시켰다. 따라서 석유파동에 따른 국제경제의 침체를 해소하기 위하여 도쿄 라운드가 개최된 것이다.

3) 남북문제의 심화

도쿄 라운드가 개최될 무렵에는 남북문제가 심화되었다. 1960년대 초에 본격적으로 대두된 남북문제로 말미암아 UNCTAD가 개최되었고, 이 UNCTAD 총회에서는 개발도상국의 경제개발과 수출증대를 도모하기 위하여 일반특혜관세제도를 마련했다. 그러나 이 제도만으로는 남북문제를 기본적으로 해결할 수 없게 되자 개발도상국은 새로운 다자간무역협상의 개최를 요구했었다. 남북문제의 심화도 도쿄 라운드를 개최하게 된 하나의 동기이다.

4) 지역적 배타주의의 확산

도쿄 라운드가 개최될 무렵에는 지역적 배타주의가 확산되었다. 당시 EEC는 1968년 역내관세를 철폐하고 1972년 영국 · 에이레 · 화란 등을 가입시켜 유럽경제공동체를 확대시켰으며, 구 식민지 종속국들과도 특혜적 무역협정을 체결하여 역내우선주의 · 역외차별주의를 강화하는 등 지역적 배타주의를 고조시켰다. 또한 개발도상국에서도 지역적 경제통합체의 결성을 추진하고 석유파동에 따른 자원민족주의를 강화했다. 이러한 지역적 배타주의를 완화하고 세계경제를 다극화를 억제하기 위하여 도쿄 라운드가 개최된 것이다.

3. 도쿄 라운드 협상의 특징

1) 협상대상의 포괄성

도쿄 라운드는 종래 개최된 일반관세 협상이나 다자간무역협상에 비하여 그 협상대상이 매우 포괄적이었다. 케네디 라운드까지의 다자간무역협상의 대상은 주로 관세율 인하였으나 도쿄 라운드의 협상대상은 관세율인하뿐만 아니라 비관세 장벽, 개발도상국우대조치, 농산물무역 등이 포함되었다. 도쿄 라운드의 이러한 협상대상 중에 가장 중점적으로 논의된 것이 비관세 장벽이었다.

2) 개발도상국 우대조치

도쿄 라운드에서는 개발도상국에 대한 우대조치가 진지하게 논의되었고, 이 논의과정에서 개발도상국이 선발 개발도상국과 후발개발도상국으로 분류되어 이들 국가에 대한 상의한 대우부여가 합의 되었다. 즉 후발개도국에 대해서는 더욱 유리한 특혜를 부여하고, 이에 반하여 선발개도국에 대해서는 개발도상국 졸업개념을 도입하여 특혜공여를 축소하는 동시에 GATT의 의무를 이행하도록 했다.

3) 협상주체의 확대

도쿄 라운드에서는 많은 국가가 참가했으며 개발도상국도 선진공업국과 더불어 협상의 주체적 역할을 담당하였다. 케네디 라운드에 참가한 국가 수는 54개국이었으나 협상주체는 주로 미국과 EC 국가이었다. 그러나 도쿄 라운드에서는 개발도상국도 협상의 주체적 역할을 하였다. 이는 개발도상국의 국제정치경제적 지위가 그만큼 신장된 것을 의미한다.

4. 도쿄 라운드 협상의 성과

1) 비관세장벽부문의 협정체결

도쿄 라운드에서는 비관세 장벽 부문의 협정이 체결되었다. 과거 케네디 라운드까지만 하더라도 무역협상대상은 주로 관세장벽부문이었다. 그러나 도쿄 라운드에서는 관세장벽뿐만 아니라 비관세장벽도 협상대상으로 삼아 이 비관세장벽을 완화시키려고 집중적 논의가 추진되었다. 도쿄 라운드에서 비관세장벽이 주요한 협상대상으로 상정된 것은 과거 케네디 라운드까지 다자간 무역협상에 따라 선진공업국의 공산품의 관세율이 10%이하로 인하된 데 반하여, 비관세장벽문제는 해결되지 않았기 때문이다. 비관세장벽문제는 케네디 라운드에서도 상정되었으나 이 문제가 제대로 해결되지 않게 되자 비관세장벽은 국제무역의 확대를 저해하는 기본적 요인으로 작용하게 되었다. 즉 당시 비관세장벽은 무역규제의 주요한 정책수단으로 이용되었다. 도쿄 라운드에서는 GATT가맹국으로부터 통고받은 850여 유형의 비관세장벽을 분류하여 일부에 관한 협정을 체결하였다.

2) 개발도상국 우대협정 체결

도쿄 라운드에서는 개발도상국에 대한 특별 우대협정이 체결되었다. 도쿄 라운드에서 합의된 개발도상국에 대한 특별 우대조치로서는, ① 선진공업국의 對개발도상국 우대조치의 실시 및 이 조치의 합법화, ② 개발도상국 상호간의 우대조치의 부여 및 이 조치의 합법화, ③ 선진공업국의 對개발도상국 비상호주의의 인정, ④ 개발도상국의 구제수지상의 목적을 위한 수량제한 조치의 인정 등을 들 수 있다.

도쿄 라운드는 이러한 배경 하에서 개발도상국의 수출확대를 통한 경제성장을 지원하기 위하여 개발도상국 우대조치를 마련한 것이다. 이 우대조치에 따라 GATT가맹국은 최혜국대우 원칙에도 불구하고 개발도상국에 대하여 일반특혜관세를 공여하는 등 우대조치를 실시할 수 있었으며, 개발도상국 상호간에도 우대조치를 부여할 수 있었다. 그리고 후발 개발도상국은 더욱 유리한 우대조치를 의미하는데, 이 조치는 무차별원칙을 지도이념으로 한 GATT의 기본정신에 위배되었으나 이 우대조치는 도쿄 라운드에서 합법화·정당화되었다는 것은 매우 주요한 성과라고 볼 수 있다.

그리고 도쿄 라운드에서는 선진공업국이 무역협상을 추진할 경우 개발도상국에 대하여 관세율의 인하 등을 대가로 이에 상응하는 고치를 기대하지 않기로 합의되었다. 이는 선진공업국이 개발도상국에 대하여 상호주의를 요구하지 않을 것을 약속한 것을 의미한다.

3) 개발도상국 졸업개념의 도입

도쿄 라운드에서는 선발개발도상국에 대한 무역준칙이 명문화되었다. 이 무역준칙은 개발도상국이 지속적인 경제성장을 달성할 경우 개발도상국의 범주에서 제외되며, 이 범주에서 벗어난 개발도상국(이는 선발개도국, 중진국 또는 신흥공업국을 지칭한다)은 GATT의 의무를 수행해야 하는 것을 규정한 규범이다. 선발개도국에 대한 무역준칙의 핵심은 개발도상국 졸업조항이다. 어느 개발도상국이 지속적인 경제성장으로 개발도상국 졸업조항의 적용을 받게 되면, 그 나라는 선발개도국으로 인정되어 남북문제를 해결하기 위하여 선진공업국이 개발도상국에 공여하고 있는 일반특혜관세제도 상의 혜택을 받을 수 없게 된다. 개발도상국 졸업조항은 개발도상국에 대한 권능부여 조항(Enabling Clause)으로서 이른바 졸업개념을 규정한 것을 말한다. 도쿄 라운드에서 처음으로 도입된 졸업개념에 따라 최근 선진공업국은 일반 특혜관세제도의 졸업정책(Graduation Policy)을 실시하고 있다. 일반특혜관세제도(Generalized System of Preference: GSP)의 졸업, 즉 GSP 졸업이란 종래 GSP의 혜택을 받아오던 개발도상국이 지속적인 경제개발을 통하여 1인당 GNP를 증가시키고 수출상품의 국제경쟁력을 강화시킴에 따라 GSP 공여국이 이들 개발도상국을 국별로 GSP 수혜대상국애서 제외시키나 또는 일부국가의 일부 특정 품목을 GSP 수혜대상품목에서 제외시키는 것을 의미한다. 도쿄 라운드에서 개발도상국 졸업개념이 처음으로 도입되었다는 것은 매우 주목할 만하다.

4) 국제관리무역체제의 조성

도쿄 라운드의 다자간무역협상의 결과로 국제관리무역체제가 조성되었다. 도쿄 라운드의 개최목적은 모근 무역장벽을 점진적으로 철폐하여 무역자유화와 무역확대를 추구한다고 하면서도 도쿄 라운드에서는 실제적인 면에서 선진공업국이 보호무역주의를 합병화할 국제통상 상의 근거가 마련되었다. 그 대표적인 국제무역관리협정이 다자간 섬유협정이다. 다자간섬유협정은 분명히 GATT의 기본원칙인 최혜국대우와 일반적 수향규제 금지조항에 위배된 것이다. 1979년에 개정된 미국의 통상협정법이 도쿄 라운드에서 타결된 통상협정과 일치하고 있는 점은 도쿄 라운드가 무역자유화에 이바지한 점도 크지만 보호무역주의의 합법화를 조성했다고 볼 수밖에 없다.

| 제4절 |

우루과이 라운드(UR) 협상

1. UR 협상의 추진과 목적

우루과이 라운드(Uruguay Round)란 1986년 7월 21일부터 1993년 12월 15일가지 약 7년 동안 스위스 제네바에서 추진된 여덟 번째의 다자간무역협상을 말한다. 약 7년 동안 스위스 제네바에서 추진된 여덟 번째의 다자간무역협상을 말한다. 우루과이 라운드는 우루과이 푼타 델 에스테(Punta Del Este)에서 채택된 GATT각료선언에 따라 추진되었다.

우루과이 라운드는 1983년 5월 윌리암스버그 경제정상회담에서 최초로 제기되어 그 해 11월 미·일정상회담을 계기로 본격적으로 논의되기 시작하였다. 그 후 1985년 11월 제41차 GATT 총회에서는 새로운 다자간무역협상의 목적·의제·추진방식 등을 다루기 위한 준비위원회 설치에 합의하였으며, 이 합의에 따라 설치된 준비위원회는 1986년 수차에 걸친 회의를 통하여 다자간무역협상의 개최를 추진하기 시작하였다. 이 준비과정에서 각국간에는 서비스 무역·지적재산권보호·무역관련투자 등 여러 가지 문제를 둘러싸고 상당한 논란이 야기되었다. 이 결과로 말미암아 1986년 7월 GATT 각료회의에 제출된 각료선언문의 초안은 단일안이 채택되지 못하고 각국의 의견이 반영된 3개안이 제출되었다. GATT 각료회의에서는 이 3개안에 대한 토의를 거쳐 단일의 각료선언문을 채택하게 된 것이다.

2. UR 협상의 배경

1) 신보호무역주의의 만연

우루과이 라운드가 추진될 당시에는 신 보호무역주의가 만연되었다. 우루과이 라운드가 최초로 제기되었던 1983년부터 이의 개최를 위한 1986년 GATT 각료선언까지만 하더라도 국제무역질서는 무역자유화가 현저히 후퇴되고 무역보호조치가 기승을 부렸다. 당시 무역보호호조치가 기승을 부렸던 것은 각국이 그들의 국내산업 · 국내고용 · 국제수지 등을 보호하기 위하여 수입규제조치를 강화했기 때문이다.

수입규제조치의 정책수단으로는 관세 · 수입할당제 · 반덤핑관세 · 상계관세 등 전통적 수입규제정책수단뿐만 아니라 수출자율규제 · 시장질서협정 등 새로운 수입규제정책수단이 채택되었다. 이러한 신 보호무역주의를 완화하기 위하여 새로운 다자간 무역협상의 개최가 요구되었다.

2) GATT 기능의 약화

우루과이 라운드의 개최가 추진될 무렵 GATT의 기능이 약화되었고 GATT에 대한 가맹국의 신뢰도도 저하되었다. GATT는 무역자유화와 최혜국대우의 기본원칙하에서 국제무역의 확대에 상당한 기여를 했으나 국제경제구조의 급진적 변혁으로 말미암아 무역자유화가 무역보호화로 전환되고 최혜국대우의 원칙이 점진적으로 깨어짐에 따라 그 기능이 현저히 약화되었다. 그리고 GATT는 국제무역질서의 급진적 변혁과 자국이익 우선주의에 능동적으로 기민하게 대처하지 못했기 때문에 이에 대한 가맹국의 신뢰가 저하되지 않을 수 없었다. 따라서 GATT의 기능을 강화하고, 이에 대한 신뢰도를 제고하기 위하여 새로운 다자간무역협상이 필요하게 된 것이다.

3) 새로운 무역부문의 대두

국제경제구조의 급진적 변혁으로 인한 새로운 무역부문이 대두됨에 다라 새로운 다자간무역협상이 요청되었다. 과학기술이 발달하여 고도기술 첨단상품이 개발되어 그 무역량이 증대되고 산업이 발달하여 서비스 무역의 비중이 증대됨에 따라 이러한 새로운 무역부문에 관한 국제적 협정의 체결이 필요하게 되었다. 그 대표적 부문이 서비스 무역 · 지적재산권 보호 · 무역관련투자 등이 있다. 이러한 부문을 둘러싸고 GATT 가맹국간의 마찰이 심화되고 있기 때문에 이를 GATT의 체제 하에서 국제적으로 타결하기 위하여 새로운 무역협상이 요청되었다.

4) 개발도상국의 욕구증대

개발도상국의 수출확대를 통한 경제성장의 욕구를 해결하기 위하여 다자간 무역협상의 개최가 불가피했다. 개발도상국의 경제개발과 수출확대는 그동안 국제적 노력에도 불구하고 좀처럼 해결되지 않았다. 그러므로 개발도상국 문제가 제기되지 않을 수 없었다. 따라서 개발도상국의 對선진공업국 시장접근의 기회를 확대하고 개발도상국의 자조적 노력을 자원함으로써 그들의 생활수준의 향상을 위하여 새로운 다자간무역협상이 필요하게 된 것이다.

3. UR 협상의 특징

1) 협정대상의 다양화

우루과이 라운드는 도쿄 라운드보다 그 다자간무역협상의 대상이 매우 다양하고 포괄적이었다. 이 다자간무역협상에서는 관세장벽과 비관세장벽이 주요한 협상대상으로 채택되었을 뿐 아니라 서비스무역・지적재산권・무역관련투자・선적 전 검사・원산지규정・분쟁해결절차 등 국제무역이 직면하고 있던 모든 현안이 협상대상으로 채택되었다. 그리고 우루과이 라운드에서는 각 의제가 포괄적으로 처리되었다.

2) 신보호무역주의에 대한 도전

우루과이 라운드는 비관세장벽이 강화된 신 보호무역주의 하에서 추진되었다. 도쿄 라운드까지 일곱 차례에 걸친 다자간무역협상에 의한 관세율의 대폭적인 인하로 말미암아 관세는 무역장벽으로서의 기능이 현저히 약화되었다. 따라서 비관세장벽이 관세에 대신하여 주요한 무역장벽으로 대두되게 되었다.

4. UR 협상타결과 국제무역질서

1) 국제분업구조의 개편

우루과이 라운드가 타결됨에 따라 국제분업구조가 급격히 개편될 것으로 보인다. 국제분업구조가 개편은 생산부문에서뿐만 아니라 서비스 부문 등 세계경제의 모든 부문에 걸쳐 이루어지게 될 것이다. 그것은 우루과이 라운드 다자간 무역협상 타결로 모든 경제부문에 걸쳐 관세장벽과 비관세장벽이 철폐되거나 혹은 대폭 완화됨으로써 세계적 무역자유화가 촉진되기 때문이다. 상품무역의 자유화가 촉진되면 국제적으로 비교우위에 있는 산업은 생산특화를 높여 그 산업구조를 강화시킬 수 있게 될 것이다. 그러나 비교열위를 면치 못하고 있는 산업은 외국의 강력한 국제경쟁력을 갖춘 산업과의 치열한 경쟁에서 쇠퇴할 수밖에 없게 될 것이다. 이와 마찬가지로 서비스 무역의 자유화가 촉진되면 국제적으로 비교우위에 있는 서비스 산업은 5대양 6대주 세계 어느 서비스 시장으로라도 진출할 수 있고 그 서비스산업구조를 강화시킬 수도 있게 될 것이다. 그러나 비교우위도 약하거나 혹은 비교열위에서 벗어나지 못하고 있는 서비스 산업은 외국의 강력한 경쟁력을 갖춘 서비스 산업과의 경쟁에서 쇠퇴하지 않을 수 없게 될 것이다. 따라서 우루과이 라운드 타결로 경제적 국경의 개념이 사라지고 비교우위의 원칙에 따라 모든 산업이 특화를 하게 되고 외국으로 진출을 하게 될 경우 국제비교우위도가 높은 산업의 생산·판매·수출 등 모든 경제활동은 활성화하여 그 결제구조는 그 전에 비하여 한층 강화되게 마련이다. 그러나 국제비교우위도가 낮은 산업은 치열한 국제경쟁에 배겨내지 못하고 소멸 될 수 없게 될 것이다. 따라서 우루과이 라운드 타결된 이후의 세계경제하에서는 각국의 산업의 국제비교우위도가 국제분업구조의 재편성을 결정하는 기본적 요인으로 작용하게 될 것으로 전망된다.

우루과이 라운드가 타결되어 세계의 상품시장과 서비스시장이 전면적으로 개방됨에 다라 자본이 풍부하고 기술수준이 높은 선진 여러 나라의 산업구조는 첨단기술 집약산업 등 제조업을 중심으로 하는 생산 산업구조와 금융산업 등을 근간으로 하는 서비스 산업구조로 개편될 것으로 전망된다. 그것은 선진 여러 나라에서는 이들 산업부문이 비교우위를 확보하고 있기 때문이다. 한편 노동이 풍부하여 임금이 싼 개발도상국들의 산업구조는 섬유산업 등 노동집약 산업을 뼈대로 하는 산업구조로 재편성 될 것이 뻔하다. 개발도상국에서 보호·육성되고 있는 기술집약상업 등은 세계시장의 전면적 개방과 선진 여러 나라의 기술이전 거부로 전략적인 특화산업으로서의 위상이 약화되지 않을 수 없게 될 것이다.

2) 지역적 경제블럭의 강화

우루과이 라운드 타결을 지역적 경제블럭을 강화시킬 가능성이 클 것으로 전망된다. GATT주재 하에서 추진된 다자간무역협상의 본래의 목적은 경제적 지역주의를 완화시키고 세계적 무역자유화를 추구하는 데 있었던 것이 사실이다. 1967년 타결된 케네디 라운드(Kennedy Round)만 하더라도 미국은 EEC의 배타적 지역주의를 타파하기 위하여 이를 추진시켰고, 1993년에 타결된 우루과이 라운드 역시 미국은 '유럽의 경제요새'로 변모해 가고 있는 EU의 무역장벽을 허물기 위하여 이를 추진시켰던 것이 사실이다. 그러나 케네디 라운드가 타결되었으나 EEC의 배타적 지역주의는 완화되기는커녕 오히려 강화되어 온 것이 사실이다. 이러한 점에 비추어 보면 우루과이 라운드가 타결되었다고 해서 EU・NAFTA등 서방경제블럭(Western Economic Bloc)을 주축으로 하는 지역주의가 완화되리라고 기대할 수 없을 것이다.

3) 상품무역자유화의 촉진

우루과이 라운드 다자간무역협상이 타결됨에 따라 세계 차원의 상품무역 자유화가 지속적으로 실현될 것으로 전망된다. 그 이유는 우루과이 라운드 타결로 종래 상품의 국제적 이동을 규제해 오던 관세장벽과 비관세장벽이 대폭적으로 완화되었기 때문이다.

우루과이 라운드 타결로 무역장벽이 현저히 완화될 조짐을 보이고 있는 것은 이 다자간무역협상에서 관세・농산물・섬유 및 의류・반덤핑・보조금 및 상계관세・긴급수입제한조치 등의 협정이 체결되었기 때문이다.

4) 서비스 시장의 개방확대

우루과이 라운드가 타결됨에 따라 세계 서비스 시장이 전면적으로 개방될 것으로 보인다. 그것은 상품교역을 저해하는 관세장벽과 비관세장벽이 완화될 뿐 아니라 서비스 무역의 자유화가 대폭 확대되기 때문이다. 우루과이 라운드 타결이 세계 서비스 시장을 전면적으로 개방시키게 된 것은 무역장벽 완화로 상품시장이 대폭 개방됨에 따라 서비스 공급이 대폭확대 되게 될 뿐만 아니라 이와 더불어 서비스 무역이 확대되고 무역관련 투자규제가 완화되기 때문이다.

5. UR 협상의 평가

우루과이 라운드는 GATT가 주재한 제8차 다자간무역협상이다. 우루과이 라운드가 타결됨에 따라 종래 국제무역을 저해해오던 관세장벽과 비관세 장벽이 철폐 혹은 완화됨으로서 세계적 무역자유화가 촉진되게 되었다. 무역장벽 완화에 의한 세계적 무역자유화 추구는 우루과이 라운드의 기본적 목적이므로 이는 국제무역 상 커다란 의의를 지니고 있다고 보아야 할 것이다.

우루과이 라운드에서는 '서비스 교역에 관한 일반협정'이 체결되어 모든 가맹국에 대해 최혜국대우(MFN)가 기본적 의무로 부여되고, 양허한 서비스 분야에 대해서는 내국민대우가 적용될 뿐 아니라 서비스 자체의 이동은 물론 서비스 공급주체인 외국인직접투자 · 인력이동 등 광범위한 분야에 걸쳐 서비스 교역의 자유화가 촉진되게 되었다. 서비스 무역자유화에 의한 상품무역자유화 촉진과 세계무역의 확대는 우루과이 라운드 출범목적 중의 하나이므로 이것 역시 국제무역상 커다란 의의를 지니고 있는 것이다. 우루과이 라운드 다자간무역협상의 타결 의의는 종래 GATT에서 다루지 못했던 농산물 · 섬유 · 동경 라운드 협정 등을 다자간 체제로 끌어들이고, 이와 더불어 통상현안분야도 다자간협상대상에 포함시킴으로

〈표 16-1〉 국제통상 협상사

협상기간	명칭	참가국	타 결 내 용
제1차(47년)	제네바라운드	23	4만5천여개 품목관세인하
제2차(49년)	안시라운드	13	5천여개 품목추가관세인하
제3차(50~51년)	토르케이라운드	38	8천7백개 품목관세인하
제4차(55~56년)	제네바라운드	26	25억달러 규모추가 관세인하
제5차(60~62년)	딜론라운드	26	4천4백개 품목 관세인하
제6차(64~67년)	케네디라운드	62	전산업에 걸친 실질적 관세인하
제7차(73~79년)	도쿄라운드	99	관세인하 및 공공조달 · 보조금 등 기술적 무역장벽에 대한 국제규정 개선
제8차(86~94년)	우루과이라운드	107	공산품관세인하 및 농산물시장개방, 서비스, 지적재산권 등 무체물거래 인정
제9차(2002~)	도하개발 아젠다	150 진행중	농업, 서비스, 비농산물 TRIPs, WTO 규범, 환경 등

써 국제무역 전반에 걸쳐 총괄적 규범을 제정한 점에서도 찾아볼 수 있다.

GATT가 창설된 이래 제7차 다자간무역협상에 이르기까지 좀처럼 의제로 상정되지 못했던 농산물·섬유 등이 우루과이 라운드에서 그 협정이 체결되었고, 또한 서비스교역·지적재산권 등 새로운 분야도 그 협정이 체결되었다고 하는 것은 국제무역 확대에 획기적인 결과로 평가되고 있다.

| 제5절 |

DDA 협상

1. 뉴라운드 출범선언 개요

1) 선언배경

세계경제침체와 세계무역위축을 방지하고 추가적인 무역자유화로 극복 하고자 하는 공감대 형성, 특히 2001년 5월 개최된 제3차 ASEAN+3, 경제장관회의, OECD 각료이사회, ASEM 외무장관회담, 10월의APEC 정상회의 등에서는 뉴라운드 출범을 위해 적극적 노력을 하겠다는 공동성명이 발표된 바가 있었다. 시장개방확대와 새로운 무역규범 제정으로 세계무역질서의 안정적 정책 시도, 통상마찰 심화, 지역주의 확산에 따른 WTO 신뢰성회복 계기마련, 협상의 주 의제가 UR에 비해 한정되고 UR 종료시 2000년부터 추진키로 합의한 기설정 의제인 농업과 서비스와 비농산물 시장접근, 일부 WTO 규범 개정 등, 1차 각료회의(싱가포르 이슈) 논의사항 등 5차 각료회의 이후 시작할 예정이나 이마저 불확실하다.

DDA 뉴라운드 출범선언에서 특이한 사항은 명칭변경이다. 도하개발아젠다라는 공식명칭으로 이 명칭은 개발이라는 단어와 함께 개도국들 주장을 전폭 수용한 것으로서 단기에 끝낼 계획이었다. 더구나 UR이 7년이나 소요되었기에 단기간에 끝낼 의향으로 전개되었지만 10여년이 지난 현재 아직 타결기미는 보이지 않는다.

2) 뉴라운드 출범선언 내용

출범서문을 요약하면 ① 각 회원국은 WTO가 추구하는 원칙과 목적을 재확인하고, 보호주의 조치 억제와 각국 무역정책의 개혁 및 자유화 계속 추진하고 시애틀 이후 WTO 통상규율 기능약화를 재정비・강화하고 다자통상체제로부터 생기는 혜택을 모든 사람들이 향유할 수 있도록 보장하고, 이 선언문에서 채택되는 모든 작업 계획이 개도국과 최빈국의 이익을 반영할 수 있도록 노력하고 개도국과 최빈개도국에게 많은 관심 표시한다.

② 무역자유화에 있어 지역무역협정의 중요성도 인정하지만 세계무역형성 및 자유화를 위한 유일한 포럼으로서의 WTO의 중요성을 확인하고 지역협정보다는 WTO가 중요하며 개방적이고 비차별적인 다자통상체제 유지와 환경보호 및 지속가능한 개발을 증진, 건강, 안전, 환경보호 목적의 조치를 취할 권리 인정과 그러한 조치가 보호주의적 목적으로 사용되지 않도록 보장하고 세계화의 계속 추진을 위한 다자간 체제를 계속 지향한다.

③ 국제적으로 합의된 핵심노동기준에 대한 싱가폴 각료 선언문 내용 재확인과 세계화의 사회적 측면에 대한 국제노동기구의 작업에 대해 주목하며 중국과 대만의 WTO 가입작업이 금번 각료회의에서 마무리됨을 환영하고, 현재 진행중인 28개국의 가입작업이 최대한 신속하고 효과적으로 끝나기를 희망하며 다자주의를 강화하고 모든 회원국의 효과적인 활동 참여 및 WTO의 내부적 투명성 증진을 보장할 공동의 책임을 확인하고, 정보 교류 및 대화의 장 제공을 통해 WTO에 대한 일반대중의 이해도를 제공하도록 노력하며 개도국에 관심을 적극 가진다.

이러한 각료선언문은 서문에서 뉴라운드 혜택을 개도국과 최빈국이 공유할 수 있도록 노력하며, 무역자유화에 있어 지역무역협정보다는 세계무역규범형성 및 자유화를 위한 유일한 포럼으로서의 WTO의 중요성을 확인하였으며 또한, 무역자유화와 환경보호 및 지속가능한 개발 증진이 상호 보완적이며, 건강, 안전, 환경보호 목적의 조치를 보호주의적 목적으로 사용하지 않기로 합의하였고, 아울러 각료선언문은 뉴라운드협상이 다음과 같이 폭넓고 균형적인(broad and balanced) 작업계획을 포괄하도록 하였다. 주요내용으로 우선 농업, 서비스 등 기설정의제는 현재 WTO에서 각국의 제안서를 바탕으로 1단계작업을 마무리하고 2단계 작업을 추진하고 있는바, 향후 협상의 원칙과 양허안제출 시한을 명시하였다. 비농산품(공산품) 시장접근에 있어서는 향후 협상의 원칙과 방향을 명시하였다.

특히, 농업협상의 장기적 목표로는 시장접근의 실질적 개선, 수출보조의 단계적 폐지를 목표로 한 감축, 국내보조의 실질적 감축 등 3대 협상목표를 명시하고, 세부원칙의 수립시한은 2003년 3월 31일, 양허안 제출시한은 5차 각료회의 이전으로 정하였지만, 협상종결은 뉴라운드협상의 종결과 합치하도록 하였는데 이는 우리나라와 EU, 일본 등이 그동안 주장해온 비교역적 관심사항(NTC : Non-Trade Concerns)은 협상의 고려사항임을 확인하였고, 3대 목표가 협상결과를 예단치 않는다는 내용이 포함되었다.

또 하나의 기설정의제인 서비스협상의 경우 2000년부터 진해오디고 있는 서비스협상의 진전에 만족을 표명하고 1단계 협상에서 마련된 서비스협상 가이드라인이 향후 협상의 기초가 됨을 재확인하며, 서비스 개방 요구사항은 2002년 6월 30일, 양허안은 2003년 3월 31일까지 제출하도록 하였는 바 이는 비농산품(공산품) 시장접근과 관련하여, 고관세 및 경사관세 문제를 포함한 관세 및 비관세장벽의 삭감 또는 철폐를 위한 협상을 개시하도록 하고, 협상대상 상품범위는 포괄적이며, 선험적인 제외가 있어서는 안 된다는 원칙을 천명하였다. 한편, WTO 규범의 개정과 관련하여 반덤핑, 보조금협정의 규율을 명확히 하고 개선하는 협상을 벌이되 협정의 기본개념, 원칙, 유효성, 목적 등은 유지한다는 원칙을 명시하고, 수산물 보조금관련규정을 명료하게 하는 작업이 향후 뉴라운드협상에서 다루어지고, 지역무역협정과 관련한 WTO조항을 명확하게 하는 협상도 개시토록 하였다.

또 1996년 싱가폴 각료회의에서 작업계획이 마련된 투자, 경쟁, 정부조달투명성, 무역원활화 등의 이슈에 대해서도 합의 도출과, 투자, 경쟁, 정부조달투명성, 무역원활화 이슈는 5차 각료회의에서 결정되는 협상방식에 따라 5차 각료회의 이후 협상을 개시하도록 하였다.

환경과 관련하여, 각료선언문은 (1) WTO기존규범과 MEA 무역관련 의무와의 관계 (2) MEA 사무국들과 WTO위원회간 정기적 정보교환 및 옵저버 자격

절차 (3) 환경관련 상품 및 서비스에 대한 관세 및 비관세장벽의 감축 또는 철폐 등에 대한 협상을 개시하도록 하고, 이와 별도로 CTE(환경무역위원회) 및 일반이사회에서 지금까지 진행한 모든 작업은 계속하여 제5차 각료회의에 협상필요성을 포함한 권고를 제출하도록 하였다.

지식재산권(TRIPs)과 관련하여 포도주와 증류주의 지리적 표시에 대한 통보 및 등록과 관련한 다자체제 설립을 위한 협상을 마무리하고 지리적 표시를 확대하는 문제를 TRIPs이사회에서 검토하도록 하였고, 아울러 공공보건 및 AIDS, 말라리아, 홍역, 결핵 등 전염병을 치유하기 위한 개도국의 의약품에 대한 접근을 강화하기 위한 특별선언을 채택하였다.

마지막으로 UR협상 이후 초래된 개도국의 불만사항을 해소하기 위해 이행문제, 기술이전, 기술협력 및 능력배양, 최빈개도국 특별대우 등에 있어 개도국에 대한 추가적인 지원조치를 취하도록 하였는데 이를 위해 바로 해결할 수 있는 사항은 이번 각료회의에서 결정을 채택하여 실시하고 나머지 이행문제는 작업계획에 따라 처리하도록 하였다. 또한, 소규모경제국이 다자무역체제에 효과적으로 통합될 수 있는 방안을 검토하는 작업 계획을 수립하고, 개도국의 기술이전을 촉진하기 위한 계획을 수립하도록 하였다.

| 제6절 |

FTA 협상

1. 세계 FTA 협상 동향

1) 자유무역협정(FTA)의 개념

자유무역협정(Free Trade Agreement)이란 말 그대로 두 나라가 서로 시장을 활짝 개방하는 것이다. 상품에 대한 관세를 내릴 뿐만 아니라, 각종 투자 장벽을 제거하고 서비스 시장 개방, 정부조달시장 상호참여와 같은 광범위한 내용을 포함한다. 2007년 3월현재 전 세계적으로 약 250개의 지역무역협정이 체결되었다. 이 중 194개가 실제로 체결, 효력을 발휘하고 있으며 나머지는 현재 협상 중에 있다. 한마디로 오늘날 세계 무역은 WTO 체제와 함께 각국간 FTA의 우산 아래에서 행해지고 있다.

과거에 체결된 FTA 협정은 해당국간 무역 자유화와 원산지규정, 통관절차 등에 관련된 규범들이 주류를 이루었다. 그러나 1990년대 이후 체결된 대부분의 FTA는 단순한 상품의 관세인하를 통한 무역상의 장벽철폐 외에도 서비스, 투자는 물론 지적재산권, 경쟁정책 및 정부조달 등 경제활동을 규율하는 대부분의 통상규컴 등을 광범위한 개념으로 그 영역이 점점 커지고 있다.

하지만 FTA가 반드시 모든 무역규범들을 포괄해야 할 필요는 없으며, 협정의 구체적 대상범위는 체약국간의 협상에 의해 정해지게 된다.

2) 최근의 지역주의 추세

1980년대 세계 경제의 큰 흐름이 범세계화였다면 1990년대 들어서는 WTO 출범으로 인한 다자주의였다. GATT를 보완한 우루과이라운드가 타결될 때만 해고 세계 각국은 1995년 WTO가 우산 속의 확고한 다자주의가 정립될 줄로 기대하였다. 그러나 당초 예상과 달리 지역무역협정 등을 통한 지역주의가 더욱 활발해져 오늘날 세계 경제는 다자주의와 지역주의 양대 축을 통해 운영되고 있다고 볼 수 있다. 일부 학자들은 당초 지역주의에 크게 반대하며 지역주의는 세계 경제를 블록화시켜 세계 무역의 자유화 추세에 걸림돌이 될 것이라고 우려하였다. 그러나 1990년대 중반 들어 세계는 지역무역협정의 긍정적 측면을 인정하여 WTO도 다자주의와 지역주의는 서로 보완적 관계로 보고있다. 즉 지역주의가 다자간 무역체제를 더욱 발전시킨다는 순기능 하에서 지역무역협정의 역외국 차별요소를 최소화시키고자 노력하고 있다. 사실 WTO로 대표되는 다자주의와 지역주의 속에서 1990년대 EU와 NAFTA가 탄생함으로써 세계 경제는 유럽권, 북미권, 동아시아권으로 삼분되고 있는 실정이다.

2. 세계 각국의 협상 추진 배경

1995년 WTO가 출범할 당시 모두들 세계무역은 WTO라는 다자주의 우산속에서 행해질 줄로만 알았다. 그러나 당초의 예상과는 달리 WTO체제 출범 후에도 RTA 체결이 점점 많아지고 있다. 이와 같은 FTA체결 붐의 가장 큰 원인은 세가지이다. 우선 WTO 체제의 한계이다. 1999년 11월, WTO는 시애틀 각료회의에서 뉴라운드를 출범시킬 예정이었으나 NGO 및 개도국들의 강력한 반대에 봉착하여 실패하였다. 또한 2003년 9월 멕시코 칸쿤에서 열린 5차 WTO 각료회의 역시 선진국과 개발도상국강의 이견으로 인해 결렬되었다. 이로 인해 서비스, 투자 자유화, 경쟁정팩 등 다자간 통상규범의 출범이 지연되는 사태를 맞이하게 되었다. 이는 WTO 체제만으로는 다양한 국제통상 이슈들을 효과적으로 다루는 데 한계가 있다는 것을 말해준다. 다음으로 1992년 발속된 EU와 1994년에 발효된 NAFTA이다. 거대한 북미와 유럽 시장이 각각의 하나의 경제블록으로 통합되자 여기에서 배제될 것을 두려워한 개별국가들이 서로간의 FTA란 짝짓기를 통해 정치적. 경제적으로 대응해 나가려 했다. 마지막으로 경제발전의 중요한 수단으로 점점 더 그 중요성을 더해가는 외국인 직접투자 붐이다. 외국인 직접투자는 자본축적, 기술이전, 고용창출, 수출확대 등 다양한 측면에서 긍정적 효과를 가져온다. 따라서 각국들이 좀더 쉽게 외국인 투자를 유치할 수 있는 방편으로 FTA를 선택하는 것이다.

자유무역협정은 다양한 형태의 지역무역협정(Regional Trade Agreement) 중 가장 낮은 단계의 경제통합으로, 특징적인 것은 회원국간의 관세 및 무역장벽을 철폐하되 비회원국에 대해서는 각각 다른 관세율을 적용하는 가장 초보적인 경제통합 형태이다.

이렇게 WTO라는 다자간 무역체제가 존재함에도 불구하고 이렇게 자유무역협정이 확산되는 이유는 여러 가지로 설명될 수 있겠지만 첫째, 자유무역협정에 소극적인 입장을 고수해왔던 미국이 90년대 이후 적극적 입장으로 선회하여 자유무역협정 체결을 추진하기 시작했으며 세계경제의 중심국인 미국의 입장 변화가 상당한 파급효과를 불러일으켰으며 둘째, WTO라는 다자간 무역체제는 회원국이 너무 많기 때문에 국가간 협상을 타결하는데 오랜 시간이 걸리며 따라서 급속도로 변화하는 통상환경 속에서 비롯되는 새로운 광범위한 무역자유화 요구에 즉각적으로 대응하는데 있어 한계를 드러내고 있는 것도 사실이다. 이에 국가들은 협상이 용이하고 상대적으로 단기간에 타결이 가능한 자유무역협정을 선호하게 된 것이다.

셋째, 이제 세계경제의 주체는 국가가 아닌 개개 기업이라고 할 수 있으며. 기업의 세계화로 인해 탄생한 다국적 또는 초국적 기업들은 전 세계적인 무역자유화보다는 자신의 거점국가의 관세인하나 무역장벽 철폐를 위한 자유무역협정에 더 많은 관심을 보이는 것이 당연하다고 할 수 있는 것 등을 원인으로 들 수가 있다.

3. 세계 FTA 추진 현황

GATT 출범 이후 체결된 지역무역협정(Regional Trade Agreement : RTA, 관세동맹 포함)은 250건이 넘으며, 이 중 GATT 및 WTO에 통보되지 않거나 더 이상 유효하지 않은 RTA를 제외할 경우 194건에 달하며(2007. 3월 현재) 이 중 자유무역협정(FTA)이 117건으로 가장 많은 비중을 차지하고 있는데 서비스협정이 44건, 개도국간 특혜협정(Preferential Arrangement)이 19건, 관세동맹(Customs Union)이 14건으로 집계되고 있다.[34)]시기별로 지역무역협정은 1990년대 이후부터 급증하기 시작하여, GATT 체제(1947~1994)에서 50건에 불과했던 RTA는 1995년 WTO 출범 후부터 지금까지 194건이 발효된 것으로 파악되고 있다.

RTA의 확산은 체결건수의 증가뿐만 아니라 교역량에서 차지하는 비중에서도 나타나는데 1990년대 중반 전세계 교역량에서 RTA 역내 교역량이 차지하

---

34) FTA와 서비스협정: 일반적으로 자유무역협정이 체결될 때는 서비스 협정도 동시에 체결되는 경우가 많으므로 WTO 통계에서는 각각 FTA와 서비스 협정으로 중복 집계됨. 예컨대 한칠레 FTA의 경우로 FTA 1건, 서비스협정 1건 등 총 2건으로 집계 되었으며 개도국간협정이란 방콕협정과 같은 개도국간 경제협력을 위한 지역협정으로서 GATT 24조 혹은 GATS5조의 조건 즉, 실질적으로 모든 무역 및 서비스의 자유화 조건을 충족하지 않아도 됨. 따라서 일부 품목에 대한 제한적 자유화도 가능하다. 또 관세 동맹은 자유무역협정(FTA)보다 통합수준이 높으며 회원국간의 자유무역 이외에도 역외국에 대한 공동 관세 적용하는 것이다.

는 비중은 27%에 그쳤으나, 그 비중은 2002년 33%로 늘어났고 2005년 기준으로는 70%를 넘는 것으로 집계되고 있다.

이러한 세계적인 FTA 체결증가는 WTO DDA 협상이 부진한 가운데 더욱 가속화될 것으로 전망되며 우리나라도 2004년 칠레와의 FTA를 발효시킨 이후 동시다발적인 FTA 추진전략을 수립하여 진행 중이며, 현재 ASEAN, 캐나다, 인도, EU 등 41개국과 협상중에 있다.

또한 동북아 지역의 인접국이자 세계 시장에서 경쟁하고 있는 중국과 일본도 최근 2~3년간 FTA 추진건수가 급증하고 있는 실정이다.

〈표 16-2〉 유형별 지역무역협정 체결 현황

구분	건수
FTA	191
관세동맹(Customs Union)	15
개도국간협정	15
서비스협정	101
합계	329

자료 : KITA. 2012.4. 인용.

현재 WTO에 통보된 지역무역협정 발효 건수는 총 329건으로 2008년 11월 통계(227건)와 비교했을 때 102건 증가하였다.

한편 신규로 추가된 FTA로는 터키・시리아 FTA('07.1.1 발효), EFTA・레바논 FTA('07.1.1 발효), Pan-Arab Free Trade Area('98.1.1 발효), EC・알제리 FTA('05.9.발효)이며 기존의 GCC 개도국간 특혜협정(Preferential Agreement)은 관세동맹으로 발전되었고 EC・알제리 FTA는 신규 협정체결(2005)로 기존 협정이 대체되었다.[35)][36)][37)]

35) FTA와 서비스협정: 일반적으로 자유무역협정이 체결될 때는 서비스 협정도 동시에 체결되는 경우가 많으므로 WTO 통계에서는 각각 FTA와 서비스 협정으로 중복 집계됨. 예컨대 한칠레 FTA의 경우도 FTA 1건, 서비스협정 1건 등 총 2건으로 집계됨.

4. 한국의 FTA 협상 필요성

1) 한국의 대외 경제 관계 현황과 특성

(1) 무역 집중 지역

1990년대부터 한국의 지역별 수출 구조를 보면 NAFTA 지역에 대한 수출이 거의 30%, 일본이 17% 그리고 EU에 대한 수출이 약 15% 수중으로 선진국 지향의 수품 구조를 보였다. 그러나 중국과 경제 협력이 확대되고 아세안 경제가 고도성장하면서 우리의 수출구조는 급격히 변화했다. NAFTA지역의 수출 비중이 급속히 증가하고 있는데 이는 중국과 아세안의 수출이 NAFTA에 대한 수출 비중이 급속히 증가했다. 이는 중국과 아세안의 수출이 NAFTA에 대한 수출과는 대체 관계에 있다는 것을 말한다. 일본이나 EU가 상대적으로 성숙시장 시장이어서 수풀 증대가 어려운 상태에서 아시아지역에 대한 수출이 외환위기 이후 정체하면서 다시 미국중심의 NAFTA가 우리의 수출시장으로 등장한 것이다. 이는 미국 신경제 붐과 IT 수요의 급증 때문이었기 때문에 일시적인 협상으로 밖에 볼 수 없었다.

(2) 투자집중지역

우리의 투자는 세계화의 진전에 따라 급속히 증가하여 1990년대 이후만을 보면 투자 증가율이 무역 증가율보다 훨씬 높았으며 이는 세계 전체의 경향과 일치한다. 우리의 해외직접투자는 1980년대 후반 국내의 인건비 상승과 함께 시작되었다. 국내에서 생산비가 상승하고 해외시장 개척의 필요성이 증대하면서 기업들은 해외투자를 시작했다. 1985년을 중심으로 3저 효과로 경상수지가 만성적인 적자를 벗어나서 기업들이 상대적으로 여유가 생겼으며 정부의 해외투자 자유화 정책의 추진으로 기업들은 적극적으로 해외투자를 시작했던 것이다.

---

36) 개도국간 특혜협정: 방콕협정과 같은 개도국간 경제협력을 위한 지역협정으로서 GATT 24조 혹은 GATS 5조의 조건 즉, 실질적으로 모든 무역 및 서비스의 자유화 조건을 충족하지 않아도 됨. 따라서 일부 품목에 대한 제한적 자유화도 가능.

37) 관세동맹: 자유무역협정(FTA)보다 통합수준이 높으며 회원국간의 자유무역 이외에도 역외국에 대한 공동 관세 적용.

우리의 해외투자를 지역별로 보면 선구에서는 아시아 지역이 절대적인 비중을 차지하고 있다. 아시아 지역은 우리의 투자가 1980년대 말 동남아 투자로부터 시작되었기 때문에 뿌리 깊은 연원을 가지고 있다. 더구나 1990년대 초 국교를 수립한 이후 중국은 우리 해외투자의 중심지로 등장하기에 이른다. 1989년 최초로 중국에 대한 공식 투자가 시행되었으며 이후 급속히 증가하여 1993년경에는 다른 아시아 지역 전체를 제치고 중국은 우리 기업들의 최대 투자 지역으로 부상했다. 중국에 대한 투자는 건수로 1994년의 경우 우리의 총 해외투자의 50%이상을 차지했고 이 시기에 아시아 지역의 투자는 건수 기준으로 우리 총 투자의 80%이상을 차지할 정도였다. EU지역은 상대적으로 우리 기업의 주요 투자 지역이 되지 못했다. 그러나 투자금액에서는 NAFTA지역이 중요한 투자지역이다. 1980년대말부터 초까지 이 지역에 대한 투자가 많았는데 이 기간에는 아직 중국의 투자가 시작되지 않았기 때문이다. NAFTA지역에 대한 투자는 상대적으로 규모가 큰데 이는 미국이나 멕시코에 대한 투자가 선진 시장인 미국을 대상으로 한 투자이기 때문에 경쟁력이 하락하는 노동집약적 투자가 많은 중국이나 동남아에 대한 투자와는 성격이 다르기 때문이다.

(3) 무역과 투자 지역

우리는 수출에서 전형적인 다자주의적 세계화를 활용하고 있다. 중국이나 아세안 등 동아시아 지역의 수출이 1990년대 이후 급격히 증가했지만 아직 미국시장을 압도하지 못하고 있다. 더구나 외환위기 이후 무역은 1990년대 나타나던 지역화에서 다각화로 급속히 전환되었다. 이는 외환위기로 인해 아시아 지역에 대한 수출이 그만큼 어려웠던 점도 있고 다른 측면에서는 수출 상품 구조의 고도화가 이루어졌기 때문일 수도 있다. 실제로 세계 경제에서 차지하는 첨단 산업의 비중이 급격히 증가하고 있다.

해외투자는 1990년대 급증했고 건수에서는 아시아 지역이, 금액에서는 아시아와 북미가 중요하다는 사실은 이미 지적했다. 이는 투자가 무역과는 달리 지역적으로 편중되어 있다는 것인데 이것이 어느 정도 지역통합을 반영하고 있는지는 불분명하다.

금액에서 NAFTA가 중요한 투자 지역이지만 적어도 건수에서는 중국을 포함한 동아시아로 집중하고 있으며 한때 총 건수의 약 80%가 동아시아로 나갔다. 건수에 비해 금액이 작다는 것은 동아시아에 대한 투자가 중소 규모의 투자라는 사실을 말한다. 즉 우리 중소기업들은 해외투자를 할 때 지리적으로 가까운 지역으로 진출하거나 아니면 저렴한 생산비를 더 중요시한다는 사실을 의미한다. 즉 중국 자체가 갖고 있는 경쟁력, 즉 비용경쟁력과 시장잠재력을 보고 우리 기업이 투자를 한 것이다. 이러한 추세는 중국이 고도성장을 하면서 시장 규모가 계속 증가할 것이기 때문에 향후에도 계속될 것이다.

2) 전통적 의미의 FTA 필요성

(1) FTA로 인한 수출 환경 악화에 대응

한국의 주요 시장이 다른 국가 및 지역과 FTA를 체결하게 되면 수출은 상대적으로 어려움에 처하게 된다. 역내국의 관세가 철폐 되면서 한국 상품은 고관세를 납부해야 하기 때문에 FTA에서 배제될 때 불가피하게 나타나는 일이다. 가장 대표적인 사례는 미국이다. NAFTA설립 후 멕시코의 대미 수출은 급격히 증가해 그 비중이 크게 확대되었지만 한국의 대미 수출 비중은 답보했다. NAFTA 설립 후 멕시코와 미국과의 교역증대는 자유무역협정 체결에 따른 역내 교역 증가 효과를 가장 잘 드러내고 있는데 멕시코가 이같이 수출을 대폭 증가시킬 수 있었던 것은 멕시코를 생간시지로 하여 우회수풀하려는 다국적 기업의 대 멕시코 투자가 있었기 때문이다.

미국 시장의 경우 전통적으로 우리의 경쟁국이었던 일본과 대만과의 경쟁도는 저하되고 있으며 이들의 시장 점유율도 하락하고 있다. 그러나 NAFTA국가인 캐나다와 멕시코의 경우, 비록 캐나다의 비중은 감소했으나 우리와 경쟁은 심화되고 있고 멕시코의 경우는 비중의 증가와 더불어 우리와의 경쟁 관계가 심화되고 있다는 사실을 알 수 있다. 물론 중국의 경우 높은 가격경쟁력을 기반으로 수출시장점유율을 높였을 뿐만 아리나 우리와의 경쟁도가 증가하고 있다. 중국을 예외로 한다면 캐나다와 멕시코의 경쟁도 증가는 NAFTA에 의한 결과라고 할 구 있을 것이다.

FTA에 배제될 때 나타나는 수출 환경의 악화는 통상마찰과 분쟁 처리에서도 발견할 수 있다. 그러나 미국은 자유무역협정을 체결한 멕시코, 캐나다, 이스라엘, 요르단에 대해서는 똑같은 조치의 적용에서 제외했다. 이와 같은 지역통합의 결과로 나타나는 역외국에 대한 불이익은 지역통합 즉 FTA의 관세 차별이 클수록 더 높아질 것이다. 미국의 관세율이 상대적으로 낮다는 점에서 멕시코 시장에서 무역 창출 효과는 더 커질 것이다. 이 점에서 최근 멕시코가 활발하게 FTA를 추진해가는 것은 우리에게 불리한 상황이다. 이러한 불리한 점을 피라기 위해 한국 기업들이 기존에 멕시코에 직접투자로 진출을 했지만 그 효과는 한계가 있을 것이다. 이제 일본이 멕시코와 FTA를 체결한다면 우리의 입지는 더욱 축소될 수밖에 없다. 미국시장에서 수년 내에 FTA가 출범하면 우리의 환경은 더욱 악화될 것이다. 중남미 국가들의 대미 시장 진출이 더 가속화될 것이다. EU의 경우도 EU가 확대되면 동유럽 국가들에 비해 우리의 수출경쟁력이 저하되지 않을 수 없다.

(2) 경제 구조조정

FTA가 낳는 가장 중요한 결과중 하나는 무역과 투자 패텅의 변동으로 인한 경제 구조의 변화이다. 이러한 변화는 1차적으로 기업의 경영 및 생산활동에 미티는 경쟁압력을 통해서 촉발된다. IMF체제는 한국 경제의 기본 구조에 상당한 문제가 있었다는 것을 말해주는 것이었고 새로운 성장산업을 찾아야 한다는 명제를 안겨주었다. 이러한 구조조정의 필요성에 직면한 우리 기업이나 경제에 FTA는 중대한 자극제가 될 수 있는 것이다. 사실 국내에서는 다양한 노력에도 불구하고 기업 경영황경이 개전되지 않아 투자 의욕이 감퇴하고 있다. 기업은 정부의 노력에도 불구하고 많은 규제가 기업 활동을 저해한다고 보고 있다. 생산요소의 상승도 문제이다.

(3) 동아시아 FTA 추세와 대응

일본의 직접투자로 기업 내 무역이 증가하면서 동아시아의 무역과 투자협력은 지난 1960년대 이후 지속적으로 증가했다. 일본은 동아시아 경제를 선도하면서 동아시아 발전을 유도했으나 1990년대 이후 장기불황에 빠져있다. 지난 10년간의 장기불황을 거치면서 일본 경제기반은 취약해졌고 디플레이션의 지속으로 기업들의 매출과 수익은 감소했다. 여기에 디플레이션 심리가 만연하여 소비자들은 소비를 연기하려는 성향이 등장했다. 동아시아 국가들은 일본을 대신할 시장을 창출해야 했고 일본 스스로도 경제난을 탈피하기 위한 통상 정책의 다층화를 추진하기 시작했다. 자연스럽게 아시아내에서 쌍무적. 다자적 FTA가 논의되기 시작한 것이다.

중국과 아세안의 공동연구에 의하면 ACFTA로 아세안의 대 중국 수출은 130억 달러 증가하고, 중국의 아세안 수출은 106억 달러 증가한다. 물론 역외 지역에 대한 수출 감소 효과가 있을 것이기 때문에 아세안의 총수출 증가는 56억 달러, 중국의 총 수출은 68억 달러가 증가할 전망이다. 그러나 일본과 미국 등은 ACFTA의 무역 전환 요과로 수출 감소 효과가 나타날 것이다. 아세안과 중국의 경제통합에 대해 일본과 미국이 비우호적인 이유가 여기에 있다.

ACFTA는 2010년까지 아세안 선발 6국이, 2015년까지는 후발 4국(캄보디아, 라오스, 미얀마, 베트남)이 관세를 폐지한다고 규정했으나 양측은 일부 상품에 대해서 관세 인하를 먼저 시작하는 소위 '조기 수확 프로그램'을 운영하기로 했다. 산 동물, 육류, 어류 유제품, 기타 동물 제품, 산 식물, 채소, 식용과일 등 600여 품목 이상의 조기 수확 품목의 관세는 늦어도 2003년말 까지 인하되어 3년 내에 제거될 것이다. 일반 상품의 관세 인하에 대해서 협정은 2004년 6월 말까지는 협상을 완료하기로 했다. 양측은 또한 2003년 초에 서비스 및 투자자유화에 대해 협상을 시작했다.

중국은 한·중·일 3국 FTA에 대해서도 관심을 표명했다. 2002년 11월 아세안+3 회의에 참석한 주룽지 총리는 한국과 일본에 대해 FTA에 대한 공동연구를 제안했다. 한·중·일 FTA에 가장 소극적일 것으로 보였던 중국의 이러한 제안은 중국 내부의 견해를 반영한 이다.

이러한 동아시아의 움직임, 특히 일본이 아세안과 FTA를 체결한다면 현재 한국에 비해 경쟁력이 높은 기계 및 전자. 전기, 정밀기기, 펄프 및 종이, 금속 및 철강 분야의 경쟁력을 더욱 높일 수 있을 것이다. 중국의 경우도 아세안과의 FTA로 아세안의 풍부한 자원을 활용하고 더욱 저렴한 공산품을 아세안에 수출하게 된다면 한국산에 비해 경쟁력을 더욱 증강시킬 수 있다. 한국은 아세안 국가들에 대한 일본과 중국의 접근이 가져올 부정적 효과를 방지하기 위해서 FTA가 필요한 것이다.

사례

터무니없이 낮은 가격으로 후려치는 상대와의 협상은?

가격으로 승부내지 말고 상대의 심리적 약점 이용하라

몇 년 전 중국에 대규모 공장을 지어 대기업에 납품하고 있는 무조건전자의 왕 회장은 홍콩에 새로운 공장을 지으려고 한다. 그 건설업체 선정을 위해 '일등만 건설사' 측과 마주 앉아 첫 가격 협상을 벌이고 있다. "200억 원으로 하려면 하고, 말려면 마세요. 중국 건설사는 훨씬 더 싸게 된다던데.... 내일까지 시간을 드리죠." 그 동안 들인 노력에 터무니 없이 부족한 금액. 본전 생각이 안 날 수 없다. 그러나 협상 전문가 최철규 IGM 부원장은 "본전 생각을 버리고, 차분히 상대의 심리 상태를 이용하면 최고의 협상가가 될 수 있다"고 조언한다. 최 부원장은 <협상의 10계명>의 공동 저자로, 조선일보 위클리 비즈에 'IGM과 함께 하는 협상스쿨'을 연재했다. (편집자주)

〈Case〉

'무조건전자'의 중국지사 사무실. 왕고집 회장이 덩치에 어울리지 않게 손바닥 만한 계산기와 씨름을 하고 있다. 침묵의 10여 분이 흐른 후 드디어 왕 회장이 입을 열었다. "200억 원으로 하려면 하고, 말려면 마세요. 중국 건설사는 훨씬 더 싸게 된다던데.... 내일까지 시간을 드리죠." 일방적 통보를 하고 자리를 뜨는 왕 회장. 일순 협상장 분위기가 술렁이기 시작했다.

그날 밤, 호텔에 모여 내부 회의를 시작한 일등만 건설사. 최소 가격보다 20%나 낮게 부른 상대의 제안을 받아들일 것인가, 포기할 것인가. 섣불리 어떤 말도 할 수 없는 상황에서 나본전 상무가 말을 꺼냈다. "오늘 이 협상을 위해 저희 팀원들과 저는 지난 한 달 동안 새벽 1시 전에 집에 들어간 적이 없습니다. 이번 사업 수주를 확신하고, 다른 프로젝트는 모두 중단한 상황이에요. 무리를 해서라도 이번 협상은 타결시켰으면 좋겠습니다."

치열한 준비 과정이 떠오른 듯 떨리는 목소리로 이야기하는 나 상무의 의견에 다들 동의하는 분위기다. 나 상무가 최종 제안서를 고치려 할 찰나 가만히 듣고만 있던 최고참 부사장이 입을 열었다. "나 상무가 여러모로 고생한 것, 충분히 이해합니다. 하지만 지금 조건으로 협상을 타결시킨다면 너무 손해가 큽니다. 마지노선이 250억 원이라는 것은 수 차례 시뮬레이션을 통해 검증되지 않았습니까? 그러니 이번 협상은 그만하고 한국으로 돌아갑시다.”

평소 말 없는 카리스마로 유명한 최 부사장의 말에 나 상무도 마지못해 고개를 끄덕인다. 기껏 노력한 일이 물거품이 되었다는 것에 실망하는 사람들의 등을 토닥이는 최 부사장.

그런데 최 부사장은 돌아오는 비행기에 오르기 직전까지 무조건전자 사람들에게 전화를 하며 작별 인사를 했다. “다 끝난 일인데 왜 저러지?” 다들 고개를 갸웃거렸다. 한국으로 돌아온 최 부사장은 다시 협상팀을 소집했다. 그리고 무조건전자와 관련된 각종 자료 수집을 지시했다. 그들이 해외 건설사와 접촉을 하고 있다는 구체적인 정보도 입수했다. 최 부사장은 평소 친한 기자들과 점심 약속을 가졌다. 며칠 후 언론에 ‘무조건전자의 새 공장 건설사업을 중국 건설사가 수주할 것’이라는 기사가 보도됐다.

최 부사장은 여전히 무조건전자 사람들과 연락을 주고받으며 관계를 이어가고 있었다. 그러길 한 달, 무조건전자의 왕고집 회장이 다시 만나자며 연락을 했다. 긴 시간을 돌고 돌아 다시 만난 자리. 상대는 10% 오른 220억 원을 제안했다. 하지만 최종 협상 결과는 최 부사장의 제안대로 250억 원으로 타결됐다. 모두가 안 된다고 생각했던 왕고집 회장과의 협상을 성공적으로 마무리한 최고참 부사장, 그의 협상 노하우는 무엇일까?

〈Answer〉

1. ‘매몰비용의 함정’에 빠지지 말라

나본전 상무는 ‘지금까지 들인 노력이 아깝다’라는 생각에 무리한 요구지만 들어줘야 한다고 주장했다. 나 상무가 이러한 생각을 하게 된 이유는 뭘까? 바로 ‘매몰비용(sunk-cost)의 함정’에 빠졌기 때문이다.

만약 당신이 도박을 통해 100만 원을 잃었다면, 그곳을 홀가분한 마음으로 빠져나올 수 있겠는가? 많은 사람들은 잃은 100만 원이 아까워서 도박에 계속 참여하게 된다. 바로 이런 ‘본전 생각’ 때문에 비합리적인 행동도 계속 하게 되는 것이 매몰비용의 함정이다.

1988년 미국의 거대 식품·담배 업체인 RJR나비스코(이하 나비스코) M&A 경쟁의 사례를 살펴보자. 이 회사가 M&A시장에 처음 나왔을 때 주가는 40달러 수준이었다. 당시 현직 회장으로 있던 로스 존슨(Johnson)이 개인 자격으로 인수전에 뛰어들었다. 그는 투자은행의 지원을 받아 주당 75달러를 제시했다. 그러자 월스트리트의 M&A 전문회사인 KKR이 주당 80달러를 부르며 인수전에 뛰어들었다.

양측의 가격 경쟁은 에스컬레이트 됐다. 결국 KKR은 애초 시가보다 2.5배 이상 높은 주당 109달러에 인수하게 됐다. KKR은 자존심을 건 싸움에서 승리했지만, 매몰비용의 함정에 빠져 터무니없이 비싼 값을 치러야 했다.

만약 일등만 건설사가 나 상무의 주장에 따라 왕 회장의 200억 원을 받아들였다면 어떻게 됐을까? 그 당시에는 협상 타결의 기쁨을 누릴 수 있을지 몰라도 뒤에 큰 손해를 봐야 했을 것이다. 그렇다면 매몰비용의 함정에 빠지지 않으려면 어떻게 해야 할까?

2. 유보 가치를 정하라

가격 협상을 할 때 꼭 기억해야 하는 것이 있다. 바로 '유보 가치(reservation value)'라는 개념이다. 협상학에서 말하는 유보 가치란 '협상 결렬을 선언하고 일어나야 할 시점'이다. 판매자의 경우에는 '적어도 꼭 받아야만 하는 금액'이 되고, 구매자의 경우에는 '지불 가능한 최대 금액'이 된다. 쉽게 말해 자신의 마지노선을 의미한다.

많은 사람들이 협상에 나설 때 '이 정도면 되겠지' 라고만 생각하고 협상에 임한다. 하지만 성공적 협상을 위해서는 유보 가치를 정확하게 아는 것이 필요하다. 유보 가치는 크게 두 가지 방법으로 정할 수 있다.

첫 번째 방법은 '객관적인 기준'을 통해 정하는 것이다. 예를 들어 집값 협상을 할 때라면 공시지가나 주변의 시세, 최근의 거래 가격 등을 기준으로 유보 가치를 정할 수 있다.

두 번째는 '배트나(BATNA · 협상 결렬 시 취할 수 있는 최상의 대안)'를 통해 정하는 방법이다. 예를 들어 연봉 협상을 앞두고 경쟁사에서 7000만 원에 스카우트 제안을 해 왔다면, 당신은 회사에 적어도 7000만 원은 달라고 이야기할 배트나가 생긴 셈이다. 그리고 이것을 당신의 유보가치로 정할 수 있다.

위 사례에서 최고참 부사장은 객관적 기준을 활용해 유보 가치를 정했다. 유사한 규모의 공장 건설에 220억 원도 턱없이 부족하다는 전례와 여러 차례 시뮬레이션을 통해 검증된 예산 규모 등을 기준으로 250억 원이라는 유보가치를 정한 것이다.

최 부사장은 자신의 마지노선인 유보가치보다 20%나 낮은 금액은 절대 불가능하다고 판단했다. 그래서 현 상황에서 더 이상의 협상은 무의미함을 깨닫고 협상 종료를 선언했다.

3. 제3의 힘을 이용하라

최고참 부사장은 이미 계약 성사가 물 건너갔음에도 공항을 떠나기 전에 무조건전자의 사람들에게 일일이 전화를 하며 인사를 나눴다. 그리고 무조건전자에 대한 정보를 모으는 데 힘을 쏟았다.

이는 재협상 기회를 노리는 최 부사장의 협상 노하우였다. 무조건전자가 해외 건설사와 접촉한다는 정보를 입수한 최 부사장은 이를 언론에 자연스럽게 알렸다. 7개월 전에도 '해외 건설사들에만 좋은 공사 기회를 몰아준다'는 비판을 받아 여론의 뭇매를 맞았던 무조건전자는 또 한 번 그런 일이 발생할까 봐 전전긍긍하고 있었다. 언론 보도 후 무조건전자의 실무진이 최 부사장의 제안을 적극적으로 검토하기 시작했다. 실무진은 협상이 깨진 이후에도 꾸준히 연락을 해온 최 부사장에 대해 어느 정도 신뢰가 쌓였기 때문. 그래서 넌지시 왕 회장에게 최 부사장과 다시 협상을 해 볼 것을 건의했다.

왕 회장처럼 막무가내인 상대와 협상을 잘하려면 어떻게 해야 할까? 다양한 방법이 있지만, 언론 등 제3의 힘을 이용하는 것은 자주 큰 힘을 발휘한다.

홍콩 정부가 디즈니랜드를 유치하는 과정에서 사용한 협상전술도 이것이었다. 세계적인 테마파크인 디즈니랜드를 꼭 들여오고 싶었던 홍콩 정부. 디즈니랜드는 이를 이용, 다른 나라보다 훨씬 높은 가격의 로열티를 요구했다. 별다른 대안이 없어 끌려 다니던 홍콩 정부는 이 사실을 언론에 알리기로 결정했다. 이미지가 생명인 디즈니랜드에 '강압적인 협상 태도'는 엄청난 타격이 될 것이라고 판단했기 때문. 이 예상은 적중했고, 이미지를 걱정한 디즈니랜드측은 홍콩 정부의 요구를 많은 부분 받아들이게 됐다.

4. 손실 회피 심리를 자극하라

최 부사장은 다시 만난 왕 회장으로부터 220억 원이라는 금액을 제안 받았다. 이 상황에서 보통 사람들은 또다시 가격 협상을 시작하기 마련이다. '우리의 제안은 250억 원입니다'로 시작해 '왜 그 정도의 가격이 꼭 필요한지'를 설득하려 한다. 하지만 최 부사장의 접근은 달랐다.

그는 왕 회장의 제안을 받고도 가격 얘기는 입 밖에 꺼내지 않았다. 대신 먼저 일등만 건설사와 사업을 추진했을 때 만들어질 멋진 공장의 모습을 화려한 3D 입체 영상을 통해 실감나게 보여줬다. 태양열 발전을 사용해 유지비를 낮추는 설비, 공장인지 사무실인지 구분하기 힘들 만큼 깔끔한 내부 인테리어 등 왕 회장이 꿈꾸던 것 이상의 모습이 화면에 나타났다.

그런데 모든 사람이 감탄하고 있던 찰나에 화면은 갑자기 훨씬 열악한 공장 모습으로 바뀌었다. 어리둥절한 표정의 사람들에게 최고참 부사장이 말한다. "먼저 보여 드린 화면은 저희가 생각한 250억 원으로 공사가 진행되었을 때의 모습입니다. 지금 보시는 화면은 무조건전자가 제시한 가격 수준에서 공사를 할 경우의 모습입니다. 어떤 것을 선택하시겠습니까?"

왕 회장은 한참 고민 끝에 최고참 부사장의 제안대로 250억 원에 협상을 타결했다.

요지부동이던 왕 회장이 결정을 바꾼 이유는 무엇일까? 이는 행동경제학에서 '손실 회피 심리'라고 부르는 것과 연관된다. 사람은 한 번 내 손에 들어온 것을 쉽게 놓지 않으려 한다는 것이다.

이를 증명하는 재미있는 실험이 있다. 만약 당신이 길을 가는데 누군가가 선물이라며 1만 원을 준다고 생각해 보자. 그러면서 그는 1만 원을 걸고 2만 원을 더 받을 수 있는 내기를 제안한다. 당신이라면 내기에 참여하겠는가? 이 상황에서 대부분의 사람들은 '공짜'로 생긴 1만 원에 만족하며 내기에 참여하지 않는다.

그렇다면 이런 상황은 어떨까? 누군가 당신에게 선물로 3만 원을 준다. 공짜로 생긴 돈에 기뻐할 찰나 그가 3만 원 중에서 2만 원은 다시 돌려달라고 말한다. 그리고 지금 가지고 있는 1만 원을 걸고 2만 원을 되찾을 수 있는 내기를 제안한다. 이 내기에는 참여하겠는가? 실험 결과 많은 사람들이 내기에 참여했다.

'1만 원을 걸고 2만 원을 더 받을 수 있는 내기'라는 상황은 같지만, 그 결과는 전혀 다르다. 3만 원을 받았다가 2만 원을 빼앗긴 사람들은 '빼앗긴 2만 원을 되찾아야 한다'는 손실 회피 심리를 느꼈기 때문이다.

최고참 부사장도 이를 아주 잘 활용했다. 자신의 제안 금액을 통해 만들어 낼 수 있는 최상의 공장 모습을 먼저 보여줘서 왕 회장에게 '우리의 공장이 최고 수준이 되겠구나!'라는 인식을 심어 놓은 것이다. 그 후에 '그저 그런' 공장 모습을 보여주자 왕 회장은 '아까 봤던 최고의 상황'을 찾고 싶은 욕심이 생기게 됐다.

상대의 심리 상태를 이용하라. 그러면 당신도 최고의 협상가가 될 수 있다.

<조선일보 위클리 비즈 'IGM과 함께 하는 협상스쿨' 연재>

협상은 '이겨야' 하는 것?!

당신은 '협상'이란 단어를 들으면 어떤 생각이 먼저 떠오르는가?
팽팽한 분위기 속에서 서로의 제안을 주고 받으며 신경전을 하는 것?
국가나 회사의 이익만을 생각해 각종 협상 전술을 준비하는 것?
많은 사람들이 협상에 대해 이렇게 생각한다. 하지만 과연 이런 협상이 좋은 협상일까?

IGM 협상스쿨의 수업 중에 참석자들이 가장 '힘'을 쓸 때가 있다. 바로 '팔씨름 게임'을 할 때이다.

게임의 룰은 간단하다. 내가 상대를 넘기면 1점 획득, 상대가 나를 넘기면 상대가 1점 획득. 최대한 많은 점수를 얻는 것이 이 게임의 목적이다. 강사의 '시작!' 소리와 함께 너나 할 것 없이 상대를 넘기기 위해 안간힘을 쓴다. 15초 가량 진행되는 게임의 결과는 항상 비슷하다. 점수를 많이 딴 사람이 5점, 대부분은 1~2점에 그친다.

참석자들이 땀을 닦으며 숨을 고르고 난 후, 강사가 말한다.

"여러분, 저는 이 게임을 통해 점수를 많이 얻으라고 말씀을 드렸습니다. 제가 팔씨름 게임으로 상대방을 이기라고 말씀 드렸나요?."

강사의 질문에 강의장은 조용해진다. 이어 "협상도 마찬가지입니다. 주지 않고 상대를 이기려고만 하니까 협상이 힘든 것입니다"라는 강사의 설명에 참석자들은 무릎을 치며 고개를 끄덕인다.

참석자들이 '팔씨름 게임'에서 젖 먹던 힘을 쥐어짜며 이기려고 노력한 이유는 협상에 대해 잘못된 인식을 가지고 있기 때문이다. '협상'이라고 하면 흔히 "내가 원하는 것을 얻기 위한 싸움"이라고만 생각한다. 그래서 누군가를 이겨야만 내가 승리할 수 있는 Zero-sum Game이라고 생각한다.

하지만 '진짜' 협상가는 협상을 싸움이 아닌 Dance라고 표현한다. 싸움은 대부분 힘센 사람이 이기게 되지만, 춤은 아무리 기술이 좋고 경험이 많아도 상대와 호흡이 맞지 않으면 좋은 성과를 낼 수 없다.

협상도 이와 같다. 나의 입장만 생각하고 주장하는 것은 싸움이다. 상대가 왜 그런 생각을 갖고 있는지, 진정으로 원하는 것은 무엇인지 등을 충분히 분석해 그것과 나의 입장을 동시에 만족시킬 수 있는 다양한 대안들을 만드는 것이 중요하다. 이것이 Dance로서의 협상이다.

많은 사람들이 협상은 테이블 위에서 돈이 오가는 것만 생각한다. 그래서 상대를 눌러 많은 것을 얻어내기 위해 싸운다. 하지만 협상을 싸움이 아닌 Dance로 접근하면, 상대를 눌러 이기지 않더라도 더 많이 얻어낼 수 있다. 앞의 '팔씨름 게임'에서 서로 힘쓰지 않고 사이좋게 한 번 씩 번갈아 가며 점수를 줬다면, 양 측 모두 훨씬 더 많은 점수를 얻게 되지 않을까?

그래서 협상학에선 협상을 이렇게 정의한다. '협상이란 양측이 서로 다른 것을 원할 때 서로의 이익을 극대화 하기 위해 벌이는 커뮤니케이션'이라고. 결국 협상력은 다른 사람과의 커뮤니케이션을 통해 '양 측 모두' 만족할 만한 결과를 얻기 위해 꼭 필요한 능력이다.

우리는 아침에 눈을 떠서 잠자리에 들기까지, 수많은 사람들을 만나고 대화를 한다. 출근길에 갑자기 용돈을 올려달라는 아이, 업무 협조를 거절하는 다른 부서 직원, 피곤한 당신에게 이번 주말엔 꼭 교외로 놀러 가자는 부인 등, 이 모든 대화가 협상의 연속이다. 이런 커뮤니케이션에서 양측 모두 기분이 좋아지는 Win-Win 협상을 만들어 낼 수 있다면, 당신의 삶은 훨씬 더 행복해 질 수 있을 것이다.

그렇다면 협상을 잘 하려면 어떻게 해야 할까? 말하기, 설득 학원을 다녀야 할까? 아니다.

협상의 '원리'를 배워서 활용해야 한다. 수많은 협상에 참여한 사람들이 관찰한 결과, 협상에도 'Win-Win을 위한 원리'가 있음을 발견했다. 거래처, 상사나 부하직원과의 협상은 물론, 가족과의 다양한 협상 상황들에서 Win-Win하기 위해 꼭 기억해야 할 협상의 핵심 원리. 다음 호부터 당신의 커뮤니케이션이 한 단계 업그레이드 될 비밀이 공개된다.

IGM 협상스쿨 김한솔 전임연구원 (hskim@igm.or.kr)

부 록

1 국문 협상용어

가트(GATT)

General Agreement on Tariffs and Trade의 약어로써 국가간의 관세 및 무역에 관한 일반협정을 말한다.

개방계획서(National Schedule)

시장접근 및 내국민대우에 관한 양허교환 협상결과를 각국별로 정리한 자유화 계획일정표이며, 협상에 참가한 모든 국가의 개방계획서는 UR/서비스 협상타결 시 서비스 일반협정문에 첨부되었었다.

경쟁라운드(Competition Round)

공정한 경쟁을 제한하고 있는 각국의 독특한 시장구조 및 기업관행을 규범화시키자는 취지의 다자가 무역협상을 말한다.

경쟁대항의 항변(Meeting Competition)

경쟁자의 저가격 설정에 대항하기 위해 선의의 경쟁자가 있는 지역에서 타지역보다 낮은 가격으로 판매하는 행위를 가리킨다. 즉, 가격차별이 경쟁에 대응하기 위한 수단으로 행해졌음이 입증된다면 비록 그 가격차별이 경쟁상의 비교우위를 변화시키거나 혹은 피해를 초래케 했다 할지라도 면책된다는 것이다.

경쟁동맹(Economic Union)

가맹국간의 경제 전반에 걸친 협정 체결로 경제정책에 공동보조를 취하고, 비가맹국에 대해서는 각국이 공동의 대처 통상정책을 실시하는 경제통합의 한 형태이다.

경제통합(Economic Integration)

경제여건이 유사하고 지리적으로 인접한 몇몇 나라가 서로 협력하여 교역을 자유화하는 것으로 발전 단계에 따라 자유무역지역, 관세동맹, 공동시장, 경제동맹, 완전경제통합의 5단계로 구분된다.

경제협력발전기구
(OECD ; Organization for Economic Cooperation and Development)

1948년 4월 16일 마샬플랜에 의해 주도되었던 유럽경제협력기구(OEEC)를 1961년 9월 30일자로 발전적으로 해체하고 유럽지역 이외의 국가도 회원으로 하여 선진 산업 민주국가간의 경제 및 사회정책을 조정하기 위해 발족한 선진국 중심의 국제기구이다.

OECD는 유엔이나 WTO처럼 모든 국가에 가입자격이 주어지는 것이 아니라 민주주의, 자유시장경제라는 공통적인 가치관을 가진 국가 중에서 기존 회원국의 초청에 의해 가입할 수 있는 동질성이 강한 모임이다.

공동시장(Common Market)

공동시장은 관세동맹이 더 발전하여 역내제국간 생산요소의 자유이동이 보장되고 있는 형태의 경제통합이다.

관리무역

교역상대국이 수입해야 할 품목별 수입목표량을 설정해 놓고 이를 이행하도록 하는 것이다. 만일 교역상대국이 수입목표량을 달성하지 못할 경우 보복조치를 취하게 된다.

관세동맹(Costoms Union)

가맹국간에는 역내무역을 자유화하고, 비가맹국에 대해서는 각국이 공동의 관세를 부과하는 경제통합의 한 형태이다.

관세화(Comprehensive Tariffication)

각종 비관세장벽에 기인한 국내가격과 국제가격과의 차이, 즉 관세 상당액(Tariff Equivalent : TE)만큼의 관세를 부과하여 비관세장벽을 관세로 대체하는 것을 말한다. UR협상시 쌀시장의 개방과 관련해서 '무조건적 관세화'라는 의미는 관세화를 하면서 비교역적 기능과 같은 예외를 인정하지 않는다는 것이다.

관세화유예(Delayed Tariffication)

관세화 이행을 일정기간 연기한다는 의미로 농산물협정안에 의하면 예외없는 관세화에 대한 예외로서는 두 가지 방식이 있다. 첫째는 생산체제가 되고 있는 수입량 3% 이하, 수출보조가 없는 품목에 대해 6년간 관세화를 유예하는 대신 최소시장접근 4~8%를 보장하는 것이고, 둘째로는 개발도상국인 경우 상기요건 외에 전통적 주식이 되는 품목은 유예기간 및 최소시장접근을 보다 우대해 주는 방식이다.

관세양허(Tariff Concession)

국가간의 관세 및 무역에 관한 협상에서 협상 당사국이 특정 품목의 관세를 일정수준 이상으로 부과하지 않겠다는 약속을 하는 것을 말한다. 관세양허에는 3가지의 개념이 포함되어 있는데, ① 현행세율을 인하하는 관세인하(reduction), ② 관세를 더 이상 올리지 않겠다고 약속하는 거치(binding), ③ 현행 세율을 인상하더라도 일정수준 이상으로는 올리지 않겠다는 인상 한계점 설정(ceiling binding)이 있다.

관세조화(Tariff Harmonization)

각 나라마다 동일품목에 대해 부과하는 세율이 현격히 다른 불균형 현상을 시정하기 위해 일정한 수준의 관세율을 기준으로 삼아 각국의 관세율을 평준화하고자 하는 관세 인하방식이다.

세할당제도(Tariff Quota System)

특정 물품의 수입에 대해 일정수량까지는 저세율을 적용하고 동 수량을 초과하는 것에 대해서는 고세율을 부과하는 2중 세율제도를 이른다.

국내생산자에게는 보호관세의 설정이 요망되고 국내수요자에게는 저관세에 의한 수입이 요구되는 경우에 양자의 이해를 조정하기 위하여 일정량까지는 저세율로 수여자의 요구에 응하고, 그 이상의 수입에 대해서는 고세율로 생산자의 요구에 응하는 제도로서, 수입에 대한 직접적인 양적규제의 효과를 갖는다.

관세협력이사회(CCC : The Customs Cooperation Council)

가맹국간 관세제도의 조화와 통일의 확보, 관세기술 및 관련 관세제도의 개선발전을 위해 1952년 발족한 기구이다. 초기에는 유럽제국에 대해서만 가맹이 한정되어 있었으나, 동기구의 활동이 활발해짐에 따라 가맹국이 세계 대부분의 국가로 확산되었다.

공황(crises, panic)

경기변동 중 극도의 호경기 끝에 나타나는 경제적 혼란 상태를 말한다. 그 원인에 따라 생산 공황, 상품 공황, 자본 공황, 금융 공황 등이 있다.

교차문화커뮤니케이션(cross-cultural communication) : 교차문화커뮤니케이션 이란 일반적으로 이문화(interculural) 커뮤니케이션과 유사한 개념이나, 후자가 서로 다른 문화배경을 가진 사람들간의 커뮤니케이션 활동 자체를 가르키는데 반해, 전자는 커뮤니케이션 활동 자체가 아니라 문화적 충돌이나 오해요인을 규명하기 위한 비교, 평가 및 교육을 말한다.

구조적 인프레이션(structural inflation)

경제 전체의 수요가 초과되지 않을 때라도 특정 산업의 산출물에 대한 수요초과로 발생하는 물가 상승을 말한다. 특정 경제부문에 수용압력이 가해져 가격과 임금이 상승한 때 수용가 각기 다른 경제부문의 가격과 임금이 그 이하로 내려갈 수 없는 최저치가 경직화되어 전반적인 인플레이션이 발생한다.

국가위험도(Countryrisk)

대외투자 및 대외융자에서 상대국 정부에 의한 예측하지 못한 사태로 나타날 수 있는 손해발생의 가능성을 말한다. 일반적으로 컨트리 리스크는 ① 채무국의 외채상환능력 부족 ② 전쟁 · 내란 ③ 수출입 규제 ④ 정부 나 공공기관의 고의적 채무 불이행 등으로 발생한다. 컨트리 리스크의 평가는 외환보유고나 외채구조 및 정부의 재무 · 경제관리능력 등이 주로 고려된다.

기호화(旗號化, encoding)

메시지의 전달자가 생각과 감정을 언어 및 비언어적 형태로 변환하여 상대방, 즉 수용자에게 보내는 행위를 말한다. 이때 발신자는 문화배경(context)의 물리적 · 문화적 · 대인 관계적 조건을 무의식적으로 판단하여 메시지의 내용 및 구조와 관련하여 조건에 적합한 기호를 선택하여 기호화한다. 따라서 언어와 비언어 등 기호로 표시되는 기호화가 서로 일치하지 않거나 문화적 차이가 발생할 때에는 기호화가 상당히 어렵게 된다.

기호해동(decoding)

기호해석이라고도 하며 메시지의 수용자가 전달자의 언어 및 비언어에 의한 메시지를 자극으로 지각하여 과거의 경험과 현재의 조건, 배경에 기초하여 의미를 부여하는 행위를 말한다.

기회비용(opportunity cost)

특정한 생산수단의 두 종류의 용도 중 그 어느 한편을 배제한 결과, 단념할 수밖에 없는 이익의 평가액. 구미 각 국에서는 조세지출 예산제도라는 이름으로 조세감면액을 예산에 감안하고 있다.

국민소득(NI)

한 나라에서 1년 동안에 생산된 최종 재화와 용역을 화폐의 단위로 표시한 것. 좁은 의미로는 1년간 국민들이 생산에 참여하여 얻은 순수입의 합계량을 말한다.

국민총생산(GNP)

한 나라에서 1년 동안 국민이 생산한 최종생산물(소비)과 용역의 총계를 화폐액으로 표시한 것을 말한다.

국민순생산(NNP)

시장 가치로서 나타난 한 나라의 생산물의 총계를 나타낸 것으로 1년 동안 각 기업이 순전히 새로 생산한 재화와 용역의 부가가치를 말한다.

국제수지(balance of payments, international balance of payment)

일정 기간 동안 한 나라가 다른 모든 나라와 행한 국제경제거래를 복식부기 원리에 의하여 작성한 통계표를 말한다. 즉, 일정 기간 국내에서 국외로 향하는 지급의 흐름을 사후적으로 대조시킨 것이 국제수지다. 국제수지는 경상계정(current account)과 자본계정(capital account)으로 구성된다.

국제 카르텔(international cartel)

국제적으로 통용되는 카르텔, 국제 카르텔은 국가간 대립이나 경쟁을 배제할 목적으로 형성되었으나 고도 자본주의에 의한 국제시장의 분할, 특정상품의 국제적 독점이라는 결과를 가져왔다. 가장 잘 알려진 예는 OPEC이다.

규모의 경제(Economy of Scale)

각종 생산요소의 투입량을 증가시킴으로써 이익이 증가되는 현상을 말한다. 대량생산에 의하여 1단위당 비용을 줄이고 이익을 늘리는 방법이 일반적인데, 최근에는 특히 설비의 증강으로써 생산비를 낮추는데 주안점을 두고 있다. 이 경우에는 기술혁신을 수반하는 것이 보통이며 이를 '규모의 이익' 이라고 한다.

글로벌 본드(global bond)

미국, 아시아, 유럽 등 세계 주용 금융시장에서 함께 발해, 유통되는 국제채권을 말한다. 미국의 양키 본드, 유럽의 유럽달러 본드 및 일본의 사무라이 본드를 동시에 발행하는 것과 같은 효과가 있다. 지역의 한계를 넘어 세계 여러 시장에서 발행된다는 의미에서 글로벌 본드라 부른다.

글로벌 소싱(global sourcing)

제조업체들이 해외 진출 때 값이 싼 현지의 부품을 사용함으로써 생산단가를 낮추려는 행위를 말한다. 이는 결국 부품을 세계 각처에서 싸고 신속하게 조달함으로써 경쟁력을 높이기 위한 부품조달의 현지화와 동시에 국제화로 해석할 수 있다.

금리선물옵션(interest rate futures options)

예상하지 못한 금리변동으로 초래되는 금융자산의 가치변동위험을 방어하거나 또한 추가이익의 실현을 위해서 이용되는 선택권부 금융 선물거래를 말한다. 금리선물옵션은 통화옵션에서와 마찬가지로 옵션매입자가 장래의 일정 시점 이전에 옵션매도자로부터 일정 선물계약을 일정 행사가격으로 매입 또는 매도 할 수 있는 권리를 가지게 되는 계약을 말한다.

금리옵션(interest rate option)

금융 자산을 일정한 금리(수익률)로 정해진 기일 안에 사거나(콜) 팔 수 있는(풋) 권리를 매매하는 것을 금리옵션이라 한다. 주로 국채 등 채권투자에서 활용된다. 채권투자가의 경우 앞으로 금리가 떨어져 채권가격이 오를 때 투자비용을 줄이기 위해, 또는 금리상승에 따라 보유채권의 가치하락을 피하기 위한 헤지 수단으로 이와 같은 거래를 할 수 있다.

금융공황(金融恐慌)

급격한 신용의 붕괴로 금융시장 전반에 걸쳐 혼란이 야기된 상태. 생산 과 소비의 불균형, 전쟁과 천재지변 등으로 인해 기업간 신용이 붕괴하고 지급수단 수요가 급증하는 등, 신용·화폐 공황이 발생하고 모든 지불이 연쇄적으로 단절돼 상품가격 하락, 지급불능, 기업 도산, 주가급락 , 환율급락 등이 생겨난다. 이는 신용·금융거래의 혼란을 야기하고 나아가 대출금 회수불능 등 은행공황으로까지 이어진다.

기업경기실사지수(BSI, Business Survey Index, 企業景氣實査指數)

기업활동의 실적과 계획, 경기 동향 등에 대한 기업가 자신들의 의견을 직접 조사, 지수화해 전반적인 경기 동향을 파악하고자 하는 지표. 이 지수의 유용성은 기업가들이 경기를 판단하거나 예측·계획하는 행위들이 단기적인 경기변동에 중요한 영향을 미친다는 경험적인 사실에 바탕을 두고 있다.

기업어음(commercial paper : CP)

장기자금은 단기간 돌려쓰는 자금보다 비싼 이자를 물어야 하는 게 일반적이다. 기간이 짧을수록 돈을 떼일 염려가 덜하므로 단기 금리가 싼 것이다. 이 때문에 기업의 입장에선 단기간의 자금 과부족을 해결할 때 는 단기간 이용하고 갚을 수 있는 자금에 의존하는 데 여기에 주로 사용하는 게 기업어음이다.

게이트웨이(gateway)

서로 구조가 다른 두개의 통신 네트워크를 연결하는 장치를 지칭. 게이트웨이는 네트워크의 최상위 계층인 응용프로그램 계층에서 두 네트워크를 연결하는 통합 기능을 수행한다. 또 게이트웨이는 두개의 분리된 통신 네트워크를 이어주는 컴퓨터 노트를 가리키는 말로도 사용되는데, 특히 2개의 근거리통신망(LAN) 사이에서 중개를 담당하는 컴퓨터를 뜻하기도 한다. 이와 함께 국가 대 국가간 상이한 정보규약, 즉 정보프로그램을 연결하는 역할도 맡고 있다.

게놈 분석(genome analysis)

게놈(유전체)은 각 생명체의 유전형질을 나타내는 유전정보의 총칭으로 각 생물의 설계도라 할 수 있다. 고등 동식물을 포함한 진핵생물의 게놈은 염색체 단위로 구성되어 있으며 하등 미생물 등의 원핵생물에서는 염색체 전체가 게놈이 된다. 염색체는 실질적인 유전정보를 암호화하고 있는 유전자의 집합체다. 유전자에 존재하는 유전적 암호는 DAN에 존재하는 아데닌, 구아닌, 시토신, 티민 등 4가지 염기들의 서열에 의해 저장되고 있다. 게놈 연구는 생명현상에 대해 구체적으로 접근하는 것을 가능하게 해 각 부문에 막대한 파급효과를 낼 수 있다.

암·치매 등 각종 난치병의 원인유전자를 발견함으로써 유전자 치료 및 신약 개발이 가능해질 수 있다. 또 식량증산 및 생물자원을 확보해 또 다른 녹색혁명을 유도하고 정밀화학, 석유산업 대체기술개발도 등장 할 수 있는 등 인류 문명의 대변혁을 몰고 올 수도 있다는 것이다.

구성가격(Constructed Value)

반덤핑 조사시 정상가격으로서 국내 판매가격이나 제3국 수출가격이 존재하지 않거나 비교가 적당하지 않을 경우(즉, 관련제품이 내수판매가 전혀 없는 제품이거나 혹은 일국으로만 수출되고 여타국으로는 수출되지 않는 제품일 경우)제품의 생산비+판매비용+이윤을 합산한 가격을 정상가격으로 대치하는데, 여기서 생산비, 판매비용, 이윤 등을 합산하여 산출한 가격을 구성가격이라 한다.

국별쿼터

수출입국가간에 사전 협의를 통해 국가별로 수입 할당량을 배문하는 방법이다.

국영부역(State Trade)

개인 또는 기업들의 무역업자가 자유로운 경쟁 하에서 행하는 민간무역과는 달리 국영기업이나 국가에 의해 배타적 권리를 부여받은 사기업에게 재화나 용역의 독점적 수입권을 한정하는 것을 의미한다. 이러한 국영무역은 국내시장 상황에 따라 수입량을 임의로 조정하는 등 수입제한 조치로 널리 사용되고 있다.

국정관세

일국이 자국의 법령에 의하여 자율적으로 관세율을 산정하여 부과하는 관세로 기본세율 또는 일반세율이라고 한다.

국제무역위원회(ITC)

국제통상문제에 관하여 연구, 보고, 조사업무를 수행하며, 대통령 및 의회에 필요한 조치를 권고하는 미국의 독립적인 준 사법적 기구로, 처음에는 1916년 의회법에 의해 관세위원회로 발족되었으나 1974년 통상법에 의해 국제무역위원회로 개칭되었다.

국제상업회의소(ICC)

국제통상의 개선, 각국 및 지역 상관습법의 국제적 통일, 국제통상 관련 분쟁 및 조정, 그리고 각국 상업회의소의 친선 도모를 주요 목적으로 1920년에 설립되었다. 성격상 선진국과 개발도상국 등 모든 국가의 국제무역인으로 구성된 순수 민간단체이나, 오늘날 국제연합의 통상 관련 자문기관으로서의 역할을 수행하고 있다.

국제연합무역개발회의(UNCTAD)

남북문제와 관련하여 개발도상국의 무역확대 및 경제개발에 대한 제반 문제점을 종합적으로 검토, 분석하여 국제사회의 경제발전을 통한 전 인류의 생활수준 향상을 주요 목적으로 1964년에 설립된 UN직속기관이다.

국제이전가격

다국적기업의 경우 모회사와 자회사간에 또는 자회사 상호간에 국제무역거래를 많이 하게 되는데, 이러한 경우에 적용되는 수출입물품의 가격을 국제이전가격이라 한다. 다국적기업은 기업내의 국제이전가격을 정상적인 국제시장가격과는 다르게 조작함으로써 이익을 극대화시키고 있다.

국제무역기구(ITO:Interational Trade Organization)

1948년 하바나 현장을 중심으로 UN에 의해 고안된 무역기구이다. 세계대전의 원인이 각국의 편협된 경제보호주의에 있는 것으로 보고, 항구적인 세계평화를 위해서는 무역장벽의 완화 및 세계통상여건의 개선이 무엇보다 중요하다는 인식하에서, 미국 행정부의 주도로 창설을 위한 논의가 있었다. 그러나 농기구의 규제범위가 너무 방대할 뿐 아니라 규정자체가 지나치게 경직적이어서 이로 인해 각국의 주권을 침해 할 수 있다는 우려가 확산되면서 창설을 주도한 미국 의회를 비롯한 많은 국가들이 비준을 거부, 설립자체가 무산되었다.

동기구의 기능은 GATT(당초의 ITO의 통상 · 무역분야 협정문에 불과)에 의해 상당부문 인수되었다.

국제수지 조항(BOP Articles: Balanue of Payment Articles)

선진국의 경우 GATT 12조, 개도국의 경우 GATT 18조에 근거하여 국제수지악화를 이유로 수입제한조치를 취할 수 있도록 하는 예외 규정을 지칭한다.

국제화(Inter-nationalization)

국경을 초월한 경제활동의 지리적 확장을 의미한다. 즉, 국가간의 관계에 초점을 맞춘 것으로서, 근대 국민국가가 성립되고 이들 상호간에 관계가 맺어지고 교역이 이루어지는 가운데 자리 잡게 된 것이다. '국제화'한다는 말은 자국내에서 모든 것을 자급자족하는 대신 외국과의 관계를 맺으면서 주고받는다는 것을 뜻한다.

공식적용방식(Formula Approalh)

특정 공식이나 인하폭을 결정하여 회원국의 모든 대상 품목이나 서비스에 대한 관세율 및 보호정도를 일괄적으로 인하하는 방식을 이른다.

공동농업정책(CAP: Common Agricultural Policy)

역내의 농산물시장 안정과 농업소득 증대를 위한 EU의 농업정책을 지칭하며, 역내 농업보호정책과 잉여농산물 수출촉진정책으로 대별된다.

현재 UR농산물에서 가장 논란이 되고 있는 분야가 바로 농업보조금 수준의 감축을 둘러싼 CAP를 개혁하는 문제로써 미국과 EU가 가장 첨예하 대립하고 있다.

능부여 조항(Euabling clause)

선진국들이 개도국에 제공하는 무역상의 특혜 혹은 우대조치는 GATT 1조상의 최혜국대우 원칙으로부터 이탈된다는 내용을 담고 있는 동경라운드 Framework 협정 제1부를 통칭한다. 즉, 동 조항은 선진국들로 하여금 개도국들에게 특혜를 공여할 수 있도록 (Enable) 허용하는 국제법적 근거규정이 된다는 것이다.

선진국이 개도국에 대해 제공하는 대표적인 특혜의 하나인 GSP제도가 국제법적으로 용인되고 있는 것도 바로 이 때문이다.

규제의 동결 및 철폐(Standstill and Rollback)

SS는 모든 GATT회원국들이 GATT가입과 동시에 GATT협정에 일치하지 않는 무역제한 조치를 도입하지 않아야 한다는 의무를 가리키며, RB는 GATT에 위배되는 현존 규제 조치를 점차 철폐해 나가거나 GATT에 일치시켜나가야 한다는 약속을 의미한다.

그린라운드(Green Round)

이는 무역과 환경을 연계시키는 국제무역협상을 말한다. 그동안 추구되어 왔던 개발위주의 경제성장 및 산업화로 지구전체의 환경이 급속히 악화되었고 그 결과 지구환경보호와 관련하여 많은 국제환경협약이 현재 발효 중에 있으나, 최근에는 그 실효성을 확보하기 위하여 비가입국이나 비준수국에 대하여 강력한 무역규제조치를 취하자는 추세에 있다.

기술라운드(Technology Round)

이는 기술수준이 높은 선진국들이 제기한 것으로써 정부로부터 연구·개발 보조금을 받아 생산된 제품에 대한 무역체재라든지, 연구·개발활동의 완전개방 등 기술과 국제규범을 제정하려는 다자간무역협상을 말한다.

기술장벽(TechnicalBarriers)

비관세장벽의 일종으로서 수입제한을 초래하는 각종 공산품의 규격이나 안전규정 등을 의미함. 이러한 기술장벽의 제거를 목적으로 동경라운드에서 "상품표준에 관한 협약"이 제정되었으며 우리나라는 1980년 9월에 가입하였음.

기존특혜관세

식민지 국가 또는 식민지 상태에서 독립한 국가와 상호간에 저율의 특혜세율을 적용하여 부과하는 관세이다.

긴급관세

국내 산업의 보호를 위하여 긴급한 조치가 필요하거나 특정 물품의 수입을 긴급히 억제하고자 할 경우 특정수입물품에 대하여 부과하는 할증관세를 의미한다.

긴급수입 제한조치의 선별적 적용

제한된 소수의 수출국으로부터 수입이 급증하고 이로서 수입국 국내산업 피해의 주요원인이 되었을 경우, 긴급수입 제한조치를 동 국가들에 대해서만 선별적으로 적용하는 것을 의미한다.

내국민대우(National Treatment)

통상조약에서 상대국의 국민, 생산품, 선박 등에 대해서 자국의 것과 동일한 대우를 공여하는 것을 이른다. 일반적으로 최혜국 대우보다 유리하며, 조약에 따라서는 상대국에 자국민 이상의 대우를 공여하는 경우도 있다.

네카티브시스템(Negative List System)

대외무역관리에 있어서 원칙적으로 무역을 자유화하나 일정품목에 대해서 수출입을 제한 또는 금지할 필요가 있을 경우 이러한 품목만을 표시하여 열거하는 방법을 이른다. 즉, 점진적인 자유화 추진방식의 하나로 개방이 불가능한 부문을 열거하므로 열거되지 않는 품목은 자동적으로 개방되는 방식이다.

이와는 반대로 개방가능한 부문만을 열거하는 방식을 포지티브시스템이라 한다.

남 · 북 문제(South-north Priblem)

미국 · 유럽 등 일반적으로 적도 이북에 위치한 선진국과 아시아, 아프리카, 중남미 등 적도 이남에 위치한 저개발도상국가 간의 경제적 제문제를 의미한다.

다국적기업

해외직접투자로 진출한 국가의 수는 물론 주주나 최고경영층의 국가별 구성이 다양하고, 해외에서의 판매액이나 이익이 기업 전체의 판매액이나 이익에서 차지하는 비중이 높아 충분한 국제화를 이룩하고 있으며, 경영자가 범세계적인 안목으로 국제경영전략을 추구하는 기업을 말한다.

다문화사회(muticultural society)

다음 세 가지 가운데 어느 하나를 의미한다. ① 1국 혹은 1사회에 복수의 문화가 공존한다는 것을 인정할 것(캐나다, 호주), ② 1국의 사회 혹은 문화가 국경을 초월하여 다른 사회, 문화와 어떤 공동체를 의식적으로 공유하여 적극적으로 공존을 도모할 것(EU), ③ 다국적기업과 같은 집단이 그 내부에 복수 문화출신의 종업원을 고용하고 있는 상태(IBM)

다문화주의(muticulturalism)

예컨대 중국과 같이 복수문화의 사회에 있어서, 다문화의 존재를 긍정적으로 인정하고, 제각기 독자성을 존중하면서 하나의 사회를 구성해가려고 하는 것을 말한다. 이에 대해 주류문화(지배적 문화)로 개별문화를 통합해가려는 사고방식을 동화주의라 하며, 개별문화의 우수성을 강조하여 문화적으로 자치를 한다는 입장을 위하면 다원주의(분리주의)라 한다.

다자간협상(MTN: Multilateral Negotiation)

통상협상방식의 하나, 통상과제를 양자간 해결하는 쌍무협상과는 달리 UR 협상처럼 여러 국가들이 동시에 협상을 진행하는 방식.

다자간무역협상 코드(MTN Code: Multilateral Trade Negotiation)

동경라운드에서 체결된 반덤핑, 보조금 상계관세, 정부조달, 관세평가, 수입허가절차, 기술장벽 등 6개의 비관세분야와 낙농, 쇠고기, 민간항공기 등 3개의 상품관계분야의 다자간협정을 총칭함.

다자간섬유협정(MFA: Multi-Fiber Arrangement)

1974년 체결된 섬유류 교역에 대한 국제협약으로 3회 연장을 거쳐 현재 MFAIV(1986년 8월-1991년 7월)에 이름. 수출국과 수입국간 쌍무협상을 통하여 교역량을 제한하고, 수입국의 일방적인 수입제한조치를 가능케 함으로써 개도국 수출에 대한 선진국의 규제수단으로 활용됨.

덤핑(Dunping)

정상적인 가격 이하로 수출되는 행위, 여기서 정상가격이란 보통 국내 판매가격. 제3국 수출가격 및 구성가격의 3가지가 있음. 구성가격(Consturcted Value)이란 반덤핑 여부의 조사과정에서 국내의 판매가격이나 제3국의 수출가격이 존재하지 않거나, 혹은 비교하기에 적당하지 않을 경우 사용되는 가격으로 [생산비+판매비용+이윤]을 합산한 가격임.

도피조항(Escape Clause)

GATT의 각종 의무로부터 이탈할 수 있도록 한 예외조항을 뜻하며, 특히 세이프가드를 취할 수 있도록 한 GATT 19조와 각국의 국내법 관련조항을 이른다.

던켈초안(Dunkel Text)

Dunkel 전 GATT 사무총장이 91년 12월 UR 협상의 교착상태를 타개하기 위해 제시한 최종협정문초안(Draft Final Act). 현행 UR 협상이 틀이 되고 있음. 관세인하, 농산물 수입제한조치를 관세로 전환, 섬유교역을 10년 내 완전 자유화, 반덤핑 및 보조금규정 명료화 및 강화, 지적재산권 보호, 서비스교역 자유화 등을 골자로 하고 있으며 선진국, 개발도상국 및 수입국, 수출국의 이해를 교묘하게 균형시키고 있음.

동남아 국가연합(ASEAN: Associtiion of Southeast Asian Nations)

1967년 8월 ASA(Association of Southeast Asia)과 Malphilindo의 두 기구를 발전적으로 통합함으로써 탄생한 동남아지역의 국가간 협력기구. 회원국은 인도네시아, 말레이지아, 싱가포르, 필리핀, 태국 및 브루나이(1984)의 6개국으로 구성됨. 주요목적은 역내 제국간 경제·무역상의 상호협력뿐만 아니라 지역내의 평화와 안정, 문화, 교육, 행정분야에서의 협력 등 다부문에 걸쳐 상호협력을 꾀하는 것임.

동남아 연합(ASA: Association of Southeast Asia)

1961년 말라야연방, 필리핀, 태국 등 3개국이 인도차이나지역에서 공산세력의 확장을 억제하고 각 분야에서 상호간 협력을 도모하기 위해 결성된 지역협력론. 1967년 8월 Malphilindo와 통합되어ASEAN으로 확대. 개편됨.

동식물 위생검역규정(SPS: Sanitary and phytosanitary Regutations)

GATT의 일반적 예외규정의 하나로서 제20조 (B)항을 의미함. GATT 제20조 (B)항은 인간 및 동·식물의 생명 또는 건강의 보호를 위하여 필요한 조치를 채택, 실시함에 있어서 GATT의 어떠한 규정도 이를 저해하는 것으로 해석되어서는 안 된다고 규정하고 있음. 그러나 각국은 동 조항을 악용, 수입제한조치를 빈번히 이용해 온 바 현재 논의가 진행 중이며, 상당한 정도의 의견의 일치를 보여 농업협상 내에서 가장 협상속도가 빨랐던 사안임.

동아프리카 경제공동체(EAC: EAST African Community)

1967년 6월 케냐, 우간다, 탄자니아 간에 조인된 동아프리카협력조약에 의해 창설되었음. 주요목적은 회원국간의 균형발전, 결속강화 및 공동시장의 유지에 있음. EAC는 회원국간의 불화로 해체되어 현재는 존속치 않음.

동아시아 경제회의(EAEC: East Asia Economic Caucus)

1990년 12월 말레이지아 마하티르 수상이 NAFTA와 EC에 대응하는 배타적인 동아시아경제블록(East Asia Economic Group) 창설을 제의. 당초 제안에 의한 협력대상국은 ASEAN 6개국을 중심으로 한국, 일본, 중국, 대만, 홍콩, 미얀마 및 베트남이 포함됨. 그러나 미국의 강력한 반대에 부딪혀 대외협상에 있어서 협상력 증대를 위한 공동대응 및 무역·경제협력 강화를 위한 협력체로 재규정됨.

딜론라운드(Dillon Round)

1960년 5월부터 1961년 7월까지 개최된 GATT의 다섯 번째 다자간무역협상. 당시 미국의 케네디 행정부의 국부차관이었던 Douglas Dillon의 제창으로 개시된 바, 그의 이름을 따서 명명된 다자간협상임.

라이슨서

라이슨싱계약에서 특허권이나 상표권 또는 저작권 등에 대한 권리를 행사하면서 이를 제공해 주는 자를 말한다.

라이슨시

라이슨계약에서 특허권이나 상표권 또는 저작권 등에 대한 권리를 일정한 대가를 지급하는 조건으로 제공받는 자를 말한다.

라이슨싱계약

특정 기업이 소유하고 있는 지적 재산권(특허권, 상표권, 저작권, 제품이나 공정에 대한 노하우 등)을 다른 기업으로 하여금 일정 지역내에서 일정한 조건하에 활용할 수 있도록 기술을 지원해 준다든지, 정보를 제공해 준다든지, 또는 부수되는 권리를 제공해 주는 대신에 이에 대한 각종 대가를 지급받기로 약정한 계약을 말한다.

로얄티

라이슨싱계약에서 특허권이나 상표권 또는 저작권 등에 대한 사용료를 말한다.

로마조약(Treaty of Rome)

ECSC 6개국에 의해 이탈리아 로마에서 1957년 3월 25일 서명된 유럽경제공동체(EEC)와 유럽원자력공동체(EURATOM) 창설을 위한 조약. 1951년 서명된 ECSC조약과 함께 EC 3기본조약을 이루며, 이중 특히 EEC창설을 위한 조약은 가장 중요한 조약으로 인정됨. 전문 248조. 15개 부속 합의서. 4개의 설립 선언문과 3개의 의정서로 구성됨. 로마조약은 각 회원국 법에 우선하여 적용되며, 룩셈부르크 조약과 단일유럽법 등에 의해 주요 내용이 개정되었음.

로메협정(Convention de Lome Entre la CEE et ACP)

EC와 EC역내국가들의 구식민지인 ACP(아프리카, 카리브해, 태평양지역)66개국이 체결한 통상, 공업협력, 기술원조에 관한 협정을 이른다. 협정의 명칭은 '75년 2월 28일 토고의 수도 로메에서 조인된데 기인한다.

리엔지니어링(Reengineering)

최근 기업들간의 생존경쟁이 치열해지면서 나타난 새로운 경영전략 중의 하나로, 생산성 향상을 위해 기업을 개선시키는 차원이 아니라 원점에서 출발하여 완전히 재창조하자는 것이다. 즉 사업과정을 혁신적으로 재설계하고 고유기능을 무시하고 유기적으고 신속하고 효율성 있는 업무의 조직화로 급변하는 경영환경에 능동적으로 대처하는 새로운 모델을 추구한다.

마그레브 국가(Maghreb)

'마그레브'란 고대 아랍인이 '해가 지는 곳', '서쪽'이란 뜻으로 사용한 아랍어로 북서아프리카 국가들인 알제리, 리비아, 모로코, 모리타니아와 튀니지를 말함.

마그레브 제국연합(UMA;Union of the Arab Maghreb)

알제리 독립(1962)후 튀니지, 알제리, 모로코 3국이 교통, 통신, 무역 및 관광 등의 여러 면에서 공동시장 조성을 위해 창설한 협력체임. 현재 회원국은 알제리, 리비아, 모리타니아, 모로코, 튀니지의 5개국으로 구성됨. 1995년말 문설동맹 결성과 금세기말 북아프리카 공동시장 형성을 추진 중에 있음.

마스트리히트 조약(Treaties of Maastricht)

유럽 정치통합과 경제 및 통화 통합을 이룩하기 위한 새로운 유럽통합조약. 유럽연합조약이라고도 함. 1991년 12월 10일 네덜란드 마스트리히트에서 EC정상간 합의되고, 1992년 2월 7일 EC외무장관회의에서 정식 조인되었음. 주요내용은 1997년까지, 늦어도 1999년까지는 특정 다수결제도에 의해 유럽 단일통화를 도입하며, 좀더 긴밀한 정치통합체로서 EC를 발전시키기 위해 유럽동맹의 창설을 궁극적인 EC지향목표로 합의한 것임.

만장일치제에 의한 합의서

WTO 의사결정시 회의에 참가한 회원국 중 어느 한 회원국도 공식적으로 반대를 표명하지 않는 한 만장일치에 의한 합의로 간주하는 방식이다.

무역관련투자(TRIMS : Trode Related Investment Measures)

외국인 투자와 관련하여 무역의 흐름을 제한하거나 왜곡시키는 효과를 가져오는 규제나 인센티브 제공 조치를 지칭한다. 주 고려대상은 투자이행 요건으로서 관련 대표적인 예는 국산부품의 사용의무와 수출이행 의무이며, 이밖에도 판매시장의 지정, 외환통제, 무역수지 균형을 위한 기업활동 제한, 기술이전의무 등이 있다.

무역협상 위원회(TNC : Trode Negotiations Committee)

UR협상을 총괄하기 위해 설치된 기구로서 협상이 종결될 때까지 협상관련 문제를 다루고 있는 최고의 협의기구이다. 산하에 상품 협상그룹(GNG)와 서비스협상그룹(GNS)등 두 개의 협상그룹을 두고 있다.

무역정책검토제고

WTO 회원국들이 다자간 무역협정의 규칙이나 약속 등을 준수하도록 하기 위해 회원국들의 무역관련법, 제도, 정책, 그리고 관행에 대해 정기적 검토를 수행하는 제도이다.

무임승차

한 국가가 다른 국가와의 협상을 통해 얻어낸 결과를 제3국이 스스로 노력없이 그대로 그 혜택을 보게 되는 것을 의미한다.

무차별 대우의 원칙

구체적으로 특정체약국에 부여된 특혜의 경우, 즉시 무조건적으로 다른 체약국에게 적용되는 최혜국 대우의 원칙(MFN)과 내국세 및 각종 정부 규제에 있어 수입품과 국내산품을 차별하지 말고 동등하게 대우해야 한다는 내국민 대우의 원칙(National treatment) 등에 의해 실현된다.

면책조항(Escape Clause)

GATT의 각종 의무로부터 예외될 수 있도록 허용한 GATT 조항을 뜻하고 있는데, 특히 Safeguard를 취할 수 있도록 한 GATT 제 19조와 각국의 국내법 관련 조항을 의미함.

명료성, 공개주의(Transparency)

상품 또는 서비스 등의 교역과 관련된 모든 규제조치는 다른 모든 회원국에게 명료하게 공개, 공표되거나 조회가 가능해야 한다는 원칙이다.

미국 통상대표부(LISTR: Office of the LInited States Trode Representive)

국제통상문제를 담당하는 대통령 직속기관으로 1963년 1월 통상교섭 특별 대표부(Oiffice of the Special Representative for Trade Negotiations)로 시작하여 80년 1월 카터 대통령시 현재의 이름으로 개칭되었다. 미국의 통상정책을 담당하는 주요 정부기관으로는 상무성, 국무성 등이 있으나 USTR은 이들 관계부처와 협의, 미국의 무역정책을 총괄적으로 수립, 집행하며 대외교섭 창구로서의 역할을 하고 있다. 최근 우리나라에 시장개방 압력을 가하고 있는 주체적 기관이며, 또한 종합무역법 301조에 의한 불공정무역행위에 관한 조사와 관련, 상대국과의 협상, 보복조치도 총괄적으로 집행하고 있다.

미 · 이스라엘 자유무역협정(US. Israel free Trade Agreement)

1985년 9월에 미 · 이스라엘 양국사이에 체결된 자유무역협정. 이스라엘측은 안정적 수출시장의 확보와 안보상의 고려하에 미국측은 GATT라운드 협상의 추진과 대이스라엘 지원방식을 기존의 경제·군사원조 중심에서 미국시장의 개방에 의한 수출증대 보장으로 전환하려는 의도에서 추진하였음.

MTN(Mutilateral Trade Negotiation)협정

동경라운드에 타결된 반덤핑, 보조금, 상계관세, 정부조달, 기술장벽, 수입허가 절차, 관세평가협정 등 비관세 분야관련 협정과 민간항공기, 낙농, 우육협정 등 3개 상품관련 협정 그리고 Framework협정 등 10개의 협정서 및 부속서를 말한다.

물가평형관세

국내물가의 안정을 도모하고, 특정 수입물품의 급격한 가격 상승을 억제하기 위하여 기본 관세율을 인상 또는 인하시킨 관세이다.

반덤핑 관세(Anti-dumping Duty)

정상적인 가격보다 부당하게 저렴한 가격으로 수입되는 물품으로 말미암아 국내 산업이 실질적인 피해를 입거나 입을 우려가 있을 때, 혹은 국내산업의 설립을 실질적으로 지연시킬 때, 이를 방지하고 공정한 거래를 확보하기 위해 덤핑수입품에 부과하는 특별관세를 지칭한다.

방콕협정

관세·비관세 장벽의 완화·철폐를 통해 ESCAP(아시아 태평양 경제사회 위원회) 역내 제국간의 무역확대를 목적으로 1975년 우리나라를 비롯한 인도, 스리랑카, 방글라데시, 라오스 등 5개 회원국간에 체결된 특혜무역 협정을 이른다. 동 협정은 아시아·태평양 지역에서 유일한 UN산하 개도국간 특혜무역 협정으로서 ESCAP역내에서 우리나라가 참가하고 있는 유일한 무역협력 기구이다.

베른협약
(Berne Convention for Protection of Literary and Artistic Works)

1886년 베른에서 체결되어 그간 7차례 개정을 거친 가장 포괄적이고 높은 수준의 저작권 관련 국제협약으로 주로 선진국을 중심으로 현재 81개국이 가입되어 있다(우리나라는 미가입)동 협약은 무방식주의(특별한 절차나 등록이 없이도 다른 회원국에서 자동적으로 내국민과 동등하게 보호), 내국민 대우 및 보호독립의 원칙(최소보호기간 이후의 계속보호 여부는 각국에 위임)등 3대 기본원칙을 채택하고 있다.

보복관세

자국의 수출품에 대하여 불리한 대우를 하는 경우, 그 나라로부터 수입되는 물품에 대하여 부과하는 할증관세를 의미한다.

보조금

각국 정부가 특정한 경제정책을 달성하기 위해 정무 및 공공 기관이 산업 및 기업활동에 제공하는 여러 가지의 재정지원을 의미한다.

보호관세

관세 부과의 주된 목적이 국고 수입보다는 국내산업 보호를 위해 수입물품에 대해 부과하는 관세이다.

복관세

외국으로부터 자국 상품이 불리하거나 또는 유리한 대우를 받는 경우에 대비하여 이중관세 또는 삼중관세를 설정해 놓는 관세이다.

부가가치통신망(Value Added Network: VAN)

기존 통신망에 컴퓨터와 통신설비 등을 접속하여 단순한 전송 및 교환기능 이외에 새로운 부가가치 기능, 즉 정보의 축적, 가공, 처리, 검색, 변환 등을 부여한 고도의 정보통신서비스이다. 이러한 부가가치통신망 서비스는 메시징서비스, 정보서비스, 네트워크서비스 등으로 구성되어 있다.

분쟁해결(Dispute Settlement)

GATT상의 의무불이행으로 발생되는 분쟁의 해결을 의미. GATT상의 관행에 따르면 의무의 위반이나 여타 분쟁의 해결수단으로서 주로 GATT 규정 자체에 의존하고 있으며, 강제적 수단에 대해서는 명확한 규정이 없는 것이 보통임. 구체적인 분쟁해결절차로는 GATT 협정의 해석이나 운용을 다루게 될 위원회(Panel)를 설치하여 협의를 통하게 되어 있음. 동 협의에서 무효화 또는 침해(nullification or impairment)가 확실히 인정되며 보복이나 보상이 따르게 됨. 동경라운드에서 합의된 분쟁해결절차는 ① 통보, ② 양자간의 협의, ③ 제소국의 패널설치 요청, ④ 이사회의 패널설치, ⑤ 패널심사, ⑥ 보고서 제출 및 채택, ⑦ 재정, ⑧ 보복 조치에 허가 등의 순서로 진행됨.

블루라운드(Blue Round)

이는 무역과 근로조건을 연계시키는 것으로써 머지않은 장래에 국제 무역협상의 주요 의제로 등장할 가능성이 매우 높다. 즉 국제노동기준을 위반하거나 이 기준에 미치지 못하는 국가에 대하여 무역거래상의 불이익을 강제적으로 부과시키자는 내용의 다자간 무역협상을 말한다.

보상(Compensation)

한 국가가 GATT 협정 제 19조에 의한 긴급수입제한조치(safeguards)를 취하거나 제28조에 의하여 양허세율을 인상할 경우 주요 이행당사국에 대하여 여타품목에 대한 관세인하 내지 자율화 등으로서 제한조치에 상응하는 보상을 해주는 것을 뜻함.

보복(Retaliation)

한 체약국이 취한 관세인상 또는 기타 무역제한 조치에 인한 피해를 입은 타체약국이 취하는 대응조치로서 GATT 제 23조는 양국이 협의에 실패했을 경우에 한해 보복조치를 취하는 것을 허용하고 있음.

비관세장벽(NTB: Non-Tariff Barriers)

관세 이외의 무역 장벽을 의미하는데, ① 무역을 직접적으로 제한하는 것을 목적으로 하는 비관세장벽(수량제한, 수입허가제, 각종 수입과징금 및 외환할당 등), ② 간접적으로 무역제한효과를 갖는 비관세장벽(보건위생규정 또는 내국세제도 등) 으로 크게 구분되고 있음.

비관세 조치

일반적으로 비관세장벽으로 지칭되는 것으로써 국제통상을 제한하는 관세 이외의 모든 규제 수단을 의미한다.

비교역적 고려요소(NTC:Non-Trae Concerns)

농업은 경제적인 역할 뿐 아니라 식량안보, 사회안정, 환경보전 등 비경제적인 역할을 수행하고 있어 교역의 대상에서 예외로 인정되어야 한다는 측면에서 농업고유의 기능을 총칭하는 말이다. 우리나라는 현재 UR협상에서 쌀을 일부품목을 NTC를 인정, 개방유예를 받기 위해 노력하고 있기도 하다.

비교우위론

상대적 개념의 차원에서 보다 우세한 위치에 있는 것을 말하는데, 국제무역이론에서 리카도가 제시한 비교우위론의 주장내용은 '일국의 특정 상품의 생산비가 동일 상품에 태한 타국에서의 생산비보다 절대적으로 높다 하더라도 상대적으로 비교우위가 높을 경우 국제무역이 발생될 수 있다'는 것이다.

상계관계(CVD : Countervailing Duty)

정부의 특정산업에 대한 보조금 또는 일반적인 보조금이 국제무역의 흐름을 왜곡시켜 수입국의 국내산업이 피해를 입게될 경우, 이러한 보조금 지급을 방지하고 공정한 거래를 확보하기 위해 보조금이 지급된 수입품에 대해 부과하는 특별관세를 지칭한다.

상업적 주재(Commercial Presence)

서비스 공급방법의 일종으로서 판매되고 장소에 현지법인자회사, 지점 및 대리점 등을 설립하여 서비스를 공급하는 형태를 의미한다.

상품협상그룹(GAG : Group of Negotiation on Goods)

UR 협상이 실무총괄 기구인 TNC(무역협상 위원회) 산하에 설치된 두 개의 협상그룹 중 하나로서 상품부문에 대한 협상을 총괄하고 있다. 동 그룹산하에는 처음에는 14개의 협상의제를 다루는 9개 협상그룹이 있었으나 91년 4월 협상그룹의 재조정과 함께 6개 협상그룹으로 재조정 되었다.

상호주의(Reciprocity)

GATT의 기본원칙의 하나로 GATT체약국이 무역자유화 조치를 취할 경우 상호대등한 입장에서 동 조치를 상호 교환하는 호혜주의를 이룬다. 즉, 무역면에서 자국과 상대국은 공평하고 평등한 시장기회를 확보해야 한다는 것이다.

산업피해구제제도

외국물품의 수입이 급격히 증가되어 국내산업에 피해를 줄 경우, 당해 피해국이 국내산업 보호를 위해 일정한 조치를 실시하는 것을 의미한다.

상호감시제도(Surveilance)

86년 동경 Summit에서 논의가 시작되어 87년 베네치아 Summit에서 합의된 것으로 선진 각국들이 경상수지, 경제성장률, 국내수요, 소비자 물가 상승율, 재정수지, 금지, 환율 등 7가지 지표를 사용 이를 종합하여 상호협조 목표를 설정하여 각국이 이를 제대로 지키고 있는 지를 감시하는 제도를 가리킨다.

선별성(Selectiuity)

제한된 소수의 수출국들로부터 수입이 급증하고 이것이 수입국 국내산업에 대한 피해의 주된 원인이 되었을 경우에 긴급수입제한 조치를 동 국가에 대해서만 선별적으로 적용하는 것을 이른다.

서비스 협상그룹(GNS: Group of Negotiarion on Services)

UR 협상의 총괄기구인 TNC 산하에 설치된 두 개 협상그룹의 하나로서 서비스부문에 대한 협상을 총괄하고 있다.

세계저작권 협약(UCC: Universal Copyrigy Convention)

UNESCO가 주관하여 베른협약과 범미주협약의 조화를 추구하는 국제협약이다. 동 협약의 기본원칙은 베른협약과 비슷하나 구회보호의 수준 국제간의 무역거래에 있어서 불공정 거래, 덤핑, 관세 포탈, 자본도피, 등을 방지하고 해외시장에 있어서 신용을 유지, 확보하기 위하여 일정한 상품의 가격에 대해서 상한과 하한을 정하여 이를 규제하는 것을 이른다.

세이프가이드(Safeguard: 긴급 수입제한 조치)

특정상품이나 서비스의 수입급증으로 인해 국내의 관련산업이나 서비스 공급자가 심각한 피해를 받거나 혹은 받을 우려가 있을 경우에 해당산업이나 서비스(공급자)를 보호하기 위해 취하는 수입제한조치를 의미한다. 수입제한조치를 취하는 경우 무차별적 적용과 보상요건이 따른다는 점이 반덤핑 혹은 상계관세 조치와 다르다.

세계화(Globalization)

지구전체를 하나로 통합하는 과정으로 국제화된 경제활동 위에 기능적 통합요소를 가함으로써 세계시장이 단일화 되어 가는 현상을 말한다. 따라서 세계경제의 구조는 국가중심의 상호의존시대에서 국가와 기업이 대등한 실체로서 공존하는 시대로 이행하게 된다.

수량제한(QR: Quantitative Restrictions)

수입을 금지하거나 수입수량을 일정한 수준으로 제한하는 것으로서, 무역제한형태 중 가장 악성적인 것으로서 시장기능을 마비시킨다.

수량 제한의 방법으로는 1)쿼타 2)수입금지 3)수입기관의 지정 4)수입허가 5)수출자율규제 등이 있다.

수출보조금(Export Subsidy)

특정상품의 수출에 있어서 해외시장에서 해당상품의 경제력을 강화시키기 위한 목적으로 지급되는 보조금. 현재 UR 농업협상의 3대 의제 중의 하나인 수출 경쟁분야에서 이를 다루고 있음.

수입할당(Quota)

특정상품에 대해서 일정기간 동안(보통 1년)에 정해진 수량(가격)만큼만을 수입될 수 있도록 한 일종의 행정명령으로서 그 한도를 넘어선 수입은 어떠한 가격하에서라도 금지되는 수량제한의 대표적인 조치. 그 종류에는 총량쿼터(Global Quota), 쌍무쿼터(Bilateral Quota), 그리고 관세할당(Tarif Quota)등이 있음.

소멸조항(Sunset Clause)

수입국이 반덤핑관세를 부과한 후 일정한 기간이 지나면 반덤핑관세가 종료되도록 하는 규정으로서 UR 반덤핑협정안을 반덤핑관세 부과일이나 덤핑 및 피해에 관한 가장 최근의 재심일로부터 5년 이내에 반덤핑조치가 자동적으로 종결하도록 하고 있음.

스미소니언 합의(Smithonian Agreements)

1971년 12월 고정환율제도를 회복하기 위해 미국 워싱턴의 스미소니언 박물관에서 열린 선진 10개국 재무장관 회담에서 합의된 국제통화와 관련한 일련의 조치를 이르는 것으로서, 동조치에 의한 국제통화질서를 스미소니언 체제라 한다. 동 합의의 주요 내용은 ① 달러화의 8.57% 평가절하(금 가격을 1온스당 US $35에서 US $38로 상향 조정) ② 환율변동폭을 과거 기준환율의 1% 범위내에서 2.25%로 확대하는 와이더 밴드 환율제(Wider Band Exchauge Rate System)의 채택 등이다.

그러나 스미소니언 체제의 환율체계는 매우 불안정한 잠정적인 것이었던 관계로 그 후 1년에 동안 통화불안이 계속된 끝에 73.2~3월 사이에 걸쳐 세계 모든 주요 통화가 변동환율제도 이행함에 따라 동체제를 무너지게 되었다.

스왑협정(Sroap Arrangment)

각국의 중앙은행간에 주로 환시세의 안정을 도모하기 위한 목적으로 서로 자국통화를 예치할 수 있게 하는 협정을 이른다. 즉, 2개국의 중앙은행이 일정한 자국통화를 일정기간동안 상호 예치한 수 쌍방이 갚을 때는 예치했을 따라 같은 환시세를 적용하는 것으로서, 동 협정에 의한 경우 환시세의 변화에 따른 위험을 사전에 배제할 수 있다는 장점이 있다.

시장개방요구서(Aeguest List)

양허협상시 참가국에 의해 요구되어지는 다른 참가국의 교역자 유화 사항의 목록을 일컫는다.

신속승인 절차(Fase-track Procedures)

의회에 제출된 법안에 대해서 의회의 수정없이 가부만 표결케 함으로써 행정부의 결정사항에 대해 시의성 있는 심의를 보장해 주는 미국 통산법상의 입법 메카니즘으로서, 74년 통상법에서 최초 규정되었으며 88년 종합무역법에 의해 수정・보완되었다.

이는 미국 행정부가 외국정부와 체결한 자자 쌍무간 무역협정의 국내시행을 위해서 시행법안 제출 후 60일 (단, 세입의 경우는 90일)이내에 의회가 심의를 마치도록 하고 있다.

이러한 보장조치 때문에 협상 상대국 정부는 미국과 체결한 무역협정이 원래의 내용대로 미국내에서 시행될 수 있다는 심회를 갖고서 협상을 인하게 되고, 미형 정부로서도 협상에서 소신 있게 나갈 수가 있다.

시장접근법(Market Acdess)

상품이나 서비스 판매업자가 그 상품이나 서비스를 수요하는 시장에 접근할 수 있는 관리를 의미하며, 서비스의 경우는 서비스 공급자가 원하는 공급형태에 따라 외국 서비스시장에 진입하는 것을 의미한다.

쌍무협상(Bilateral Negotration)

UR 협상처럼 여러 국가들이 동시에 협상을 하는 다자간 협상과는 달리 이해관련 당사국 두 나라가 벌이는 통상협상을 말함.

아세안자유무역지역(AFTA:Asean Free Trade Area)

1992년 1월 제4차 아세안 정상회담에서 AFTA창설협정 조인으로 결성, 회원국은 ASEAN 6개국(인도네시아, 말레이시아, 싱가포르, 필리핀, 태국, 브루나이)임. 93년 1월부터 2007년까지 점진적으로 관세 및 비관세장벽을 완전 제거하여 2008년 1월부터 명실상부한 자유무역지역의 형성을 목표로 하고 있음. 추진배경은 EC, NAFTA와 같은 경제블록에 대응하기 위해, ASEAN을 경제협력단계에서 경제통합단계로 발전시키고자 하는 것임.

아랍 경제통합회의(Council of Arab Economic Unity)

1967년 6월 아랍연맹 산하 아랍 경제회의 결정으로 설립된 기구. 회원국은 이집트, 이라크, 요르단, 쿠웨이트, 리비아, 모리타니아, 소말리아, 수단, 시리아, 아랍에미리트, 예멘 및 팔레스타인 해방기구(PLO)등 12개국임. 이 기구의 설립취지는 경제 · 사회발전을 통한 지역경제의 통합달성임.

아프리카 통일기구(OAU : Organization of African Unity)

1963월 5월 25일 창설된 아프리카내 정부간 조직으로, 남아공, 나미비아, 모로코를 제외한 아프리카의 50개 국가가 참여하고 있음. OAU의 주요 업적은 알제리와 모로코분쟁(1964-65)을 중재한 일이며, OAU는 또한 아프리카 대륙의 발전과 농업재건에 역점을 두고 있음. OAU의 본부는 아디스아바바(이디오피아)에 있으며, 최고 기구는 국가 및 정부수반들의 연례회의임.

안데안공동시장(ANCOM : Andean Common Market)

1969년 5월 보고타에서 공동시장을 설립하는 카르파헤나 협정을 체결함으로써 설립됨. 회원국은 베네주엘라, 페루, 콜롬비아, 에콰도르, 볼리비아 등 5개국임. 주요목적은 가맹국간 균형발전, 경제통합을 통한 각 국의 성장촉진 및 회원국의 국제적 지위상향에 있음.

Reguest / Offer Approach (R/O방식)

양허협상에 있어서 개별국가가 관심 있는 품목이나 서비스 항목을 상호제시하여 상품 품목별 및 서비스 항목별로 관세율 인하나 개방정도를 협상하는 방식을 일컫는다.

양허관세(Bounded Tariffs)

다자간협상 과정을 통해 국제적으로 공인된 관세, 일단 관세를 양허하면 그 이하도 낮출 수는 있어도 더 이상의 관세부과를 할 수 없게됨. 불가피하게 양허관세를 올리려 할 경우 해당품목의 주요수출국의 양해가 필요하며, 이때 양국간에 이에 상응하는 보상수단이 논의됨.

연계무역(Counter trade)

수출을 할 때에 이에 상응하는 수입을 하기로 약정하는 무역 거래로써 국가간의 수출입의 균형을 이루기 위하여 주로 사용된다. 연계무역에서는 수출업자가 수출한 수출액과 동등한 금액을 수입하거나 상당한 부분을 수입하고 잔액만을 결제하기도 하는데, 그 유형에 따라 물물교환(bater trade) 구상무역(Compensation trade) 대응구매(counter purchase)등으로 나누어진다.

유전자변형 식품

식량증산의 한 방편으로 유전자조작 기술을 도입, 접목한 식품을 말한다. 유전자조작 농산물 1994년 일반 소비시장에 첫 선을 보이기 시작한 이후 5년 만에 미국의 수수, 대두(콩), 면화의 50%를 차지하고 있다. 유전자조작 동식물의 생산량은 이전보다 3~4배 많고 영양분도 훨씬 뛰어나다. 질병과 기생충에 강해 획기적인 식량증산 수단으로 각광받고 있다. 그러나 유전자변형 식품의 안전성에 의문이 제기 되면서 유럽에서 '프랑켄슈타인'으로 불린다.

인덱스 펀드(index fund)

인덱스 펀드란 목표지수(인덱스)를 선정해 이 지수와 같은 수익률을 올릴 수 있도록 운용하는 펀드를 말한다. 목표지수로는 보통 종합주가지수와 한경다우지수 등 전체 시장을 대상으로 한 지수를 선택한다. 인데스 펀드는 초과수익을 원하는 적극적인 투자수단이 아니라 위험회피를 중시하는 보수적인 투자방법의 하나이다.

인트라넷(intranet)

인터넷의 통신규약을 사용, 자사의 각종 정보를 상호 전달・공유하는 기업 통신망을 일컫는다. 이 인트라넷은 자사 직원임을 증명하는 ID와 패스워드가 있어야 접속 가능한 닫힌 인터넷으로 일반 이용자들은 기업의 홍보내용(homepage)밖에는 볼 수 없도록, 네트워크 보안벽(fire wall)이 설치되어 있다.

임피현상(in my yard syndrome : IMFY syndrome)

임피현상은 세수원 확보 또는 지역발전에 커다란 영향을 미치는 행정구역조정이나 마세권, 정수장 관리, 청사유치 등 자기 지역에 이득이 되는 시설을 유치・관할하려는 현상을 이르는 말이다. 핵폐기물 처리장이나 쓰레기 소각장 등 자기 지역에 혐오시설이 들어서는 것을 반대하는 님비현상과 함께 사회문제로 대두되고 있다.

인플레이션(inflation)

상품 거래량에 비하여 통화량이 과잉 증가함으로써 물가는 오르고 화폐가치가 떨어지는 현상을 말한다. (디플레이션: 통화의 지나친 축소, 상품거래에 비하여 통화량이 지나치게 적어져 물가는 떨어지고 화폐가치가 오르는 현상)

잉여가치

노동자가 생산한 생산물의 가치와 그것을 생산한 노동자에게 주는 임금과의 차액을 말한다. 이는 불로소득, 곧 기업이윤과 지대・이자 같은 소득의 원천이 된다.

워크 셰어링(work sharing)

업무의 분담. 국민경제 전체에서의 일의 총량을 가능한 한 많은 사람에 세 분담시켜 실업자를 줄이려는 정책. 워크셰어링의 형태로는 ① 주(週) 노동시간의 단축 ② 잔업의 감축 ③ 휴일, 휴가의 증가 ④ 퇴직 연령의 인하 ⑤ 교육, 직업훈련기간의 연장 등이 있다.

유니버설 뱅킹 시스템(universal banking system)

금융기관이 여신 및 수신의 전통적인 금융업무와 유가증권의 매매 같은 증권업무를 겸업할 수 있는 제도. 더욱 복잡해지고 있는 최근의 금융 및 자본시장 상황에 비추어, 이 제도를 택하면 고객 서비스 및 자금 배분의 효율성을 높일 수 있다.

유러시장(Euro-currency market)

각국의 은행(미국 은행의 해외지점, 현지법인을 포함)이 유럽에 갖고 있는 달러 등의 외화예금을 유러통화라고 부르는데, 이 예금을 대상으로 각종 거래행위로 구성되어 있는 금융시장을 유러통화시장 또는 유러 시장이라고 부른다.

인플레이션

상품 거래량에 비하여 통화량이 과잉 증가함으로써 물가는 오르고 화폐 가치가 떨어지는 현상을 말한다. 원인은 과잉투자, 적자재정, 화폐남발, 극도의 수출초과, 생산비의 증가, 유효수요의 확대 등이며 타개책은 소비억제, 저축장려, 통화량 수 축, 생산증가, 투자억제, 대부억제, 매점・매석・폭리의 단속 등이다. 인플레 현상으로 인해 산업자본가 · 물건소지자 · 채무자 · 수입업자 · 생산자가 유리하고, 채권자 · 금융자본가 · 월급자 · 은행예금자 · 수출업자 · 소비자가 불리해진다.

우회덤핑(Circumvention)

우회덤핑이란 반덤핑조치의 적용을 받는 물품을 수출하는 기업이 수입국의 반덤핑조치를 회피하고자 완제품 대신 부품을 수출하여 수입국내에서 조립하거나, 혹은 제3국에서 조립하여 수출하는 관행으로서, 우회덤핑을 방치할 경우에는 반덤핑조치가 사실상 그 효력을 상실하고, 국제무역질서의 존위에도 커다란 위협이 될 것이라는 점에서 이에 대한 규제는 불가피하다는 인식이 국제사회에서 점차적으로 정착되어 가고 있음. 다만, 우회덤핑을 과도하게 규제할 경우에는 국제간 무역의 흐름뿐만 아니라, 각국의 해외 직접투자활동을 위축시키는 부정적인 효과도 적지 않을 것이란 점에서 이에 대한 규제가 신중하게 거론되고 있음.

유로커런시 시장

유로커런시 시장의 주축은 유로달러라 할 수 있는데 유로달러라 미국내 은행에 예치되어 있는 달러예금 가운데 런던이나 파리 등의 유럽은행들에 재예치되어 있는 파운드화 예금을 말하며, 유로마르크란 독일 이외 국가들의 은행에 재예치되어 있는 마르크화 예금을 말한다. 이러한 유로통화들이 거래되는 시장을 유러커런시 시장이라 한다.

UN 개발계획(UNDP : United nations Development Drogram)

UN 전체의 개발, 원조계획을 조정하기 위한 기관으로서 최근들어 관심을 끌고 있는 두만강 무역개발 계획을 주관하는 기관이다.

확대기술 원조계획(50년 발족)과 UN특별기금(59년 발족)을 통합하여 1966년 1월에 발족되었으며, 원조계획을 결정하는 관리 이사회는 UN경제사회 이사회에서 선출된 개도국 27개국, 선진국 21개국 등 48개국으로 구성되어 있다(사무국 : 뉴욕)

UN환경계획(UNEP: United Nations Environment Program)

1972년 스톡홀름에서 개최된 UN 인간환경회의 결과 UN의 환경관련 종합조정기구로 발족되었으며, 73년 10월에 케냐의 나이로비에 사무소가 설치되었다.

환경문제는 선진국에선 공해문제이지만 개도국에선 빈곤이 최대의 환경문제라는 견지에서 인간의 주거환경 개선 및 환경파괴 없는 개발을 위한 각종 프로그램을 수행하고 있다.

UN 아시아 태평양 경제사회 위원회(ESCAP:United Nations economic and Social Commision for Asia and the Pacrfic)

UN 경제사회 이사회의 하부기구인 ECAFE가 1974년 6월에 그 명칭이 바뀐 것이다. 주요활동으로는 1)역내 경제의 재건과 발전을 위한 협력을 위한 협력을 조장하고 역내외 국가간의 긴밀한 경제관계를 유지 강화하기 위한 조치를 강구하고 2)역내의 경제적 기술적 문제를 해결하기 위한 조사연구의 실시와 협조 3)통계의 수집 및 정리 보급 4)경제정책관련 자문 등을 꼽을 수 있다. 본부는 방콕에 있으며 현재 정회원국 38개국, 준회원국 9개국으로 구성되어 있다.

유럽연합(EU;European Union)

기존 EC(European Community)의 경제통합을 더욱 강화한 유럽 연합 조약(일명 마스트리히 조약)의 발효(1993년 11월)로 탄생. 마스트리히 조약은 역내에 존재하는 모든 물리적, 기술적, 재정적, 장벽을 제거함으로써 완전한 경제통합을 이룩하는 한편, 1999년까지 유럽단일통화 도입 및 유럽정치동맹의 결성을 목표로 하고 있음.

유럽원자력공동체(EURATOM:European Atomic Energy Community)

1957년 3월 25일에 체결된 로마조약(1958. 1. 1시행)에 의해 핵산업의 평화적 이용을 위한 신속한 정립과 성장에 필요한 조건을 조성함으로써 회권국간의 관계를 발전시키며 회원국의 생활수준을 개선하는데 기여하기 위해 설립한 EC 3공동체중의 하나.

유럽경제협력기구(OEEC : Organization for European Econonic Cooperation)

1948년 결성되었으며, 회원국은 영국, 독일, 프랑스, 이탈리아, 터키, 벨기에, 네델란드, 룩셈부르크, 덴마크, 노르웨이, 스웨덴, 그리스, 핀란드, 포르투칼, 스페인, 아이슬란드, 리히텐슈타인의 17개국으로 구성됨. 이후 1961년 9월 미국, 캐나다를 회원국으로 맞이하여 OECD(Organization for Economic Cooperation and Development)로 확대 · 개편됨.

유럽석탄철강공동체(ECSC : European Coal and Steel Community)

1951년 4월 파리조약에 의해 설립. 회원국은 독일, 프랑스, 이탈리아, 벨기에, 네덜란드 룩셈부르크의 6개국임. 이후 1967년 EEC(유럽경제공동체) 및 EURATOM(유럽원자력공동체)과 함께 EC(유럽공동체)로 통합됨.

유럽경제지역(EEA : European Economic Area)

1989년 12월 19일 EUEFTA간 외무장관들의 합의에 따라 EEA 창설협상이 본격진행되어, 1991년 10월 룩셈부르크에서의 정식 조인되었고, 1994년 1월 1일부터 조약이 발효될 예정임. EU 회원국과 EFTA 회원국 간의 확대된 협력 프로젝트로 EU와 EFTA를 묶은 경제통합체이며, EEX(European Economic Space)라고도 불림. EEA조약 효력 발생시 EFTA는 EU입법을 수용하고, 각료이사회에 투표권은 없지만 새로운 입법제정시 참여할 수 있음.

유럽경제공동체(EEC : European Econonic Community)

1957년 3월 로마조약에 의해 창설된 경제공동체. EEC의 목적은 관세동맹, 경제 및 화폐동맹과 회원국간의 상품 · 사람 · 서비스 및 자본의 자유이동을 이룸으로써 공동의 경제 · 산업 · 사회 · 재무 및 재정정책을 실시하는 단일시장을 형성하는 것임. 창설회원국은 독일, 프랑스, 이탈리아, 벨기에, 네덜란드, 룩셈부르크외 6개국임 1967년 7월 1일 EEC, ECSC와 EURATOM의 기구단일화에 대한 통합조약이 체결된 후 EEC라는 용어보다는 이들 3기구를 통칭하는 EC로 불림.

유럽자유무역연합(EFTA : European Free Trade Association)

1960년 스톡홀름조약에 의해 성립. 영국, 스웨덴, 노르웨이, 덴마트, 오스티리아, 스위스, 포르투칼의 7개국으로 출발하였으나, 그동안 회원국의 변동으로 현재는 스위스, 스웨덴, 노르웨이, 아이슬란드, 핀란드, 오스트리아, 리히텐슈타인의 7개국으로 구성됨.

OECD 자유화 규약(OECD : OECD Code)

OECD 회원국에게 의무적으로 적용되는 자유화항목을 의미하는데, 여기에는 서비스 교역의 자유화 대상항목으로 구성된 경상무역외 거래자유화 규약과 국가간 자본이동의 자유화 대상항목으로 구성된 자본이동 자유화 규약이 있음.

위원단(Panel)

GATT 체약국간의 분쟁해결을 위하여 당사국간 합의에 따라 3~5명으로 구성하며, 작업참고사항(tems of referenoe)에 따라 보고서를 작성하여 이사회에 제출함.

의무면제(de minimis)

"법률은 사소한 사항에 관여치 않는다"는 원칙으로서 UR 협정과 관련 덤핑 및 농산물보조금 감축의무면제 등에 적용됨. 덤핑의 경우 덤핑마진이나 덤핑수입량이 매우 미소하여 국내산업에 피해를 미칠 만한 수준이 아닐 경우 덤핑으로 간주하지 말아야 한다는 것을 의미함. 농산물보조금의 경우 보조금 총액이 총생산액의 5% 미만인 경우 감축의무를 면제함.

의무면제(waiver)

GATT에 규정되어 있지 않은 예외적 상황하에서 GATT체약국단이 투표의 2/3

찬성(전체투표의 과반수)으로써 범위 및 기준을 정하여 어떤 가입국의 특정 GATT 규정 준수의무를 면제하여 주는 것을 이른다.

의정서(Protocol)

UR 협상의 본질적인 내용을 이루는 협상결과와 동 협상결과를 구체화시키는 의무를 부여하는 규정으로서 협정문, 결정문, 양해문 등으로 구성되어 있음.

원산지 규정(Rules of Origin)

수입물품의 생산국을 판정하는 기준, 절차, 증빙서류 및 그 관리에 관한 규정인 긴급수입제한조치(Safeguards). 특정상품이나 서비스의 수입급증으로 인하여 국내 관련 산업이나 서비스공급자가 심각한 피해를 받거나 또는 받을 우려가 있을 경우에 해당산업이나 서비스공급자를 보호하기 위하여 취하는 수입제한조치를 의미함.

원산지 증명서

해당 제품이 만들어진 원산지가 어디인가를 입증해 주는 서류를 말한다. 오늘날 여러 국가에서 이 서류를 요구하고 있는데, 그 이유는 ① 특정국 제품의 수입을 제한하기 위해서 ② 특혜관세의 적용 대상국을 구분하기 위해서 ③ 국제통상 협상시의 활용자료로 이용하기 위해서 ④ 단순히 국가별 수입통계를 산출하기 위해서 등 다양하다.

완전경쟁시장

물품에 대한 공급자와 수요자가 다수이고, 동질의 물품이 거래되며, 생산요소의 이동이 자유롭고, 시장가격은 수요와 공급의 상호작용에 의해 결정되며, 공급자나 수요자들이 시장정보에 관해 충분한 지식을 갖고 있다는 조건들이 모두 충족될 때 성립되는 시장형태를 말한다. 이는 오늘날 현실적으로 존재하지 않는 시장으로써 이론적인 개념에 불과한 것이라 할 수 있다.

완전경제통합(Complete Economic Integration)

가맹국간에 통화, 재정, 사회, 정책의 통일을 추구하는 초국가적 기관을 설립하고, 비가맹국에 대해서는 각국이 공동의 대외 통상정책을 실시하는 경제통합의 한 형태이다.

우루과이 라운드

GATT체제가 출범한 이후 여덟 번째의 대규모 관세인하교섭을 말한다. 여섯 번째를 동경 라운드, 일곱 번째를 케네디 라운드, 여덟 번째를 우루과이 라운드라고 한다. 우루과이 라운드라는 명칭이 붙은 이유는 여덟 번째의 관세인하을 위한 대규모 무역협상이 우루과이의 한 도시(Punta del Este)에서 정식으로 출범하였기 때문이다.

이문화(移文化, different culture)

인간이란 자신이 이미 습득한 평상시의 생활문화에 익숙해져 있기 마련이다. 이러한 자문화(自文化)와 반대개념의 문화가 이문화이다. 여행이나 협상 초기와 같이 일단 사람이 이문화에 놓이게 되면 가치관이나 행동양식 등 자문화와 다른 문화적 특성에서 발생하는 다양한 문제에 부딪히게 된다. 대부분의 사람들은 이문화를 접촉하는 초기에는 기쁨과 흥분에 차지만 차츰 불안과 실망으로 변화는 체험을 하게 된다.

이문화 커뮤니케이션(intercultural communication)

서로 다른 문화적 배경(context)을 가진 사람들 사이에서 일어나는 메시지 교환을 뜻하며, 여기에는 다양한 문화적 충돌요소가 개재되어 있으므로 문화적 자각이 절실히 요구된다.

EU각료 이사회 결정

특정회원국 정부, 기관 또는 특정인에 대하여 직접적인 구속력을 가진다.

EU각료 이사회 권고 및 의견

설득적 효과만을 가지는 것으로 법적 구속력은 없으며, 일방적으로 특정 정책에 대한 집행위원회의 견해를 표명한 것이다.

EU각료 이사회 명령

명령이 내려진 회원국에 대해서만, 그리고 수행되어야 할 결과에 대해서만 구속력이 있으며, 구체적인 시행 방법은 명령을 받는 회원국 정부에 일임하나 일정한 기간 내에 국내법의 변경을 요구하는 경우가 많다.

EU집행위원회

공동체의 전반적인 이익을 위해 업무를 수행하는 초국가적 기구이며 나아가 특정 정책의 수립과 이행을 담당하는 최고집행위원회의 역할을 수행하고 있다.

EC국가

1957년에 유럽의 6개국이 유럽경제공동체를 발족시켰는데, 그 정식명칭이 처음에는 EEC(European Economic Community)였다가 그 후 EC(European Community)로 명칭이 변경되었다. 오늘날에는 가입국의 수가 증가되면서 그 명칭이 EU(European Union)로 변경되었다.

일반의무사항(General Obigation)

서비스 일반협정의 모든 참여국이 양허협상방식에 의한 약속사항으로서가 아니라 의무로서 반드시 준수해야 할 원칙을 의미함. 최혜국대우원칙, 공개의 원칙 등이 포함됨.

자유무역지역(Free trade area)

자유무역지역이란 통합에 참가한 각 가맹국 상호간에는 상품이동에 대한 일체의 무역제한조치를 철폐하여 역내에서는 자유무역을 보장하는 한편, 역외의 비가맹국에 대해서는 각국이 독자적인 관세정책 및 무역제한조치를 취하는 형태의 경제통합임.

자유화수준 동결(Freezing)

서비스교역의 최초 자유화 약속을 위한 양허협상방식의 한 형태로서 모든 서비스 분야에 대한 최초의 자유화 약속수준을 기존의 자유화 수준에서 동결시키는 방식임.

자유무역협정(FTA:Free Trade Agreement)

정치적 또는 경제적으로 밀접한 관계에 있는 둘 이상의 나라가 지역적인 연합을 위해 서로 관세를 철폐하는 등 통상을 자유화하려는 협정을 말함. 미국, 캐나다, 멕시코의 북미자유무역협정(NAFTA), 유럽자유무역지역(EFTA), 남미자유무역지대(LAFTA)의 협정 등을 대표적인 예로 들 수 있음.

잔재수입제한(Residual Restriction)

GATT상 위법인 수입제한조치, 대부분의 선진국에 있어서 GATT가입 후 기존의 수입제한 조치를 완화키로 잠정협정의정서 또는 가입의정서상에서 약속해 놓고 현재까지 자유화하지 않은 품목이 상당히 존재함. 이러한 품목을 소위 잔재.

제3의 문화(The Third Culture)

특정 문화 A에 속한 집단과 B에 속한 집단 사이에 접촉이 생기고 문화적 교류가 열릴 경우, 커뮤니케이션 양식은 대부분의 경우, A문화도 아니고 Bans화도 아닌 새로운 양식이 나타나기 마련이다. 이러한 새로운 양식의 커뮤니케이션이 지속되어 문화 A, B와는 다른 새로운 문화가 창조될 경우, 이를 제3의 문화라 한다. 이민 등의 집단거주지역, 정기적으로 개최되는 국제회의, 다국적기업의 주재원들은 제 3의 문화를 창조하는 유인이 되며 이러한 문화는 이문화 접촉에서 발생하는 문화적 충격을 완화하는 효과를 갖는다.

종가세

물품의 가격을 관세를 결정하는 기준으로 하여 부과하는 관세를 말하며, 일반적으로 수입가격을 기준으로 일정율을 과세한다. 물품의 가격, 즉 수입가격을 기준으로 부과하는 관세.

중미공동시장(CACM : The Central American Common Market)

1963년 중미통합일체조약체결(1960)로 창설됨. 회원국은 코스타리카, 과테말라, 니카라과, 온두라스, 엘살바도르 등 5개국으로 구성됨. 주요 목적은 정치적, 경제적, 사회적 공동체 형성을 위해 회원국가 통합을 추진하는데 있음.

졸업개념(Oraduation Concept)

동경라운드시 미국을 비롯한 주요선진국들이 주장한 논리로 개발도상국 중에서도 경제발전 수준이 상당한 정도에 이른 나라, 소위 신흥공업국(NICS)에 관해서 상호주의 정신에 입각, 호혜주의에 따른 의무를 부과해야 하며, 점진적으로 무역자유화조치를 취해 나가도록 해야 한다는 개념.

조무조항(Grandfather)

GATT 가입 당시 국내법과 GATT의 제 규정이 일치하지 않은 경우 원 체약국은 잠정적용의정서, GATT 성립 후 적용에 관한 조문이 바로 GATT에 우선한다는 뜻에서 조부조항이라 불리며 선진국 잔재수입제한의 대부분이 이 조항에 근거하고 있음.

지적재산권(IPR : Intellectual Property Right)

새로운 물질, 새로운 제조기술, 새로운 용도 등의 발명과 새로운 상품디자인, 상품의 새로운 기능개발, 상품의 상징표시선정 등과 같은 산업적 발명과 새로운 문학, 미술, 음악작품의 저작과 새로운 연출, 공연, 제작 및 방송 등의 문예적 창작에 대한 배타적 소유권을 총칭함.

차별관세

특정지역과의 무역촉진 수단, 통상조약을 유리하게 교섭하기 위한 수단, 상대국으로부터의 보복적인 관세 부과에 대한 예방 수단으로, 특정 상품에 대하여 다른 상품보다 할인세율 또는 할증세율을 적용하여 부과하는 관세이다.

최상의 대안(BATNA:BATNA : Best Alternative To negotiated Agreement)

협상자에게 가장 유리하다고 평가되는 최선의 선택을 말함

총량쿼터

세계 모든 국가들로부터 수입누계량이 사전에 설정된 수입할당총량에 도달할 때까지만 수입을 허가해 주는 방법이다.

체약국(Contracting Party)

GATT 가입국을 의미함. 체약국 혹은 체약국단(Contractiog Parties)이란 두 가지 의미로 사용되는데, 전자는 개별체약국을 의미하고 후자는 복수의 의미로서 2개 이상의 체약국이 함께 행동할 때를 의미함.

최저 가격제(MP : Minimum Price System)

법정가격 혹은 Basic Price(BP)라고도 하며, 수입국이 기준가격을 설정하여 동 가격이하로는 수입을 허가하지 않는 제도이다. 이를 어기는 경우에는 기준 가격과 수입가격과의 차이에 대해서 덤핑방지관세, 상계관세, 기타 관세의 추가징수 및 벌금 등의 제재를 가하기도 한다.

국은 발동가격제(Trigger Price System)를 철강의 수입에 적용한 바가 있고 EU에서는 농산물 수입에 있어 가변과징금 부과의 기준으로 채택하고 있다.

체크 프라이스(Check Price)

파리협약의 속지주의에 따른 부족함을 보완하기 위해 1970년 워싱턴에서 체결되어 현대 우리나라를 포함한 41개국(대부분이 선진국)으로 구성되어 있다.

동일한 산업재산권의 국제적 보호를 위해 희망국가별로 중복적으로 특허를 출원하지 않고 동 조약 가맹국 중 1개국에만 출원하여도 희망하는 모든 국가에 동시에 출원하는 효과를 거둘 수 있는 통일화된 국제협약이다.

최혜국 대우(Most-Favored Nation Treatment)

GATT 기본원칙의 하나로서 통상, 관세 등의 2개국간의 관계에 있어서 제3국에 부과하고 있는 제조건보다 불리하지 않는 대우를 해 주어야 한다는 원칙을 이른다. 이는 GATT 가입국에 자동적으로 적용되며, 3국과 맺은 특혜조약 혹은 수입규제 등의 조치가 여타 회원국에게도 동일하게 적용된다는 점에서 무차별 적용원칙(Non-Discriminatory)이라고도 불린다.

카리브 공동시장(CARICOM : Caribbean Common Market)

1968년 결성된 CARIFTA(카리브자유무역지역)에서의 역내국가간 경제력차이로 인한 수혜의 불균형을 해소하고 결속력을 강화하기 위해, 공동시장 설립(1993. 12월 완성)을 목표로 1973년 차과 라마스조약에 의해 창설됨. 회원국은 카리브 연안 영어사용 15개국(안티구아 바뷰다, 바하마, 바베이도스, 벨리스, 도미니카(연), 도미니카(공), 그레나다, 가이아나, 아이티, 자마이카, 몬세레트, 세인트 크리스토퍼 & 네이비스, 세인트 빈센트, 세인트 루시아, 트리니다드 토바고)임.

카리브 자유무역연합(CARIFTA : Caribbean Free Trade Association)

1968년 5월 카리브연안 제국이 역내무역에 대한 관세 및 수량제한 철폐를 목적으로 설립한 자유무역지역. 회원국은 트리니다드 토바고, 바베이도스, 가이아나, 자마이카, 그레나다, 도미니카, 세인트 루시아, 세인트 빈세트, 안티구아 바뷰다, 세인트 크리스토퍼 네이비스, 몬세레트, 안길라 등 12개국임. 1973년 4월 상호협력기반을 더욱 공고히 하기 위해 CARICOM(카리브공동시장)을 결성함.

탄력관세

조세법률주의의 예외로써 급격히 변화하는 국내외의 경제 여건에 대응하기 위하여 일정 범위내에서 관세율 변경권을 행정부에 위임시켜 부과하는 관세이다. 탄력관세에는 번덤핑관세, 보복관세, 긴급관세, 조정관세, 상계관세, 편익관세, 물가평형관세, 할당관세 등이 있다.

통과세

일국의 관세영역을 통과할 때에 부과되는 관세로써 이는 초기 단계의 관세의 전형적인 형태이다.

통상대표부(USTR)

통상대표부는 미국 통상정책의 결정에 주도적인 역할을 수행하는 대통령 직속기관으로, 원래 1962년 통상확대법에 따라 통상협상을 위한 특별대표부로 설립되었으나 1979년 재조직계획에 따라 통상대표부로 확대 개편되었다.

통신규약(Protocol)

통신시스템 내에서 컴퓨터간에 효율적으로 정보를 주고받기 위하여 미리 정보의 송수신방법을 정해 놓은 통신규칙을 말한다.

특별 대우(Special and Differential Treatment)

보통 개발도상국들에 GATT의무를 면제 또는 완화시켜 주는 것과 같은 개발도상국에 대한 특별한 우대조치를 뜻함.

특별세이프 가드(Special Safeguard)

관세화에 따른 보완장치의 일환으로 관세상당액(TE) 감축이행과정에서 세계시장가격의 급격한 변동 또는 수입급증(import surge)시 관세인상을 허용하도록 한 일종의 긴급주제조치(기존의 GATT 제19조 Safeguard 조항과 무관). 농업협상에서 논의되고 있는 특별 세이프가드는 관세인상만을 허용하되, 상대체약국에 홍보할 의무는 있으나 보상의무는 면제됨. 발동요건은 수입물량기준과 수입가격기준 두 가지가 있음.

특혜관세

특별한 관계에 있는 무역상대국에 대하여 다른 국가보다 저율의 관세를 부과하는 일종의 할인관세이다. 특혜관세에는 기존특혜관세와 일반특혜관세가 있다.

편익관세

국제 통상조약 또는 조세조약을 체결하지 않은 나라로부터의 상품수입에 대해 다른 조약체결국에 부여하고 있는 관세상의 혜택범위내에서 정치적·경제적 유대 관계에 의하여 특혜를 부여하는 관세이다.

평가절상

평가절하의 상대개념으로써, 환율변동에 의하여 한 국가의 통화가 타국가의 통화와 비교하여 그 가치가 상승되는 것을 말한다.

표준화

환율변동에 의하여 한 국가의 통화가 타 국가의 통화와 비교하여 그 가치가 하락되는 것을 말한다. 일반적으로 평가절하는 평가절하국의 입장에서 볼 때 수출업자에게는 유리하고 수입업자에게는 불리해진다.

품질증명서

공인검사기관에 의하여 해당 물품의 품질을 공정하게 판정받은 증명서류를 말한다. 특히 국제무역거래에서 농수산물의 경우에는 크기, 무게, 등급 등이 판정된 품질증명서가 요구되는 것이 보통이다.

프랜차이징

특정 기업이 가지고 있는 저명한 상표나 상호의 사용권을 다른 기업에게 부여해 주는 대가로, 원료·부품 등 최종제품의 주요 성분을 일괄적으로 공급·판매할 수 있는 권리를 확보하는 것을 말한다. 이는 광의의 개념으로 볼 때 라이슨싱계약의 한 형태라 할 수 있다.

할당관세제도

수량 또는 금액으로 일정한 수입량을 설정해 놓고 동수입량 이하로 수입되는 상품에 대해서는 무세 또는 저율의 관세를 부과하고(관세율 인하), 동수입량을 초과하는 상품에 대해서는 기본세율 또는 고율의 관세를 적용하는(관세율 인상)일종의 이중관세이다.

현상동결(Stand Still)

모든 회원국이 GATT 가입과 동시에 GATT 협정에 일치하지 않는 무역제한 조치를 도입하지 않아야 한다는 의무를 지칭함.

현행시장접근(Current Market Access)

농산물협정상의 시장접근방식의 하나, 농산물협정에 따르면 특정품목의 수입이 국내소비량의 3%를 초과한 경우 현행시장접근 기회를 현행수입조건으로 보장.

허용가능 최소 마진(De minimus)

덤핑마진이나 덤핑수입량이 매우 미소하여 국내산업에 피해를 미칠만한 수준이 아닐 경우를 말하며 이때에는 통상 덤핑으로 간주되지 않는다.

회색지대(Grey Area Measures)

GATT에서 공식적으로 수입규제의 수단으로 인정하고 있는 19조 상의 세이프가드 조치는 무차별적 적용과 함께 조치대상 상대국에 대해 보상의무와 보복의 가능성이 따르기 때문에 조치 발동을 위해서는 상당한 부담을 안게된다.

즉, 발동국의 입장에서는 발동에 따르는 부담을 없애기 위해 GATT 19조에 의한 규제보다는 수출이 급증한 국가와 쌍무협의를 통해 비공식적으로 규제하는 방안이 훨씬 효율적이라는 것이다.

이에 따라 발동국이 대상국가에게 세이프가드나 반덤핑, 상계관세 등 GATT상 용인된 조치의 발동을 유보하겠다는 조건으로 OMA(시장질서 유지협정:Orderly Marketing Arrangement)혹은 VER(수출자율 규제 협정 : Voluntary Export Restriction) 등과 같은 선별적 성격의 규제협정을 맺는 경우가 발생하게 되는데 이러한 쌍무간 협정에 의한 규제조치를 회색지대 조치라 한다.

케네디라운드(Kennedy Round)

1963년부터 1967년까지 개최되었던 GATT의 제6차 다자간무역협상, 케네디 대통령의 제창에 의해 개최되어서 그의 이름을 따서 이렇게 명명되었으며, 동 다자간협상에서는 공산품 평균관세의 35% 인하, 반덤핑협정문 제정 등의 합의를 도출하였음.

쿼터(Quota)

특정상품에 대해 일정 기간 동안 수입할 수 있는 양에 대하여 직접적인 한도(수량, 금액)를 설정함으로써 수입품의 가격과는 무관하게 수입량을 제한하는 조치이다.

2 영문 협상용어

Abandonment(위부)

추정전손이 발생한 경우 피보험자가 보험자에게 담보된 물건에 대한 일체의 권리를 이전하고, 보험금 전액을 청구하게 되는데, 이 때 권리를 이전하는 행위를 가리킨다. 다시 말하면 남아 있는 물건의 소유권 및 제3자에 대한 구상권을 보험자에게 양도하는 것을 말한다.

Acceptance(승낙)

상대방의 확정적인 의사표시인 오퍼에 대한 피청약자의 동의의 확정적 의사표시를 의미하며, 이에 따라 양 당사자의 의사는 일치하게 되고 유효한 계약은 성립된다. 승낙은 청약자의 모든 조건에 대하여 동의를 하는 무조건 승낙만이 승낙이며 조건부 승낙은 반대오퍼가 된다.

Accepting Bank(인수은행)

기한부 신용장에 의거하여 발행된 기한부어음을 인수하는 은행을 인수은행이라고 한다.

Acts of God(불가항력)

매매계약시 수출상은 이러한 면책조항을 삽입하는데 이는 주로 "Force Majeure"로 명기한다. 천재지변, 또는 기타 예상하지 않았던 사정에 의해 일어난 사고에 대해 수출상은 제품의 선적이행이 면책된다. (→ Force Majeure)

Ad valorem Duties(종가세)

관세의 산정에 있어서 과세표준을 중량에 두느냐, 가격에 두느냐에 따라 종량세(specific duties)와 종가세로 구분한다. 종가세란 화물의 가격을 과세의 기준으로 하여 그것에 대한 일정비율(%)로 부과한다.

Advising Bank(통지은행)

Notifying Bank라고도 하며, 신용장이 수입국 은행으로부터 내도되면 이를 신용장 수익자에게 통지해 주는 은행을 말한다.

After Service ; A/S(판매후 봉사)

고객에게 상품을 판매한 후 제공하는 서비스를 말한다. 제품의 생산업체나 업자가 제품을 판매한 뒤에 제품의 보수 및 수리 등을 해주는 것을 말한다.

Agreement on General Terms and Conditions of Business (반거래조건협정서)

이는 무역거래 당사자간 거래의 신속, 원활 및 거래의 효율성을 높일 수 있다. 일반 거래조건 협정서에 기재되는 기본조건에는 제품의 품질, 수량, 가격, 선적, 결제 및 보험조건 등이 명시되며 그 외에 포장, 검사, 중재조항 및 준거법 등이 포함된다.

AI(일등급품)

상품의 품질 등에 대한 등급을 매길 때 가장 품질이 좋은 상품을 나타내는 것으로 first class에 해당하는 상품, 즉 제일등급 상품이라는 것을 말한다.

Air Waybill ; AWB(항공화물운송장)

적화품이 항공화물일 경우, 화주나 항공회사간에 체결되는 운송계약 증서를 말한다. 이는 선화증권과는 달리 유통성이 없다.

All Risks ; A/R(전위험담보조건)

적화보험조건의 구약관으로써 제품의 고유한 하자, 선박의 지연, 원자력 피해, 전쟁, 동맹파업 등을 제외한 모든 우발적 사고가 담보되는 조건으로, 그 손해에 대해서는 면책 비율이 적용되지 않는다. 한편, 전쟁(war)이나 파업(strike) 폭동(riot) 및 소요(civil commotion), 즉 W/SRCC 등은 추가로 담보하면 된다.

Applicant [for the Credit]([신용장]개설의뢰인)

무역계약조건에 따라 자신의 거래은행에 수출상을 수익자(beneficiary)로 하여 신용장 발행을 의뢰하는 수입상을 말한다.

Arbitration(중재)

클레임이 제기되었을 경우 당사자간에 원만한 해결이 이루어지지 않을 때 쌍방이 중재로 해결하겠다는 약정이 있어야 하며, 당사자간의 분쟁은 법관이 아닌 제3자, 즉 중재인에 의해 판정이 내려진다.

중재는 단심제이며, 중재판정은 뉴욕협약에 의거 외국에 대해서도 효력인 인정된다. 우리의 경우 서울에 소재한 대한상사중재원의 중재규칙에 따른다는 표준중재조항을 삽입하는 것이 유리하다.

B

Back to Back L/C(동시개설 신용장)

수출입업자 양쪽이 각각 그의 수입품에 대해 동시에 동일금액의 신용장을 개설해서 수입업자에 의해 개설되는 신용장에는 수출업자가 수입업자 앞으로 일정화물에 대한 동액의 신용장을 개설할 때까지 유효하지 않다는 것을 제한적으로 기재한 신용장으로서 연계무역에 이용되기도 한다.

Bare Boat Charter : BBC(나용선)

기간용선의 일종으로 임대차용선이라고도 한다. 용선주는 선박의 유지관리에 소요되는 제비용과 운송영업을 수행하기 위해 소요되는 제경비를 부담한다.

Beneficiary(수익자 또는 수혜자)

신용장을 수취한 수출업자를 말한다.

Berth Terms(버어스텀스)

정기선 조건(liner term)이라고도 하며, 선사가 적화품의 선적과 양하까지 위험부담과 비용부담을 하는 것으로, 개별품목의 정기선 운송계약은 대개 이 방법을 취하고 있다.

Bill of Exchange(환어음)

어음의 발행인이 지급인에 대하여 일정기일에 일정금액을 일정장소에서 지시인 또는 소지인에게 무조건 지급할 것을 위탁하는 요식증권이며 유통증권이다. 환어음은 보통 2통이 한 조로 발행되고, 그중 하나가 결제되면 나머지는 자동적으로 효력이 상실된다.

환어음의 당사자는 Drawer(환어음 발행인), Drawee(환어음 지급인) 및 Payee(환어음 수취인)이다.

Bill of Lading ; B/L(선화증권)

선화증권은 화물을 선적했다는 것 또는 선적을 위해 인수했다는 것을 나타내는 서류로서, 선사는 증권에 기재된 조건에 따라 운송하고 양륙항에서 이 증권과 교환하여 화물을 인도하기로 약정한 유가증권이다.

Bona fide Holder(선의의 소지자)

정당하게 어음 등과 같은 유가증권을 가지고 있는 사람을 말한다.

Bonded Area(보세구역)

보세구역이란, 경제적 국경선이라 부를 수 있는 것으로 관세선을 출입하는 화물을 단속하기 위해 관세청이 지정 및 감시하고 있는 지역을 말한다.

Buyer's Market(구매자 시장)

상품의 수요와 공급이 균형을 이루지 않고 제품의 공급이 많은 상황에 있는 시장을 말한다. 반대의 경우는 Seller's Market이 된다. 결국 경기의 상승기에는 매도자 시장, 하강기에는 구매자 시장의 현상이 나타난다.

Cable Credit(전신 신용장)

신용장개설 방법 중 전신에 의해 신용장을 개설하는 방식을 말하며, 여기에는 short cable과 full cable 두 가지 방식이 있다. (→ Mail Credit)

CAD ; Cash against Documents(서류상환 인도방식)

송금방식에 의한 거래로서, 수출상이 물품을 선적하고 수입자 또는 수출국에 소재하는 수입자의 대리인이나 지사에게 운송서류를 제시하면 서류와 상환하여 대금을 결제하는 방식의 거래이다.

Cargo Manifest ; M/F(적화목록)

화물의 선적이 완료되면 선사 또는 선적지 대리점에서 적재된 화물의 화물 명세를 작성하게 되는데, 세관은 이것을 근거로 적재화물을 파악하고 화물의 단속이나 과세를 하게 된다.

Carrier(운송인)

송화인과 계약에 의하여 운송책임을 부담하는 자를 말한다. 운송을 책임지는 증거로써 운송장의 제출을 요구하기도 하고 송화인의 청구에 의하여 운송증권을 발행하는 의무를 진다.

Certificate of Weight and/or Measurement(중량용적 증명서)

제품을 선적시 공인된 검량인 또는 회사에 의뢰하여 수량을 검량한 후 발행하는 증명서를 말한다. 이는 운임 등의 계산자료에 이용되기도 하는데, Surveyor's Report라고도 부른다.

CFR ; Cost and Freight(운임포함인도조건)

CFR 조건은 FOB 가격조건에 해상운임(ocean freight)이 가산된 가격이다. 그러나 Cargo에 대한 위험부담은 FOB와 같이 Cargo가 본선현측 난간을 통과하는 시점에서 매도인으로부터 매수인에게 이전된다. (→ CPT ; Carriage Paid to …)

CFS ; Container Freight Station(소량화물 집화장소)

20 footer 또는 40 footer 컨테이너에 만재될 수 없는 소량화물(LCL Cargo)을 목적지별로 정리한 후, 하나의 컨테이너에 혼합 적재하여 만재화물(full load)로 만들기도 하고 또는 혼합 적재된 수입화물을 컨테이너로부터 소량화주에게 분산 인도하기도 하는 창고형 작업장을 말한다.

CIF ; Cost, Insurance and Freight(운임 및 보험료 포함인도조건)

이 조건은 CFR 조건에 적화보험료만을 추가한 것 이외에는 본질적으로 CFR 조건과 같다. 따라서 매도인이 목적항까지 보험부보 의무와 보험료 부담을 진다. CIF 계약은 CFR 조건과 함께 상징적 인도(symbolic delivery) 방식거래이므로, 상품 그 자체의 매매계약이 아니고 서류의 매매계약이다.

CIP ; Carriage and Insurance Paid to(운송비보험료 지급 인도조건)

이 조건은 매도인이 목적지까지 운송비와 보험료를 지급해야 하며 적화보험에 부보할 의무가 있다. 물품에 대한 위험부담은 수출국에서 운송인의 관리하에 물품이 인도된 때 매도인으로부터 매수인에게 이전된다. CIP 조건은 복합운송을 포함하여 어떠한 운송형태에도 사용될 수 있다.

Circular Letter(거래권유장)

거래개시를 희망하고 미지의 거래처로 보내서 자사를 소개하거나 거래관계의 창설을 권유하는 서한이다. 거래 희망자는 이 서한을 많은 거래처에 보내며 내용에서는 상대방을 알게 된 경위, 거래개시의 희망거래 상품의 명세, 자사의 거래상의 지위 및 자사의 신용 조회처, 거래조건의 개요 등을 기재한다.

Claim(클레임)

무역거래에서 클레임이란, 당사자간의 매매계약에서 일방이 그 계약을 위반함으로써 계약의 다른 당사자가 그것으로 인하여 입는 손해의 배상을 청구하는 것을 말한다. 이 경우 피해자를 "Claimant"라고 하며 가해자를 "Claimee"라고 한다.

Clean B/L(무결함 선화증권, 또는 무사고 선화증권)

Clean B/L은 foul B/L의 반대용어로서, 선화증권상에 포장이나 물품 또는 수량 등이 대하여 특정의 단서, 부기조항, 유보사항 등과 같은 하자사항이 기재되지 않은 선화증권을 말한다.

Clean Credit(무담보/무화환 신용장)

신용장에 의하여 발행되는 환어음에 운송서류가 첨부되지 아니하고 대금지급을 확약하는 신용장을 말한다. 해외 현지금융을 보증하거나 또는 국제입찰에 참가시에 입찰보증(bid bond)계약이행보증(performance bond) 등을 현지에서 조달할 때 발행되는 보증신용장(standby credit)이 대종을 이루고 있다.

C/O ; Certificate of Origin(원산지증명서)

수출물품의 원산지를 증명하는 국적증명서이다. 우리나라의 경우에는 상공회의소에서 발급하는 원산지 증명서(C/O)와 시도지사가 발급하는 UNCTAD의 일반특혜관세 원산지증명서(generalized systems of preferences certificate of origin ; GSPC/O)가 있다.

COD ; Cash on Delivery(현금상환급 / 현급교환 인도방식)

송금방식에 의한 거래로서, 수입상 소재국에 수출상의 지사나 대리인이 있는 경우 수출상이 물품을 지사 등에 송부하면 수입자가 물품의 품질 등을 검사한 후, 물품과 현금을 상환하여 물품대금을 송금하는 방식의 거래

Collection(추심환)

송금환(remittance)과는 반대되는 개념으로서, 역환(negotiation by draft)이라고도 한다. 이는 채권자가 채권액을 회수하기 위하여 외국에 있는 채무자 앞으로 환어음이나 수표를 발행하여 대금지급을 청구하는 행위를 가리킨다. 무역거래에서 많이 이용되는 추심결제 방식은 D/P(지급인도 조건)D/A(인수 인도조건)의 어음에 따른 추심, 신용장에 따른 추심과 그리고 수표 등에 따른 추심 등이 있다.

Combined Transport(복합운송)

특정화물을 육상해상항공운송 중에서 두 가지 이상의 상이한 운송수단(선박과 철도, 선박과 비행기 등)을 이용하여 출발지에서 최종목적지까지 일관적으로 운반되는 운송형태를 말한다.

Commercial Credit(상업신용장)

무역거래에 따라 대금결제를 목적으로 개설되는 신용장을 포괄하여 상업신용장이라 한다. 여기에는 화환신용장(documentary credit)과 무화환신용장(clean credit)이 있는데 일반적으로 상업신용장이면 전자를 말한다.

Commercial Invoice(상업송장)

수출상이 수입상 앞으로 작성하는 물품에 대한 명세서인 동시에 대금 청구서 역할을 한다. 이 서류는 선화증권이나 보험증권과 같이 청구권의 역할은 할 수 없으나 매매계약상 수출상의 의무이행 사실을 입증하는 중요한 선적서류 중의 하나이다.

Compensation Trade(구상무역)

연계무역(counter trade)방식 중 하나로, 수출입물품대금의 전부 또는 일부를 그에 상응하는 수입 또는 수출로 상계하는 무역을 말한다. 여기에 이용되는 대금결제는 우리나라의 경우 특수신용장(back to back credit, tomas credit 및 escrow credit)을 이용하여야 한다.

Conciliation(알선, 조정)

무역거래에서 발생하는 클레임의 해결 방법 중의 하나로서, 당사자간의 원만한 합의가 이루어지지 않을 경우, 공정하고 전문적인 지식이 있는 제3자를 조정인(mediator)으로 하여, 이를 개입시켜 분쟁을 해결하는 방식을 말한다.

Conditional Offer(조건부 오퍼)

청약자(offeror)의 오퍼 내용에 조건이 달려 있는 오퍼를 말한다. 즉, 이는 피청약자(offeree)가 수락(accept)할 경우에도 청약자의 단서(예 : offer subject to our final confirmation 등)에 의해서 계약이 성립되기 때문에 엄격한 의미에서 청약의 유인에 해당된다고 볼 수 있다.

Confirmed Credit(확인신용장)

신용장 개설은행 이외의 제3의 은행이 수익자(beneficiary)가 발행하는 어음의 지급인수 또는 매입을 확인한 신용장을 말한다. 신용장 확인을 하는 은행은 일반적으로 수출국에 있는 개설은행의 환예치 거래은행(depositary correspondent bank)인 신용장 통지은행이 지정

Confirming Bank(확인은행)

신용장 개설은행의 요청에 의하여 신용장을 확인해 주는 은행을 말한다. 신용장 확인은행은 확인한 신용장에 대하여는 독자적으로 발행된 어음의 지급인수 또는 매입을 이행하여야 한다.

Context

커뮤니케이션이 이루어지고 있는 배경이나 환경, 또는 그 장(場)을 가리키는 말이다. 주요 구성요소는 ① 물리적 요수(건물, 가구 등) ② 사회 · 문화적 요소(규칙, 규범 등) ③대인관계적 요소이며 이문화 커뮤니케이션에서는 특히 context gap에 의한 문화적 충돌이 야기될 수 있다.

Consignee(수화인)

"… made out to order of …"와 같이 신용장 문면상에 지시식 선화증권의 발행을 요구하는 문구에서 order of 다음에 수화인의 이름이 명기되는데, 그가 곧 운송화물을 받아 보는 사람 또는 신용장 개설은행이 되며 선화증권상의 실질적인 소유권자이다.

Consular Invoice(영사송장)

통상 작성되는 상업송장상에 수출국에 주재하는 수입국의 영사가 수출가격을 확인함으로써 관세포탈이나 외화도피를 방지할 목적으로 송장상에 확인을 해 주거나 사증(visa)을 받은 송장을 말한다.

Container(컨테이너)

물적유통 부문에서의 포장운송하역보관 등 육로해로공로상의 모든 과정에서 경제성신속성 및 안전성을 최대한 충족시키고 화물의 수송도중 이적 없이 일관수송을 실현시키는 운송용기를 말한다.

Container Yard ; CY(컨테이너 야적장)

선박회사나 그 대리점이 화주에 의해 화물이 적입된 container를 선적하기 위하여 화주로부터 인수하거나 양륙된 container를 화물이 적입된 채로 화주에게 인도해 주기 위한 container 장치 및 수도장소를 말한다.

Counter Offer(반대오퍼 : 반대청약)

청약자(offeror)의 청약에 대하여 피청약자(offeree)가 오퍼의 조건 중에서 일부를 변경하는 등 새로운 조건을 요구해 오는 청약을 말한다. 반대오퍼가 일단 제시되면 원래의 청약(original offer)은 자동적으로 무효가 되며, 동시에 새로이 청약하는 counter offer가 법적효력을 지니는 새로운 오퍼가 된다.

Counter Trade(연계무역)

일반적으로 특정물품의 수출과 수입이 연계된 무역거래를 포괄적으로 총칭하여 연계무역이라 한다. 여기에는 물물교환(barter trade), 구상무역(compensation trade), 대응구매(counter purchase), 산업협력(industrial cooperation) 등 네가지 형태로 구분된다.

Current Account(장부결제, 또는 상호계산)

거래관계가 많은 거래선들간에 매거래시마다 대금결제를 하려면 복잡하고 비용이 많이 들게 되므로, 물품대금을 결제하지 않고 이것을 장부상에 상쇄함으로써 일정기간에 한번씩 그 차액만을 결제하는 방식을 말하며, 청산계정(open account)이라고도 불린다.

CPT ; Carriage Paid to(운송비지급인도조건)

이 조건은 매도인이 목적지까지 운송비를 지급해야 한다. 물품에 대한 위험부담은 수출국에서 운송의 관리하에 물품이 인도된 때 매도인으로부터 매수인에게 이전된다. CPT 조건은 복합운송을 포함하여 어떠한 운송형태에도 사용될 수 있다.

CQD ; Customary Quick Dispatch(관습적 조속하역)

정박기간(laydays)을 산정하는 조건이다. CQD는 당해 항구의 관습적 하역방법 및 하역능력에 따라 가능한 한 빨리 하역을 하는 것을 약정하는 조건으로 일정한 기한을 정하지 않는다.

Customs Duties ; Customs Tariffs(관세)

한 나라의 관세영역(customs line)을 출입하는 물품에 대하여 법률이나 조약에 의거하여 부과하는 조세를 말한다.

Customs Invoice(세관송장)

수입지의 세관이 수입화물에 대한 과세가격의 기준결정, 외국 수출상의 덤핑유무판정, 수입통계 등을 위하여 사용되는 송장을 말한다.

CWO ; Cash with Order(주문급, 선급)

수입상이 수출상에게 물품을 주문하면서 미리 대금을 지급하는 선지급 결제방식을 말한다. (= Payment in Advance)

D/A ; Documents against Acceptance(인수인도조건)

수출상이 수입상과의 매매계약에 따라 물품을 자신의 책임하에 선적하고, D/A 계약서에서 요구하는 운송서류에 기한부 환어음(usance bill)을 첨부하여 자신의 거래은행인 추심의뢰은행(remitting bank)에 추심을 의뢰하여 수입상의 거래은행인 추심은행(collecting bank)에 추심을 요청함으로써, 환어음의 지급인인 수입상으로 하여금 기한부어음의인수를 맡아 만기에 대금결제를 약속받고 선적서류를 인도하는 조건의 결제방식을 말한다.

DAF ; Delivered at Frontier(국경인도조건)

매도인이 수출통관이 완료된 계약물품을 지정된 국경의 지점에서 매수인이 임의 처분할 수 있도록 매수인에게 인도 완료한 때에 매도인의 물품인도의무가 완료된다.

DDP ; Delivered Duty Paid(관세지급 [반입]인도조건)

DDP조건은 수입국내의 지정장소에서 계약물품을 매수인으로 하여금 임의 처분할 수 있도록 해 줄 때에 매도인의 인도책임이 종결되는 반입인도이다. 비용부담면에서는 인도지점까지 수입관세 및 수입에 수반되는 제세공과금과 기타 물품인도비용을 매도인이 부담하여야 한다.

DDU ; Delivered Duty Unpaid(관세미지급 [반입]인도조건)

DDU 조건은 매도인이 지정된 수입국내의 목적지점에 계약물품을 반입하여 매수인의 임의 처분하에 두어 인도를 완료한 때에 그 위험부담이 매도인으로부터 매수인에게 이전된다. 비용부담은 인도지점까지 비용을 매도인이 부담하나, 수입국내에서의 수입을 위한 공적 절차이행에 필요한 비용과 수입관세 및 제세공과금은 매수인이 부담한다.

Dead Freight(공적(부적)운임/공화운임)

부정기선(tramper) 운임 중의 하나로, 화물이 실제 적재량이 선적하기로 계약했던 화물량보다 미달할 경우 그 부족분에 대하여 용선인 또는 화주가 책임지고 지불하는 운임을 말한다.

Debit Note(차변표)

수출과 관련된 유료 견품비 등 비정산 대금이나 누락금액의 청구시에 이용되는 서식을 말한다. 이는 상대방에 대한 채권이 발생하였을 경우에, 이 전표를 이용하여 그 금액만큼 상대방의 차변계정에 기재한다 하여 차변표라 부른다.

Demurrage(체선료)

용선계약서상에 화주는 계약물품의 전량을 완전히 선적 또는 양륙하기 위하여 본선을 항구에 정박시킬 수 있는 정박기간을 정하고 있는데, 화주가 약정기일 내에 하역을 끝내지 못해 초과된 정박기간에 대하여 선주에게 지급하는 penalty를 말한다.

DEQ ; Delivered Ex Quay(부두 인도조건)

부두인도조건이라 함은 매도인이 물품을 수입통관하지 아니하고, 목적항의 부두상에서 매수인의 임의처분하에 인도하는 거래조건을 말한다.

DES ; Delivered Ex Ship(착선 인도조건)

이 조건은 계약물품이 지정 목적항에서 수입통관을 하지 않은 채 본선상에서 매수인에게 인수 가능하게 인도할 때까지의 모든 위험과 비용을 매도인이 부담한다.

Dirty B/L ; Foul B/L(결함 선화증권, 또는 사고부 선화증권)

선적 당시 화물의 포장상태나 수량 등에 어떤 결함이나 또는 이상이 있는 경우, 이러한 결함 내용이 본선 수취증(mate's receipt)의 비고란에 기재되어 그 내용이 선화증권 여백의 비고(remarks)란에 그대로 기재되어 발행되는 선화증권을 말한다.

Dispatch Money(조출료)

용선계약서상에 정해진 정박기간 이전에 화주가 하역을 종료시킬 경우에는 체선료(demurrage)와는 반대로 선주가 화주(용선인)에게 단축기간에 대해 지급하는 일종의 상여금을 말한다. 통상 조출료는 체선료의 1/2이다.

Documentary Credit(화환신용장)

신용장 개설은행이 수익자가 발행한 환어음(draft)에 신용장 조건과 일치하는 제반운송서류 등을 첨부할 것을 조건으로 하여 지급인수매입할 것을 확약하는 신용장을 말한다.

D/P ; Documents against Payment(지급인도조건)

수출상이 수입상과의 매매계약에 따라 물품을 선적하고 구비된 서류에 일람출급 환어음(sight draft)을 첨부하여 자기거래은행(추심의뢰은행 : remitting bank)을 통하여 수입상 거래은행인 수입국의 은행 앞으로 그 어음대금을 추심의뢰하면, 추심의뢰를 받은 수입국측은행(추심은행 : collecting bank)은 수입상에게 어음을 제시하여 그 어음대금의 일람지급을 받고 서류를 인도하는 거래방식을 말한다. (→ D/A)

Draft ; Bill of Exchange(환어음)

어음 발행인(drawer)이 지급인(drawee)인 제3자로 하여금 일정금액을 수취인(payee) 또는 그 지시인(orderer) 또는 소지인(bearer)에게 지급일에 일정한 장소에서 무조건 지급할 것을 위탁하는 요식 유가증권이자 유통증권(negotiable instrument)을 말한다.

DSB : Dispute Settlement Body(of the WTO).

WTO 산하의 국제분쟁조정위원회를 말하며, GATT체제와는 달리 무역의 피해를 입은 당사자가 일방적으로 제소할 수 있고 분쟁위원회의 의결은 각 회원국에 구속력을 갖는다는 특징이 있다.

Endorsement(배서)

배서란 일반적으로 어음, 수표, 선화증권, 창고증권 등 지시증권의 증권상의 권리를 양도하는 것을 목적으로 행해지는 행위를 말한다. 보통 증권의 이면에 기재되므로 배서라 한다.

Escrow Credit(기탁신용장)

수출과 수입을 균형시키고자 하는 구상무역거래에 사용되는 신용장을 말한다. 수출국 A가 수입국 B에게 수출하였을 때 결제대금은 특정은행에 기탁하였다가 대응 수입대금결제에 한해서 사용케 하는 특수조건이 명시된 신용장을 말한다.

ETA ; Estimated/Expected Time of Arrival(입항예정일, 도착예정일)

선박이 목적지에 도착하는 예정일을 말한다.

ETD ; Estimated/Expected Time of Departure(출항예정일)

선박이 목적지로 출항하는 예정일을 말한다.

Exchange Rate(환율)

일국과 타국의 통화가치비율, 즉 양국 통화의 교환비율을 말하며, 일국통화의 대외가치를 나타낸다.

Exclusive [Sales] Contract(독점[판매]계약)

수출입을 전문으로 하는 특정 상사간에 매매를 국한시키는 계약을 말한다. 수출상은 약정된 물품을 수입국의 특정 수입상 이외에는 판매하지 않으며, 수입상 역시 동일 물품을 수출국의 다른 상사들과는 거래하지 않겠다는 조건으로 이루어지는 계약이다.

Expected Profit(희망이익)

Anticipated Profit라고도 표시하며 이는 수입업자가 상품을 수입하여 국내에서 판매함으로써 얻을 수 있는 이익을 말한다. 수입상이 상품을 수입시 송장금액만 보험에 부보하면 희망이익을 잃어버리므로 통상 송장금액의 10%를 희망이익으로 하여 보험에 부보한다.

Expiry Date ; E/D(유효기일, 또는 만기일)

신용장에는 선적일자(Shipping Date

S/D) 및 유효기일이 명시되는데 유효기일이란 수출상이 명시된 날까지 수출지의 거래은행에 운송서류를 매입해야 하는 일자로서 유효기일의 마지막 일이 공휴일일 경우 그 다음날까지 거래은행에 매입의뢰를 하면 된다.

Export License ; E/L(수출승인)

수출을 효율적으로 관리하기 위하여 수출승인품목에 대해서는 해당승인기관을 통하여 수출에 따른 승인을 받도록 하고 있다. 수입시에도 수입승인품목에 대하여는 수입승인(Import LicenseI/L)을 당해 승인기관에서 얻어야 한다.

Factoring(팩토링)

팩토링이란 수출업자가 수입업자에게 물품이나 서비스를 제공함에 따라 발생하는 외상 매출금과 관련 팩토링 회사(factor)가 수출상을 대신하여 수입상에 관한 신용조사, 신용위험의 인수, 금융의 제공, 대금의 회수 등의 업무를 대행하는 금융서비스를 말한다.

Fair Average Quality ; FAQ(평균중등 품질조건)

곡물이나 과실류 등 매매에 사용되는 품질조건으로, 인도물품의 품질이 당해 계절의 출하품의 평균 중등품질조건으로 하는 것을 의미한다.

Forwarder(운송주선업자)

운송의뢰자(화주)를 위하여 물품의 운송에 참여하여 화물을 집화분배하는 무선박운송인(non-vessel carrier)을 말한다.

Force Majeure(불가항력)

매도인이 고의 또는 태만으로 인한 선적지연은 매도인이 책임을 져야 한다. 그러나 선적지연의 원인이 천재지변(Act of God)이나 전쟁 등 불가항력의 경우에는 매도인의 선적지연은 면책받을 수 있다. 이러한 경우를 대비해서 매도인은 매수인과 매매계약시 불가항력 조항(force majeure clause)을 삽입해야 한다.

Forward Exchange Contract(선물환계약)

외국환 거래에 있어서 장래의 특정일에 또는 계약일 후 2, 3일 이후 일정기간 이내에 이행되는 외화표시 환거래에 적용되는 외환시세를 미리 약속하는 것을 말한다. 외국환 시세의 예약에는 수출 환어음의 매도시에 실제 적용되는 매입예약과, 수입환어음의 지급시에 적용되는 매도예약이 있다.

Foul B/L(사고부 선화증권, 또는 결함 선화증권)

Dirty B/L이라고도 하며, 이는 선적시의 화물이 포장이나 수량 등 외관상 결함이 있을 경우 선화증권 비고란에 사고 문언표시가 기재된다. 즉, 두 상자가 파손되었다든지 또는 부족하다는 문언이 표시되는 선화증권으로써 이는 Claused B/L이라고도 한다. 이와 같은 선화증권은 은행이 수리하지 않으므로 무사고 선화증권(Clean B/L)을 발급받고자 할 때에는 파손화물 보상장(Letter of Indemnity ; L/I)을 선사에 제시하면 무사고 선화증권을 발급받을 수 있다. (→ L/I ; Letter of Indemnity)

Franchise(면책비율)

적화보험 계약시 WA 3% 조건일 경우 보험금액 3% 미만의 손해는 보험자가 면책된다. 이러한 비율을 면책비율이라 한다. 한편, 유럽거래선의 경우 독점권을 요구시 프랜차이즈란 말을 쓰기도 한다.

Free Alongside Ship ; FAS(선측인도조건)

선측 인도조건은 물품을 해상운송 또는 내수로 운송에 의하여 운송할 경우에만 쓰여지는 조건으로, 특히 원목이나 원면 등과 같이 운송비가 많이 드는 대량의 살화물 거래에 주로 이용된다. 이 조건하에서 수출통관은 매도인이 이행하여야 한다.

Free Carrier … ; FCA(운송인인도조건)

매도인이 지정된 장소 또는 지점에서 매수인이 지정한 운송인의 책임하에 수출통관된 물품을 인도했을 때 매도인의 의무가 이행되는 가격조건이다.

Free In ; FI(적화비 선주무책임조건)

해상운송 계약에 있어서 선적시의 선내 하역임을 화주가 부담하고 양하시의 선내 하역임을 선주가 부담하는 조건을 말하며, 주로 재래선박을 이용하는 Bulk Cargo에 이용되는 조건이다.

Free In and Out ; FIO(적양하비 용선주무책임조건)

화물의 본선 적재와 화물 양륙 등의 비용은 선주의 비용부담에서 제외되고 화주가 부담하는 조건이다.

Free on Board ; FOB(본선인도조건)

무역거래에서 가장 많이 사용되는 가격조건 중의 하나로, 매도인은 선적항에서 물품이 본선의 현측 난간(ship's rail)을 통과함으로써 매도인의 물품 인도의무가 완료된다.

Freight Collect(운임후급, 또는 운임 도착지 지급)

FOB 조건일 경우 운임은 수입상이 지불하게 되므로, 이러한 경우 운임은 후불이 된다. 반면, CFR나 CIF의 경우 운임은 선급(freight prepaid)이 된다.

Freight Prepaid(운임선급, 또는 운임 지급 필)

매도인은 화물을 선적할 때 선화증권과 상환으로 선박회사에 지불하는 운임을 말한다. CFR나 CIF의 경우 운임은 선불된다.

Full Set(원본 전통)

선화증권의 원본은 주로 3통(original, duplicate, triplicate)으로 구성되며, 이 세 장 모두가 원본으로 간주된다.

General Average ; GA(공동해손)

공동해손은 해상에서 선박이 조난당하였을 때에, 선장이 공동의 위험을 면하기 위하여 선박 또는 적화의 일부를 희생시킴으로써 생기는 손해 및 비용을 말한다. 그리고 손해와 비용은 이때에 구조를 입은 이해관계자, 즉 선주 및 화주와 공동해손 채권자가 공동으로 부담하게 된다.

General L/C(보통신용장)

보통 신용장을 개방 신용장(open credit)이라고도 하며, 이는 신용장에 의해서 발행되는 어음의 매입을 특정은행에 제한시키지 않고 어느 은행에서나 매입할 수 있는 신용장을 말한다. 이에 반해 어음의 매입이 어느 특정 은행으로 제한될 경우, 이를 특별 신용장(special L/C) 또는 제한 신용장(restricted L/C)이라고 한다.

Good Merchantable Quality ; GMQ(판매적격 품질조건)

목재나 냉동어류 등과 같이 견품 이용이 곤란하고 그 내부의 품질을 외관상으로 알 수 없는 거래에 이용되는 품질조건으로, 매도인이 인도한 물품은 판매 적격성을 지닌 것임을 보증하는 조건을 말한다. (→ FAQ)

Gross Weight(총중량)

포장을 포함한 중량을 총중량이라 하며 포장을 제외한 중량을 순중량(net weight)이라 한다.

Harmonized Commodity Description and CodingSystem ; HS (신국제통일상품분류)

HS란 국가별, 산업별로 통일된 상품분류체계를 사용하도록 관세협력이사회가 주관이 되어 제정한 것으로, 21sections, 97chapters, 1,241headings으로 분류되어 무역통계의 수집비교분석과 국제간 자료수집을 용이하게 하고 있다. 우리나라도 모든 수출입 상품 분류 기준은 HS단위로 명기하며 10단위까지 분류가 가능하다.

IMF ; International Monetary Fund(국제통화기금)

1944년 7월 미국 뉴 햄프셔주 브레튼 우즈(Bretton Woods) 회의에서 채택된 국제통화기금 설립 협정안에 의거 1945년 12월 27일 설립된 비정치적인 정부간 통화금융기구로서 설립이후 현재까지 국제통화 제도의 운영에 있어서 중추적인 역할을 담당하고 있다. 우리나라는 1955년 8월 26일 58번째 가맹국으로 IMF에 가입했다.

Import Licence ; I/L(수입승인)

수입을 효율적으로 관리하기 위하여 수입승인품목에 대하여는 해당 수입승인기관을 통하여 수입에 따른 승인을 받도록 하고 있다. 승인대상물품은 수출입공고, 수출입별도공고상의 제한품목이다.

Incoterms(무역조건의 해석에 관한 국제규칙)

"International Rules for the Interpretation of Trade Terms"가 원어로서, 무역계

약에서 불리우는 이른바 "International Commerce Terms"의 앞자를 따서 부른 명칭을 말한다. 2000년 개정된 제6차 규칙은 13가지의 정형화된 가격조건으로 구성되어 있다.

Inspection Certificate ; I/C(검사증명서)

수출상품의 품질, 포장, 소재 등을 공인된 검정기관이나 수입상이 지정한 자를 통하여 발급토록 하는 증명서를 말한다.

Installment Payment(분할지급)

상품대금을 일정 기간 동안 몇번에 나누어 지급하는 결제방법으로, 주로 선박 또는 플랜트(plant) 등과 같이 수입대금이 거액일 경우 수입자의 자금 경감을 위한 방편으로 이용되고 있다.

Institute Cargo Clause ; ICC(협회화물약관)

런던 보험업자협회에서 제정한 화물해상보험 특별 약관으로서, 구약관에는 FPA, WA 및 A/R가 있으며 신약관은 ICC(A), ICC(B) 및 ICC(C) 등으로 구분되어 있다.

Insurable Value(보험가액)

보험사고가 발생한 경우에 피보험이익의 평가액을 말한다.

Insurance Policy(보험증권)

보험계약의 성립과 그 내용을 증명하기 위하여 보험회사가 작성하여 기명 날인 후 보험 계약자에게 교부되는 서류를 말한다.

Insured(피보험자)

Assured라고도 하며 피보험 이익을 갖는다. 즉 손해배상을 받을 권리가 있는 자를 말한다.

Insurer(보험자)

Assurer 또는 Underwriter라고도 하며 이는 보험계약의 당사자로서 보험사고가 발생한 경우 보험금을 지급할 의무를 지는 자로, 보험계약을 인수하는 주체, 즉 보험회사를 말한다.

Intermediation(알선)

무역거래에서 당사자간에 분쟁이 발생했을 때에는 화해하여 자주적으로 해결하는 일이 가장 이상적이다. 그러나 상호 화해가 이루어지지 않을 경우 제3자가 당사자간에 개재하여 상호화해 하도록 노력하는데 우리나라의 경우 대한상사중재원에서 알선 업무를 맡고 있다.

International Chamber of Commerce ; ICC(국제상업회의소)

세계의 경제인들에 의해서 결성된 국제기구로서, 각국 상공회의소의 연락제휴무역의 원활화 등을 목적으로 하고 있으며 그 본부는 파리에 두고 있다. ICC가 행한 중요한 활동으로는 Incoterms 및 신용장 통일규칙 제정 등을 들 수 있다.

Irrevocable L/C(취소불능신용장)

신용장이 개설되면 수익자의 동의 없이는 취소 또는 조건변경이 될 수 없는 특징을 가진 신용장을 말한다.

Invoice(송장)

수출업자가 무역계약을 정당하게 이행할 것을 해외의 수입업자 앞으로 증명하는 화물의 명세서를 말한다.

Invoice Amount(송장금액)

송장에는 수출품의 명세수량단가금액 등이 상세하게 기재된다. 여기에서 금액, 즉 송장상의 총액을 가리킨다. 이 총액이 매도인이 매수인에게 상품을 선적하고 청구하는 청구액이며 또한 화환어음의 금액보험가액관세액 등을 결정하는 기초가 된다.

INR : Initial Negotiation Right. 초기협상권

IP, IPRs : Intellectual Property Rights. 지적재산권

ISO : International Organization for Standardization. 국제표준화협회

Knock Down Export(녹다운 수출)

기계부품을 수출하여 현지에서 조립판매하는 방식을 말한다. 완제품 수출시 관세가 높은 국가인 경우 부품을 수출하고, 현지의 저렴한 노동력을 이용하여 조립·판매하면 수출상에게는 유리하다.

Laydays(정박기간)

Laytime이라고도 하며, 이는 선주와 화주간 용선계약시 화물의 선적과 하역을 위하여 허용된 일수에 관한 용어를 말한다. 정박기간은 며칠 또는 몇 시간으로도 표시하기도 하며 또 하루 몇 톤이라고도 표시한다.

Letter of Credit ; L/C(신용장)

신용장이란 은행의 조건부 지급확약서이다. 즉, 무역거래의 대금지급 및 상품수입의 원활을 기하기 위하여 수입상의 거래 은행인 신용장 개설은행이 수입상의 요청과 지시에 의해 독자적인 책임으로, 수출상 또는 그의 지시인으로 하여금 신용장에 명시된 조건과 일치하는 운송서류를 제시하면, 수입자를 대신하여 지급이행 또는 신용장에 의해 발행된 어음의 지급인수를 수출업자 또는 어음 매입은행 및 선의의 소지인에게 확약하는 증서를 말한다.

Letter of Guarantee ; L/G(수입화물 선취 보증서)

수입화물 선취보증서란, 수입지에 선적서류 원본보다 화물이 먼저 도착한 경우 수입상이 서류 도착시까지 기다리지 않고 수입화물을 통관하려고 할 때 신용장 개설은행이 선박회사 앞으로 발행하는 보증서를 말한다.

Letter of Indemnity ; L/I(파손화물 보상장)

선적되는 제품이 내륙운송 중 파손되거나 수량이 부족할 경우 선사는 결함 선화증권(dirty B/L)을 발급하게 된다. 그러나 수출자가 선박회사에 파손 또는 수량부족으로 인하여 야기되는 모든 책임을 송화인이 지겠다는 각서를 제출하면, 선박회사는 무결함 선화증권(clean B/L)을 발급해 준다. 이와 같은 송화인의 책임각서를 파손화물보상장이라 한다.

Liner Terms(정기선 조건)

이는 Berth Terms라고도 하며, 일단 화주가 선박회사에게 운임을 지불하면 선박회사가 적재화물을 목적지까지 해상운송을 하는 운임률의 한 조건이다.

Litigation(소송)

당사자간 무역분쟁이 발생할 경우 중재에 의해 해결한다는 약정이 없는 한 소송에 의해 해결할 수밖에 없다. 소송에 의한 무역분쟁 해결은 3심제인 데다 많은 시간과 경비가 소요되고 기업비밀 등이 누설되며, 또한 해당국 당사자에게 집행도 할 수 없다는 단점을 가지고 있다.

Local L/C(내국신용장)

신용장을 수취한 수출업자가 완제품 구매나 해당제품 제조에 필요한 원부자재 공급을 받기 위해 원 신용장을 견질 담보로 자기거래 은행을 개설은행으로 하여 국내의 제조업체를 수혜자로 발행하는 신용장을 말한다.

Mail Credit(우편신용장)

개설은행이 자행의 신용장양식에 의거 직접 발행한 신용장을 우편을 이용하여 통지은행을 통해 수출상(beneficiary)에게 전달하게 된다. 신용장 내용의 정확성과 경비 절감의 효과가 있으나 장시간이 소요된다는 단점 때문에 전신에 의한 신용장 개설이 많이 이용되고 있다.

Manifest ; M/T(적화목록)

선적이 끝난 후 선화증권의 사본을 기초로 하여 본선이나 선사 또는 대리점에서 작성하는 적화품의 명세서이다. 이는 양육지에 입항할 때, 선장의 서명을 받아 이를 세관에 제출하여 입항 절차용으로 제공되어지는 중요한 서류이다.

Marine B/L

Ocean B/L(해양 선화증권)

이는 부산에서 동경 또는 인천에서 뉴욕 등과 같이 외국의 해상운송에 대하여 발행하는 선화증권을 말한다.

Market Claim(마켓클레임)

계약이 체결된 후 매수인측이 시황이 나빠 사소한 결점을 이유로 가격의 인하를 요구하거나 고의적으로 악덕 클레임을 제기하는 경우가 있는데, 이를 마켓 클레임이라고 한다.

MasterCredit(원신용장)

내국신용장(local L/C)의 발급근거가 되는 신용장을 말한다. 즉, 내국신용장의 개설을 위해 견질담보로 제공된 해외에서 수취한 수출 신용장을 말하며, "Original credit" 또는 "Prime credit" 등으로 불리운다.

Mate's Receipt ; M/R(본선수취증, 또는 선원인수증)

재래선박에 적재되는 화물은 일반적으로 선적 선화증권(shipped B/L)을 요구하게 된다. 이 경우 화물이 본선에 반입되면 일등 항해사(chief mate)가 선장을 대리하여 선사가 발급한 선적지시서(Shipping Order ; S/O)와 대조하면서 화물을 수령하여 선창에 적부시키고 화물 수령에 관한 증거로서 발급하는 서류이다.

Merchandising Trade(중개무역)

수출국(A)과 수입국(B)의 중간에서 제3국 (C)의 상인이 개입하여 이루어지는 거래를 말한다. 이 경우 C가 수출입을 알선하는 입장에서 본 무역이다. 중개무역은 수출상이 수입상에게 거래물품을 직접 송부하게 되나 대금결제는 B가 A에게 직접 결제하고 C는 양쪽에서 수수료를 받는 경우와 B가 C를 통해 A에게 결제하는 경우도 있다.

Metric Ton ; French Ton ; Kilo Ton

무역계약 체결시 수량조건의 수량단위에서 중량단위를 말한다. 톤(ton) 단위는 Long Ton(1,016Kgs ; 2,240lbs), Short Ton(907Kgs ; 2,000lbs) 그리고 Metric Ton(1,000 Kgs ; 2,204lbs)이 있다. 한편 M/T는 용적톤으로도 사용되고 있는데, 1M/T는 40cft(cubic feet), 즉 480S.F.(super feet)에 해당된다.

More or Less Clause ; MOL(수량과부족허용 조항)

기름곡물광산물 등과 같이 운송과정에서 감량이 생길 우려가 있는 품목은 계약서상에 약간의 과부족(surplus or deficiency)을 용인하는 조건을 말한다. 즉, 10% more or less로 계약하며 10% 이내의 과부족에 대해서는 상대방에게 용인되는 조건이다.

Multimodal Transport ; Combined Transport(복합운송)

특정 화물을 육상해상항공 운송중에서 두 가지 이상의 운송형태를 복합적으로 이용하여 출발지에서 최종 목적지까지의 운송구간 중 화물의 옮겨 실음(이적)이 없이 일관운송(through transportation)하는 것을 말한다. 한편 이러한 일관운송의 전체적인 책임을 지는 주체를 바로 복합운송인(multimodal combined : intermodal transport operator)이라고 한다.

Nego(수출환어음매입)

Nego란 Negotiation의 약어로서, 신용장의 수익자(beneficiary)가 신용장에서 요구하는 제반 운송서류를 구비하여, 운송서류에다 환어음(bill of exchange ; draft)을 발행첨부하여 자기 거래은행(매입은행 negotiating bank)에 제시함으로써 수출대금을 회수하는 것을 말한다.

Negotiating Bank(매입은행)

매입 신용장(negotiation L/C)상의 수익자가 수출대금을 회수하기 위하여 신용장 조건과 일치하는 운송서류와 환어음을 구비하여 자기 거래은행 또는 매입지정은행에 매입을 의뢰하게 되는데, 이때 어음을 매입하는 은행을 말한다.

Net Weight(순중량)

물품의 중량에 대한 계량방법 중 총중량(gross weight)에서 내외 포장물 등을 제외한 물품 내용물만의 순수한 중량을 말한다.

Non-negotiable B/L(비유통성선화증권)

선사와 운송계약을 체결한 화주에게 발행되는 원본 선화증권(full set) 이외 수통의 사본(copy)으로 발행되는 선화증권을 말한다.

Non-tariff Barrier ; NTB(비관세장벽)

관세 이외의 자유무역을 제한하는 무역정책 수단을 말한다. 여기에는 수량제한, 수입할당제, 수출 자율규제(VER), 수입과징금제, 수입덤핑규제, 수입담보금 예치제, 국내소비세 등 국내 산업을 보호하기 위한 수입제한적 비관세장벽과 수출보조금(subsidy), 수출신용 보험제도, 무역금융 등과 같은 수출 장려적 비관세장벽이 있다.

Non-transferable Credit(양도불능신용장)

신용장상에 양도가능(transferable)의 명시적인 문언이 없어 다른 당사자에게 양도할 수 없는 신용장을 말한다.

Notify Party(화물도착통지처)

수입화물이 목적항에 도착하였을 때 선박회사로부터 화물도착 통지서(arrival notice)를 통지하여야 할 곳으로, 선화증권상에 보통 수입상 또는 그 대리인 명의의 상호와 주소가 명기된다.

Notifying Bank(통지은행)

신용장개설은행이 신용장을 개설하면서 수익자에게 신용장이 개설된 사실과 그 신용장의 내용을 통지하도록 지시받은 수출지의 은행을 말하며, "Advising Bank 또는 Transmitting Bank"라고도 불리운다.

O

Offer(오퍼, 청약)

무역거래시 무역계약체결을 위한 당사자간의 의사표시를 말한다. 즉 무역거래에서 매매조건을 제시하는 것 또는 그 서류를 가리킨다. 주로 상품의 수량, 단가, 금액, 인도조건, 대금지급조건 등을 제시하게 된다. 무역실무에서 오퍼라 함은 거의 Selling offer, 즉 매도인측의 판매조건과 더불어 판매 의사표시를 말하는 것이다.

Offer Agent(오퍼상)

외국의 수출상의 위임을 받은 자 또는 외국 수출상의 지사나 대리점이 국내에서 외국의 수출상을 대리하여 물품매도확약서(offer sheet)의 발행을 주된 업으로 하고 부수적으로 수출물품의 구매알선 행위를 업으로 영위하는 자를 말한다.

Offer Subject to Prior Sale(선착순판매 조건부청약)

한정 수량의 상품을 다수의 상대방에게 오퍼를 하는 조건으로 매수인이 승낙을 해도 이미 상품을 판매한 때에는, 오퍼의 효력이 소멸된다. 승낙을 빨리 한 당사자에게 판매한다.

On Board B/L(선적선화증권)

화물이 실제로 선적된 것을 나타내는 선화증권을 말한다.

Open Account(청산계정 또는 상호계산)

사후송금 결제방식으로 수출상은 수입상에게 상품을 선적한 후 계약에 따라 일정기간 내에 대금을 결제토록 하는 방식이다.

Open Credit(보통신용장)

매입신용장 중에서 자유 매입신용장, 즉 신용장에 의해서 발행되는 어음의 매입을 특정은행으로 한정하지 않고 아무 은행에서나 매입할 수 있는 신용장을 말한다. (= General L/C)

Opener(개설인)

신용장 개설의뢰인, 즉 수입상을 말한다.

Opening Bank(신용장개설은행)

신용장 개설의뢰인의 요청에 의해서 수익자 앞으로 신용장을 개설하는 은행을 말한다. 개설은행은 수익자에 대하여 지급 등을 확약하는 자로 환어음 지급에 있어서 최종적인 책임을 지게 된다. UCP상에서는 "Issuing Bank"라고 병기되고 있다.

Order B/L(지시식선화증권)

신용장상의 선화증권 발행 요구조항에 수화인(consignee)을 "order(to order)," "to order of shipper" 또는 "to order of ××bank"라고 기재토록 요구한 선화증권을 말한다.

Original B/L(선화증권원본)

선장이나 그의 대리인의 original 서명에 의해 발급된 선화증권을 말한다.

Original Credit(원신용장)

개설된 신용장을 국내에서 처음으로 수령한 원 수익자가 보유하고 있는 수출신용장을 말한다. 이는 "Master Credit" 또는 "Prime Credit" 등으로도 불린다.

Original Sample(원견품)

계약조건에서 품질의 기준을 약정하기 위해 상대방에게 송부하는 견품을 말한다.

P/A ; Particular Average(단독해손)

해상손해가 부분손해(분손 ; partial loss)로 발생했을 경우, 그 피보험이익(insurable interest)의 일부가 멸실 또는 손상된 손해 중에서 공동해손(general average)을 제외한 손해를 말한다.

Packing List(포장명세서)

선적화물의 포장 및 포장단위별 명세와 단위별 순중량총중량용적화인 및 포장의 일련번호 등을 기재한 상업송장의 보조서류를 말한다.

Partial Loss(분손)

전손(total loss)에 반대되는 용어로서, 보험에 부보된 선박 또는 화물 등의 일부가 멸실되거나 또는 이들의 전부 혹은 일부가 훼손되거나 또는 이들의 일부가 상실되어 발생하는 손해를 말한다. 여기에는 단독해손(particular average)과 공동해손(general average)이 있다.

Partial Shipment(분할 선적)

수입상측의 요구에 의하여 계약물품을 몇 차례로 분할하여 선적하는 것을 말한다. 신용장 거래시 분할선적의 허용여부를 신용장 문면에 지시하게 되어 있는데, 아무런 표시가 없으면 허용되는 것으로 간주한다.

Partial Transfer(분할 양도)

원신용장(master L/C)의 최초의 수익자(first beneficiary)가 받은 신용장 금액을 제2수익자(second beneficiary)인 여러 사람에게 분할로 양도하여 주는 것을 말한다.

Payee(수취인)

환어음(draft) 금액을 지급받을 자로, 일반적으로 환어음을 매입(negotiation)한 은행이나 수출상을 지칭한다.

Paying Bank(지급은행)

신용장에 의거 수익자가 발행한 환어음에 대해서 직접대금을 지급하여 주는 은행으로서 그 어음금액을 지급하도록 권한을 받은 은행을 말한다. 지급은행은 일반적으로 신용장개설은행과 예치환 거래계약(depositary correspondent agreement)이 체결된 수출지의 거래은행이나 또는 제3국에 있는 거래은행이 그 상대가 될 수 있다.

Payment in Advance(선지급)

계약물품이 선적 또는 인도되기 전에 미리 대금을 지급하는 조건으로, 여기에는 주문과 함께 송금수표(demand draft)나 우편환(mail Transfer) 또는 전신환(telegraphic transfer) 등에 의해 송금되는 사전 송금방식(remittance basis)과 전대 신용장(red clause L/C) 그리고 주문과 동시에 현금결제가 이루어지는 주문급(cash with order) 방식 등이 있다.

Positive List System(허용품목 표시제도)

수출입 공고에 수출 또는 수입이 허용되는 품목만을 표시하고 여기에 표시되지 않은 기타의 품목은 원칙적으로 수출입이 제한 또는 금지되도록 하는 품목 표시 방법이다.

Preferential Tariff(특혜관세)

특정 국가에 대해 특히 관세율을 낮추거나 관세 그 자체를 폐지해서 타국가보다도 교역상 유리한 대우를 부여하는 관세제도를 말한다.

Principal(본인)

물품계약을 체결할 당시 매매당사자를 확정짓는 용어로 사용되는데, 당사자가 자기의 계정(account)과 위험(risk)을 갖고 거래하는 당사자를 지칭한다. 이와 반대되는 용어는 대리인(agent)이라고 한다.

Proforma Invoice(견적송장)

위탁매입 견적송장이라고도 한다. 이는 수입상이 수입국에서 수입허가나 외화할당 등을 받기 위하여 수출상에게 요구하는 서류로서, 해당 상품의 가격을 견적해 주는 송장을 말한다.

Purchase Order ; P/O(매입주문서)

Order Sheet와 같은 뜻으로 사용되는 용어로서 일종의 개별계약서이다. 매매계약이 성립된 후에 계약내용을 확인하기 위하여 수입상이 작성하여 수출상에게 송부한다. 이는 Purchase Contract(매입계약서)라고도 한다.

Quality Certificate(품질증명서)

수출상으로 하여금 약정된 품질의 제품을 선적하도록 하기 위해 수입상은 공인된 검정기관의 품질증명서를 요구하기도 하며, 경우에 따라서는 제조업체가 발행하는 품질 증명서를 요구하기도 한다.

Quality Terms(품질조건)

품질조건에는 상품명, 규격, 색상, 모델 등이 포함되며 품질을 결정하는 방법으로는 견품 매매, 상품 매매, 설명 매매, 표준품 매매 및 규격 매매 등으로 구분한다.

Quantity Discount(수량할인)

일정량이상 구입할 때 매도인이 매수인에게 주어지는 가격인하를 말한다.

Quota(할당제)

수출입되는 상품의 일정금액 또는 수량을 제한하는 제도를 말한다. 수출입을 제한하는 데 이용되는 비관세장벽(NTB)제도 중에서 가장 효율적인 수단으로 이용되고 있다.

Qurantine Certificate(검역증명서)

위생증명서의 일종으로, 특히 식물이나 동물 또는 동물의 부산물 등을 수출하는 경우, 전염병 등 세균의 침입을 예방하기 위하여 수출국에서 소독 등 방역검역을 실시하고 발급하여 주는 서류를 말한다.

Reimbursing Bank(상환은행)

결제은행(settling bank)이라고도 한다.

Reinsurance(재보험)

보험자가 인수하는 보험계약상의 책임을 일부 또는 전부 다른 보험자에 이전할 목적으로 체결하는 보험을 재보험이라고 한다. 원 보험을 원수(元受) 보험이라고 한다.

Remittance(송금환)

외국환에 의한 결제방법 중의 하나로, 무역거래에서 이용되는 송금환 방식은 물품 선적전에 외화수표 등 대외지급수단에 의하여 미리 대금을 영수하고 일정기일내에 상응하는 물품을 선적하는 결제방식을 말하며, 사전송금방식(remittance basis) 또는 주문급(Cash with Order CWO)이라고도 한다.

Revolving Credit(회전신용장)

회전신용장이란, 동일한 거래처에 동종의 물품을 오랜기간 거래할 경우 매건별로 신용장을 개설하면 시간과 경제적으로 번거로우므로 처음 1회 신용장을 개설한 후 일정기간이 지나면 동일한 내용의 효력으로 신용장이 자동적으로 갱신될 수 있도록 발행되는 신용장을 말한다.

RT ; Rye Term

RT란 원래 Rye(호밀) 거래에 사용되었다고 해서 RT조건이라 하는데, 곡물류 거래에 있어서 물품이 도착시 손상되어 있는 경우에 그 손해에 대해 매도인이 책임지게 되는 양륙품질조건(landed quality term)을 말한다.

Running Laydays(연속정박시간)

용선계약(charter party) 또는 선화증권 중에 단순히 days 또는 running days라고 기재되어 있을 경우에는, 정박이 하역기간의 개시로부터 하역이 끝날 때까지 소요된 모든 경과 일수를 휴일이나 기후, 불가항력 등에 관계없이 정박기간(laydays/laytimes)으로 산입하는 방법을 말한다.

Sales by Sample or Pattern(견품매매)

실제 매매될 상품의 품질(quality)을 매매당사자가 제시한 견품에 의하여 인도할 것을 약정하는 품질결정방법을 말한다. 무역계약 체결시에 일반적인 개품들은 대부분이 견품에 의해서 품질을 결정하게 된다.

Sales by Specification or Description(규격 또는 설명서매매)

품질을 결정하는 방법 중의 하나로 거래대상 물품의 소재, 구조, 성능 등에 대하여 상세한 설명서(specifications)나 설계도면(drawing /plan) 등을 제시함으로써 이를 근거로 품질을 결정하게 된다. 예를 들면, 정밀기기, 선박, 철도차량, 중장비류 등이 여기에 해당된다.

Sales by Standard(표준품매매)

품질을 결정하는 방법중의 한 거래방식으로 농수산물과 같이 수확이 예상되는 물품과 목재 등과 같이 정확한 견품의 제공이 곤란한 물품에 대하여는 그 표준품(standard)을 정하여 품질을 결정하고, 실제 제공된 물품과 표준품에 차이가 생길 경우에는 거래계약조건이나 관습에 따라 물품대금에서 일정액의 편차를 두어 금액을 조정함으로써 이루어지는 거래를 말한다.

Sales by Trade Mark or Brand(상표 또는 통명에 의한 매매)

상표에 의해 품질을 결정하는 매매를 말한다. 이는 국제적으로 인정된 물품에 대해서는 품질을 그 회사의 상표나 통명(brand)에 의해서 결정함으로 매매가 이루어지는 거래를 말한다. (예: Parker 만년필, Coca Cola, Nikon 카메라 등)

Sales by Type or Grade(규격매매)

품질을 결정하는 방법중의 하나로 물품의 규격이 국제적으로 통일되어 있거나 수출국의 공적인 규격으로 특정되어 있는 경우에 이용되는 매매방식이다. 예를 들면 국제표준화 기구의 ISO, 영국의 BSS, 일본의 JIS, 그리고 미국의 ASTM 등과 같은 규격을 말한다.

SDR ; Special Drawing Right(특별인출권)

1970년도에 창설된 IMF(국제통화기금) 특별인출권을 말한다. 이는 부족한 금, 달러 등에 대한 준비 자산을 보충하기 위해 IMF에 의해 계획적으로 창출된 것으로 구체적으로 외화는 아니다. 16개국의 통화에 대한 가중 평균으로 표시되고 있었지만 1981년부터는 미국독일일본프랑스영국 등 5개국 통화의 가중평균으로 표시되고 있기 때문에 환율변동에 따라서 매일 그 가격이 변동되고 있다.

SHEX(Sunday and Holidays Excepted)

하역이 가능한 좋은 일기 상태의 날일 경우에만 정박기간(Laydays)에 산입하는 약정방법(WWD)에서 일요일과 공휴일을 처리하는 방법을 말한다. 예를 들어 "WWD SHEX"라 부기되면 일요일과 공휴일에 작업하였어도 정박기간에 계산하지 않는다는 뜻이고, 그 반대로 사용하려면 "WWD SHEXUU"라고 부기하면 된다. 여기 "UU"란 "unless used"을 뜻한다.

Shipped B/L(선적선화증권)

선적선화증권이란, 운송화물을 본선에 적재한 후에 발행한 선화증권을 말한다. 선적선화증권은 그 증권 전면에 약관상에 "shipped in apparent good order and condition ..."이라는 문언이 명기되어 있으며, 증권상의 발행일자(date of issue)가 선적일자가 된다.

Shipping Marks ; Cargo Marks([선적]화인)

화인이란, 선적화물 각각의 포장물 외장에 특정의 기호, 문자, 목적항, 포장번호, 원산지 등의 표시를 함으로써 상호간에 화물에 대한 식별을 용이하게 하는 것을 말한다.

Shipping Order ; S/O(선적지시서)

선적지시서란, 화주의 선적신청에 따라서 선사가 현품을 확인한 다음 본선의 선장 앞으로 기재된 화물을 선적하도록 지시한 문서를 말한다. 선적 책임자가 인수한 화물은 선적지시서별로 리스트를 작성하여 본선 적부계획과 선적작업 준비용으로 쓰인다.

Shipping Request ; S/R(선복요청서)

선복요청서란, 화주가 선사에 제출하는 물품운송 신청서를 말한다. 여기에는 선화증권상에 명시되는 각종 화물과 관련된 명세가 기재되고, 이것을 근거로 선화증권과 적화목록(manifest) 등이 작성된다.

Special Credit(특정신용장)

특정신용장은 매입제한신용장(restricted L/C)이라고도 한다.

Specific Duties[종량(관)세]

종량세란 물품의 수량, 즉 개수용적중량길이 등을 과세표준으로 하는 조세를 말한다. 우리나라에서는 대부분이 종가세(ad valorem duties)를 적용하고 있으며, 영화필름과 주정 등 일부 품목만이 종량세에 해당된다.

Stale B/L(기간경과 선화증권)

신용장상에 제시기한이 없는 경우에는 운송일자 후 21일 이내에 서류가 제시되어야 한다. 이럴 경우 21일이 경과되어 발행된 선화증권을 기간경과 선화증권이라 한다. 한편, Stale B/L이나 documents는 신용장상에서 허용한다는 명시가 없으면 은행은 그러한 선화증권이나 서류에 대해서는 수리를 거절한다.

Stand-by Credit(보증신용장)

국제보증업무 등에 사용되는 신용장을 말한다. 보증신용장은 고객이 현지은행으로부터 금융서비스를 받거나 화환신용장을 개설받고자 할 때, 자신이 거래은행에 요청하여 그 거래은행이 현지은행(수익자) 앞으로 고객의 채무보증을 확약한다는 뜻으로 개설하는 신용장을 말한다.

Straight B/L(기명식선화증권)

기명식 선화증권이란 선화증권 수화인(consignee)란에 화물의 수취인, 즉 수입상의 주소와 상호가 기재된 것을 말한다.

SWIFT(Society for Worldwide Interbank Financial Telecommunications ; 국제 은행간 금융정보전송연합)

국제은행간 서류의 교환절차 및 교환양식의 비표준화로 야기되는 문제점을 제거하기 위하여 1973년 벨지움법에 의해 설립된 은행간 비영리조합으로 국제은행업무의 자동화, 계정조회의 용이화, 통신의 효율화, 표준메세지 개발 등의 업무를 수행하고 있으며, 세계적으로 대부분의 은행이 가입하고 있다. 우리나라도 1992년 3월부터 SWIFT system을 설치 운영하고 있으며 SWIFT에 의한 신용장 개설도 이루어지고 있다.

Tale Quale ; TQ

"Such as it is" 또는 "Just as they come"의 뜻으로 곡물류 거래에 있어서 품질을 결정하는 시기를 나타내는 조건인데, 선적시 양호한 상태로 선적되었을 경우에는 그 이후의 선적품에 대한 모든 책임은 매수인이 부담하는 선적품질조건이다. (→ RT)

Tariff Barriers(관세장벽)

국내 산업을 보호하기 위해 관세 조작에 의해 타국상품의 유입을 제한하는 것을 말한다.

Theft, Pilferage and Non-delivery ; TPND
(도난, 발화, 불착손위험 담보조건)

도난은 물건이 포장채로 없어지는 것이고, 발하는 포장된 내용물의 일부를 빼내는 것을 말한다. 불착손은 포장단위의 화물이 전부 목적지에 도착하지 않는 경우를 말한다. 한편, ICC(A)나 All Risks하에서는 이러한 위험은 담보된다.

Time Charter(정기용선)

선박의 전부 또는 일부를 일정기간 동안 용선하는 것을 말한다. 이 경우 선주는 모두 장비를 갖추고 선원이 승선해 있는 선박을 지정된 위치에서 용선주에게 인도한다. 용선자는 약정된 용선료, 연료비, 항비 등의 운항비만을 부담한다.

Tomas Credit(토마스신용장)

구상무역을 위한 특수한 신용장으로서 수출상과 수입상 양측이 상호 일정액의 신용장을 상호 발행하기도 하되, 일방이 먼저 신용장을 개설하면 상대방은 이에 대응하는 신용장을 일정기간 후에 발행하겠다는 보증서를 발행하여야만 상대방측에 도착한 신용장이 유효하게 되는 신용장을 말한다.

Tramper(부정기선)

화물을 따라 수시로 항로를 변경하면서 운항되는 선박을 말한다. 부정기선은 정기선과는 달리 특정 화주의 화물만을 수송하는 것으로, 운송계약은 화주와 선주간에 1톤에 얼마라는 운송계약을 체결하는 것이 일반적이다.

Transferable L/C(양도가능 신용장)

신용장을 수취한 수익자가 자신의 권리 중 일부 또는 전부를 제3자에게 양도할 수 있도록 허용된 신용장을 말한다. 이는 원 신용장상에 "Transferable"이란 문구가 있어야 하며 양도는 1회에 한하나 분할 선적이 허용되어 있으면 몇 사람에게 양도가 가능하다.

Transit Trade(통과무역)

수출국 화물이 수입국으로 직송되지 않고 제3국을 경유해서 수송될 때 제3국의 입장에서 이것을 통과무역이라 한다. 이 경우 통과국인 제3국으로서는 자국내 통과에 따라 생기는 노무에 관한 보수와 임금 등을 획득하게 된다.

Transhipment(환적)

일단 선적된 화물이 다른 선박 또는 다른 운송수단에 적재될 때를 말한다. 운송경로의 표시에 있어 도중의 환적을 증권면에 기재한 선화증권을 말한다. 수출상은 화물을 목적지까지 수송시 직항선이 없는 경우 환적을 허용토록 사전에 수입상과 협의하고 신용장상에 이를 허용토록 명시되어야 한다.

Transport Documents(운송서류)

1993년 개정 신용장 통일규칙에서는 운송서류의 개념을 물품의 선적, 발송, 인수를 명시하는 인도의 증거서류로서 포괄적으로 부르고 있으며 각 운송방법에 따라 다음과 같이 운송서류의 종류를 구분하고 있다. ① 해상운송서류(해상 선화증권 ocean bill of lading, 비유통성해상운송장 non-negotiable sea waybill) ② 우편 운송서류(우편 수취증 post receipt, 우편 발송증명서 certificate posting, 배달증명서 ; certificate courier) ③ 기타의 운송서류(복합운송서류 : multimodal transport document, 항공운송장 ; air waybill, 육상 및 내수로 운송서류) 등 요구되어지는 상업송장, 선화증권, 보험서류 등을 총칭한다.

Trip Charter(항해용선)

일정한 항로에 한하여 계약하는 용선계약으로서, 원칙적으로 1회의 항해를 단위로 한다. 이 계약에서 선주는 화주에게 운임조건만을 수취하고 그 외에 항해비 일체를 부담하게 된다. 따라서 이 용선료는 부정기선 운임이 되며 "Voyage Charter"라고도 한다.

UCP(화환신용장 통일규칙 및 관행)

Uniform Customs and Practice for Documentary Credit의 약어로, 화환신용장 통일규칙이라고 한다. 이는 화환신용장에 관한 거래 관습의 해석 기준으로, 국제상업회의소(ICC)가 1933년에 제정하여 최근의 정보산업의 발전과 무역환경변화 등을 고려하여 1993년에 제5차로 개정된 것이 현행의「화환신용장에 관한 통일규칙 및 관행」으로 1994년 1월 1일부터 적용되고 있다. 그 내용은 총칙과 정의를 전문으로 하여 총 7장 49개조로 구성되어 있다. UCP는 인코텀즈(INCOTERMS 2000)와 같이 임의 규정이므로, 개개의 신용장 거래에 적용시키기 위해서는 통일규칙에 준거하는 취지의 문언을 당해 신용장에 명시하여야 한다. (예 : THIS CREDIT IS SUBJECT TO UCP(1993 REVISION) ICC PUBLICATION No.500)

Usance Credit(기한부신용장)

기한부 신용장이란, 신용장에서 수익자가 선적서류와 함께 기한부 환어음(usance bill)을 지급인에게 제시하면, 이 환어음을 인수(accept)하고 일정기간이 경과한 후(만기일 at maturity)에 지급한다고 약정된 신용장을 말한다. 기한부 신용장에서는 어음의 지급기일에 따라 ① 일람후 정기출급 환어음(at ×××days after sight) ② 일부후 정기출급(at ×××days after date of draft) ③ 확정일 후 정기출급(at ×××days after date of B/L) 등으로 환어음을 발행할 수 있도록 하고 있다.

VAT ; Value Added Tax(부가가치세)

재화 또는 용역의 생산 및 유통의 각 단계에서 부가된 가치를 과세대상으로 하여 부과하는 조세이며 최종 소비자가 부담하는 간접세이기 때문에 특별한 경우를 제외하고는 사업자는 부담하지 않는다.

Voyage Charter(항해용선계약)

Trip Charter라고도 한다. 이는 어느 항구에서 어느 항구까지의 일항차 또는 수개항차에 걸쳐 물품운송을 의뢰하는 용선자와 선주 상이에 체결하는 계약을 말한다.(→ Lump-sum Charter, Daily Charter)

WA ; With [Particular] Average (단독해손 또는 분손 담보조건)

ICC(institute cargo clause협회적화 약관)의 구약관 중 기본약관의 하나로, 신약관인 ICC(B)에 해당된다. 이는 특정 해난 이외의 해난에 기인하는 손해 및 비용(전손, 단독해손, 공동해손, 구조비 등의 해난)에서 발생하는 일체의 손해를 보험자가 전보하는 조건을 말한다.(→ Franchise)AIOP ; With Average Irrespective of Percentage(면책률 비적용조건)

해상보험 조건이 WA 3%라고 보험자가 담보하였을 경우에는 만약 손해가 5%라면 3%를 공제하는 것이 아니라, 5% 전액을 보상하게 된다. 그러나 WAIOP 조건으로 보험계약할 경우에는 보험자의 면책비율이 전혀 적용되지 아니하고 적은 분손이라도 보험자가 보상해야 하는 조건을 말한다.

Waiver(국적선불취항증명서)

수출입 화물운송에 자국선을 이용하도록 하는 자국선 보호주의의 한 형태이다.

자국선박이 취항하고 있지 않은 지역 또는 취항중이라도 선적당시 취항선박이 없을 경우 이를 증명하기 위하여 발급하는 증명서를 말한다. 현재 우리나라는 수출입 화물의 종류로서 이 제도를 적용시키고 있다.

Weather Working Days ; WWD(청천하역일)

용선의 하역에 쓰이는 용어인데 정박기간의 조건 중 가장 널리 사용되는 것으로 WWD는 일기가 좋은(good weather) 하역 기능의 작업일(working days)을 의미한다. 실용상으로는 일기 좋은 경우의 작업일만으로 본선의 정박시기를 가리는 방법으로 쓰인다.

With Recourse Credit(상환청구가능 신용장)

상환청구 가능 신용장이란 수익자가 환어음을 개설은행이나 확인은행 이외의 타은행에 매입시켰을 경우 매입은행이 그 환어음의 지급인인 개설은행에 의하여 지급 또는 인수가 거절되면 그 매입은행이 환어음의 발행인인 수익자에게 대금을 상환청구할 수 있도록 개설된 신용장을 말한다. 한편, 이와는 반대로 환어음 발행인이 상환의무를 부담하지 않는 신용장을 상환청구불능신용장(without recourse credit)이라고 한다. 우리나라의 경우에는 상환청구 가능 또는 불능에 관계없이 상환청구권을 인정하고 있다.

WTO ; World Trade Organization(세계무역기구)

세계무역기구는 1986년 9월부터 1994년 4월까지 진행된 우루과이 라운드(Uruguay Round)에서 신설하기로 합의하여 1995년 1월부터 정식 출범한 국제무역기구이다. 세계무역기구는 그동안 국제무역환경을 개선하고 무역자유화를 추진해오던 GATT체제의 한계를 극복하고 보다 효율적으로 국제무역문제에 대처하기 위하여 설립되었다. WTO는 일반상품뿐만 아니라 서비스교역, 지적재산권, 무역관련 투자와 같은 새로운 분야에 대한 규범도 갖추고 있으며, 각국의 무역정책 검토기구와 무역분쟁에 대한 신속하고 강력한 해결기구도 구비하고 있어서, 현재 국제무역질서를 주도적으로 관장해 나가는 유일한 국제무역기구의 역할을 수행하고 있다.

3 협상시 유용한 표현들

peel	껍질(가죽)을 벗기다
cut	자르다.
skim	찌꺼기, 거품 등을 제거하다.
sprinkle salt	소금을 뿌리다
barbecue	통째로 굽다.
simmer	뭉근한 불로 졸이다. 끓이다.
cook on the low geat(over a low flame)	약한 불로 끓이다. 졸이다.
boil	끓이다. 조리다. 삶다.
blanch	살짝 데치다.
steam	찌다.
deep-fry	기름에 튀기다.
fry / sauté	프라이팬으로 데우다(볶다)
microwave / heat up	렌지로 가열하다. 데우다.
strain	거르다.
sweet / sugary	달다.
hot / spicy	맵다.
bitter	쓰다.
sour / tart / acidic	시다.
heavy / rich	(맛이)진하다. 기름지다.
light / plain	(맛이)담백하다.
light / refreshing / not too heavy	(맛이)산뜻하다. 담백하다.
watery	싱겁다.
rey	퍼석퍼석하다.
crisp	바삭바삭하다.
full-bodied / rich	감칠맛이 나다. 진한 맛이 나다.
savory / tasty / flavorful	풍미가 있다.
apricot	살구
fig	무화과
green soybeans	풋콩
persimmon	감
pumpkin	호박
cucumber	오이
burdock root	우엉

cherry	버찌, 벚나무 열매의 총칭
japanese white radish	무
bamboo shoot	죽순
red(shill)pepper	고추
eggplant / aubergine	배추
green pepper	피망
loquat	비파
spinach	시금치
mandarin orange / orange	귤
bean sprouts	콩나물
lotus root	연근
beef	소고기
pork	돼지고기
mutton	양고기
duck	오리고기
venison	사슴고기
groung(minced)meat / mincemeat	(기계로)얇게 저민 고기
marbled / beef streaked with fat	살짝 데친 생선회
lean meat	살코기, 붉은 생선 살
fatty meat / meat containing / a large amount of fat)	생선이나 고기에 지방이 많은 부분
plate / rib / belly	삼겹살
chicken breast fillet	세선
breast(of a chicken) / with meat	가슴살
sirloin	등심
wing / wingtip	(닭)날개고기
popsicle / ice lolly	아이스캔디
candy / sweet	사탕
shaved ice / snow cone	빙과
rice dumpling	동그랗고 조그마한 떡
steamed(beam-uam)bun	만두
lemon soda / lemon pop	설탕과 레몬향을 가한 물에 탄산가스를 녹인 청량음료의 한 가지
cotten candy / candy floss	솜사탕
(poen air, sidewalk)stall / pushcart vecdor	노점
food addicitive / flavoring	식품첨가물
jungle gym / monkey bars	정글짐

slide	미끄럼틀
sandbox	사장 모래밭
swing	그네
seesaw / teeter	시소놀이
chin-up bar	철봉
balance beam	평균대
spin a top	팽이 돌리기
hopping	토끼뜀
jump rope / skin rope	줄넘기
tag	술래잡기
hide and seek	숨바꼭질
push ups	팔굽혀펴기
sit ups...kick the can / tin-can tommy	복근운동
rock paper and scissors	가위바위보
menko	딱지, 딱지치기
staring contest	눈싸움
thumb wrestling	손가락 싸움
battledore and shuttlecock	배드민턴과 비슷한 일본 전통놀이
ball bouncing	공을 이용한 일본 전통놀이
cat's cradle	실뜨기
I'm mad / that makes me angry[mad]	머리끼지 화가 났어요
shame on you!	창피한 줄 알아요
Drop dead!	시끄러워요
I mean it / It's[this is]no joke!	농담이 아니에요
No way! / That's out of the question!	터무니 없어요
That's enough! / Cut it out! / Stop it!	그만 좀 해요!
That's got nothing to do with it. / That's not the point!	무슨 생각을 하고 있는 거예요
Look what you did!	비난의 뜻
How could you? / Oh my goodness! / Oh my!	맙소사
It can't be helped [avoided] / That's life	어쩔 수 없습니다.
I can't believe it.	어처구니가 없어서 말도 안 나오네요.
what an idiot!	바보 같아요.
suit yourself! / Do as you like!	맘대로 하세요.
That's enough!	됐어요.
Oh, no! / Oops! / Uh-oh!	이런

That's too bad./ That's a (real) bummer!	유감이군요.
I'm really [awfully] sorry!	폐를 끼쳤습니다.
That's a piece of cake	아침식사 전이에요. / 누워서 떡 먹기 에요. / 아주 쉬워요.
Who do you think you're taking to? / Don't get fresh with me	만만하게 보지 마세요.
You'll see / Time will tell	곧 두고 보세요.
(It's)None of your business.	당신이 신경 쓸 필요가 없어요. 당신이 알 바가 아니에요.
Mind your own business / who asked you? / This has nothing to do with you. / Do I lock like a fool?	나를 우습게보지 마세요.
Don't tell anybody(about this)	우리끼리 얘긴데...
Who do you think you are?	당신이 뭐나 되는 것처럼 생각하는군요.
You're kidding[joking]	농담이죠.
You got that right	딱 맞아요.
It's a small word	세상은 좁군요.
Do it yourself, them.	그것이라면 당신 스스로 하세요.
That's going too far.	그것을 말하면 끝이에요.
I'm counting on you.	부탁이에요.
Do something(about it)!	하세요. 해주세요.
You bet! / You know it.	당연하죠.
Stop playing the fool. / Dont's act stupid!	시치미 때지 마세요.
Any complaints?	왜 불만 있나요?
Things will work out. / It'll work out.	어떻게 되겠죠.
You carght me!	들켰군요.
I'm fully[well]aware of that. / You don't have to tell me	다 알고 있어요.
Beat me. / You got me! / You got that right.	내가 졌어요.
Don't beat around the bush.	재지 말고 빨리 말하세요.
It's now or never	할 거면 지금이 최적이에요.
What are you taking about?	당치도 않은 말을 천연덕스럽게 하는군요.
Good question.	좋은 질문이군요.
I'm so embarrassed!	(아휴)창피해
Hurray!	만세

I[We]did it! / Way to go!	해냈어요.
Excellent! / Brilliant!	훌륭하군요.
Hurray! / Delightful!	기쁘군요.
Wow! / Yippee!	와!
Great! / Yippee!	잘됐네요. 훌륭하네요.
Excellent! / Good!	아주 잘됐을 때 쓰는 말
No way! / Impossible!	설마
Great! / Wow!	와! 굉장한데요.
What! / Huh?!	뭐라고요?
No! / Poch! / Bah!	설마 그럴 리가요.
I'm amazed[impresed]!	이것은 놀랄 일이군요.
I can't believe it! / Unbelievable!	믿을 수 없어요.
You're kidding! / You must be joking[pulling my leg]!	거짓말이죠.
Shut up!	조용히 하세요.
That's awful[terrible]!	너무해요.
Damm it! / God damm!	젠장! / 제기랄!
I can't stand it[this]any longer! / I can't take it any more!	더 이상 참을 수가 없네요.
Suit yourself! / Do[Have]it your way!	마음대로 하세요.
You idiot! / You dummy!	바보
That's nonsense! / Don't be silly[stupid]!	바보 같은 소리 하지 마세요.
After us the deluge.	나중에 득이 되든 실이 되든 될 대로 되라.
Love is blind.	곰보도 보조개(제 눈에 안경)
You scratch my back, I'll scratch yours.	오는 정이 있어야 가는 정이 있다.
When the cats away, the mice will play.	귀신이 없는 사이에 발래질 (호랑이 없는 굴에 토끼가 왕이다.)
Done bits the hand that feeds you.	기르던 개한테 손을 물린다. (믿는 도끼에 발등 찍힌다.)
Like father, like son/like mother, / like daughter/the apple never / falls rar from the tree.	개구리 새끼는 개구리(그 아비에 그 자식)
A cornered animal is a dangerous foe.	궁서가 고양이에 문다. (궁지에 몰린 쥐는 고양이를 문다.)
A diamond in a dunghill is still a diamond.	썩어도 도미 (좋은 물건은 변해도 그 가치가 있다.)
Look before you help	쓰러지기 전의 지팡이(유비무환)

Don't cry over spilt milk. / It's no use crying over spilt milk.	후회막급이다.
Out of sight, out mind.	눈에서 멀어지면 마음에서도 멀어진다.
Let sleeping does lie.	건드리지 않는 신이 탈이 없다. (긁어 부스럼 만들지 마라)
Good things come in packages.	작은 고추가 더 맵다.
Two head are better than one.	세 사람이 모이면 문수의 지혜 (평범한 사람이라도 셋이 모이면 문수보살 같은 지혜가 나온다.)
Money makes the world go round.	지옥의 재판도 돈으로 해결된다.
If at first you don't succeed, try, try again.	실패는 성공의 어머니.
Theres no need to teach a fish to swim.	부처님한테 설법.
Set a thief to catch a thief.	구렁이의 길은 뱀이 안다. (과부 사정은 과부가 안다.)
Different stokes for different folks.	각인각색
Idle hands are the devils workshop.	소인이 한가하면 자칫 나쁜 짓을 한다.
More is not always better.	정도가 지나친 것은 미치지 못한 것과 같다.
The leopard cannot change its spots.	세살버릇 여든까지 간다.
A bolt from[out of]the blue.	청천벽력(마른하늘에 날벼락)
Too many cooks spoil the broth.	뱃사공이 많으면 배가 산으로 간다.
A rolling stone gather no moss.	구르는 돌에는 이끼가 끼지 않는다.
Don't count your chickens before they hatch.	잡지도 않는 너구리 피물돈 계산
I'll weeds grow apace.	미움 받는 사람이 세상에서 활개 친다.
It's like casting pearls before swine.	돼지 목에 진주
clothes make the man.	옷이 날개
What tis learned in the cradle is carried to the grave.	세 살 아이의 마음 백 살까지 간다.
Nothing is certain but death and taxes.	내년의 일을 말하면 귀신이 웃는다.
A sweeping round up.	일망타진
To be in the same boat.	일련학생
To kill two birds with one stone.	일거양득
Karma	인과응보
Not quite to the point	격화소양
The finishing touches.	화룡점정
resuscitation	기사회생

The good mixed in the bad.	옥석혼효
To die peacefully.	극락왕생
To have both beauty and brains.	재색겸비
All is vanity.	색즉시공
Trial and error.	시행착오
To put noes foot in ones mouth.	자승자박
To pass the word down.	상의하달
nothing is certain but change.	제행무상
elusive	신출귀몰
To make a mountain out of molehill.	침소봉대
Everything under the sun.	삼라만상
Great talents mature late.	대기만성
From a board perspective.	대소고소
To rely on others.	타력본원
The right person the right job.	적재적소
antinomy	이율배반
To fall on deaf ears.	마이동풍
To go with the crewd.	부화뇌동
To put the cart before the horse.	본말전도
To be conceited.	유아독존
To peter out	용두사미
New Year's Day	설날
Coming-of-age Day	성인의 날
Like father, like son.	개구리 새끼는 개구리(그 아비에 그 자식)
/ Like mother, like daughter.	
/ The apple never falls far from the tree.	
five hundred and twenty-four thousand	524,000
twelve million	12,000,000
four hundre eight-nine million	489,000,000
forty-eight billion	48,000,000,000
forty hundred twenty-three trillion	523,000,000,000,000
three point six seven	3.67
zero point three nine four	0.394
/ point three nine four	
one-half / a half	1/5
three-sevenths	3/7
one-half / a fourth	1/4

/ one-quarter / a quarter	
sevn and three-eighths	73/8
three hundred fifteen over one thousand seved hundred fifty-four	315 / 1754
addition	덧셈
Three plus five equals eight.	$3+5=8$
Subtraction	뺄셈
Nine minus three equals six.	$9-3=6$
Three hundred ninety-eight minus two hundred forty-one equals [is] one hundred fifty-seven	$398-241=157$
Oh, it came out negative!	마이너스가 나왔다!
Four minus five point six equals negative [minus] one point six.	$4-5.6=-1.6$
multiplication	곱셈
Six multiplied by three equals [is] five.	$15/3=5$
Two-sevenths by two-thirds equlas [is] three sevenths.	2/7 / 2/3 = 3/7
Oh, theres remainder!	나머지가 나왔다!
Ten divided by three equals [is] three with a remainder of noe.	10/3 = 3 r 1
x to the nth power	x'n
x to minus nth power	x'-n
five squared / five to second power	5'2
seven-cubed / seven to the third power	7'3
A squared plus b cubed equals c to the fourth power.	a'2 + b'3 = c'4
The nth root of x	$^{n}\sqrt{X}$
The square root seven	$\sqrt{7}$
The cube root of twenty-five	$3\sqrt{25}$
The fifth root of four hundred thirty-two	$5\sqrt{432}$
Equilateral triangle	정삼각형
Isosceles triangle	이등변삼각형
Fight triangle	직각삼각형
Scalene triangle	부등변삼각형
Obtuse triangle	둔각삼각형

Acute triangle t 예각삼각형
Cube 입방체
Sphere 구
Cylinder / column 원기둥
Straight line 직선
Curved line 곡선
Parabola line 포물선
Perpendicular line 수직선
Parallel line 평행선
Diagonal line 대각선
Coordinates 좌표
Diagram 도표
A is not equal to B $A \neq B$
A is greater than B $A > B$
A is less than B $A < B$
A is greater than or equal to B $A \geq B$
A is less than of equal to B $A \leq B$
Cone 원뿔
Tetrahedron 사면체
Prism 각기둥
Pyramid 사각뿔
Development 전개도
Circle 원
Oval 타원
Sector 부채꼴
Quadrangle 사각형
Square 정사각형
Rectangle 직사각형
Parallelogram 평행사변형
Diamond / rhombus 마름모꼴
Trapezoid 사다리꼴
Pentagon 오각형
Hexagon 육각형
Heptagon 칠각형
Octagon 팔각형
Nonagon 구각형
Decagon 십각형

Algebraic equation / formula / equation	식
Function	계수
Factor	인수
Integer / integral number	정수
Real number / actual number	실수
Greatest common divisor / highest common factor	최대공약수
Lowest common multiple	최소공배수
Even number	우수
Odd number	기수
Round off	사사오입
Round up	반올림하다
Round down	반내림하다
Theorem	정리
Width	가로
Heightaltitude	높이
Depth	길이
Proportion	비례
Direct Proportion	정비례
Inverse Proportion	반비례
Length	길이
Weight	무게
Area	면적
Volume	체적
/ Base	
Vertex / apex	정점
Radius	반경
Diameter	직경
/ Tangential line / tagent	
/ Point of contact	
Angle	각도
Center angle	중심점
Right angle	직각
Interior angle	내각
Exterior angle	외각
Corresponding angle	등위각

참고문헌

〈국내문헌〉

강인수외, 「국제통상론」, 박영사, 1998.

고일동, 「남북한 경협의 추진방향과 정책과제」, 한국개발연구원, 1993.

곽노성, 「국제협상론」, 경문사, 1999.

공배완, 「신세계질서와 국제통상」, 한올출판사, 2002.

권종욱 외 1人, 「세계화와 글로벌 기업」, 도서출판 두남, 2004. 8

김달중, 「한국의 외교정책」, 오름, 1999.

김병국, 「협상기술」, 더난출판, 2003.

김성호, 「국제통상협상」, 도서출판 두남, 2001

김원경 외, 「국제협상학」, 법문사, 1987.

김일곤, 「유교문화권의 질서와 경제」, 한경문고 3, 1994.

김정수, 「국제통상정책론」, 박영사, 2003.

김종수, 「한국경제와 무역」, 형설출판사, 2005.

김지용, 「무역계약에 있어서의 협상행위 및 협상성과 결정요인에 관한 연구」, 동국대학교대학원 박사학위논문, 2001. 6.

남풍우 외 3人, 「무역학 개론」, 도서출판 두남, 2005. 2.

박수이, 「한국무역의 이해」, 경성대학교, 1993.

박영철, 「한·중·조 산업협력과 남북지역통합 방안」, 통일문제연구, 2000년, 하반기호. p.117.

박종수, 「국제통상원론」, 박영사, 1997.

박종수, 「국제통상관계론」, 도서출판 두남, 1997.

박준형, 「글로벌 비즈니스 에티켓」, 김영사, 2000.

박희종, 「국제통상정책론」, 두남, 2003.

반병길·강호상, 「국제경영」, 박영사, 2001.

변명식, 「글로벌 시대의 기업문화와 해외투자 전략」, (주)학문사, 1999.

방희석, 「무역실무」, 박영사, 2002. 8.

손병해, 「경제연합론 -이론과 실제-」, 제2판, 법문사, 1995, pp. 405-407

서청석·박현우, 「한국무역론」, 법경사, 1998.

신현종, 「한국무역론」, 박영사, 1995.

오세영·박종수·강경훈, 「최신무역실무」, 도서출판 두남, 2002. 1.

이광규,「문화인류학」, 일조각, 1971, 제3장 참조.
이광자 · 엄신자 · 손승영 · 전신현 공저,「21세기의 사회학」, 학지사, 2000. 1.
이남구 ,「글로벌 경쟁시대 한국무역」, 무역경영사, 2004.
이달곤,「협상론」, 법문사, 1996. pp.75 · 80.
이상준,「신한국무역론」, 형설출판사, 1994.2.
이승영, 국「제협상의 ABC」, 일신사, 1992.
이승영 · 최용록,「국제협상의 이해」, 법경사, 1998.
이영진 · 권대응,「문화와 관광」, 학문사, 1999.
이장주, "21세기 문화산업 육성을 통한 실업문제와 지역갈등 해소방안에 관한 연구",「목포권 발전론」, 서남권발전연구원, 2000. 11.
이정호,「포스트모던 문화읽기」, 서울대학교출판부, 1996.
장대환,「국제기업협상」, 학현사, 1998.
조석홍,「국제통상론」, 도서출판 두남 2005.
조영정,「국제통상학」, 학현사.2001.
조용득,「한국무역 성장론」, 법문사, 1996.
최용일.「한국무역론」, 다산, 1995.
한규영,「현대 무역학원론」, 동성사, 1999.
한국무역협회,「한국 무역 40년 발자취와 비전」, 산업자원부, 2003. 11.
한국금융연구원,「UR 금융협상의 현황과 우리의 대응전략」 1993. 12.
한국수출입은행,「해외직접투자 동향분석(2006년 1/4분기)」, 2006.
한국은행, 국제금융국 외환제도혁신팀,「해외투자 활성화방안」, 2005.
한국수출보험공사,「한국수출보험공사 10년의 이야기」, 한국수출보험공사, 2002.

〈외국문헌〉

Arthur S. Banks and Robert B. Textor, A Cross-Polity Survey (Cambridge : M.I.T. Press, 1963).
Endel J. Kolde, Environment of International Business(Boston, Mass : Kent Publishing Co., 1985).
I. N. Gladwin and V. Terpstra, "Intorduction," in V. Terpstra, ed., The Cultural
Environment of International Busines(Cincinnati : South-Western Publishing Co., 1978), p. XIV.
Politics, Berkeley(Los Angeles, London : University of California Press, 1993).
D. Pruitt, Negotiating Behavior, New York, Academic Press, 1981.
P. Carnevale, Negotiation in Social Conflict, Buckingham, Open University Press, 1993.

Robert D. Putnam, “diplomacy and Domestic Politics : The Logic of Two-Level Games,” Double-Edged Diplomacy : International Bargaining and Domestic
W. J. Keegan, Multinational Marketing Management, 2nd ed.(Englewood Cliffts, New Jersey : Prentice-Holl Inc., 1980), p. 87.

〈관련 사이트〉

관세청 홈페이지	http://www.customs.go.kr
대외경제정책연구원	http://www.kiep.go.kr
대한무역투자진흥공사	http://www.kotra.or.kr
매일 경제 신문	http://www.mk.co.kr
동아일보	http://www.donga.com
무역연구소	http://tri.kita.net
무역홍보관	http://www.kita.net/info/index.jsp
문화일보	http://www.munhwa.com
법무부	http://www.moj.go.kr
산업자원부	http://www.mocie.go.kr)
삼성경제연구소	http://www.seri.org
서울경제	http://economy.hankooki.com
LG 경제연구소	http://www.lgeri.org
외교통상부	http://www.mofat.go.kr
재정경제부	http://www.mofe.go.kr
전국경제인연합회	http://www.fki.or.kr
조선일보	http://www.chosun.com
중앙일보	http://www.joins.com
통계청	http://www.nso.go.kr
한국개발연구원	http://www.kdi.re.kr
한국무역협회	http://www.kita.net
한국수출보험공사	http://www.keic.or.kr
한국수출입은행	http://www.koreaexim.go.kr/kr
한국은행	http://www.bok.or.kr
한겨레	http://www.hani.co.kr
현대경제연구소	http://www.hri.co.kr

기타 관련 언론사 사이트

✤ 저자약력

조 석 홍(Jo Seok Hong)

- (현)울산대학교 경영대학 경영학부 교수
- 경제학 박사
- KAIST/안동대학교 교수
- 한국원자력연구원 책임연구원
- 한양대, 한남대 대학원, 고려대 경영정보대학원, 한양대 경영대학원, 고려대 등 출강

[주요 저서]

- 국제비즈니스전략론, 도서출판 두남, 2011.
- 무역학개론, 도서출판 두남, 2011.
- 무역실무, 도서출판 두남, 2010.
- 세계화와 경제생활, 도서출판 두남, 2010.
- 벤처창업론(공저), 도서출판 두남, 2010.
- 대외무역법(공저), 도서출판 두남, 2008.
- 국제협상의 이해, 도서출판 두남, 2008.
- 한국무역론, 도서출판 두남, 2007.
- 국제통상법, 도서출판 두남, 2005.
- 국제경영, 도서출판 두남, 2004.
- 해외시장 진출론, 도서출판 두남, 2004.
- 국제재무관리의 이해, 도서출판 두남, 2004.
- 정보통신과 지식재산권(공저), 도서출판 두남, 2003.
- 국제통상실무, 도서출판 두남, 2002.
- E-비즈니스법률과 윤리, 도서출판 두남, 2002.
- 국제통상론, 도서출판 두남, 2001.

[주요 논문]

- 국제자동차 산업동향과 대응방안 2012.
- 정보통신 표준화의 경제성 파급효과분석 2010.
- 단말기 잠금장치 해제정책의 소비자 효용분석 2010.
- 우리나라의 통신서비스 통상정책의 시사점과 방향에 관한 연구, 2009.
- 우리나라 서비스산업 경쟁력 강화 방안, 2008.
- 전자화폐 도입 쟁점과 활성화 방안 2006.
- DDA 협상중단과 향후 전망 2006.
- IT산업 확산과 향후 정책 방안, 2005.
- FTA 확산과 IT산업 추진 방향, 2005.
- 전자상거래와 과세문제, 2004.
- DDA 환경서비스협상과 환경분쟁 대응방안, 2004.
- DDA 통신서비스협상과 우리나라통신규제 정책방향, 2003.
- 서비스무역 확산과 지식서비스수출 활성화 방안, 2002.
- 전자상거래 확산과 비즈니스 서비스산업 활성화방안, 2002.
- 한・일 FTA에 관한 연구, 2002.
- 도하 개발 아젠다와 대응방안, 2002.
- 우리나라 B2B 전자상거래 효율화를 위한 시스템 구축 방안, 2001.
- 중국 경제변화와 향후 통상전망, 2001.
- 최근 뉴라운드 동향과 대응방안, 2001. 외 다수

국제협상의 이해 - 개정판

초　판 1쇄 발행 — 2007년 8월 25일
개정판 1쇄 발행 — 2012년 8월 20일
지은이 — 조 석 홍
펴낸이 — 전 두 표
펴낸곳 — 도서출판 두남
서울시 강동구 성내로6길 34-16 두남빌딩
신 고 : 제25100-1988-9호
TEL : 02) 478-2065, 2066, 2067, 2311
FAX : 02) 478-2068
E-mail : dunam1@unitel.co.kr
http://www.dunam.co.kr

정가 26,000원

ISBN 978-89-6414-356-8　93320